Stefan Zweig

Menschen und Schicksale

Aufsätze und Vorträge
aus den Jahren 1902–1942

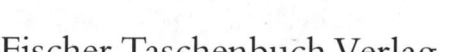

Fischer Taschenbuch Verlag

Herausgegeben und mit einer Nachbemerkung
versehen von Knut Beck

Ungekürzte Neuausgabe
Veröffentlicht im Fischer Taschenbuch Verlag GmbH,
Frankfurt am Main, Dezember 1994

Lizenzausgabe mit freundlicher Genehmigung
des S. Fischer Verlags GmbH, Frankfurt am Main
© 1990 S. Fischer Verlag GmbH, Frankfurt am Main
Druck und Bindung: Clausen & Bosse, Leck
Printed in Germany
ISBN 3-596-12435-2

Gedruckt auf chlor- und säurefreiem Papier

Inhalt

I Zeit und Welt

II Europäisches Erbe

III Menschen und Schicksale

I
Zeit und Welt

Die indische Gefahr für England
(Anläßlich der politischen Mordtat eines jungen Hindu)
1909

Die vier Revolverschüsse, mit denen ein junger Hindu, Madar Lal Dhingra aus Amritsar, an einem Festabend in London den Aide-de-Camp [den persönlichen Adjutanten] des Vizekönigs von Indien, Sir William Curzon Wyllie, ermordete, haben die ganze englische Nation aufgeschreckt. Vergessen ist für einen Augenblick die Germanophobie über der alten lastenden Gefahr, die einen so entschlossenen Boten gesandt hat. Und ängstlich horchen nun alle nach Osten, ob von dem fernen Riesenreiche grollendes, gefährliches Echo käme, das langgefürchtete Gewitter: der Aufstand Indiens. Oder ob dies nur die vereinzelte Tat eines überreizten Fanatikers war, ein bedeutungsloses Wetterleuchten am politischen Himmelsrand. Es ist verlockend und gefährlich, über diese Möglichkeiten zu reden. Verlockend vor allem: denn das Blatt der Geschichte, auf dem die Befreiung Indiens von den Engländern geschrieben sein wird, muß ebenso grandios, erregend und überraschungsvoll sein wie jenes andere – bei uns viel zu selten aufgeschlagene – der Eroberung eines solchen Riesenreiches durch eine Handvoll Kaufleute und einen genialen Konquistador. Aber gefährlich zugleich. Denn zu tief sind die Kräfte verborgen, zu unübersichtlich die Dimensionen, zu unsicher die Quellen, zu tendenziös verkleinert oder vergrößert die Symptome. Eine Reise ins Land und selbst vielfältiges Gespräch mit den Beamten der Regierung gibt bestenfalls einen Einblick ins Gegenwärtige: und dies schon ist in Indien pittoresk und großartig genug, um die

Phantasie auf das höchste anzuspannen. Denn das Imperium der Engländer in Indien ist einer der grandiosesten Versuche, durch geistige Gewalt, nationale Geschlossenheit und moralische Suprematie [Überordnung] einen gigantischen Widerstand zu paralysieren: grandios wie jeder Kampf gegen ein Unmögliches, aufreizend wie jede tödliche Gefahr.

Sowenig man vom heutigen Indien weiß: dies ist bekannt, daß 200 000 Europäer, oder eigentlich ein Bruchteil dieser Summe, daß 70 000 englische Soldaten 300 oder 400 Millionen einheimischer Bevölkerung niederhalten. Nackte Zahlen als Ausdruck eines realen Verhältnisses sind präzise, aber nicht plastisch. Das Vorstellungsvermögen kann sich 70 000 Menschen noch in einer Vision veranschaulichen: das grüne Parkett unseres Schönbrunn vermag so viel zu fassen. Aber die unsägliche Winzigkeit dieser Anzahl gegenüber den Hunderten Millionen läßt sich nicht mehr ausdenken. Dieser Tropfen, in den Blutorganismus des indischen Reiches eingemischt, zerfließt, ohne den Farbton zu ändern. Und doch – dies ist das Undenkbare für den Fernen – diese Wenigen geben dem heutigen Indien die Signatur. Das Schiff, das in den Hafen von Bombay steuert oder den niederen Hooghly hinauf nach Kalkutta, sieht zuerst hohe Kathedralen, stattliche Bauten im englisch-gotischen Stil, Docks wie in Glasgow und Liverpool: die Front, die Stirne, der erste Eindruck gegen die Ferne ist England. Und dann im Lande selbst wächst das unwahrscheinliche Verhältnis ins Grenzenlose. Da sind Städte von 100 000, 200 000 Einwohnern mit fünf oder sechs Europäern. Aber diese fünf haben in ihren Händen die ganze Macht: die Bahn, die Bank, den Telegraph, das Residenzschloß, die Justiz und die Festung. Sie sind die Verwalter Englands. Millionen und Milliarden strömen durch ihre Hände zu der fernen kleinen Insel. Die hier noch Herrscher heißen, die Maharadjas, die mit ihren Prunkschlössern, mit den juwelenbesetzten Schwertern, den kostbaren Gewändern königlicher scheinen als alle Herrscher des Abendlandes, sind Drahtpuppen, Popanze, denen es als höchste Ehre dünkt, beim *state-ball* in Kalkutta vom Vizekönig empfangen zu werden. Diese Organisation, dies Bändigen eines ungeheuren Widerstandes durch Politik, Gewalt und geistige Superiorität, ist für einen modernen Menschen das größte Wunder in Indien. Die meisten suchen dort das Geheimnisvolle bei den Schlangenbeschwörern und Fakiren, den heimlichen Riten der Brahminen. Ich weiß nicht, ob es in Indien trotz der herrlichen, oft traumhaft schönen Bauten der Mogulen etwas geistig Faszinierenderes gibt, als die sinnfällige Unwahrscheinlichkeit und ebenso sinnfällige Tatsächlichkeit des englischen Imperiums.

Wie dieses Indien von den Engländern erobert wurde, das zu erinnern, ist so spannend, wie die Taten des Cortez und Pizarro. Jener bei uns zu selten gelesene Essay Macaulays über Lord Clive erzählt es rasch und feurig: wie der junge Lieutenant Lord Clive von Madras mit zweihundert schlechten Soldaten ausrückt, bei Arcot und Seringapatam siegt und zwei Monate später in den Millionen der Schatzkammern eines Nabobs wühlt. Unterhandlungen, Betrug, Bestechung vollenden, was die Bravour begonnen hat. Und um die Mitte des neunzehnten Jahrhunderts sind die Engländer trotz des Scheinherrschertums mancher Maharadjas die Besitzer Indiens von Ceylon bis hinauf an die Grenze Afghanistans. Da bricht plötzlich wie aus heiterem Himmel der Aufstand der Sepoys aus. Das Jahr 1857 ist das vielleicht heroischeste der Geschichte Englands. Nicht Trafalgar und nicht Waterloo weisen solche Taten auf, wie den Marsch von Kalkutta nach Delhi und Lucknow in der brütenden Hitze des tropischen Sommers, ein paar Regimenter ge-

gen einen hundertfach überlegenen Feind. Wie zu Heilig-
tümern gehen heute die Engländer zu den zerschossenen
Schanzen von Lucknow und Cawnpore, zu den Gräbern
der hingeschlachteten Offiziere. Damals stand die ganze
Herrschaft Englands in Indien auf dem Spiel: mit bittersten Anstrengungen wurde sie wiedergewonnen, eisern
befestigt. Aber wieder ist die Spannung gewachsen, un-
terirdisches Rollen erschüttert das Land. Die indische
Gefahr ist wach geworden. Und bei jedem Symptom,
bei jeder Bombe, jeder Verschwörung und nun vor allem bei dieser Ermordung schauert man in England zusammen in Erinnerung an die Schreckenstage der »Mutiny« [Meuterei].

Ist nun diese Angst proportional einer wirklichen Gefahr oder nur eine nervöse Überreizung wie die Germanophobie? Der Einblick in die eigentlichen Tatsachen ist
verschlossen, die indische Regierung verlautbart nur,
was nicht zu verschweigen ist. Und der äußere Anblick
ist selbstverständlich unmaßgeblich. Allerorts begegnet
der Reisende Höflichkeit und einer – anfangs verblüffen-
den – Devotion. Die persönliche Sicherheit ist größer als
in europäischen Residenzen, größer als im Londoner
Whitechapel oder im Pariser Batignolles. Jedesfalls: der
Haß sprüht einem nicht ins Gesicht, die Fäuste sind nicht
offen geballt. Auflehnung ist sicherlich vorhanden, aber
es ist kaum möglich, zu bestimmen, wie weit sie organisiert oder vereinzelt, untätig oder vorbereitet ist, unmöglich zu sagen, wie der Inder über die englische Herrschaft
denkt. Vor allem weil »der« Inder ein nicht existierender
Begriff ist. Indien ist ein Konglomerat differenter Rassen. Über hundert Sprachen werden gesprochen, 70 Millionen Mohammedaner, viele Millionen Buddhisten sind
den Hindus eingesprengt, die Hindus selbst durch die
Schranken der Kasten in unsagbarem Abstand von einander gehalten. Diese Gegensätzlichkeiten – das Funda-

ment, auf dem die englische Herrschaft überhaupt erstehen konnte – schließen eine Einigkeit schon des Empfindens und vor allem des Handelns aus. Vielleicht existieren geschlossene Kreise – der »Bund der Söhne Sivas, des Verderbers« ist wohl ein Phantasieprodukt derer, die in Indien alles partout mystisch sehen wollen, selbst eine Revolution –, aber man kann ihre Tätigkeit kaum abgrenzen. Daß Unruhe im Lande stärker und stärker wühlt, erkennt man eigentlich nur an der steigenden Unruhe der Engländer, an den Konzessionen der Regierung und dem Wetterleuchten der Attentate.

Ein Aufstand nährt seine Kraft nur aus Unzufriedenheit. Es wäre nun nach den Gründen jener Unbefriedigung zu fragen. Die Mutiny von 1857 war klar in ihren Motiven oder ist es zumindest heute: sie war eine religiöse Revolte. Man hatte den durch schlechte Bezahlung ohnehin schon gereizten Soldaten Patronen mit Kuhfett überwiesen. Nun ist dem Hindu die Kuh, die Milch spendende »Mutter des Menschen«, das heiligste Tier, und die Sepoys antworteten auf die Zumutung mit der Revolte. Der Aufstand flog – der Telegraph konnte ihn damals noch nicht überholen – blitzschnell über das Land und wurde zur blutigen Warnung. Seither wurde mit doppelter Sorgfalt das religiöse Gefühl geachtet. Und die Bewegung von heute ist keine religiöse mehr (eher eine der Irreligiösen, derer, die durch die Engländer ihre Zugehörigkeit verloren haben). Und auch eigentlich keine nationale, denn die Inder sind Konglomerat, aber keine Masse. Sie sind darum auch nicht fremdenfeindlich. Seit Jahrhunderten ist diese durch Mangel an Fleischgenuß, durch die Passivität ihres religiösen Empfindens geschwächte Rasse gewohnt, die Beute von Invasionen zu sein. Seit tausend Jahren sind sie abwechselnd die Knechte der Mohammedaner, der Mongolen, der Perser, der Mahratten, der Franzosen und Portugiesen, und schließlich erst der Briten. Auch kommerziell haben sie sich nie abgeschlossen, jede Hafenstadt hat ihr Chinesenviertel, die fremdesten Rassen reißen ihnen den Handel aus den Händen. Und die große Masse war von je am meisten bedrückt von den herrschenden Kasten, von den Brahminen und den Kriegern. Sie blieben immer die Knechte, hatten nichts zu gewinnen und zu verlieren, und blieben daher die ewig Gleichgiltigen.

Und sind es noch heute, obzwar gerade ihnen die Herrschaft der Engländer unendlichen Vorteil gebracht hat. Denn selbst der Gereizte und Feindliche kann die grandiose Kulturleistung der Engländer in Indien nicht verringern. Sie haben mit Eisenbahnen das ungeheure Land von einem Ende zum andern durchzogen, haben Hospitale gebaut, die Hungersnot – die früher oft fünf Millionen Menschen hinraffte – gemildert, sie haben die Inder mit tausend kleinen Nützlichkeiten vertraut gemacht. Dem Wucher, der entsetzlichsten sozialen Plage Indiens, haben sie durch Banken gesteuert, den Reichtum gemehrt. So viele Millionen sie auch diesem Lande erpreßt haben, es ist doch reicher geworden, seit sie die Baumwolle anpflanzten, das Öl, die Kohle, Magnesit und andere kostbare Erze aus dem brachen Boden holten. Die große englische Besinnung der Toleranz hat nur an die ärgsten Auswüchse des Kultes gerührt, an die Witwenverbrennung und den Selbstmord vor dem Dschaggernath, dem zermalmenden Wagen, ganz vorsichtig und ohne ihren gewohnten Eifer haben sie Missionen gefördert, um das religiöse Empfinden nicht zu reizen. Sie haben den Maharadjas klug alle Ehren und den Schein der Herrschaft gelassen, haben sie geschickt an den Bahnen und Finanzunternehmen beteiligt, sie von politischer Tätigkeit durch Spielzeug, wie Automobile, Museen und Schlösser, abgelenkt, ihre Rivalität und ihre Kriege ganz unterbunden. Das darf nicht vergessen sein.

In der Verwaltung haben sie durch die beiden edelsten Tugenden der angelsächsischen Rasse – durch schrankenlose, von strengster, wenn auch konventioneller Moral getragene Gerechtigkeit und durch absolute Unbestechlichkeit – den Europäer vertrauenswürdig und zuverlässig in den Augen der Heimischen erscheinen lassen. Und haben, indem sie als neue Kaste sich über die andern stellten, die Unterschiede entwertet, die einen Abgrund aufrissen zwischen den Indern. Der Paria, der früher wie ein krätziger Hund rettungslos aus dem Kreise der Menschen ausgestoßen war, kann nun als Diener, als Beamter der Regierung den Schein einer Würde erlangen. Dadurch ist das Gesetz, das sie und alle ihre ungeborenen Kinder auf Ewigkeiten zu niederen Tieren verdammte, gebrochen, ein Schimmer von Hoffnung diesen Millionen gegeben, Möglichkeiten des Besitzes, gar des Reichtums. Man kann ruhig sagen, daß es niemals, unter keinem der Eroberervölker, den Einwohnern Indiens ähnlich gut ergangen ist.

Wer verursacht also diese nicht abzuleugnende Unruhe und Mißstimmung, die von Jahr zu Jahr fühlbarer wird? So paradox es klingt: die Engländer selbst und eben durch ihre Bemühungen. Sie haben die Inder zum Welthandel, zum Industrialismus, zur Bildung erzogen, sie haben sie reif gemacht und ihnen damit selbst die Waffen gegen die englische Herrschaft in die Hand gegeben. Neben den englischen Unternehmern sind in den letzten Jahrzehnten die Einheimischen emporgekommen, sie haben Fabriken, Plantagen, sie sind Großhändler von erstaunlichem Talent geworden, die sofort gegen die aus England kommenden Fabrikate opponierten. Die erste revolutionäre Tat war eine kommerzielle: der Boykott der englischen Waren, die Swadeshi-Bewegung, die dem Volke den ausschließlichen Konsum heimischer Fabrikate predigt und die in kürzester Zeit glänzende Er-

folge aufzuweisen hat. Auf diese Art war es verhältnis-
mäßig leicht, den Geldstrom von Indien nach England zu
sperren. Die zweite Zufuhr wäre aber nur durch eine
totale Umänderung der politischen Verhältnisse abzu-
dämmen, und sie gerade erzeugt die weithingehende
Erbitterung. Das ist die hohe Bezahlung der englischen
Beamten aus dem indischen Staatsschatz und die Verschwendung an Pensionsgeldern. Der Staat besoldet den
Europäer – den Engländer – glänzend. Für die Unbill des
Klimas, für die Teuerung des Lebens, die Entfernung
von der Heimat, die Schädigung an Gesundheit, den
Verzicht auf Familienleben kann nur eine übermäßige
Bezahlung Kompensation bieten. Der englische Beamte
des *civil service* und ebenso der Offizier hat zwanzig Jahre
Dienstzeit, davon jedes fünfte Jahr ein Urlaubsjahr ist.
Dann erhält er die volle Pension aus der indischen Staats-
kasse. Er tritt etwa mit zwanzig Jahren ein, mit vierzig
geht er nach England zurück und dorthin muß ihm dann
die indische Regierung – oft dreißig und vierzig Jahre
lang – seine 10 000 oder 20 000 Shilling jährlich zahlen,
die indische Regierung dem Engländer, der in England
lebt. Das zieht eine ungeheure Schwächung der so pro-
sperierenden Finanzen nach sich und fördert die Erbitterung der gebildeten Inder, die mit Recht behaupten, für
einen Teil des Gehalts die gleichen Dienste zu tun, während England mit Recht sich nur Herrscher fühlt, wenn
englische Beamte Heer und Staat verwalten. Hier ist der
Kontrast am stärksten: die Inder wollen Indien für sich,
die Engländer es für England verwalten.

Die Gebildeten und die Vermögenden unter den Indern – sie sind die wirklichen Feinde der Engländer.
Nichts hat die Stellung Englands so untergraben als gerade die Generosität und der Eifer, womit sie in Schulen
europäische Bildung unter den Hindus verbreiteten.
Freilich, vorerst aus Interesse. Ein Millionenreich läßt

sich nicht bloß durch Europäer verwalten, die Post, die Bahn, die Bank, das Office braucht Handlanger, Schreiber, geschulte, gebildete Menschen, Tausende und Abertausende, die niedrige Stellen für einen noch niedrigeren Gehalt versehen. Denn so kostspielig das Leben für den Europäer ist – er braucht ein Haus mit dreißig Dienern, einen Wagen, vielerlei Komfort, der hier unerschwinglich teuer ist – so bescheiden lebt der Hindu, dessen Wohnung eine Hütte, dessen Nahrung Curry und Reis ist. Um ein Beamtenmaterial zu schaffen, um Ärzte, Advokaten, Kaufleute heranzubilden, mußten Schulen und Universitäten im ganzen Lande gegründet werden. Überall sieht man dort die jungen Inder in europäischer Kleidung, nur mit einem Turban oder einer Kappe auf dem schwarzen, fettigen Haar, mit den Büchern über die Straßen gehen, sieht sie beim Fußball ganz wie in den englischen Colleges. Ihre Augen blicken unter den Brillen, die sie gerne tragen, nicht mehr so rätselhaft fremd wie die des dumpfen Volkes, ihre ganze Art ist lebendiger, feuriger und belebter geworden. Man rühmt ihnen großen Eifer nach, und sie stehen hinter dem englischen Studenten kaum mehr zurück. Damit entschwindet aber jener Nimbus von Göttlichkeit, der die Europäer bei den niederen Klassen umgibt. Dieser Inder empfindet sie als seine Lehrer, aber nicht seine Herren. Und ein anderes erwacht durch sie: das nationale Gefühl. Wie in allen Ländern, wo die Bildung der breiten Massen gering ist – bei den Russen und den Ruthenen besonders – fühlen sich die Studenten als die politischen Führer der Nation. Die Überlegenheit ihres Wissens berechtigt sie, Lenker und Führer des Volkes zu sein. Aber in Indien ist ihnen jede Teilnahme versagt. Sie werden in eine ewige Unzufriedenheit verbannt, mit niederem Posten abgefunden: und aus diesen Kreisen stammen die politischen Feinde, stammt der Mörder des englischen Regierungsbeamten.

Denn das ist die tragische Schuld der Engländer, daß sie heute, nach hundertfünfzig Jahren, in Indien immer noch eine Kaste über den Kasten geblieben sind, daß sie den gebildeten Inder und selbst den Half-Cast, den Mischling, gesellschaftlich nicht anerkennen. Sie heben ihn empor, lassen ihn die Überlegenheit der europäischen Gesellschaft erkennen – und stoßen ihn dann zurück. Ich weiß kaum ein härteres Schicksal als es die Half-Cast-Kinder, die Knaben und die Mädchen, zu Tausenden erdulden. Oft sind es Kinder eines vermögenden englischen Vaters, der sie in England erziehen läßt. Dort in den Pensionaten werden sie für vollwertig genommen; und wirklich, kaum merkt man bei den so zarten Mädchen am leicht getönten Teint, an der dünnen Vogelstimme das Mischblut. Selten sieht man ihnen die Halbinderin an, keiner macht es ihnen zum Vorwurf, sie leben glückliche Jahre der Gleichberechtigung. Aber im Augenblick, wo sie zu ihren Eltern nach Indien zurückkehren, sind sie geächtet. Kein vornehmer Engländer wird sie heiraten, wenig Familien nehmen sie auf – und zu den Hindus zurück ist ihnen siebenfach der Weg verschlossen, dort sind sie geringer als der Paria. Alle hohen Stellungen im Lande sind dem Engländer reserviert. Der Inder konnte im eigenen Lande, in seiner Heimat, bei gleicher Bildung nur eine niedere oder mittlere Stufe der Verwaltung einnehmen: das war der Anfang der Verstimmung. Denn die Gebildeten wissen, daß, wären die Engländer nicht, ihnen die Herrschaft gehörte. Das hat ihr Nationalbewußtsein erschaffen, den Ruf: Indien für die Inder. Selbstverwaltung wollen sie, wenn auch unter englischer Abhängigkeit. Denn die Engländer sind nie Anglo-Inder geworden, sind immer Engländer geblieben. Nicht wie in Amerika, Australien, Rhodesia haben sie sich amalgamiert, sind sie seßhaft geworden, sondern wie Deportierte leben sie dort und zählen die Jahre der

Heimkehr. Was wir, die Fremden, dort bewundern, ist für sie auf die Dauer kein Reiz. Sie lieben das Land nicht, das ihre Gesundheit aussaugt, ihr Familienleben zerreißt, Heimat heißt für sie immer noch England. Die jungen Inder aber sprechen anders das Wort Heimat aus. Sie haben sich heute gruppiert, predigen in Zeitungen – denen der englische Liberalismus eine wirklich staunenswerte Redefreiheit läßt – den nationalen Gedanken und seine Verteidigung mit Streik und selbst mit dem Revolver. Die Industrialisierung der Zentren gibt ihnen das Millionenmaterial der Massen, das solchen Drohungen erst den nötigen Nachdruck verleiht, langsam aber unaufhaltsam bildet sich ein organisierter Widerstand, ein entschlossenes Volksbewußtsein im niedergehaltenen Volke.

Wie verhält sich nun die englische Regierung gegenüber dieser Bewegung, gegenüber »der indischen Gefahr«. Die Meinung des Parlaments ist geteilt, die beiden historischen Gruppierungen, die konservative und die liberale, befeinden sich heftig in ihren Auffassungen. Die eine ist für eine Art Militärdiktatur. Das Gebot der Freiheit in Wort und Schrift solle für Indien als erobertes Land nicht gelten, man solle die Zeitungen, falls sie revolutionär sich gebärden, unterdrücken, mit dem glühenden Eisen die eiternde Wunde ausbrennen. Die andere Gruppe – fußend auf dem Prinzip, daß englische Herrschaft identisch sein müsse mit absoluter Freiheit – empfiehlt Nachgiebigkeit, Erweiterung der Rechte der Einheimischen, Erfüllung ihrer wichtigsten Wünsche. Und tatsächlich, die Reform Lord Morleys im letzten Jahre berief – zu größter Entrüstung der Anglo-Inder – zwei, wohl sehr verläßliche, Inder in den Kronrat des Reiches. Keir Hardie, der Arbeiterführer, ein Bernard Shaw der Politik, wie jener klug und paradox zugleich und beseelt von der ironischen Freude, immer das zu tun, was seine

Landsleute am meisten entsetzt, ist sogar nach Indien gegangen, um den Indern den Parlamentarismus zu predigen, wehrt aber jetzt, nach dem Attentat, allerdings mit beiden Händen die Beschuldigung ab, Anstifter und Begünstiger einer Revolte gewesen zu sein. Eine Revolte ist auch nicht gut denkbar – eher ein Generalstreik –, denn gegen einen bewaffneten Aufstand hat die weitausblickende englische Regierung seit der Mutiny alle Vorsichtsmaßregeln getroffen. Die Einfuhr von Explosivstoffen ist verboten, kein Eingeborener darf Schußwaffen besitzen, die militärischen Depots, die Kanonen und Zeughäuser werden nie farbigen Soldaten anvertraut. Die Bahnhöfe sind außerhalb der Städte angelegt, meist noch durch das dazwischenliegende Cantonment [Quartier] geschützt, alle Lokomotivführer, alle Stationsleiter sind Engländer – daher auch der ungeheure Aufwand an hohen Gehalten und Pensionen. Das kartographische Material ist außer für Militär unzugänglich, die Häfen beherrscht von Festungen, die Flußmündungen zu sperren, und die einzige Einbruchsstelle im Norden, der Kyberpaß, eines der stärksten Festungswerke der Welt. Die so entwaffnete Menge wird überdies noch durch den religiösen Zwist der Mohammedaner und Hindus geteilt, die Kraftentladung sorgfältig gegeneinander gewendet, durch kleine Artigkeiten die Vornehmsten gefesselt, die Maharadjas durch Geschenke, die Reichen durch Verleihung der englischen Baronie. Seit hundert Jahren arbeitet eine Generation von Politikern nach der andern mit der zähen englischen Energie an der Befestigung, an der Verteidigung der englischen Macht.

Aber nur mit ungeheuerster, konstanter Anspannung, mit einer fortwährenden Anpassung an den Moment, bald durch Härte, bald durch Milde wird die Balance des Übergewichtes zu erhalten sein. Indien ist noch immer – wie zu Napoleons Zeiten – die Achillesferse Englands.

Nur wenn man die Furcht vor der indischen Gefahr nicht übersieht, kann man die Furcht Englands vor dem deutschen Krieg, die Intervention zu Gunsten der Mohammedaner in der bosnischen Angelegenheit verstehen. Jede kleine Erschütterung im Westen kann für sie im Osten eine ungeheure Schwankung werden. Darum dies Aufflackern in Angst vor der indischen Gefahr bei jedem Anlaß. Wie ein Tierbändiger zwischen den geduckten Tigern mit ewig wacher Willensanspannung jedes Zukken einer Pranke, jedes Murren und Blinzeln der Bestien verfolgt, um sich vor einem jähen Ansprung zu schützen, so lauscht man in England angstvoll auf jedes – in Europa sonst ganz gleichgiltig betrachtete – Symptom einer Unruhe im indischen Reich. Und nur darum konnte die kleine weiße Rauchkringel an der Mündung des entladenen Revolvers zu einer so dichten dunklen Wolke werden, die nun mit der Schwüle eines furchtbaren Gewitters über ganz England lastet.

Die gefangenen Dinge
Gedanken über die Brüsseler Weltausstellung
1910

Man hat zur Weltausstellung alle Dinge des modernen Lebens hergebracht, die notwendigen des Alltags und die kostbaren des schöpferischen Überflusses, hat alles, was irgendwo aus den ewigen Stoffen der Erde heute durch menschliche Kraft und Geschicklichkeit gemodelt wird, Stück für Stück von der Heimat weg in diese ungeheure Schaubude zwischen der lauten Stadt und dem stillen Bois gesandt. Und nun stehen diese tausenderlei Dinge, die eines vom andern nichts wissen, in buntem Durcheinander eingeschlossen in gläsernen Kästen und über diesem Wald von Schränken wölbt sich als Himmel die Halle der Nation mit wehendem Wimpel. Alles ist da, was man sich nur erdenken kann, das Kleinste und das Gewaltigste, mikroskopische Präparate, wo die Urzellen aus ihrer zerrinnenden Winzigkeit ins Sichtbare gezwungen werden, und daneben ganze Eisenbahnzüge mit Maschinen, Waggons und den Verladern, Stoffe, Bilder, Gläser, Bücher, Maschinen, Kleider, und all dies in den edelsten, reinsten und gelungensten Exemplaren. Es ist eine Heerschau unseres zwanzigsten Jahrhunderts, und man müßte all dies nur so stehen lassen wie es ist, sorgsam einzäunen, und es wäre in hundert, zweihundert Jahren das vollständigste Museum unserer Zeit: man würde dann abschätzen können, was uns als Vollendung galt, würde vielleicht lächeln über das, was uns als groß und als klein erschien, und manches als ein schon Entschwundenes wehmütig lieben, wie wir heute die Biedermeierzeit und Altwien. Denn alles ist hier versammelt: in hunderttausend Stücke verstreut liegt hier in diesen gläsernen Särgen unsere ganze Welt, man muß sie sich nur zusammenzusetzen wissen, um sie zu beleben und ihren heißen, zitternden Atem zu fühlen.

Und doch, in diesem Wald von Dingen, wo Wunder an Wunder sich drängt, alle Farben ihre feinsten Übergänge zittern lassen, die Formen eine nie geahnte Tausendfalt zeigen, immer und immer ergreift mich beim Durchschreiten ein leises abmahnendes Nebengefühl, das dem reinen freudigen Staunen wehrt. Es ist etwa das Gleiche, das in den Menagerien einen hindert, sich an der eigenartigen Schönheit der zur Schau gestellten Tiere zu freuen: eben weil man fühlt, daß in diesem »Zurschaugestelltsein«, diesem Nachaußenkehren der Eigenart das Innerste, das eigentliche Wesen den Tieren genommen ist. Wie läßt sich die Geschmeidigkeit eines Panthers begreifen, wenn sein Sprung an den Stäben zerbricht, die Gewalt eines Büffels, die Geschwindigkeit eines Rentieres? Nur das vom Leben, aber nicht vom innersten Leben bewegte Fell sieht man, und alle Bewunderung trübt sich unwillkürlich durch Mitleid. Leben wird hier zum Bild erniedrigt: und so fühle ich auch hier mit den tausend Dingen, die hilflos in den Schränken liegen und fast nie ihre innere Absicht zeigen dürfen, irgendein Mitleid, weil sie so gefangen sind, so abgesperrt von ihren Wirklichkeiten. Wie die Tiere bloß ihr Fell, so dürfen auch sie nur meist ihre Außenfläche zeigen: auch sie sind in Glasgittern eingesperrt, weit von ihrer wirklichen Tätigkeit, Opfer einer müßigen spaziergängerischen Schaulust, täglich angestarrt von Tausenden leeren Augen und fast nie in ihrer Seele, in ihrer Absicht erfühlt. Was sagen diese vielen Dinge aus, was sind sie mehr als Illustrationen zu den Etiketten auf den Schränken? Da sind Toiletten gereiht, eine an die andere, jede ein Wunderwerk von Geschmack und Eleganz. Sie müßten Frauen herrlich machen, dürften weich sich um ihren Nacken legen, ihre Formen zärtlich nachfühlen, beim Schreiten die Bewegung zugleich mit dem sanften Druck des Windes nachzeichnen, in dieser Biegsamkeit selbst ahnend und lebendig sein. Aber sie liegen steif und kalt um Wachspuppen, die mit erfrorenem Lächeln einen anstarren, bleiben Stoff und Spitze, ein Totes und bei aller Schönheit Wesenloses. Da sind Möbel: in ein Zimmer gereiht, würden sie eine drückende Leere bezwingen, eine reine Symmetrie auslösen, irgendein Gefühl der Harmonie, würden Menschen ruhig und ruhend machen. Hier stehen sie vierschrötig wie vergessen herum, gepolsterte Stücke Holz. Bücher zeigen dem Beschauer immer die eine Seite: meist ist sie schon gelb geworden vor Sonne, aber niemand liest sie, die Lettern stehen nutzlos wie schwarze Flecken auf dem weißen Papier. Diese Dinge sind erstorben in der Gefangenschaft, ihre Seele ist im Käfig zerbrochen wie dem Adler die Flügel. Und dieses Zurschaustellen eines Unsichtbaren wird hier, ohne daß die Leute es merken, manchmal zur Lächerlichkeit. Da sind Stöße von Schokoladen aufgehäuft, ganze Türme: aber man schmeckt sie nicht, sieht sie nicht einmal, sondern nur das Papier der Pakete. Und hier stehen tausend Flaschen, in denen der Duft aller Blumen der Erde versammelt ist, Parfüms in glitzernden Flakons: aber sie sind verschlossen und wie will man Duft mit dem Auge wahrnehmen? Und nur für das Auge ist hier ausgestellt. Aber wie wenig faßt das Auge vom Wirklichen des Lebens, wie Weniges vom Wesentlichen verrät die Außenfläche seiner Formen: und wie wenig von der Seele der Dinge zeigt eigentlich dieser bunte Jahrmarkt der Nationen.

Am stärksten empfindet man die Sinnlosigkeit dieser Art von Schaustellung bei den Maschinen, denn deren Kraft ist ganz unterirdisch, ganz in der geheimnisvollen Verkettung ihrer Bewegung gelegen. Und hier ruhen sie. Ehern stehen sie in der ungeheuren Halle mit ihren spiegelblank blinkenden, stahlblauen Körpern, stehen unbeweglich und kalt, sie, deren innerste Seele das Feuer und die Schnelligkeit ist. Da sind Maschinen, die aus der Tiefe der Erde Wasser Hunderte Meter hoch tragen können, und solche, die mit ihren stählernen Kinnbacken Metalle kneten können wie Wachs, und solche wieder, die selbst Hunderte Maschinen rasen machen können in geregeltem Umschwung; Kraft von Abertausenden Menschen, eine unirdische Kraft steht da und verleugnet sich durch Untätigkeit. Unwillkürlich fühlt man sie an: ja, sie sind wirkliches Erz, kühl und glatt, man staunt ihre riesigen Arme an, ahnt die Hitzigkeit ihres Umschwunges. Aber man ahnt nur und sieht nichts von diesen Wundern unserer Zeit. Es ist so, als zeigte man einem eine Hand voll Dynamit und sagte: Damit kann man ein Haus in die Luft sprengen. Man erlebt nicht das Wunderbare einer so ungeheuren Komprimierung von Kraft durch ein Wort, durch einen Blick. Ein eisiges Schweigen herrscht in dieser Halle, die zischen müßte und brodeln von der schwingenden Kraft, jenes heilige Sausen müßte darin sein, das einst in den Eichenwäldern der Götter war, ein Vibrieren des aufgestauten Lebens. Manchmal wird eine Maschine gezeigt; und schon dies ist herrlich, wenn diese eine inmitten der anderen schlafenden zu rasen beginnt und mit ihren Armen die Luft mäht; nur dies Arbeiten schon – obzwar man nicht sieht, wohin eigentlich diese fiebernde Kraft wirkt – ist befreiend. Aber man stellt sie wieder ab, die schwingenden Flügel sinken zurück, und es ist wieder Stille in dem gigantischen Schaukasten.

Und so stehen diese Dinge jetzt für Monate und niemand gibt ihnen ihren Zweck, ihr wirkliches Leben. Und ich weiß: von hier werden sie zur nächsten Weltausstellung nach Buenos Aires geschickt und von dort 1912 nach Rom, nie werden sie ihre wahrhafte Bestimmung erreichen. Nie werden sie sagen können, wer sie sind und was sie wollen, obwohl sie echt sind und ganz echt wie die Palmen in den Treibhäusern. Aber weiß denn einer, was eine Palme wirklich ist, der sie nicht auf dem kobaltblauen Himmel der Tropen in der linden Luft zittern gesehen hat, wird je einer unsere Zeit begreifen können aus diesen gefangenen, eingesargten Dingen? Vielleicht wird man bald das Einsehen haben, Weltausstellungen mehr sein zu lassen als ein Vielerlei und ein Nebeneinander. Diese ist noch ein Durcheinander von Auslagen, ist wie eine Stadt ohne Stockwerke, ohne Wohnungen, wo nur die Gassen mit den Läden und Restaurants stehen geblieben sind, sie zeigt nur das Fertige und nicht das Werdende, die starre Form, nicht die Bewegung, den Körper der Dinge, nicht ihre Seele. Hagenbeck hat als erster versucht, die Tiere nicht in Käfigen zu zeigen, sondern in einer Art von Freiheit, wo sie ihr wahrhaftes Wesen entwickeln können: so wird man auch versuchen müssen, künftig die Dinge zu zeigen in einem Abglanz ihres wirklichen Lebens. Die Deutschen haben sich hier schon bemüht, ihre Ausstellung als Organismus zu gestalten, als Lebendiges also, die einzelnen Dinge in der Über- und Unterordnung darzustellen, und auch in anderen Abteilungen erlebt man Sekunden wirklichen Schauens. Da ist zum Beispiel eine kleine Fabrik amerikanischer Schuhe: man sieht den Urstoff, das rohe Leder, wie es durch alle Prozeduren mit der Geschwindigkeit weniger Minuten sich zum Produkt, zum fertigen Schuh formt, fühlt die Entstehung eines dieser Dinge mit und erlebt etwas Unvergeßliches. Dürfte man so an der Entstehung oder der Wirkung aller Dinge teilnehmen, so wäre diese Ausstellung ein wahrhafter Gewinn, eine lebendige Erinnerung. Aber fast alles wird schon fertig gezeigt, in jener leblosen Sekunde nach der Entstehung und vor dem Gebrauch: und nichts bleibt dem Gefühl als das Vielerlei, *multa, non multum.*

Aber den Leuten scheint es zu gefallen: unablässig strömen sie in die Säle, rastlos wird geschaut, bewundert, bestaunt. Man darf sich dadurch nicht betrügen lassen: dieser Eifer der Masse ist eigentlich Bequemlichkeit. Die meisten Menschen schauen Dinge nur an, wenn ihnen irgend jemand oder etwas sagt: Schau hin! Sie sehen Menschen nur an, wenn man ihnen sagt: »Das ist der Graf X.«, und Bilder, wenn darunter Rembrandt oder ein anderer großer Name steht. Und da diese Weltausstellung nichts anderes ist als ein dröhnendes, in hundert Sprachen geschriebenes »Schau hin!«, so sehen sie für ihren Franc Entree vom Morgen bis Abend. Eigentlich könnten sie ja alle diese Dinge viel besser, viel lebendiger sehen. Zwei Stunden von hier, bei Cockerill in Seraing, kann man die gewaltigsten Eisenhämmer der Welt am Werke sehen und die Toiletten ebenfalls zwei Stunden von hier am Ostendener Strand, die Bilder in den Ausstellungen, die Schiffe, statt wie hier in winzigen Modellen, gigantisch und voll atmenden Lebens in Antwerpen. Die Schnellzugsmaschinen, die sie hier bestaunen, ratterten ja vor dem Zug, der sie herschleppte, aber dort sagte niemand: »Schau hin!« Alles, was hier zu sehen ist, kann man in jeder Großstadt in seinem Wirkungskreis lebendig und mit bewegter Seele sehen: aber hier scheint es bequemer und so strömen sie her in bunten Scharen aus allen Richtungen der Welt, ein dunkler rauschender Strom der Neugier, umfluten die Dinge, so wild, daß sie nur wie Inseln aus dem unablässig wallenden Meer herausragen. Mit Tausenden von Augen tastet die Menge all die Werke ihrer eigenen Kraft ab, Millionen Wünsche zittern gierig um die Verlockungen, heißer Atem weht an die kalt ausgebreitete Pracht der gefangenen Dinge.

Und diese Fülle von Menschen, dieser schäumende

Springbrunn der Masse, der von unsichtbaren Quellen genährt, unablässig hier aufschäumt, ist auch der unvergleichlichste Eindruck der Ausstellung. Es ist aufreizend, den einzelnen nachzugehen, wie sie von Saal zu Saal stürzen in der geheimen Angst, etwas zu versäumen, zu vergessen, und dann zu sehen, wie diese Unruhe sich langsam verbreitet, wie in dem ganzen Auf und Nieder eine gewaltige, sinnlose und doch schöne Erregung ist. Musik aus allen Winkeln, von allen Plätzen aufreizend, steigert noch die Unruhe dieses Hin und Her, und wahrhaft pantagruelistisch sind dann die Stunden, wo die Masse zur Sättigung schreitet, wo an hundert Stellen zugleich Speise und Trank gefordert wird, wo – wenn die Pavillons geschlossen werden – plötzlich das Gefühl der Mattigkeit wie eine Schwüle über die ganze Menge fällt. Die Grandiosität, die Vielköpfigkeit dieser aus allen Ländern hergeströmten Masse ist ein Unvergeßliches. Und nie werde ich ihren Schrei vergessen, diesen Schrei, als plötzlich in unendlicher Höhe ein weißer Vogel auftauchte, ein Aeroplan, und die Leute, plötzlich aus den Hallen und Sälen stürzend, in einem einzigen Schrei hinaufjubelten zu dem Fernen, der sie nicht hören konnte, mit diesem einzigen Schrei der Ekstase, dem Schrei einer Masse, die sich selbst und den Triumph der Zeit in diesem Überschwang feierte.

Aber nicht in der Ausstellung allein: das Fieber der Erregung flammt in der ganzen Stadt. Brüssel, sonst träg, schwerblütig, eine Kleinstadt mit einem einzigen internationalen Boulevard, ist wie verwandelt: es ist wie weggeschwemmt von dem Strom der Menschen, die durchwandern, seine Eigenart ist verloren, selbst seine Sprache. Die Hauptstraßen sind gedrängt von Menschen, die in allen Zungen Europas reden, die Wagen fahren rascher, die Tramways bersten vor Fülle, alles dampft von ungeduldigen, fiebrigen Gestalten. Das zigeunernde Gelichter der Händler und Verkäufer füllt die Trottoirs mit ihren Rufen, provinzlerische Vereine durchziehen mit Musik die Straßen, abends flammt der Boulevard Anspach mit unzähligen Flammen. Man muß nur eine halbe Stunde am Gare du Nord ruhig stehen bleiben, um die ganze Wucht dieses Katarakts zu fühlen, der einem seinen Schaum von Lärm und Hitze ins Gesicht sprüht. Jede paar Minuten quillt ein neuer Gischt Menschen heraus, stürzt wie in Attacke gegen das hohe Carrée der Hotels rings um den Bahnhof, zerschellt dort, wird zurückgeworfen hinein in die Stadt. Und schon wieder kommt eine neue Welle, Arbeitervereine, Kinder mit Priestern, ein Expreß, von früh bis wieder früh schäumts durch die enge Tür. Und alle diese Menschen glühen prachtvoll von Ungeduld. In der Ausstellung sind sie schon gedämpfter, sicherer, aber jetzt, da sie noch nicht ihre vier Wände für die Nacht sich gekauft haben, nicht wissen, wo sie essen sollen, und endlich, endlich am Ziel sind, scheinen sie wie verzehnfacht in ihrer Vitalität. Sie rennen und schreien, tosen in einem wunderbaren Tumult, und wie sie endlich verschwunden sind, ist schon eine neue Welle da und schäumt in gleicher Erregung. Es ist, als stünde man auf einem hohen Gipfel und immer käme von einer Seite Sturm an einen heran, immer Lärm, die brausende Stimme des Lebens: man atmet sie ein, fühlt die eigene Kraft, die eigene Lust daran wachsen und freut sich dieser wilden, gierigen Menschen, die kommen, ein einziges Schauspiel zu sehen, und nicht ahnen, daß sie selber es sind.

Die Monotonisierung der Welt
1925

Monotonisierung der Welt. Stärkster geistiger Eindruck
von jeder Reise in den letzten Jahren, trotz aller einzelnen
Beglückung: ein leises Grauen vor der Monotonisierung
der Welt. Alles wird gleichförmiger in den äußeren Lebensformen, alles nivelliert sich auf ein einheitliches kul-
turelles Schema. Die individuellen Gebräuche der Völker
schleifen sich ab, die Trachten werden uniform, die
Sitten international. Immer mehr scheinen die Länder
gleichsam ineinandergeschoben, die Menschen nach einem Schema tätig und lebendig, immer mehr die Städte
einander äußerlich ähnlich. Paris ist zu drei Vierteln ame-
rikanisiert, Wien verbudapestet: immer mehr verdunstet
das feine Aroma des Besonderen in den Kulturen, immer
rascher blättern die Farben ab und unter der zersprunge-
nen Firnisschicht wird der stahlfarbene Kolben des me-
chanischen Betriebes, die moderne Weltmaschine, sichtbar.

Dieser Prozeß ist schon lange im Gange: schon vor
dem Kriege hat Rathenau diese Mechanisierung des Daseins, die Präponderanz [das Übergewicht] der Technik
als wichtigste Erscheinung unseres Lebensalters prophetisch verkündet, aber nie war dieser Niedersturz in die
Gleichförmigkeit der äußeren Lebensformen so rasch, so
launenhaft wie in den letzten Jahren. Seien wir uns klar
darüber! Es ist wahrscheinlich das brennendste, das entscheidendste Phänomen unserer Zeit.

Symptome: Man könnte, um das Problem deutlich zu
machen, Hunderte aufzählen. Ich wähle nur schnell ein

paar der geläufigsten, die jedem gewärtig sind, um zu zeigen, wie sehr sich Sitten und Gebräuche im letzten Jahrzehnt monotonisiert und sterilisiert haben.

Das Sinnfälligste: der Tanz. Vor zwei, drei Jahrzehnten noch war er an die einzelnen Nationen gebunden und an die persönliche Neigung des Individuums. Man tanzte in Wien Walzer, in Ungarn den Csardas, in Spanien den Bolero nach unzähligen verschiedenen Rhythmen und Melodien, in denen sich der Genius eines Künstlers ebenso wie der Geist einer Nation sichtbarlich formten. Heute tanzen Millionen Menschen von Kapstadt bis Stockholm, von Buenos Aires bis Kalkutta denselben Tanz, nach denselben fünf oder sechs kurzatmigen, unpersönlichen Melodien. Sie beginnen um die gleiche Stunde: so wie die Muezzim im orientalischen Lande Zehntausende um die gleiche Stunde des Sonnenunterganges zu einem einzigen Gebet, so wie dort zwanzig Worte, so rufen jetzt zwanzig Takte um fünf Uhr nachmittags die ganze abendländische Menschheit zu dem gleichen Ritus. Niemals außer in gewissen Formeln und Formen der Kirche haben zweihundert Millionen Menschen eine solche Gleichzeitigkeit und Gleichförmigkeit des Ausdruckes gefunden wie die weiße Rasse Amerikas, Europas und aller Kolonien in dem modernen Tanze.

Ein zweites Beispiel: die Mode. Sie hat niemals eine solche blitzhafte Gleichheit gehabt in allen Ländern wie in unserer Epoche. Früher dauerte es Jahre, ehe eine Mode aus Paris in die anderen Großstädte, wiederum Jahre, ehe sie aus den Großstädten auf das Land drang, und es gab eine gewisse Grenze des Volkes und der Sitte, die sich ihren tyrannischen Forderungen sperrte. Heute wird ihre Diktatur im Zeitraume eines Pulsschlages universell. New York diktiert die kurzen Haare der Frauen: innerhalb eines Monats fallen, wie von einer einzigen Sense gemäht, fünfzig oder hundert Millionen weiblicher Haarmähnen. Kein Kaiser, kein Khan der Weltgeschichte hatte ähnliche Macht, kein Gebot des Geistes ähnliche Geschwindigkeit erlebt. Das Christentum, der Sozialismus brauchten Jahrhunderte und Jahrzehnte, um eine Gefolgschaft zu gewinnen, um ihre Gebote über so viel Menschen wirksam zu machen, wie ein Pariser Schneider sie sich heute in acht Tagen hörig macht.

Ein drittes Beispiel: das Kino. Wiederum unermeßliche Gleichzeitigkeit über alle Länder und Sprachen hin, Ausbildung gleicher Darbietung, gleichen Geschmackes (oder Ungeschmackes) auf Tausend-Millionen-Massen. Vollkommene Aufhebung jeder individuellen Note, obwohl die Fabrikanten triumphierend ihre Filme als national anpreisen: die Nibelungen siegen in Italien und Max Linder aus Paris in den allerdeutschesten, völkischesten Wahlkreisen. Auch hier ist der Instinkt der Massenhaftigkeit stärker und selbstherrlicher als der Gedanke. Jackie Coogans Triumph und Kommen war stärkeres Erlebnis für die Gegenwart als vor zwanzig Jahren Tolstois Tod.

Ein viertes Beispiel: das Radio. Alle diese Erfindungen haben nur einen Sinn: Gleichzeitigkeit. Der Londoner, Pariser und der Wiener hören in der gleichen Sekunde dasselbe, und diese Gleichzeitigkeit, diese Uniformität berauscht durch das Überdimensionale. Es ist eine Trunkenheit, ein Stimulans für die Masse und zugleich in allen diesen neuen technischen Wundern eine ungeheure Ernüchterung des Seelischen, eine gefährliche Verfügung zur Passivität für den einzelnen. Auch hier fügt sich das Individuum, wie beim Tanz, der Mode und dem Kino, dem allgleichen herdenhaften Geschmack, es wählt nicht mehr vom inneren Wesen her, sondern es wählt nach der Meinung einer Welt.

Bis ins Unzählige könnte man diese Symptome vermehren, und sie vermehren sich von selbst von Tag zu

Tag. Der Sinn für Selbständigkeit im Genießen überflutet die Zeit. Schon wird es schwieriger, die Besonderheiten bei Nationen und Kulturen aufzuzählen als ihre Gemeinsamkeiten.

Konsequenzen: Aufhören aller Individualität bis ins Äußerliche. Nicht ungestraft gehen alle Menschen gleich angezogen, gehen alle Frauen gleich gekleidet, gleich geschminkt: die Monotonie muß notwendig nach innen dringen. Gesichter werden einander ähnlicher durch gleiche Leidenschaft, Körper einander ähnlicher durch gleichen Sport, die Geister ähnlicher durch gleiche Interessen. Unbewußt entsteht eine Gleichhaftigkeit der Seelen, eine Massenseele durch den gesteigerten Uniformierungstrieb, eine Verkümmerung der Nerven zugunsten der Muskeln, ein Absterben des Individuellen zugunsten des Typus. Konversation, die Kunst der Rede, wird zertanzt und zersportet, das Theater brutalisiert im Sinne des Kinos, in die Literatur wird die Praxis der raschen Mode, des »Saisonerfolges« eingetrieben. Schon gibt es, wie in England, nicht mehr Bücher für die Menschen, sondern immer nur mehr das »Buch der Saison«, schon breitet sich gleich dem Radio die blitzhafte Form des Erfolges aus, der an allen europäischen Stationen gleichzeitig gemeldet und in der nächsten Sekunde abgekurbelt wird. Und da alles auf das Kurzfristige eingestellt ist, steigert sich der Verbrauch: so wird Bildung, die durch ein Leben hin waltende, geduldig sinnvolle Zusammenfassung, ein ganz seltenes Phänomen in unserer Zeit, so wie alles, das sich nur durch individuelle Anstrengung erzwingt.

Ursprung: woher kommt diese furchtbare Welle, die uns alles Farbige, alles Eigenförmige aus dem Leben wegzuschwemmen droht? Jeder, der drüben gewesen ist, weiß es: von Amerika. Die Geschichtsschreiber der Zukunft werden auf dem nächsten Blatt nach dem großen europäischen Kriege einmal einzeichnen für unsere Zeit, daß in ihr die Eroberung Europas durch Amerika begonnen hat. Oder mehr noch, sie ist schon in vollem reißenden Zuge, und wir merken es nur nicht (alle Besiegten sind immer Zu-langsam-Denker). Noch jubelt bei uns jedes Land mit allen seinen Zeitungen und Staatsmännern, wenn es einen Dollarkredit bekommt. Noch schmeicheln wir uns Illusionen vor über philanthropische und wirtschaftliche Ziele Amerikas: in Wirklichkeit werden wir Kolonien seines Lebens, seiner Lebensführung, Knechte einer der europäischen im tiefsten fremden Idee, der maschinellen.

Aber solche wirtschaftliche Hörigkeit scheint mir noch gering gegen die geistige Gefahr. Eine Kolonisation Europas wäre politisch nicht das Furchtbarste, knechtischen Seelen scheint jede Knechtschaft milde, und der Freie weiß überall seine Freiheit zu wahren. Die wahre Gefahr für Europa scheint mir im Geistigen zu liegen, im Herüberdringen der amerikanischen Langeweile, jener entsetzlichen, ganz spezifischen Langeweile, die dort aus jedem Stein und Haus der numerierten Straßen aufsteigt, jener Langeweile, die nicht, wie früher die europäische, eine der Ruhe, eine des Bierbanksitzens und Dominospielens und Pfeifenrauchens ist, also eine zwar faulenzerische, aber doch ungefährliche Zeitvergeudung: die amerikanische Langeweile aber ist fahrig, nervös und aggressiv, überrennt sich mit eiligen Hitzigkeiten, will sich betäuben in Sport und Sensationen. Sie hat nichts Spielhaftes mehr, sondern rennt mit einer tollwütigen Besessenheit, in ewiger Flucht vor der Zeit: sie erfindet sich immer neue Kunstmittel, wie Kino und Radio, um die hungrigen Sinne mit einer Massennahrung zu füttern, und verwandelt die Interessengemeinschaft des Vergnügens zu so riesenhaften Konzernen wie ihre Banken und Trusts.

Von Amerika kommt jene furchtbare Welle der Ein-
förmigkeit, die jedem Menschen dasselbe gibt, denselben
Overallanzug auf die Haut, dasselbe Buch in die Hand,
dieselbe Füllfeder zwischen die Finger, dasselbe Ge-
spräch auf die Lippe und dasselbe Automobil statt der
Füße. In verhängnisvoller Weise drängt von der anderen
Seite unserer Welt, von Rußland her, derselbe Wille zur
Monotonie in verwandelter Form: der Wille zur Parzel-
lierung des Menschen, zur Uniformität der Weltanschauung, derselbe fürchterliche Wille zur Monotonie.
Noch ist Europa jetzt das letzte Bollwerk des Individualismus, und vielleicht ist der überspannte Krampf der
Völker, jener aufgetriebene Nationalismus, bei all seiner
Gewalttätigkeit doch eine gewissermaßen fieberhafte unbewußte Auflehnung, ein letzter verzweifelter Versuch,
sich gegen die Gleichmacherei zu wehren. Aber gerade
die krampfige Form der Abwehr verrät unsere Schwäche. Schon ist der Genius der Nüchternheit am Werke,
um Europa, das letzte Griechenland der Geschichte, von
der Tafel der Zeit auszulöschen.

Gegenwehr: Was nun tun? Das Kapitol stürmen, die
Menschen anrufen: »Auf die Schanzen, die Barbaren sind
da, sie zerstören unsere Welt!« Noch einmal die Cäsaren-
worte ausschreien, nun aber in einem ernsteren Sinne:
»Völker Europas, wahrt eure heiligsten Güter!« Nein,
wir sind nicht mehr so blindgläubig, um zu glauben,
man könne noch mit Vereinen, mit Büchern und Proklamationen gegen eine Weltbewegung ungeheuerlicher
Art aufkommen und diesen Trieb zur Monotonisierung
niederschlagen. Was immer man auch schriebe, es bliebe
ein Blatt Papier, gegen einen Orkan geworfen. Was immer wir auch schrieben, es erreichte die Fußballmatcher
und Shimmytänzer nicht, und wenn es sie erreichte, sie
verstünden uns nicht mehr. In all diesen Dingen, von
denen ich nur einige wenige andeutete, im Kino, im Ra-

dio, im Tanze, in all diesen neuen Mechanisierungsmitteln der Menschheit liegt eine ungeheure Kraft, die nicht zu überwältigen ist. Denn sie alle erfüllen das höchste Ideal des Durchschnittes: Vergnügen zu bieten, ohne Anstrengung zu fordern. Und ihre nicht zu besiegende Stärke liegt darin, daß sie unerhört bequem sind. Der neue Tanz ist von dem plumpsten Dienstmädchen in drei Stunden zu erlernen, das Kino ergötzt Analphabeten und erfordert von ihnen nicht einen Gran Bildung, um den Radiogenuß zu haben, braucht man nur gerade den Hörer vom Tisch zu nehmen und an den Kopf zu hängen und schon walzt und klingt es einem ins Ohr – gegen eine solche Bequemlichkeit kämpfen selbst die Götter vergebens. Wer nur das Minimum an geistiger und körperlicher Anstrengung und sittlicher Kraftaufbietung fordert, muß notwendigerweise in der Masse siegen, denn die Mehrzahl steht leidenschaftlich zu ihm, und wer heute noch Selbständigkeit, Eigenwahl, Persönlichkeit selbst im Vergnügen verlangte, wäre lächerlich gegen so ungeheure Übermacht. Wenn die Menschheit sich jetzt zunehmend verlangweilt und monotonisiert, so geschieht ihr eigentlich nichts anderes, als was sie im Innersten will. Selbständigkeit in der Lebensführung und selbst im Genuß des Lebens bedeutet jetzt nur so wenigen mehr ein Ziel, daß die meisten es nicht mehr fühlen, wie sie Partikel werden, mitgespülte Atome einer gigantischen Gewalt. So baden sie sich warm in dem Strome, der sie wegreißt ins Wesenlose; wie Tacitus sagte: »ruere in servitium«, sich selbst in Knechtschaft stürzen, diese Leidenschaft zur Selbstauflösung hat alle Nationen zerstört. Nun ist Europa an der Reihe: der Weltkrieg war die erste Phase, die Amerikanisierung ist die zweite.

Darum keine Gegenwehr! Es wäre eine ungeheure Anmaßung, wollten wir versuchen, die Menschen von diesen (im Innersten leeren) Vergnügungen wegzurufen. Denn wir – um ehrlich zu sein –, was haben wir ihnen noch zu geben? Unsere Bücher erreichen sie nicht mehr, weil sie längst nicht mehr das an kalter Spannung, an kitzliger Erregung zu leisten vermögen, was der Sport und das Kino ihnen verschwenderisch geben, sie sind sogar so unverschämt, unsere Bücher, geistige Anstrengung zu fordern und Bildung als Vorbedingung, eine Mitarbeit des Gefühles und eine Anspannung der Seele. Wir sind – gestehen wir es nur zu – allen diesen Massenfreuden und Massenleidenschaften und damit dem Geist der Epoche furchtbar fremd geworden, wir, denen geistige Kultur Lebensleidenschaft ist, wir, die wir uns niemals langweilen, denen jeder Tag zu kurz wird um sechs Stunden, wir, die wir keine Totschlageapparate brauchen für die Zeit und keine Amüsiermaschinen, weder Tanz noch Kino noch Radio noch Bridge noch Modenschau. Wir brauchen nur bei einer Plakatsäule in einer Großstadt vorüberzugehen oder eine Zeitung zu lesen, in der Fußballkämpfe mit der Ausführlichkeit von homerischen Schlachten geschildert werden, um zu fühlen, daß wir schon solche Outsider geworden sind wie die letzten Enzyklopädisten während der Französischen Revolution, etwas so Seltenes, Aussterbendes im heutigen Europa wie die Gemsen und das Edelweiß. Vielleicht wird man um uns seltene letzte Exemplare einmal einen Naturschutzpark anlegen, um uns zu erhalten und als Kuriosa der Zeit respektvoll zu bewahren, aber wir müssen uns klar sein darüber, daß uns längst jede Macht fehlt, gegen diese zunehmende Gleichmäßigkeit der Welt das mindeste zu versuchen. Wir können nur in den Schatten jenes grellen Jahrmarktslichtes treten und wie die Mönche in den Klöstern während der großen Kriege und Umstürze in Chroniken und Beschreibungen einen Zustand aufzeichnend schildern, den wir wie jene für eine

Verwirrung des Geistes halten. Aber wir können nichts tun, nichts hindern und nichts ändern: jeder Aufruf zum Individualismus an die Massen, an die Menschheit wäre Überheblichkeit und Anmaßung.

Rettung: so bleibt nur eines für uns, da wir den Kampf für vergeblich halten: Flucht, Flucht in uns selbst. Man kann nicht das Individuelle in der Welt retten, man kann nur das Individuum verteidigen in sich selbst. Des geistigen Menschen höchste Leistung ist immer Freiheit, Freiheit von den Menschen, von den Meinungen, von den Dingen, Freiheit zu sich selbst. Und das ist unsere Aufgabe: immer freier werden, je mehr sich die anderen freiwillig binden! Immer vielfältiger die Interessen ausweiten in alle Himmel des Geistes hinein, je mehr die Neigung der anderen eintöniger, eingleisiger, maschineller wird! Und alles dieses ohne Ostentation! Nicht prahlerisch zeigen: wir sind anders! Keine Verachtung affichieren für alle diese Dinge, in denen vielleicht doch ein höherer Sinn liegt, den wir nicht verstehen. Uns innen absondern, aber nicht außen: dieselben Kleider tragen, von der Technik alle Bequemlichkeiten übernehmen, sich nicht vergeuden in prahlerischen Distanzierungen, in einem dummen ohnmächtigen Widerstand gegen die Welt. Still, aber frei leben, sich lautlos und unscheinbar einfügen in den äußeren Mechanismus der Gesellschaft, aber innen einzig ureigenster Neigung leben, sich seinen eigenen Takt und Rhythmus des Lebens bewahren! Nicht hochmütig wegsehen, nicht frech sich weghalten, sondern *zusehen*, zu erkennen suchen und dann wissend ablehnen, was uns nicht zugehört, und wissend erhalten, was uns notwendig erscheint. Denn wenn wir uns der wachsenden Gleichförmigkeit dieser Welt auch mit der Seele verweigern, so wohnen wir doch dankbar treu im Unzerstörbaren dieser Welt, das immer jenseits aller Wandlungen bleibt. Noch wirken Mächte, die aller Zerteilung und Nivellierung spotten. Noch bleibt die Natur wandelhaft in ihren Formen und schenkt sich Gebirge und Meer im Umschwung der Jahreszeiten ewig gestaltend neu. Noch spielt Eros sein ewig vielfältiges Spiel, noch lebt die Kunst im Gestalten unaufhörlich vielfachen Seins, noch strömt Musik in immer anders tönender Quelle aus einzelner Menschen aufgeschlossener Brust, noch dringt aus Büchern und Bild Unzahl der Erscheinung und Erschütterung. Mag all das, was man unsere Kultur nennt, mit einem widrigen und künstlichen Wort immer mehr parzelliert und vernüchtert werden – das »Urgut der Menschheit«, wie Emil Lucka die Elemente des Geistes und der Natur in seinem wunderbaren Buche nennt, ist nicht ausmünzbar an die Massen, es liegt zu tief unten in den Schächten des Geistes, in den Minengängen des Gefühls, es liegt zu weit von den Straßen, zu weit von der Bequemlichkeit. Hier im ewig umgestalteten, immer wieder neu zu gestaltenden Element erwartet den Willigen unendliche Vielfalt: hier ist unsere Werkstatt, unsere ureigenste, niemals zu monotonisierende Welt.

Die moralische Entgiftung Europas

Ein Vortrag für die Europatagung
der Accademia di Roma, 1932

Wenn wir Europa als einen einzigen geistigen Organismus betrachten – und dazu geben uns die zweitausend
Jahre gemeinsam aufgebauter Kultur ein unbedingtes
Recht –, so können wir uns der Erkenntnis nicht ver-
schließen, daß dieser Organismus im gegenwärtigen Augenblicke einer schweren seelischen Verstörung anheim-
gefallen ist. In allen oder beinahe allen Nationen zeigen
sich dieselben Erscheinungen starker und rascher Reizbarkeit bei großer moralischer Ermüdung; ein Mangel
an Optimismus, ein plötzlich aufspringendes, aus jedem
Anlaß sich entzündendes Mißtrauen, jene typische Nervosität und Unfreudigkeit, die aus dem Gefühle der allgemeinen Unsicherheit stammt. Die Menschen haben
seelisch, so wie die Nationen ökonomisch, eine ständige
Anstrengung notwendig, um sich im Gleichgewicht zu
erhalten; schlechte Nachrichten werden leichter geglaubt
als die hoffnungsfreudigen, und sowohl die Individuen
als die Staaten scheinen eher bereit, einander gegenseitig
zu hassen, als in vergangenen Epochen, das gegenseitige
Mißtrauen erweist sich unermeßlich stärker als das Vertrauen. Ganz Europa steht unter einer Föhnstimmung
und Schirokkoluft, welche das lustvolle Spiel der freien
Kräfte hemmt, auf die Stimmung drückt und, ohne eine
wirkliche Aktion zu fördern, die Nerven gefährlich reizt.

Daß dieser Spannungszustand im letzten noch immer
einen Rückstand im Blutkreislaufe aus dem Kriege bedeutet, ist zu klar, als daß es weiterhin noch bewiesen
werden müßte. Die Kriegsjahre haben die Menschen in

allen Ländern an höhere und heftigere Spannungen des Gefühles gewöhnt. Da Kriege nicht kühl und kalt geführt werden können und nicht nur rein rechnungsmäßige Exempel von Zahlen und Maschinen darstellen, war ein ungeheurer Einschuß gesteigerter Leidenschaft notwendig, um eine so fürchterliche und lange Frist wie den vierjährigen Weltkrieg bis zum Ende zu führen. Ein gewisses »Dumping«, ein ständiges Anfachen der Instinkte des Hasses, des Zornes, der Erbitterung war notwendig in allen Staaten, um immer und immer wieder die Teilnehmer von der Notwendigkeit des Einsatzes äußerster Gefühlskräfte zu überzeugen, denn nach Goethes Wort ist Begeisterung »keine Heringsware, die man einpökeln kann auf viele Jahre«; sie ist an sich nur ein kurzer Emotionszustand, ein seelendynamischer Superlativ, und diese kurze Frist mußte unbedingt ausgedehnt und verlängert werden. So wurde unablässig in allen Ländern der Haß gegen den Gegner immer neu genährt und diszipliniert, Millionen eigentlich indifferenter Naturen zu einem höheren Gefühlsverbrauch an Haß genötigt, als ihnen organisch und natürlich war. Mit dem Friedensschluß wurde dann diese Pflicht zum Haß mit einmal abgestellt und für unnötig erklärt. Aber ein Organismus, einmal an ein Rauschgift gewöhnt, kann es nicht plötzlich entbehren. Wer jahrelang Narkotika oder Stimulantia ständig verbraucht hat, dessen Körper kann sich nicht von einer Stunde zur anderen völlig zu Entbehrungen umschalten, und so ist – leugnen wir dies nicht – das Bedürfnis nach politischer Spannung, nach kollektivem Haß bei unserer Generation weiterhin latent geblieben. Er hat sich nur vom äußeren Landesfeind umgeschaltet in andere Richtungen, Haß von System zu System, von Partei zu Partei, von Klasse zu Klasse, von Rasse zu Rasse, aber im wesentlichen sind seine Formen dieselben geblieben: das Bedürfnis, sich als Gruppe feindselig gegen andere Gruppen zu ereifern, beherrscht noch heute Europa, und man muß an jene alte Sage denken, wo längst nach der Schlacht noch die Schatten der Toten in den Lüften weiter miteinander kämpfen. Dieser verhängnisvolle Zustand der Unsicherheit, der seelischen Unruhe, des Mißtrauens und der gegenseitigen Feindseligkeit wird aber von allen geistigen Menschen Europas in allen Ländern gleich schmerzlich empfunden, und das Problem tritt an uns gebieterisch heran, wie eine moralische Entgiftung des Organismus wieder vorzunehmen wäre, auf welche Weise die seelische Depression, die gleichzeitig mit der wirtschaftlichen unser Abendland belastet – wobei die seelische die wirtschaftliche, die wirtschaftliche die seelische unablässig steigert – durch eine systematische Aktion vermindert werden könnte.

Mit soviel Mut und Entschlossenheit er dieses Problem auch anzugehen geneigt ist, muß der Aufrichtige sich zunächst eingestehen, daß auf eine plötzliche brüske Umschaltung eines Zustandes, der schon Millionen von Seelen innerlich ergriffen hat, nicht zu hoffen ist. Bei seelischen Erkrankungen gibt es nicht die magna therapia sterilisans, die einmalige plötzliche Wunderkur, sondern wie bei jeder Vergiftungserscheinung kann nur eine allmähliche Entziehungskur einsetzen, eine logische, systematische Entwöhnungskur für die seinerzeitige plötzliche irrationale Gewöhnung. Wir dürfen uns keinen Hoffnungen auf plötzlichen Umschwung hingeben, wir müssen vielleicht – schmerzlich dies zu sagen und uns einzugestehen! – auf eine völlige Heilung unserer eigenen Generation, der Kriegsgeneration, schon verzichten und unsere ganze Kraft dahin wenden, daß wenigstens das nächste Geschlecht, die kommende und wahrhaft aufbauende Generation, nicht mehr der falschen und unglückseligen Haßmentalität der unseren verfällt. Mit Proklamationen, Aufrufen, Konferenzen, Bündnissen und Manifestationen guten Willens an die Menschen von heute ist nicht genug getan. Es muß eine zähe, vorbedachte, systematische Arbeit geleistet werden, um die Seele der neuen, der nächsten Generation reiner, fester, heller und klarer zu kristallisieren, als die unsere es gewesen, welcher der Krieg mit seinem furchtbaren Hammer die ursprüngliche Form zerschlagen hat. Wir dürfen nicht mehr daran denken, das Zersplitterte zusammenzusetzen, sondern einzig, das noch Ungeformte neu und zu fruchtbarerer Form aufzubauen.

Dieser Aufbau einer neuen Generation muß selbstverständlich an dem Punkte des geistigen Erwachens beginnen, in der Schule, also in der Lebensstunde, wo noch weich, zart und wie plastisches Wachs sich die Geistigkeit des werdenden Menschen der verständigen Hand des Lehrers darbietet. Alles wird richtig entschieden sein, wenn die neue Jugend Europas gleichzeitig in allen Ländern Europas richtig belehrt wird. Diese neue Erziehung aber muß von einer veränderten Auffassung der Geschichte ausgehen, und zwar von dem Grundgedanken, die Gemeinsamkeit zwischen den Völkern Europas stärker zu betonen als ihren Widerstreit. Diese Auffassung, die mir und manchem als die notwendigste erscheint, ist bisher immer unterdrückt worden zugunsten der rein politischen und nationalpolitischen Geschichtsauffassung. Dem Kinde wurde gelehrt, seine Heimat zu lieben, eine Auffassung, der wir nicht widersprechen und der wir nur noch hinzuzutun wünschten, daß ihm gleichzeitig gelehrt würde, die gemeinsame Heimat Europa und die ganze Welt, die ganze Menschheit zu lieben, den Begriff Vaterland nicht feindselig, sondern in einer Verbundenheit mit den anderen Vaterländern darzustellen. Dieser Auffassung, die wir wünschen, widerspricht aber bei allen Nationen die Darstellung der Geschichte, die in jedem Lande in demselben Sinne gelehrt wird, nämlich, daß immer und überall der jeweilige historische Gegner des Landes seit Tausenden und Tausenden Jahren als der Feind, als der im Unrecht befindliche dargestellt wird und das eigene Vaterland als im Recht; daß im Schulbuche alle Kriege als vom Gegner gewaltsam aufgezwungene und nur zur Verteidigung vom eigenen Vaterlande geführte geschildert werden. Vielleicht – dies sei willig zugegeben – kann politische Geschichte, Nationalgeschichte, nicht anders geschrieben werden und nicht anders gelehrt; vielleicht drückt diese Art, Geschichte zu schreiben und zu lehren, sogar einen moralischen Gedanken aus; denn nur die naiven Völker im Urzustande haben den Mut gehabt, sich zu rühmen, kühn und frech Kriege aus reiner Lust begonnen zu haben; und es ist typisch, daß diese Art der Geschichtsschreibung, die jeden Krieg und jede Eroberung als erzwungen darstellt, gerade mit dem ersten geistigen Menschen beginnt, der zugleich Krieger und Darsteller seines Krieges war, mit Julius Cäsar. Als erster zeigt dieser große Charakter schon eine gewisse Scham, einzugestehen, er habe Gallien, Britannien und Germanien nur erobert, um die Macht Roms zu vergrößern, um seine eigene Macht zu steigern; sondern unablässig erklärt er sich von den einzelnen Völkerstämmen als provoziert, als herausgefordert, und indem er seine Siege rühmt, wagt er in einer edlen Scham doch nicht zuzugestehen, aus reinem Eroberungsdrange bis ans Ende Europas vorgedrungen zu sein. Je mehr wir moralisch empfinden, je mehr wir den bloß um der Eroberung willen produzierten Krieg als eine unhumane und dem sittlichen Gesetz zuwiderhandelnde Sache betrachten und nur den aufgezwungenen Krieg, den Krieg der Verteidigung, als entschuldbar, desto mehr werden in allen Ländern die Lehrer und die Schulbücher gezwungen sein, jeden historischen Krieg im Geschichtsunterricht als eine Provokation des Gegners und die eigene Nation als die angegriffene darzustellen. Alle nationale Geschichte bei allen Nationen muß darum notwendigerweise, um bei der Jugend ehrliche Begeisterung zu erwecken, dem Nachbarlande die Schuld zuweisen. Das ist eigentlich unvermeidlich, und wenn heute auf Kongressen gefordert wird, aus den Schulbüchern wenigstens die groben Angriffe oder Verdächtigungen zu entfernen, so ist damit der eigentliche Kern des Problems nicht berührt. Denn immer wird der junge, glühende Mensch den Heroismus seiner Väter und Ahnen nur ganz würdigen und begreifen können, wenn er ihren Kampf als einen Kampf des Rechtes und der Redlichkeit ansieht. Darum wird und muß alle politische Geschichte in allen Ländern niemals objektiv sein und nie völlig objektiv gemacht werden können. Geben wir die Hoffnung auf, dies zu ändern, und setzen wir unsere Kraft lieber ein für wirklich erreichbare Ziele.

Die wirkliche Änderung, die ich zur Entgiftung der moralischen Sphäre bei der Jugend für fruchtbar halte, müßte viel gründlicher sein und tiefer greifen; sie müßte eine Umschaltung des Lehrplanes in allen Staaten und Ländern von der politischen, der militärischen Geschichte zur Kulturgeschichte bringen. Zu lange und zuviel hat man Geschichte nur als eine Aufeinanderfolge von Kriegen dargestellt, als ob die militärische Leistung die einzige und einzig heroische jedes Landes und sein wesentlicher Anspruch an die Menschheit in den zwei oder drei Jahrtausenden unserer geistigen Existenz gewesen wäre. Von einer übernationalen Warte gesehen, von einem Universalstandpunkte aber ergibt nun dieser Aspekt der Geschichte als Kriegsgeschichte eigentlich eine völlige Sinnlosigkeit. Völker schlagen Völker, Armeen Armeen, Feldherren besiegen Feldherren, Städte werden zerstört, Länder werden groß und wieder klein, Reiche schwellen auf oder schwinden zusammen, immer andere, immer andere, es ist ein ewiges Weiter und Weiter und kein Aufstieg und kein Zusammenhang. Neben dieser Geschichte besteht aber glücklicherweise noch eine zweite der Menschheit: der Aufbau der Kultur, die großen Erfindungen, die Entdeckungen, die Fortschritte in Sitte, Wisenschaft und Technik, und während die bloße Geschichte der Kriege als Gesamtheit nur ein ständiges Auf und Ab ergibt, zeigt die Kulturgeschichte ein ständiges unaufhaltsames Hinauf, ein immer und immer höheres Empor. Während die Kriegsgeschichte dartut, was die einzelnen Länder aneinander verschuldet, wie Frankreich Deutschland plündert und Deutschland Frankreich, wie Griechenland Persien schädigt und Persien Griechenland, während sie in den Nachfahren unweigerlich Haß erregt und nachträgliche Erbitterung, zeigt die andere, die Kulturgeschichte, was eine Nation der anderen verdankt, und erschafft so das großartige Register aller Errungenschaften und Entdeckungen. In der Kriegsgeschichte erscheinen sich die Völker einzig als Feinde, in der Kulturgeschichte als Brüder, durch sie begreifen sie, wie ein Land das andere befruchtet, wie Erfindung mit Erfindung sich ergänzt hat, wie von einem Volke zum anderen gleichsam Ströme des schöpferischen Willens hinübergehen und jede einzelne Leistung, im Gegensatze zu den kriegerischen, das gemeinsame Wohl steigert. Die Geschichte als Kriegsgeschichte, wie sie heute noch fast ausschließlich gelehrt wird, zeigt, wie Europa sich ununterbrochen zerstört hat, die Kulturgeschichte, die heute leider noch nicht genug Gegenstand der Schulen ist, lehrt, wie die Völker Europas sich dank der gemeinsamen Leistung Roms, Griechenlands, Frankreichs, Deutschlands, Italiens, Englands, Spaniens, Hollands, Skandinaviens immer mehr zu einem herrlichen und größeren geistigen Begriffe aufgebaut haben. Die Kriegsgeschichte lockt die Jugend, Gewalt zu bewundern, Kulturgeschichte lehrt sie, den Geist zu verehren, jene den Krieg, diese den Frieden als die höchste menschliche Leistung zu empfinden. Blicken wir das Geschehen der Welt durch die Kulturgeschichte an, so fördern wir unbewußt den Geist der Gemeinsamkeit und das Gefühl des Optimismus, denn hier ist Aufstieg ohne Ende, eine in immer höhere Sphären aufklingende Harmonie.

Wollen wir also den Geist des Mißtrauens durch jenen des Vertrauens ersetzen, so müssen wir in der Jugenderziehung die Kulturgeschichte, die geistige Geschichte zumindest als gleichberechtigt neben die militärische und politische setzen. Unsere Generation hat noch in den Schulen von Xerxes und Darius, von Kambyses, von barbarischen, uns völlig gleichgültigen Königen mehr gelernt als von Leonardo, von Volta, von Franklin, Montgolfier und Gutenberg. Wir mußten jede kleine Schlacht auswendig wissen, aber keine Zeile stand in den Büchern darüber, wer die ersten Bahnen gebaut, wer die neue Chemie erfunden. Wir wurden absichtlich im Dunkel gehalten über die kulturelle Leistung unserer Nachbarvölker und wußten nur, in welchen Schlachten und unter welchen Generalen wir ihnen feindselig begegnet waren. Hier scheint mir eine Umstellung nötig, und ich glaube, daß die neue Jugend ihr innerlich eigentlich sehr herzlich bereit wäre. Denn instinktiv, vom Hause aus, von der Straße, von der Zeitung her weiß sie um die Wunder der Technik und ist gewillt, sie zu bewundern. Die Schilderungen verwegener Entdeckungsfahrten, der Überquerung des Ozeans, der Nordpolfahrten, die Taten des individuellen und des moralischen Heroismus können ebenso in ihr Begeisterung erwecken wie die blutigen Schlachtberichte; und je mehr die technische Vortrefflichkeit nicht nur den Ruhm, sondern auch die Sicherheit der Nation ausmacht, um so wertvoller wäre es, rechtzeitig eine Generation zu erziehen, die ebensoviel

Ehrfurcht hegt vor dem Erfinder in seinem Laboratorium, dem genialen Organisator in seiner Arbeitsstube, vor einem Edison, einem Marconi, einem Einstein, eine Generation, die den Künstler und den geistigen Menschen, eben weil er ihrer Nation Liebe und Ehrfurcht in der ganzen Welt einbringt und das Ansehen ihrer Sprache und der geistigen Leistung steigert, als das neue Vorbild ihrer seelischen Energie betrachtet. Würde die Kulturgeschichte in den Mittelpunkt der Erziehung gestellt statt der politischen Geschichte, so wäre mehr Ehrfurcht unter den Nationen voreinander und weniger Mißtrauen gegeneinander, mehr Liebe zum Geist und weniger Neigung zur Gewalt in der kommenden Generation, und vor allem stärkte sich jener so notwendige Optimismus, daß wir, welcher Nation immer wir zugehören, durch gemeinsame Leistung in Europa alle politischen, alle wirtschaftlichen, alle sozialen Schwierigkeiten schließlich doch bemeistern können und die Vorherrschaft behalten, die wir seit zweitausend Jahren auf dieser »kleinen Halbinsel Asiens«, wie sie Nietzsche nennt, vor der Geschichte behauptet haben.

Es ist aber nicht genug, Kulturgeschichte als etwas Vergangenes und Historisches zu lernen; die zweite Forderung zu einer wirklichen Befriedung Europas wäre, die Jugend Kulturgeschichte auch erleben zu lassen. Denn Bücher und Schulen sind nur ein Teil der moralischen Erziehung eines Menschen; das Wesentliche erlernt sich immer nur durch das wache Auge, das lebendige Gefühl. So wie den Ablauf der Geschichte muß der zukünftige europäische Mensch auch die Gegenwartsleistung der anderen Völker, ihr Positives und Schöpferisches kennenlernen, und zwar durch eigene unmittelbare Anschauung. Dies geschieht heute bis zu einem gewissen Grade durch das Reisen, aber nur in einer unzulänglichen Weise, denn erstens gibt eine Ferienreise nur flüchtigen

Blick und meist einen entstellten, zweitens ist den meisten Menschen Reisen nur vergönnt im Alter der Reife und nicht in der entscheidenden Jugendzeit. Dies aber ist vor allem wichtig und wäre anzustreben, daß durch besondere Aktionen gerade die Jugend aller Länder die Nachbarländer kennenlernte, denn nur in diesen anfänglichen Jahren ist die Seele völlig offen, lernbereit und dem Bejahen zugestimmt, während der dreißig-, der vierzigjährige Mensch bis zu einem gewissen Grade erstarrt ist in seiner ausgebauten Lebensform und meist schon kritischen und skeptischen Geistes, zu verhärtet, um sich zu wandeln, zu oft enttäuscht, um sich zu enthusiasmieren. Die wichtigste Frage also wäre, die Jugend mit Jugend in Kontakt zu bringen, und zwar nicht in einen äußerlichen, sondern in den wirklich schöpferischen einer gemeinsamen Arbeit und wirklichen Kameradschaft.

Ein Teil dieser Arbeit könnte an den Universitäten geschehen; hier wäre ein Punkt, auf dem ich insistieren möchte. Längst scheint mir eine gemeinsame Vereinbarung der Staaten und Universitäten nötig, die international dem Studierenden die Anrechnung eines Studiensemesters oder eines Studienjahres an einer auswärtigen Universität erlaubt. Heute ist noch zwischen den meisten Ländern diese Möglichkeit verschlossen, denn ein Deutscher, der ein halbes oder ein ganzes Jahr an einer italienischen Universität studieren will, muß dieses Jahr, bei dem er menschlich und moralisch so viel gewinnen würde, in seinem Studiengang als ein verlorenes verzeichnen, weil es ihm im Heimatlande nicht als Studienjahr angerechnet wird. Durch diese Maßnahme ist unzähligen jungen Menschen und gerade den besten und lernbegierigsten, gerade denen, die ihre heimischen Lernmethoden mit den ausländischen konfrontieren, die eine fremde Sprache gründlich erlernen und mit einer anderen Generation, mit einer anderen Methode in Fühlung geraten möchten, der Weg versperrt. Und dieses Versäumnis ist fast nie mehr nachzuholen, denn nach vollendetem Studiengang kommt gebieterisch für die meisten, ja die allermeisten jungen Menschen heute schon die Forderung raschen Erwerbes; nur wenige können ein Jahr in der Fremde ihrem Studiengang noch hinzutun, und so entwickeln sich Künste und Wissenschaften national nebeneinander, ohne sich schöpferisch und hilfreich im Geiste einer jungen Generation zu durchdringen. Aber nicht nur die Universitäten sollten von einem solchen Austausche erfaßt werden, sondern vielleicht schon in den Gymnasien die Ferien genützt, um durch Stipendien oder Austausch jungen, lernbegierigen Menschen die Welt und das Weltbild zu erweitern. Ich könnte mir denken, daß es fruchtbar wäre, wenn in jeder höheren Schule Italiens, Deutschlands, Frankreichs, Spaniens immer je ein Schüler besonderer Eignung und Neigung für die Ferien im Auslande bestimmt würde, wenn die Staaten beiderseitig diesem Gewählten freie Reise und Rückreise auf ihren Bahnen gewährten und zwischen den einzelnen Familien ein Austausch vereinbart würde, so daß auch die Unbemittelten oder Minderbemittelten dieses Vorteils teilhaftig würden. Damit würde in allen Ländern gleichzeitig eine wachsame und wohlgesinnte Generation erzogen werden, eine Elite, welche die fremden Sprachen, die fremden Sitten, die fremden Länder aus eigener Anschauung kennt, eine Art Generalstab der geistigen Armee, welche gemeinsam die Zukunft erobern soll. Eine regere Durchblutung im Kreislaufe des Denkens, des Studierens würde beginnen. Und jedem einzelnen Lande würde es zum Vorteile gereichen, in den Staatsstellen, im Handel, an den Universitäten eine solche Auslese junger Leute zu besitzen, die natürliche innere Bindungen der Kameradschaft und Erziehung zu

Nachbarländern in jungen Jahren schon erworben hat. Von dieser Elite, von dieser Gruppe der freundschaftlich Verbundenen würde dann in jedem Lande Kenntnis des anderen Landes unmittelbar ausstrahlen, sie wären die berufenen Träger der Vermittlung, die Verbreiter des Verständnisses und damit die Bekämpfer jenes dumpfen Mißtrauens zwischen den Nationen, das wir eigentlich als verhängnisvoller empfinden als jede kurze und kriegerische Feindschaft.

Ist einmal eine solche Gemeinschaft geschaffen, eine neue Generation, die in ihrer Jugend ohne Haß und mit Ehrfurcht vor der gemeinsamen europäischen Leistung erzogen wurde, ist einmal in allen Ländern eine breitere Schicht zugleich national und europäisch eingestellter Menschen geschaffen, so können wir daran denken, höhere Organisationen einzusetzen, etwa eine europäische Akademie, eine europäische Universität, die abwechselnd bald in dieser, bald in jener Hauptstadt eines Landes tagt, eine Akademie, welche die einzelnen Akademien der einzelnen Länder umfaßt, eine höchste Instanz, die friedlich und freundschaftlich jede Annäherung fördert, jedes Mißverständnis verhindert. Gewisse solche Ansätze sind im Völkerbund versucht worden. Aber schwerfällig im Apparat, zu stark von der Diplomatie beherrscht, zu unjugendlich und professoral, hat er sich dieser lebendigen Aufgabe bisher noch nicht gewachsen gezeigt und die Atmosphäre des Mißtrauens eher verstärkt als vermindert. Das Politische ist dort noch wesentlicher als das Kulturelle, und da Politik immer Schwierigkeiten bietet und auf Spannungen gegründet ist, muß unsere ganze Bemühung darauf hingehen, zur Gesundung Europas die Annäherung der nationalen Mentalitäten mehr und mehr auf die Tragfläche der kulturellen Leistung zu verschieben. Hier, wo wir wahrhaft verbunden sind, alle Nationen, alle Rassen und Klassen, können wir am ehesten hoffen, zu einem unpolitischen, überpolitischen Einverständnis zu gelangen, und es scheint mir darum wichtig, vor der politischen, militärischen, finanziellen Einheit Europas, der heute noch ein Gegenwille entgegenstrebt, die kulturelle zu verwirklichen; unendlich viel zu einer solchen Verständigung könnte ein gemeinsames europäisches Organ, eine Zeitschrift oder besser noch eine Tageszeitung wirken, die mit dem gleichen Texte in allen Sprachen Europas erscheint und sich zum Ziele setzte, jedes Wort zu unterdrücken, das das Mißverständnis vermehrt, und auf jede Möglichkeit hinzuweisen, welche die Bindung und das Verständnis steigert, kurzum eine positive, eine optimistische, eine energienverstärkende Zeitung oder Zeitschrift, die der Generation aller Länder zeigt, daß geheimnisvoll verborgen eine Aufgabe und ein Werk da ist, an dem sie arbeiten und an dem sie mithelfen kann, wenn sie von ihrem Lande aus und in ihrer Nation die geistige Leistung steigert. Auf diese Sphäre, die kulturelle, vermögen wir zuerst hinzuwirken und dort den Widerstreit der Nationen, statt ihn völlig auszuschalten, in Zusammenarbeit umzusetzen, die nationalen Energien durch den Wettstreit fruchtbar zu machen für das gemeinsame Ziel und somit der neuen, der kommenden Jugend ein stärkeres Weltvertrauen, einen leidenschaftlicheren Zukunftsglauben mitzuteilen, als die Kriegsgeneration ihn allein noch aufzubringen wußte.

Stellt sich also die moralische Entgiftung Europas als eine sehr langfristige, sehr sorgsam und liebevoll zu beginnende Kur da, bei der wir die endgültige Heilung vielleicht selbst nicht mehr erleben werden, geschieht diese Leistung vielleicht eigentlich nicht mehr für uns selbst, für unsere geprüfte und an den Schwierigkeiten der Zeit erprobte Generation, sondern erst für die nächste, die kommende, die neue Jugend, welche Europa neben dem eigenen Vaterlande als gemeinsame Heimat des Herzens betrachten wird, so heißt dies darum nicht, daß wir heute müßig sein dürfen und all diese aufklärende, bildende Arbeit dem nächsten Geschlechte überlassen. Auch innerhalb unserer Generation ist noch Wesentlichstes zu tun, und vor allem dies: zu vermeiden, daß neue Fieberkeime des Hasses, neue seelische Entzündungsprozesse diese langsam einsetzende Aktion gefährden. Gleichzeitig, während wir die im Blute der Völker noch vom Kriege her zurückgebliebenen Haßelemente abschwächen und allmählich ausscheiden wollen, müssen wir verhindern, daß sie vom Politischen her neue Nahrung erhalten; hier wartet der Gegenwart noch eine sehr wichtige Aufgabe. Erfahrungsgemäß entsteht der Haß zwischen Nationen, zwischen Rassen und Klassen, zwischen einzelnen Menschengruppen selten von innen her, sondern meist durch Infektion oder durch Incitation, und das gefährlichste Mittel, ihn anzufachen, ist die öffentliche, die durch Druckschriften verbreitete Unwahrhaftigkeit. Wir erleben heutzutage noch immer die traurige Erscheinung, daß nur die Ehre des einzelnen Menschen, die Ehre eines Unternehmens, die Ehre von Gruppen und Gesellschaften gegen Verleumdung und Unwahrhaftigkeit durch ein Staatsgesetz geschützt ist, daß also jede Unwahrhaftigkeit, die einen einzelnen, ein Unternehmen, eine juristische Person betrifft, durch eine Berichtigung, durch eine Klage sofort geklärt und ungültig gemacht und bestraft werden kann. Dagegen ist merkwürdigerweise die Ehre ganzer Nationen noch immer ungeschützt. Wenn in einem Lande eine offenbar falsche, absichtlich lügenhafte oder verleumderische Nachricht über andere Nationen in den Zeitungen veröffentlicht wird oder grobe ehrenkränkende Unterstellungen gegen ein anderes Volk zum Druck befördert werden, so besteht heute noch keine gesetzliche Möglichkeit, diese

Zeitungen, diese Zeitschriften zum Widerruf zu verhalten. Während also die Ehre des einzelnen verteidigungsfähig ist, bleibt die Ehre ganzer Nationen, ganzer Völker gegeneinander völlig schutzlos. Hier müßte nun endlich eine Instanz geschaffen werden, eine internationale und übernationale, welche die Macht und die Pflicht hat, jede in irgendeinem Lande über ein anderes Land gebrachte falsche Mitteilung oder Anklage zu dementieren, und die Zeitungen oder Zeitschriften aller Länder müßten sich verpflichten oder vom Staate her verpflichtet werden, diese Richtigstellungen sofort zu veröffentlichen. Hätten wir eine Instanz dieser Art, hätten wir eine einheitliche Vereinbarung in allen Ländern Europas, welche dieses Amtes waltete, und jeder Lüge, ehe sie in die Welt läuft, sofort energisch auf die Beine treten würde, so wäre in allen europäischen Staaten unendlich weniger Aufhetzung und Mißtrauen gegen die Nachbarstaaten; das latente Haßbedürfnis, das noch immer in unserer Generation in verhängnisvoller Weise schwelt, fände keine neue Nahrung und die Atmosphäre wäre beträchtlich gereinigt. Um gleich von vorneweg einem Mißverständnis den Weg zu sperren, möchte ich betonen, daß damit keineswegs der politischen Polemik, der geistigen Diskussion von Land zu Land, der freien Meinungsäußerung innerhalb jeder Nation Abbruch getan werden sollte; nur dies muß gefordert werden, daß diese an sich energiefördernde politische Polemik sich auf einem höheren Niveau entfalte und niemals unwahre und aufhetzerische Nachrichten zum Stützpunkte nehmen solle; denn ich glaube, daß nationale Politik innerhalb Europas möglich sein muß ohne Beschimpfung und vor allem ohne Verleumdung.

Eine solche übernationale Instanz, die das Recht der Berichtigung aller politischen Lügen innerhalb aller Länder Europas innehätte, wäre meines Empfindens nach leicht zu schaffen: es genügten sechs Männer, zwölf Männer von Ruf und Ansehen, an die sich in jedem einzelnen Falle die beleidigten oder verleumdeten Personen oder Nationen wenden könnten und deren mehrstimmiger oder einstimmiger Beschluß sofort die Richtigstellung auf autoritativer Grundlage verlangen könnte. Eine solche Instanz würde keiner europäischen Nation abträglich sein und allen förderlich, sie würde zugleich, statt die Zeitungen in ihrer Wirkung einzuschränken, das moralische Vertrauen der Leser steigern, denn jeder einzelne in allen Ländern wüßte, daß er jede Nachricht, die er über ein Nachbarland gedruckt erhält, als eine wahrhafte und beglaubigte hinnehmen darf und daß jede Lüge rücksichtslos entlarvt wird. Würde in diesem Sinne die gedruckte Lüge, die gefährlichste, weil weitreichendste, von allen Völkern einheitlich bekämpft, so fände der Haß weniger Nahrung, das Vertrauen würde gesteigert, und dem ganzen Stande der Schreibenden, den Zeitungen und Zeitschriften wäre eine höhere Moralität und damit die so notwendige Friedensmission gegeben.

Damit wäre freilich nur der negative Teil unserer sittlichen Aufgabe erfüllt, die Ausschaltung der Lüge. Wir aber persönlich, die wir uns das Ideal höherer Eintracht zwischen den Nationen bei Wahrung der Eigenart aller Nationen als höchstes sittliches Ziel setzen, wir hätten außerdem dazu noch die Verpflichtung, durch aktive unermüdliche Tätigkeit im Sinne der Gerechtigkeit dem jüngeren Geschlechte ein Beispiel zu geben. Daß wir uns jedes Wortes enthalten, das Mißtrauen zwischen den Nationen zu steigern vermöchte, daß wir unsere Feder nie mit einem Satz beschmutzen, der die Ehre, das Ansehen oder auch nur die Eitelkeit einer Nachbarnation herabsetzen könnte, ist Selbstverständlichkeit für unser Fühlen. Aber wir haben außerdem noch die positive Pflicht, jede Gelegenheit zu ergreifen, um die Leistung unserer

Bruderländer in dem eigenen Lande und vor der Welt zu rühmen, die Jugend zu überzeugen, daß eben die Generation, die den fürchterlichsten Haß der Welt gekannt, diesen Haß hassen gelernt hat, weil er unfruchtbar ist im Sinne des kulturellen Aufbaues und weil er die schöpferische Kraft der Menschheit mindert. Wir müssen, wir Schriftsteller, Künstler, Musiker, wir geistigen Menschen alle, der Jugend ein Beispiel geben, daß jede geistige Leistung in jedem Lande zugleich Kameradschaft mit Gleichgesinnten und allen Gleichbestrebten aller Länder und Nationen bedeutet und daß unser Gefühl der Bewunderung für jede Leistung nicht haltmachen darf an Sprachen und Grenzen wie an verschlossenen Türen. Wir müssen zeigen, wir Älteren, daß Bewunderung die innere Kraft nicht abnützt, sondern steigert, und dem allein, der Enthusiasmus immer wieder in sich anzufachen weiß, eine neue geistige Jugend immer wieder geschenkt ist. Je mehr wir uns dem Geiste verbinden, desto weitere Flächen des Lebens vermögen wir liebend zu überschauen, und wenn es auch uns selbst nicht mehr beschieden sein sollte, wieder einen klaren, wolkenlosen Himmel der Eintracht über Europa zu erblicken, so wollen wir doch für dieses noch unsichtbare Ideal unsere ganze Kraft bereithalten und ihm unsere ganze Leidenschaft widmen, damit die nächste Generation in allen Nationen die Sphäre eines von allem Haß und Mißtrauen entgifteten Europas als zweite Heimat neben und über der eigenen Heimat erlebe. Möge sie dann lächeln über die Torheiten, denen wir jahrelang verfallen waren, über unsere Irrtümer, über unser Mißtrauen! Aber möge sie uns nicht beschuldigen können, wir hätten nicht unser Bestes getan, wieder zur Gerechtigkeit zurückzufinden und der Vernunft ihr ewig schöpferisches Wort wieder zurückzugeben!

1914 und Heute

Anläßlich des Romans von Roger Martin du Gard
›Eté 1914‹
1936

Wenn mich der neue Roman Roger Martin du Gards so stark erschüttert hat wie seit Jahren kein Buch, so weiß ich, daß diese aufrüttelnde Wirkung nicht allein seinen außerordentlichen künstlerischen Wert zur Ursache hat. Roger Martin du Gards Buch ist zugleich von einer aufregenden Aktualität, obzwar seine Geschehnisse fast ein Vierteljahrhundert zurückliegen. Denn die Atmosphäre jener Tage, die er mit einer so bezwingenden künstlerischen Wahrheit wiedergibt, gleicht einerseits unheimlich der unseren und ist andererseits von ihr derart verschieden, daß man unwillkürlich von Blatt zu Blatt immer wieder das Damals mit dem Heute vergleicht. Gerade unsere Generation in Europa, die beides wach erlebt hat, die damalige und die heutige Zeit, wird unablässig zum Vergleich herausgefordert und – dies der sittliche, der dokumentarische Wert dieses Buches zu all seinen andern Werten – in ihrem Verantwortungsbewußtsein gestärkt und in ihren moralischen Energien gekräftigt.

Dieser Roman ›Eté 1914‹ [Sommer 1914] ist der letzte Band (oder es sind vielmehr die drei letzten Bände) des großen Romans ›Les Thibault‹ [Die Thibaults]. Man erinnert sich noch an die ersten Bände, in denen eine Familiengeschichte erzählt war, die Schuljahre zweier Brüder, das Schicksal einer Freundschaft, die Widerstände und Spannungen innerhalb der Familie, eine Aufeinanderfolge sehr ergreifender und menschlicher Einzelepisoden. Und schon war man mit den wesentlichen

Gestalten wie mit Freunden vertraut, da stockte plötzlich der Roman mit dem sechsten Bande ›La Mort du Père‹ [Der Tod des Vaters]. Es gingen sonderbare Gerüchte in den literarischen Kreisen, Roger Martin du Gard hätte das Manuskript der nächsten Bände vernichtet. Er hätte den Plan der Fortsetzung aufgegeben. In der Tat, jahrelang erschien kein Band, und man spürte, daß irgendein Widerstand sich der Vollendung entgegensetzte. Aber nun erweist es sich, daß diese Pause nur das Zögern vor einem letzten, entscheidenden Aufstieg war, denn mit diesen letzten drei Bänden erreicht der Roman unvermutet eine Höhe, die weit die zeitgenössische Literatur übergipfelt. Das Einzelschicksal des Helden Jacques Thibault, die privaten Geschehnisse dieser Familie münden in das größte und entscheidendste Geschehnis unserer Welt, und großartiger, eindringlicher als in irgendeinem historischen Buche sind in diesen drei Bänden die unheilvollen sechs Wochen von der Ermordung des Thronfolgers Franz Ferdinand bis zu den ersten Kriegstagen Tag für Tag in ihrer zeitlichen und seelischen Aufeinanderfolge gespiegelt. Es ist kein Kriegsroman, sondern mehr: es ist der Roman der Entstehung des Krieges, noch einmal atmet man genauso erregt und beklommen die feurige, überhitzte Luft jener schicksalschwangeren Tage mit. Man konfrontiert seine eigenen Erinnerungen mit diesen, die im Lichte klarerer, reinerer Erkenntnis gespiegelt sind, und unwillkürlich ist man genötigt, das Kommen und Werden dieses vergangenen, dieses historischen Krieges mit dem Kommen und Werden des Kriegs zu vergleichen, der uns heute in Europa bedroht. Erschreckt erkennt man die Ähnlichkeit der Situation von damals und heute und noch erschreckter vielleicht den Kontrast der damaligen und der heutigen Haltung.

Es möge nun bei diesem Anlaß einem von uns, die wir jene Zeit erlebt haben und die Gefahr heute abermals zu erleben genötigt sind, erlaubt sein, in flüchtigem Umriß diesen Kontrast zwischen der damaligen geistigen Situation in Europa und der heutigen festzuhalten. Im Jahre 1914 war – und dies schildert Roger Martin du Gard großartig – der Krieg für das eigentliche Europa etwas Verschollenes geworden, eine Sache, an deren Realität man nicht recht glaubte und von der man keine deutliche Vorstellung hatte. So wie es in Podolien und irgendwo unten im Balkan ein paar uralte Jäger gab, die in ihrer Kindheit noch Bären gejagt hatten, so gab es 1914 ein paar weißhaarige, gichtische Generäle oder Veteranen, die noch 1866 oder 1870 in einem europäischen Kriege mitgefochten hatten und davon erzählten. Aber der großen Masse schien der Krieg längst etwas Unglaubhaftes, etwas unserer Zeit Unwürdiges und vor allem etwas im zwanzigsten Jahrhundert Unmögliches. Niemand wagte ihn offen zu fordern, ihn offen zu bejahen, und selbst die kleinen Kreise, die ihn heimlich wollten und vorbereiteten, schämten sich, diesen Willen und diese Vorbereitungen offen einzugestehen. Die Kaiser, die Kanzler, die Diplomaten und selbst die Offiziere sprachen immer nur vom Frieden und wieder vom Frieden. Es gab keine Professoren, keine Politiker und Bierbankschwätzer, die es wagten, den Krieg offen als ein »Stahlbad« zu rühmen, und die Vorbereitungen wurden sorgsam vor dem Volke verdeckt. Die wenigen, die den Krieg wollten, wußten genau, daß man die Nationen mit List und Geschwindigkeit überraschen und vor ein fait accompli [vor eine vollendete Tatsache] stellen müsse, weil auf allen Seiten die Nationen den Krieg einhellig nicht wollten und die geheimen Gegenkräfte gegen den Krieg im zwanzigsten Jahrhundert den Kriegshetzern äußerst gefährlich schienen. 1914 standen die Regierungen vor unberechenbaren Widerständen, die 1866 und 1870 noch nicht bestanden hatten. Innerhalb dieser fünfzig Jahre war die Internatio-

nale des Sozialismus begründet worden, eine Gemeinschaft, zwanzig oder dreißig Millionen Menschen in Europa umfassend und nach ihrem Bekenntnis verpflichtet,
jeden Kriegsversuch zu sabotieren. Außerdem bestanden
im bürgerlichen Lager starke Gegenorganisationen. Ber-
tha von Suttner hatte begonnen, den Pazifismus zu orga-
nisieren, und die führenden Staatsmänner, Künstler und
Gelehrten förderten ihre Bemühungen. Im Jahre 1913
statteten große Gruppen deutscher und französischer
Parlamentarier aller Schichten einander demonstrativ
Besuche ab. Außerdem war – wichtiger Unterschied! –
die Presse ganz Europas mit Ausnahme von Rußland im
Jahre 1914 völlig unzensuriert, es gab eine öffentliche
Meinung, die öffentliche Meinung war gegen den Krieg.
Die Gegenkräfte hatten also freien Raum, sich zu entwickeln, Hunderttausende und Millionen Arbeiter konnten – auch daran erinnert das Buch Roger Martin du
Gards – in Berlin und Paris auf den Straßen noch in
letzter Stunde demonstrieren, und gerade rückschauend
kann man heute sagen, daß ein paar Dutzend parlamen-
tarischer Führer, die rechtzeitig den Machinationen energisch entgegengetreten wären, damals für Millionen das
Unglück hätten verhüten können. Es gab im Juli 1914
(und dies ist wesentlich zu betonen) sehr große und in
ihrer Intensität unberechenbare Volkskräfte, die einer
Mobilisation gefährlich werden konnten; darum blieben
Kaiser und Könige und Präsidenten bis zum letzten Augenblicke unsicher, ob die Parlamente die Kriegskredite
bewilligen, die Millionen Arbeiter sich willig einreihen
würden, ob die internationale Sozialdemokratie nicht
noch in letzter Stunde durch einen Generalstreik einen
Vormarsch verhindern würde. Und wären in den einzelnen Ländern fünfzig Menschen von der Entschlossenheit, wie sie Roger Martin du Gard in seinem Helden
Jacques Thibault darstellt, aufgestanden, so hätten diese

heroischen Einzelnen diese Weltkatastrophe vielleicht unmöglich gemacht.

Wenn es damals dennoch zur Konflagration [zum Weltbrand] kam, so war (dies sieht man heute klar) der eigentliche Grund, daß bis zum letzten Augenblicke niemand an den Krieg glaubte. Die allgemeine Mentalität Europas hielt ihn für unmöglich, die sozialistischen Arbeiter vertrauten ihren Führern, die im entscheidenden Augenblick ängstlich ihr Bekenntnis im Stiche ließen, die Bürgerschaft vertraute dem Parlament und den Diplomaten; die Diplomaten wieder, die selber den Krieg fürchteten und die öffentliche Verantwortung, hofften in jedem Staat auf die Furcht des andern Staates. Österreich glaubte, Serbien werde auf seine Drohung zurückweichen, Rußland wiederum, Österreich werde schlapp werden, Deutschland hoffte, Rußland werde von seiner Drohung sich einschüchtern lassen, bis aus der allgemeinen Angst eine Panik entstand, in der alle Nationen dann gleich besessen und begeistert in den Krieg hineinrannten.

Alle diese Hemmungen fehlen heute vollkommen. Bewußt und unverhüllt melden einige Staaten ihren Expansionswillen und ihre Kriegsbereitschaft an. Die Aufrüstung geschieht in ungeheuren Proportionen und am lichten Tage; täglich kann man in allen europäischen Zeitungen als Segnungen der Aufrüstung gerühmt lesen, daß sie die Arbeitslosigkeit vermindere, die Börse belebe. Während 1914 kein geistiger Mensch und kein Politiker wagte, den Krieg zu bejahen oder gar zu preisen, werden heute in Europa und Japan ganze Völker einzig in der Ideologie des Krieges geistig (oder vielmehr antigeistig) organisiert und diszipliniert, die ganze ökonomische Wirtschaft ist heute überall mit zynischer Offenheit auf diesen Fall umgestellt und für ihn bereitgestellt. Man rechnet zur Stunde in Europa mit einem Kriege wie mit

einer Selbstverständlichkeit, beinahe wie mit einer Notwendigkeit, und so wird für die heutige Generation in
Europa die Entschuldigung fortfallen, vom Kriege
»überrascht« worden zu sein wie 1914. Denn er ist angekündigt, vorbereitet, offen und klar. Er steht nicht nur
vor der Türe, sondern hat seinen eisernen Fuß mitten im
Haus. Für die, die ihn wollen, wird es unermeßlich leicht
sein, in beliebiger Stunde ihn aufzudrehen wie einen Gas-
hahn, denn alle Widerstände, welche die Regierungen
von innen oder außen noch 1914 zu befürchten hatten,
sind schon im voraus unschädlich gemacht. Es gibt heute
in Europa kaum eine Möglichkeit öffentlicher Meinungsäußerung mehr. In mehr als der Hälfte der Länder
ist das freie Wort durch die Zensur unterbunden, und
selbst in andern unterstellt sich freiwillig die Vorsicht
den Wünschen des Auswärtigen Amtes. Die Internationale ist völlig zerschlagen, der Völkerbund ohne Wert,
Verträge und Vereinbarungen bedeuten keine Bindungen mehr. Nochmals und nochmals: die heute den Krieg
wollen, operieren mit hundertfach geringerer Gefahr als
ihre Vorgänger 1914, weil sie offen und unbehindert ihre
Tätigkeit entfalten können, weil sie nicht mehr nach moralischen Mäntelchen suchen müssen, um ihre Pläne zu
verkleiden, und vor allem, weil sie der absoluten Wehrlosigkeit und des unbedingten Gehorsams ihrer Staats-
bürger sicher sind. Alle kollektiven Widerstände gegen
den Krieg sind zur Stunde vollkommen zerschmettert.
Zwar fürchten sich noch Millionen Menschen innerhalb
unseres Europas vor dem Kriege, aber die Vorsorge, die
sie dawider treffen, ist eine durchaus persönlich egoisti-
sche. Sie häufen möglichst viel bares Gold und verstek-
ken es irgendwo in der Mauer, sie zementieren ihre Keller, um persönlich einem Luftangriff zu entkommen,
und kaufen sich Gasmasken. Aber alle haben sie den Gedanken an einen kollektiven Widerstand aufgegeben. Es

gibt keine Organisationen mehr und kaum einen Willen zu einer Friedensorganisation. Auch die Künstler, die Gelehrten sind müde geworden, Proteste zu unterschreiben, weil sie sehen, wie unsinnig es ist, ein Blatt Papier vor eine rennende Lokomotive zu werfen, und auf den Völkerbund zu hoffen haben selbst die Optimistischsten verlernt. Gegen den geschlossenen und wie noch niemals organisierten Willen zum Krieg einzelner Führer und Nationen steht heute – zeigen wir deutlich diese Gefahr! – in Europa eine grenzenlose Müdigkeit.

Tragischer Augenblick! Beschämendes Gefühl, daß 1914 mit seiner unentschiedenen Haltung, mit seinem schwächlichen, aber doch immerhin noch vorhandenen Widerstand gegen den Krieg uns heute, 1936, schon wie eine glorreiche und moralische Epoche erscheinen muß! Nichts hat mir stärkeren Eindruck gemacht, als ich in Argentinien die Schlachthäuser besuchte, wie dies, daß die Tiere unten zu ebener Erde in ihren Hürden munter beisammen standen, fraßen und muhten (und ein Paar sogar noch vergnüglich der Liebe gedachte), während oben im ersten Stock schon die Maschinen hämmerten und blitzten, die sie zehn Minuten später erschlagen, zerstückeln, zerlegen, abhäuten und ausweiden würden. Aber immerhin, das Tier ist in Ahnungslosigkeit gehüllt, es weiß nicht, wohin es geführt wird. Unseren menschlichen Herden in Europa, die heute vielleicht schon näher der Schlachtbank sind, als sie es ahnen, fehlt diese Entschuldigung. Es darf uns nicht täuschen, daß sie – vielleicht um sich zu betäuben – heiter in die Theater, die Kinos gehen, sich um die neueste Mode und allen unsinnigen Kleinkram eifriger bekümmern als um ihr wirkliches Schicksal – im Grunde wissen sie alle um die Gefahr, und nur der Wille ist erloschen, sie zu bekämpfen. Und wenn es die Tragik dieses Buches von Roger Martin du Gard ist, daß es so großartig darstellt, wie 1914 der

Widerstand nur knapp um einen Zoll zu gering gewesen ist, um die Katastrophe zu verhüten, so wird ein Buch, das die geistige und moralische Atmosphäre des nächsten Krieges beschreibt, nur das Klägliche schildern können, daß Europa auch gegenüber der äußersten Gefahr überhaupt keinen Widerstand geleistet hat. Wenn wir uns nicht im letzten Augenblick besinnen und zusammenfassen, wird es kein Heldenepos wie dieses mehr sein, sondern nur das Dokument einer unermeßlichen kollektiven Müdigkeit und einer mit Vernunft nicht mehr erklärbaren Indifferenz gegen den eigenen Untergang.

II
Europäisches Erbe

Die Stimme

In memoriam Josef Kainz

1910

Nach Mitternacht im Zimmer allein. Ein Buch hält mich wach, verwebt mich in seine Welt. Es ist Rhythmus darin und Strömung, immer tiefer gerate ich hinein, meine Gedanken treiben mit ihm durch fremde Landschaften in unbekannte Geschicke.

Plötzlich schrecke ich auf. Was ist? Wer hat mich gerufen? Wer mich angerührt?

Ich sehe um mich . . . Nichts! Niemand! Das Dunkel ist unbewegt rings um den runden goldenen Schacht, den die Lampe in die Nacht gräbt. Nichts! Ein Bild glitzert von der Wand, die Zigarette dreht eine graue Schraube Rauch in die Stille. Nichts!

Ich will wieder weiterlesen. Es geht nicht. Die Worte sind auf einmal so sinnlos geworden, schwarze, bleierne Lettern. Sie bleiben stehen, die früher mit den Gedanken um die Wette von Seite zu Seite liefen. Etwas muß zwischen sie und mich getreten sein. Irgend etwas muß sich eingedrängt haben in das Zimmer.

Ich horche . . . Nichts. Kein Ton! Selbst die Uhr verschluckt ihr Ticken. Kein Laut. Nichts, nichts, nichts. Und da erkenne ich erschreckt den ungebetenen Gast. Das Schweigen ist hereingetreten, und ich habe es nicht bemerkt, nicht rechtzeitig hinausgejagt mit ein paar harten Schritten durchs Zimmer. Das Schweigen ist da, aber nicht das sanfte, das atmende des sinkenden Abends, das Schweigen, das man sucht, das man beglückt einsaugt wie den Duft der ruhenden Felder. Nein, das böse Schweigen der einsamen Nächte, der freche, ungebetene

Gast mit dem kalten Atem, den feuchten Händen. Ungerufen schlüpft es herein, kriecht am Boden zuerst wie die Kälte, umwindet einem die Glieder, und plötzlich schlägt es einem die Faust auf das Herz. Jetzt ist es schon überall, hockt auf den Sesseln, steht hinter den Fenstern, atmet in den Büchern, es schwillt an, ich spüre, wie es an meine Brust sich anpreßt, wie ich's trinke mit jedem Atemzug, wie ich ertrinke, ersticke in dieser fürchterlichen Stille . . .

Ich wehre mich noch. Aber wenn man nur ringen könnte mit dem Schweigen der Mitternacht, es greifen, mit der Hand fassen und dann zerbrechen! Doch es gibt nach wie Gallert. Ich mache mit Absicht Geräusch, blättre im Buch: es raschelt, als fielen herbstliche Blätter. Dann wieder Stille. Wie Schnee auf eine frische Fußspur fällt das Schweigen über jeden Laut und löscht ihn aus. Es ist stärker als der Einsame, das Schweigen der Mitternacht . . .

Was tun? Schlafen? Ich fühle, daß ich's nicht könnte. Das Schweigen ist stärker als der Schlaf, sein Frost scheucht die Müdigkeit. Beängstigend ist diese geisterhafte Stille, sie quält mehr als das wildeste Geräusch. Ich bin ganz aufgewühlt davon, ich horche, ich hungere nach einem Laut, ich ertrinke, ersticke in dieser Stille, die an der Kehle würgt wie zu dünne Luft.

Jetzt eine Stimme hören, eine menschliche Stimme! Ein Wort nur, einen Atemzug! Dieser unsichtbaren Glasglocke zwischen mir und der Welt entrinnen, die einem die Lungen zupreßt, mich absperrt von allem Irdischen. Nur nicht so angespannt horchen auf einen Laut, der nicht kommt, nicht sich verbrauchen in qualvoller Erwartung. Immer drohender wird die Stille, ich fühle, sie zersprengt mir die Brust . . .

Ich kann nicht mehr kämpfen dagegen. Das Schweigen ist zu stark, es hat alle vier Wände in seiner Gewalt und drängt damit auf mich ein. Da gibt es nur Flucht. Ins

Freie hinaus, unter Menschen, sich müde gehen in den Straßen, den Schlaf in sich füttern, bis er das Schweigen niederringt und die Angst! Hinaus, nur hinaus, es nützt kein Widerstreben, weg aus diesen zu Stille erfrorenen Zimmern. Eine Stimme hören, eine menschliche Stimme, fühlen, daß man nicht einzig wach ist unter Millionen Schlafenden, nicht ein Vergessener in einer ausgestorbenen, vereinsamten Welt. Eine lebendige Stimme hören, nicht Worte aus Büchern graben: all ihre Weisheit gibt mir heute nicht so das Gefühl des Lebens wie ein einziges atmend gesprochenes Wort.

Hinab auf die Straße! Schon ist mir freier, wie ich jetzt Raum um mich habe, nicht mehr die vier drohend herangedrängten Wände. Auch hier haust das endlose Schweigen, doch fühle ich Regung rings um mich, außerhalb des eigenen Körpers: ein paar Wolken umjagen neugierig den nebligen Mond. Die unsichtbare Glasglocke des Schweigens ist größer geworden, aber noch immer läßt sie keinen Laut des Lebens herein. Die Welt scheint tot, das Schweigen hat sie ermordet. Eine Stimme jetzt, eine einzige Stimme, daß sie die unsichtbare Hülle zerschmettre, Luft gebe, den Atem des Lebens!

Weiter die Gassen, bis ich Menschen begegne. Da sind schon die ersten! Im Nebel streifen Gestalten vorbei, Menschenschatten mehr als Menschen; gehetzt, verfließend, stumm hasten sie über das verweinte Pflaster. Mit Absicht überhole ich zwei, die zusammen vorwärts eilen, in der Hoffnung, ein Wort aus ihrem Gespräch wegzustehlen. Nichts! Sie schweigen. Verdrossen hasten sie nebeneinander, Schatten mit Schatten.

Eine Stimme jetzt, eine Stimme hören! Ich trete in ein Café. Vielleicht treffe ich einen Freund, einen Bekannten, irgendeinen, der mit seinem Wort die drohende Stille in mir zerbricht. Denn wie ein Hunger ist das jetzt in mir: das Schweigen, das böse, das mitternächtige, hat sich eingefressen, ich spüre es schon im Blut rieseln wie ein Gift. Hier im Café ist Wärme, Licht, Bewegung, eine Wohnstatt immerhin. In den Ecken da und dort sitzen ein paar Menschen wie vergessen. Warum sitzen sie da? Sie lesen nicht, sie sprechen nicht. Vielleicht sind sie auch Aufgejagte, auch in Angst vor der Stille zwischen ihren vier Wänden. Sie wären wahrscheinlich beglückt, träte man zu ihnen hin, ein Gespräch zu beginnen: sie würden warm sein und herzlich, mir, dem Fremden, in dieser einsamen Stunde mehr von sich selbst erzählen als dem besten ihrer Freunde. Aber wer überschreitet zuerst mit einem Wort die Kluft zu einem Unbekannten? Und ich will jetzt eine Stimme, die zu mir spricht, zu mir allein ...

Wieder hinaus auf die Straße. Wie eine Angst ist es schon, weiter durch leere graue Gassen, wo der Schritt tot abspringt, vorbei an verschlossenen Fenstern. Wie kleine viereckige Teiche spiegeln sie feucht im Nebel: in ihrem Grund liegt irgendwo das Leben von Menschen, die dahinter wohnen. Ein paarmal streife ich vorbei am Schatten von Frauen, die rasch ein Lächeln über das Gesicht werfen oder einen leise anrufen. Seltsam! Für ein paar Geldstücke könnte man sich da Wärme kaufen, einen lebendigen atmenden Körper, Worte, zärtliche Worte! Worte, die sogar Gefühl wären, spräche man herzlich zu ihnen und ohne Hochmut. Beinahe ist es verlockend für einen, der nach Worten friert in einer einsamen Nacht. Aber ihre Stimmen sind rauh im Nebel, sie tun irgendwie weh. Aber wo soll ich in dieser verlorenen Nacht, in fremden Straßen irrend, eine reine Stimme finden, eine, die alle Kälte in mir schmelzen könnte, meine rätselhafte Unrast erlösen? Wie soll ich dich finden, Stimme, um deretwillen ich den Nebel durchjage? Wie reich müßtest du sein, um soviel Unruhe in sanfte Mattigkeit zu verwandeln, all dies Schwere abzutun! Ich weiß es zuinnerst ja längst, ich finde dich nicht mehr. Ich gehe nur, um müde zu werden, Blei in den Gliedern zu haben und schlafen zu können, den schwarzen Schlaf der Übermüdeten, den Schlaf ohne Träume ...

Ich gehe und gehe. Schon weiß ich nicht mehr, wohin. Da plötzlich klingt's leise von irgendwo. Ich bleibe stehen. Tappe näher hin gegen den Klang, horche: Musik! Ein Klavier. Ein Csardas. Ist hier irgendwo ein Lokal mit Menschen und Musik, Betäubung und Rausch? Undeutlich glänzt etwas mit tränendem gelben Licht durch den Nebel. Ich trete dicht heran. Nein, es ist kein Tanzlokal, nur ein Automatenbuffet. Aber Musik klingt von innen. Vielleicht weiß sie das richtige Wort.

Ich trete ein. Wie widerlich ist diese lackierte Pracht, diese grellen Plakate, diese schrillen Schreie von Farbe und glitzerndem Glas! Ein paar Einspännerkutscher sitzen in nebelnassen Mänteln herum und reiben die erfrorenen Hände, im Winkel steht eine ärmliche Frau und würgt etwas Heißes eilig hinab. Aber von rückwärts quillt Musik. Ein elektrisches Klavier rast die Ungarische Rhapsodie von Liszt. Gespenstisch sieht sich's an, wie eine unsichtbare Hand flink über die Tasten zu laufen scheint, wie die Töne in raschen Skalen hinaufperlen, die Tasten erschreckt schwarz oder weiß aufspringen, ohne daß sie jemand zu rufen scheint. An den »invisible man« [den unsichtbaren Mann] von Wells muß ich denken, daß der, in seiner unsichtbaren Nacktheit, frierend davor säße, mit seinen unsichtbaren Händen die Töne niederprasselnd. Aber schon spüre ich das Wohltuende des gesteigerten Rhythmus: etwas Angst zerbricht in mir, die Eisdecke des Schweigens birst. Bald wird es fluten. Da verlischt die Glühkerze, das Schweigen bannt die zitternden Tasten ...

Stimme der Musik, bist du es, die mich still machen will in dieser trostlosen Nacht? Willst du, die keine

Worte hat und doch die tiefere Gewalt des Unaussprech-
lichen, mir Freund sein, mich umhüllen mit deinem flutenden Gewand? Ich will dich beschwören, dich, sin-
gende Seele der Welt. Schon trete ich hin, das Klavier mit
einem Geldstück zu wecken. Aber da steht ein Grammophon, ein großer, blinkender Mund, rund aufgerissen, als
wollte er schreien. Ich mag sie sonst nicht, diese Mu-
miensärge der lebendigen Worte: aber ist nicht Men-
schenstimme in ihnen, reine, klare, im Gesang befreite,
und sehne ich mich nicht nach einer irdischen Stimme?
Ich will's versuchen. Die Tafeln deuten das Repertoire
an, Namen an Namen.

Und plötzlich reißt's mich auf! Da steht: Josef Kainz,
›Der Gott und die Bajadere‹. Josef Kainz, ›Monolog aus
Hamlet‹. Ein Schauer süßer Angst faßt mich innen; sollte
es wirklich möglich sein, dieses unaussprechliche Wunder? Soll ich wirklich diese Stimme, die reinste, die je an
mein Ohr geklungen, diese edle, nie vergessene Stimme,
soll ich sie wirklich jetzt hören können inmitten dieser
einsamen Nacht? Diese Stimme, die schon den Knaben
in mir entzückte, von der wir heute noch träumen, wenn
wir Verse schreiben, sie, die tiefer hinabreicht in mein
Gefühl der Sprache, als mir Erinnerungen je enträtseln
können? Ich wage vor Ungeduld und Bangen kaum zu
fragen, ob es möglich ist. Aber der Kellner nickt gleichgültig und verschlafen, nimmt die Platte mit ruhiger
Hand – als wäre sie toter Stoff und nicht beseelt von dem
Kostbarsten des Lebens – aus dem Schrank, spannt sie
ein und dreht die Kurbel. Es schnarrt ein. Es rasselt. Und
da – unwillkürlich schrecke ich zusammen – die ersten
Worte »Mahadöh, der Herr der Erde« ... Furchtbares
Gefühl, ihn zu erkennen, aus dessen zerstörter Brust eine
irdische Kunst zuvor noch die beseelte Stimme entrissen!
Ja, das ist sie, die mit tausend bunten Pfeilen traf, süß
verwundend, wild aufreizend, schwermütig das Blut

vergiftend, Kainzens Stimme, die ich vernichtet geglaubt mit seinem Leben! Aber wie trübe klingt sie hier, wie gedämpft, wie fern, welcher Rost hat sich an ihren blanken Stahl gelegt! Doch wie ferne ist auch er! Wie weiten Weg hat sie noch bis zu uns her, diese Stimme: einen Sarg muß sie zersprengen, durch dunkle lastende Erde sich ringen, den weitesten Weg muß sie wandern, den wir kennen, die ganze unendliche Breite zwischen Leben und Tod überfliegen! Wie sollte sie, die einst so reine, nicht trübe sein, da sein Atem sie nicht mehr nährt, nicht mehr die knabenhaft kühne Lippe die Worte schleudert, nur ein hohles Gefäß sie zitternd ausgießt in die schauernde Luft? Ist's nicht schon Wunder genug, sie zu erkennen, jetzt, da sie in reinem Bogen wie ein Springbrunnen ansteigt, in jene Klarheit empor, wo sonst nur Musik ihre Schwinge entspannt! Ja, du Wundervolle, immer deutlicher erkenne ich dich wieder. Und jetzt, bei dieser Stelle sehe ich auf einmal sein Antlitz, entsinne mich, wie damals seine nervige Hand dem Wort nachsprang in einer wundervollen Geste des Wegschleuderns. Und jetzt, jetzt sehe ich ihn ganz, wie er's damals vor den Tausenden las, umbrandet vom Tumult des Lebens. Immer heller wird sein Bild an den Worten, immer näher fühl' ich ihn kommen, jede Linie sehe ich an seinem Gesicht, das feine Zucken um die Lippen ... Da – ein heiserer erwürgter Ton, das Wort bricht zusammen, jählings, unvermutet, entsetzlich wie sein eigenes Leben ...

Ich schrecke auf und starre einen Augenblick das blanke Grammophon an, das jetzt nichts mehr ist als ein runder Trichter Blech. Ringsum wieder triste Welt! Ein paar Menschen waren nähergetreten, als die Stimme einsetzte. Aber sie sind gelangweilt weggegangen: ich hatte ja keine Operette walzen lassen. Recht so: einsame Zwiesprache will ich mit ihm!

Wunderbare Tröstung des Schlaflosen, die Worte des

größten Deutschen von der reinsten Stimme zu hören, die unsere Sprache gemeistert! Mystisches Gefühl, in tiefster Einsamkeit Zwiesprache zu halten mit einem geliebten Toten, ihn nah zu fühlen, seine Stimme zu hören! Unvergleichliches Geheimnis unserer von Schwätzern klein gescholtenen Zeit, die den Toten die Stimme entreißt und sie, die vergängliche, dauerhaft heimisch macht in den Jahren, klingend von Geschlecht zu Geschlecht, nie mehr versiegbar, stets zu erneuern! Gewaltige Zeit, die in der unübersteigbaren Mauer zwischen Leben und Tod einen Spalt aufgerissen, die den Atem von Vergangenen bewahrt, ihre Sprache versteinert zu handlicher Scheibe und sie wieder beseelt mit einem leichten Griff! Wie dank' ich dir diese Stunde, die mich wieder Ehrfurcht vor dir gelehrt an einem Geheimnis des Lebens!

Noch einmal will ich sie nahe fühlen, die teure Stimme des Toten! Nun den Monolog aus ›Hamlet‹. Oft hab' ich sie gehört, die geheimnisvolle Frage, aber immer nur von diesem Ufer hinüber in die unbekannte Ferne; zum erstenmal soll ich sie von drüben vernehmen, »vom unentdeckten Land, von des' Bezirk kein Wandrer wiederkehrt«. Ja, kling mir auf, Stimme von drüben, du geliebte! Furchtbare Resonanz, die das Schicksal jedem Worte gibt! Oh, es zu hören:

> Sterben – schlafen,
> Schlafen – vielleicht auch träumen. Ja, da liegt's!
> Was in dem Schlaf für Träume kommen mögen,
> Wenn wir den Drang des Ird'schen abgeschüttelt?

Furchtbar, es von ihm noch als Frage zu hören, von ihm, der schon die Antwort weiß. Ich höre, höre hin, und wirklich, es klingt mir wie aus anderer Welt: nie hat mich seine Stimme so erschüttert wie in dieser Stunde, nie mich sein Wesen so aufgewühlt, auf der Bühne nicht und nicht im Gespräch mit ihm, nein, selbst damals nicht, als er, der unrettbar Verlorene, vom weißen Kran-kenkissen noch eine Zukunft sich baute, indes er schon Vergangenheit, ein Abgelebter wurde. Warum nun auf einmal spür' ich diese Worte in ihrer ganzen mystischen Gewalt? Ich kann's nicht erklären. Ist's nur das Geheim-nis dieser Nacht, daß ich nun vor diesem hohlen Trichter hier in diesem verräucherten Lokal reineren Schauer vor dieser Frage fühle als je in meinem Leben?

Wieder zerbricht die Stimme, wieder das Erlöschen, so entsetzlich erinnernd an das andere, das nicht wieder zu erneuernde seines Lebens. Genug! Nein, nicht noch ein-mal dich aufrühren, geliebte Stimme, aus deinem tiefen Schlummer! Hier selbst, im verstümmelten Abbild, fühle ich deine alte Gewalt über mich, wunderbar erregt zu sein im Blut, aufgewühlt im tiefsten Empfinden, ge-reizt in allen Nerven, rhythmisch klingend von dir, du Lebensstrahlende, du Zauberische, die du jetzt noch den Ruhelosen freundlich erlöst vom Frost seines Herzens. Beruhigung ist's mir, ein Glück, dich noch nicht ganz vergangen zu wissen, dich, die wir schon mit ihm be-trauert; zu wissen, daß du heute noch Gewalt hast über die Menschen, Triumph trägst über den Tod hinaus.

Verwandelt wandere ich heimwärts. Das Schweigen fühl' ich nicht mehr, Musik ist in mir und in der Welt. Bilder durchfluten mich, beinahe schon Träume, herge-tragen von deiner Stimme. Dank, Dank dafür! Der du so oft mir im Leben wilde Erregung gabst, schenkst mir heute den Schlummer. Mein Gang ist gestrafft in Erinne-rung deines Schrittes, sanfte Müdigkeit beginnt von dei-nem Wein in mir zu gären, sanfte süße Müdigkeit, ich fühle mich leicht und schwer zugleich. Und leise hebt jetzt in meinem Blut jenes zitternde Klingen an, das dem Schlaf als Verkünder so seltsam feierlich voranwandelt wie auf den Bildern der Alten der junge Flötenbläser vor dem Schlummer und dem Tode ...

Gustav Mahlers Wiederkehr
1915

Er ist wieder heimgekehrt, der große Vertriebene von einst, heimgekehrt im Ruhme zur Stadt, die er, ein Verstoßener, vor wenigen Jahren erst verließ. Im gleichen Saale, wo früher sein zwingender Wille dämonisch gewaltet, wirkt nun seines entschwundenen Wesens vergeistigte Form, klingt jetzt sein Werk. Nichts hat es wegzuhalten vermocht, nicht Schmähung und Erbitterung; unwiderstehlich wachsend am eigenen Werte, reiner zu fühlen, weil nicht mehr kämpfend betrachtet, füllt und dehnt es jetzt unsere innere Welt. Kein Krieg, keine Geschehnisse haben dies elementare Aufblühen seines Ruhmes hindern können, und derselbe, der vor engster Frist den Leuten hier noch Anstoß war, Unhold und Ärgernis, über Nacht ist er nun Tröster geworden und Befreier. Schmerz und Entschwundenes – seine Kindertotenlieder künden ihn stärker als irgendeiner der Zeit, und wie sich Trauer durch Tiefe des Gefühles selber verklärt, wer will es nicht heute fühlend lernen in seinem Abschiedsgesang, im ›Lied von der Erde‹? Nie war er so lebendig und beseelend dieser Stadt, er, Gustav Mahler, als nun, da er ferne ist, und die den Wirkenden undankbar ließ, ist ihm nun Heimat für immer. Die ihn liebten, haben gewartet auf diese Stunde, aber nun sie gekommen ist, macht sie uns nicht froh. Denn von einem sehnten wir uns zum andern: solange er wirkte, galt unser Wunsch, sein Werk, seine Schöpfungen lebendig zu sehen. Und nun, seit sie im Ruhme sind, ersehnen wir wieder ihn, der nicht mehr wiederkehrt.

Denn uns, einer ganzen Generation, war er mehr als ein Musiker, ein Meister, ein Dirigent, mehr als Künstler bloß, er war das Unvergeßliche unserer Jugend. Jung sein bedeutet im letzten ja, des Außerordentlichen gewärtig sein, irgendeines phantastisch schönen, über die enge Welt des Blickes hinausgesteigerten Begebens, einer Erscheinung, die Erfüllung ist einer vorgeträumten Vision. Und alles, Bewunderung, Begeisterung, Demut, all die regen Kräfte der Hingebung, des Überschwangs, sie scheinen nur so heiß und chaotisch im unfertigen Menschen geballt, um von solcher erkannter oder vermeinter Erscheinung – in der Kunst, in der Liebe – bis ganz innen in Brand zu stehn. Und es ist Gnade, solche Erfüllung in der Kunst, in der Liebe früh und unverbraucht an einem wahrhaft Bedeutsamen zu erleben, noch mit vollem, strömendem Gefühl ihr frei zu sein. Uns ist dies geschehen. Wer diese zehn Jahre der Oper unter Mahler jung erlebt hat, dem ist etwas gewonnen für sein Leben gewesen, das mit Worten nicht zu messen ist. Mit der feinen Witterung der Ungeduld spürten wir vom ersten Tage an das Seltene, das Wunder in ihm, den dämonischen Menschen, diesen Seltensten aller, der durchaus nicht eines ist mit dem Schöpferischen, sondern vielleicht noch geheimnisvoller in seiner Wesenheit, weil er ganz Naturkraft ist, beseeltes Element. Nichts zeichnet ihn von außen, kein Merkmal hat er als seine Wirkung, die unbeschreibliche, nur vergleichbar manchen zauberischen Willkürlichkeiten der Natur. Dem Magnet ist Ähnliches inne. Tausend Stücke Eisen mag man durchgreifen. Sie sind alle träg, nur nach unten wissen sie zu stürzen in der Last ihrer inneren Schwere, fremd allen anderen und unwirksam. Und da ist ein Stück Eisen, nicht glänzender und reicher als die anderen, aber innen hat es eine Gewalt – Gewalt von Sternen her oder den letzten Tiefen der Erde –, die alles Verwandte an sich reißt, seiner eigenen Form verkettet und von der inneren Schwere löst. Was der Magnet an sich gerissen, das beseelt er, kann er es lang genug an sich halten, mit der eigenen Kraft, er strömt sein Geheimnis aus und gibt es weiter. Er saugt Verwandtes an sich, um es zu durchdringen, er teilt sich aus, ohne sich zu schwächen: aber Wirkung ist sein Wesen und sein Trieb. Und diese Gewalt – von Sternen her oder den letzten Tiefen der Erde – ist im dämonischen Menschen der Wille. Tausend Menschen sind um ihn, tausend und tausend, jeder nur hinausstürzend in die eigene Lebensschwere, träg und unbeseelt. Aber er reißt sie an sich, er füllt, ohne daß sie es wissen, ihr Wesen mit seinem Willen, mit seinem Rhythmus, er steigert sich in ihnen, indem er sie beseelt. In einer Art Hypnose zwingt er alle an sich heran, spannt die Stränge ihrer Nerven in die eigenen, reißt sie (oft schmerzhaft) in seinen Rhythmus. Er knechtet, er zwingt ihnen Willen auf, aber dem Willigen gibt er vom Geheimnis seiner Kraft. Ein solcher dämonischer Wille ist in Mahler gewesen, einer, der niederzwang und Gegenwehr brach, aber er war Kraft, die beseelte und erfüllte. Um ihn war eine feurige Sphäre, die jeden anglühte, brennend oft, aber immer zur Klarheit. Unmöglich war es, ihr sich zu entziehen: man sagt, die Musiker hätten es manchmal versucht. Aber dieser Wille war zu heiß: an ihm schmolz jeder Widerstand. Mit seiner Energie ohnegleichen zwingt er diese ganze Welt von Sängern, Statisten, Regisseuren, Musikern, das wirre Beieinander von Hunderten von Menschen in zwei, in drei Stunden in seine Einheit um. Er reißt ihnen den Willen aus, er hämmert, walzt und feilt ihre Fähigkeiten um, er stößt sie, selbst nun schon Glühende, in seinen Rhythmus hinein, bis er das Einmalige aus dem Täglichen gerettet hat, die Kunst aus dem Betrieb, bis er sich selbst in dem Werke und das Werk in sich verwirklicht hat. Und magisch strömt ihm von außen alles zu, was er benötigt, er scheint es zu finden, aber es findet ihn. Es sind Sängerinnen vonnöten, reiche, feurige Naturen, Wagner zu gestalten und Mozart: von ihm gerufen (oder eigentlich von dem Dämon in ihm unbewußt gewollt), erstehen uns die Mildenburg und die Gutheil; ein Mahler ist vonnöten, um hinter die belebte Musik auch belebtes Bild zu stellen, und Alfred Roller entdeckt sich. Was ihm verwandt ist, wessen er bedarf zum Werke, ist auf einmal wie durch Zauber da, und je mehr sie Persönlichkeiten sind, desto leidenschaftlicher fügen sie sich der seinen. Alles ordnet sich um ihn, gleitet gefügig in seinen Willen, und an diesen Abenden ist plötzlich ein Werk, eine Menge, ein Haus um ihn gestellt, wie für ihn allein. Aus seinem Taktstock zuckt der Rhythmus unseres Blutes: wie ein Blitzableiter die Spannung einer ganzen Atmosphäre, so bindet er in der einen Spitze unser ganzes gedrängtes Gefühl. Nie in der darstellenden Kunst habe ich so etwas an Einheit erlebt wie an manchen dieser Abende, die in ihrer reinen Wirkung nur Elementarem vergleichbar sind, einer Landschaft mit Himmel, Wolken und dem Atem der Jahreszeit, jener ungewollt harmonischen Geschlossenheit der Dinge, die nur für sich selbst da sind, urteilslos und unbefangen. Damals haben wir junge Menschen an ihm die Vollendung lieben gelernt, wir haben erkannt durch ihn, daß es dem gesteigerten Willen, dem dämonischen, noch immer möglich ist, mitten in unserer fragmentarischen Welt aus dem brüchigen irdischen Material für eine Stunde, für zwei, das Ewige, das Makellose aufzubauen, und er hat uns dadurch gewärtig gemacht, es immer wieder zu erwarten. Er ist uns damals ein Erzieher geworden und ein Helfer. Keiner, kein anderer in jener Zeit hat ähnliche Gewalt über uns gehabt.

Und so stark war diese Dämonie seines inneren Wesens, daß sie durchschlug wie eine Stichflamme durch die dünne Schicht seines äußeren Seins, denn er war ganz Glut, kaum zu halten in der schwächlichen Rinde seiner Körperlichkeit. Man wußte ihn, wenn man ihn einmal gesehen. Alles an ihm war gespannt, war Überschuß, vorbrechende Leidenschaft, es flackerte etwas um ihn wie die Funken um die Leydener Flasche. Der Furor war sein Element, das einzig Adäquate seiner Kraft, in der Ruhe schien er überreizt, war er ohne Bewegung, riß und zuckte es elektrisch an ihm. Man konnte sich ihn kaum müßig denken, schlendernd oder sanft, das Überheizte eines inneren Kessels verlangte immer Kraft, zu treiben, etwas vorwärts zu stoßen, tätig zu sein. Immer war er unterwegs, einem Ziele zu, wie mitgerissen von einem großen Sturm, und alles war ihm zu langsam, er haßte vielleicht das wirkliche Leben, weil es brüchig, zähe, träge, weil es Masse mit Erdschwere und Widerstand war und er zu jenem wirklichen Leben hinter den Dingen wollte, auf den äußersten Firnen der Kunst, wo diese Welt in den Himmel greift. Er wollte durch, durch alle diese Zwischenformen zu den reinen, zu den klaren, wo die Kunst durch Makellosigkeit zum Element wird, schlackenlos und kristallen, absichtslos und frei; aber dieser Weg ging, solange er Direktor war, durch das Tägliche des Betriebes, die Widerwärtigkeiten des Geschäftes, die Hemmungen der Böswilligkeit, durch das dicke Gestrüpp der menschlichen Kleinlichkeiten. Er riß sich wund daran, aber er ging, er lief, er raste nach vorwärts, wie ein Amokläufer diesem Ziele zu, das er außen wähnte, im Unnahbaren, und das doch schon in ihm lebte: der Vollendung. Ein Leben lang lief er so nach vorwärts, alles beiseite schleudernd, niederstoßend, zutretend, was Hemmnis war, er lief und lief, wie von der Angst gejagt, die Vollendung nicht zu erreichen. Hinter ihm gellten die hysterischen Schreie der gekränkten Primadonnen, das Stöhnen der Bequemen, das Höhnen der Unfruchtbaren, die Meute der Mittelmäßigen, aber er wandte sich nie zurück, er sah nicht, wie die Zahl seiner Verfolger anschwoll, spürte die Prügel nicht, die sie ihm in den Weg warfen, er stürmte weiter und weiter, bis er stolperte und fiel. Man hat von ihm gesagt, diese Widerstände hätten ihn gehemmt. Es mag sein, daß sie sein Leben unterhöhlten, aber ich glaube es nicht. Dieser Mensch brauchte Widerstände, er liebte sie, er wollte sie, sie waren das bittere Salz des Alltags, das ihn immer nur noch lechzender machte nach den ewigen Quellen. Und in den Tagen der Ferien, wenn er ledig war all dieser Lasten, in Toblach oder am Semmering, da türmte er sich selbst die Widerstände vor sein Schaffen. Klötze, Gebirge, Urgestein des Geistes. Das Höchste der Menschheit, den zweiten Teil des Faust, das Urlied vom schöpferischen Geist »Veni creator spiritus« setzte er selbst als Damm vor seinen musikalischen Willen, um ihn dann mit seiner Schöpfung zu überströmen. Denn Kampf mit Irdischem war seine Gotteslust, ihr war er hörig bis zum letzten Tag. Das Elementare in ihm liebte das Ringen der freien Elemente mit der irdischen Welt, er wollte keine Rast, weiter, weiter, weiter trieb es ihn zur einzigen Rast des wahren Künstlers: zur Vollendung. Und mit letzter Kraft, ein Todgeweihter, hat er sie im ›Lied von der Erde‹ noch erreicht.

Unbeschreiblich, was uns jungen Leuten, die wir den Willen zur Kunst in uns gären fühlten, das feurige und hier im Freien der Öffentlichkeit aufgeschlagene Schauspiel eines solchen Menschen war. Ihm uns unterzuordnen, war unsere Sehnsucht, ihm zu nahen, hemmte uns eine Scheu, rätselhaft und geheimnisvoll, wie man etwa nicht wagt, an den Rand eines Kraters zu treten und in die kochende Glut zu schauen. Nie versuchten wir, uns ihm anzudrängen, sein bloßes Sein, sein Dasein, das Bewußtsein seiner Existenz nahe bei uns, mitten in unserer gemeinsamen äußeren Welt, war uns schon Glück. Ihn gesehen zu haben, auf der Straße, im Kaffeehaus, im Theater, immer von fern, zählte schon als Begebnis, so sehr liebten, so sehr verehrten wir ihn. Noch heute ist sein Bild in mir wach, wie das weniger Menschen, ich weiß jedes einzelne Mal, wenn ich ihm von fern begegnete. Immer war er ein anderer und immer derselbe, weil ständig belebt von der Vehemenz des seelischen Ausdruckes. Ich sehe ihn bei einer Probe: zornig, zuckend, schreiend, gereizt, leidend an allen Unzulänglichkeiten, wie von körperlichem Schmerz, sehe ihn einmal heiter irgendwo auf der Gasse im Gespräch, aber auch da elementar, von einer so naturhaft kindlichen Heiterkeit, wie Grillparzer die Beethovens schildert (und von der in seinen Symphonien manche Seite körnig durchmischt ist). Immer war er irgendwie mitgerissen von einer inneren Kraft, immer im ganzen belebt. Aber unvergeßlich wird mir das eine, das letzte Mal sein, da ich ihn erblickte, weil ich noch nie so tief, so mit allen Sinnen das Heroische eines Menschen gespürt. Ich reiste von Amerika herüber, und auf demselben Schiffe war er, todkrank, ein Sterbender. Vorfrühling lag in der Luft, die Überfahrt ging sanft durch ein blaues, leichtwogiges Meer, ein paar Menschen hatten wir uns zusammengefunden, Busoni schenkte uns, den Freunden, von seiner Musik. Immer lockte es uns, froh zu sein, aber unten, irgendwo im Schacht des Schiffes, dämmerte er, behütet von seiner Frau, und wir fühlten es wie Schatten über unserm leichten Tag. Manchmal, wenn wir lachten, sagte einer: »Mahler! Der arme Mahler!« und wir wurden stumm. Tief unten lag er, ein Verlorener, verbrennend im Fieber, und nur eine kleine, lichte Flamme seines Lebens zuckte oben im Freien am Verdeck: sein Kind, sorglos im Spiel, selig und unbewußt. Wir aber, wir wußten es: wie im Grabe fühlten wir ihn drunten, unter unseren Füßen. Und dann in Cherbourg bei der Landung, im Remorqueur [im kleinen Schleppdampfer], der uns hinüberfuhr, sah ich ihn endlich: er lag da, bleich wie ein Sterbender, unbewegt, mit geschlossenen Lidern. Der Wind hatte ihm das ergraute Haar zur Seite gelegt, klar und kühn sprang die gewölbte Stirn vor, und unten das harte Kinn, in dem die Stoßkraft seines Willens saß. Die abgezehrten Hände lagen müdegefaltet auf der Decke, zum erstenmal sah ich ihn, den Feurigen, schwach. Aber diese seine Silhouette – unvergeßlich, unvergeßlich! – war gegen eine graue Unendlichkeit gestellt von Himmel und Meer, grenzenlose Trauer war in diesem Anblick, aber auch etwas, das durch Größe verklärte, etwas, das ins Erhabene verklang wie Musik. Ich wußte, daß ich ihn zum letztenmal sah. Ergriffenheit drängte mich nah, Scheu hielt mich zurück, von fern nur mußte ich auf ihn sehen und sehen, als könnte ich in diesem Blick noch von ihm empfangen und dankbar sein. In mir wogte dumpfgefühlt Musik, an Tristan mußte ich denken, den Todwunden, der heimkehrt nach Careol, seiner Väter Burg, aber es war doch ein anderes, tiefer noch, schöner, verklärter. Bis ich dann die Melodie fand und die Worte in seinem Werk, längst geschaffen, aber in diesem Augenblicke erst erfüllt, die todesselige, gottnahe Melodie im ›Lied von der Erde‹ zu den Worten: »ich werde niemals in die Ferne schweifen ... still ist mein Herz und harret seiner Stunde.« Ureins sind mir jetzt die fast geisterhaften Klänge und dieser Anblick, dies verlorne und nicht zu vergessende Bild.

Aber doch, als er dann verging, war er uns nicht verloren. Seine Gegenwart war längst für uns kein Äußerliches mehr, tief eingepflanzt in uns, wuchs weiter, denn Erlebnisse, die das Herz einmal erreichten, haben kein Gestern mehr. In uns ist er lebendig heute wie je, tausendfach spüre ich noch heute seine untilgbare Gegenwart. Ein Dirigent in einer deutschen Stadt hebt den Taktstock. In seiner Geste, in seiner Art fühle ich Mahler, ich weiß, ohne zu fragen, daß er sein Schüler ist, daß hier das Magnetische seines Lebensrhythmus über die Existenz hinaus schöpferisch ist (so wie ich oft noch im Theater plötzlich Kainzens Stimme höre, deutlich, als käme sie aus einer verstummten Brust). Im Spiel mancher Menschen strahlt noch etwas von ihm aus, in der menschlich herben Haltung mancher der neueren Musiker ist seines Wesens oft nur gewollte Spiegelung. Aber am stärksten ist seine Gegenwart in der Oper selbst, im stummen und klingenden, im wachenden und ruhenden Haus, wie ein Fluidum ist hier sein Wesen eingedrungen, nicht auszulöschen durch alle Exorzismen. Die Kulissen sind verblaßt, das Orchester ist nicht das seine mehr, aber doch, in manchen Aufführungen – in ›Fidelio‹ vor allem, ›Iphigenie‹ und der ›Hochzeit des Figaro‹ – spüre ich manchmal durch die eigenwillige Übermalung Weingartners, durch die dicke Staubschicht von Gleichgültigkeit, die sich seit Gregor über diesen kostbaren Besitz gelegt, durch all den Spinnweb des Verfalles etwas von seiner Vehemenz des Gestaltens, und unwillkürlich greift der Blick hin zum Pulte nach ihm. Irgendwo ist er noch immer in diesem Haus, durch Rost und Schutt schimmert noch Glanz seines Wesens, wie letzte verlöschende Glut manchmal aufleuchtet in der Asche. Selbst hier, wo er im Vergänglichen schuf, wo er nur Luft zum Tönen brachte und Seelen in Schwingung, selbst hier ist noch irgendwo im Unbelebten seines Wirkens eine Spur im Schatten rege, selbst schon schattenhaft, und im Schönen, im Vollendeten fühlen wir hier immer noch ihn. Ich bin mir bewußt, nicht unmittelbaren Empfindens seine Opern bei uns je mehr sehen zu können, mein Fühlen in diesem Raume ist zu sehr gemengt mit Erinnern und alles Genießen vermindert durch Vergleichen.

Er hat uns alle ungerecht gemacht wie jede große Leidenschaft. So hat sein Dämon auf uns, auf eine ganze Generation gewirkt. Die andere, die nun zu ihm tritt, seinem Lebensbilde fremd, die nur das lieben kann, was von seiner geheimnisvollen Feurigkeit sich sublimierte in Musik, weiß nicht sein ganzes Wesen. Ihnen tönt Mahlers Werk schon aus dem Wesenlosen, aus den hohen Himmeln der deutschen Kunst, uns ist für immer das hohe Beispiel gewärtig, wie er sein Unendliches dem Irdischen entrang. Die Essenz nur kennen sie, den Duft seines Wesens, während wir noch die glühende Farbe kannten, die diesen Kelch umschloß. Ein Bild dieser Zeit, eine Brücke der Worte zu jenen Tagen zurück ist freilich erbaut in dem schönen Buche von Richard Specht (›Gustav Mahler‹, Berlin, Schuster & Löffler, 1914), das wert ist, von jedem gelesen zu sein, weil es ehrfürchtig ist, ohne abgöttisch zu werden, vertraut, ohne sich vertraulich zu gebärden, weil es nicht formulieren will, ein Lebendiges und erst Blühendes schon verschnüren wie ein Dokument, sondern nur dankbar sein für ein Erlebnis, für das Erlebnis Gustav Mahler. Auch hier ist der Rhythmus jener vollendeten Abende darin und der Wille des Meisters, lieber das Einzelne ganz und makellos zu geben, wie voreilig zusammenzuraffen. Immer, wenn ich es aufschlage, wird mir Verlorenes lebendig: einen Abend von einst sehe ich, Stimmen fluten auf, Bilder grüßen, das Vergängliche wird wieder Erlebnis und immer spüre ich ihn, den Lebendigen, darin, den Willen, dem all dies entströmte und in dem es sich wieder zusammenschloß. Es ist die Hand des Dankbaren, die einen führt, und ich spüre sie selbst wieder dankbar, weil sie auch die eines Wissenden ist, die näher heranführt an das Geheimnis Mahlers. Und wo die Worte des Buches nicht mehr führen, sondern nur begleiten – denn wie könnte man Musik anders darstellen als im Gedicht, das selbst nur Musik ist, selig verwandelte –, da ist nun die Zeit selbst wach geworden und hilft mit an dem Werke. Die Lieder Mahlers, sie tönen nun selbst, seine symphonischen Werke dürfen sich erfüllen, und jetzt noch, in den Frühlingstagen, sammelt er in Wien die Menschen um sich. In demselben Saale, wo man ihm die Türe wies, hat sein Werk sich Einlaß erzwungen, er lebt nun unter uns wieder wie einst. Sein Wille ist erfüllt und es ist Wollust, den Totgemeinten als selig Erneuten zu spüren.

Denn er ist auferstanden, Gustav Mahler, in unserer Mitte, fast als die letzte der deutschen grüßt unsere Stadt wieder den Meister. Noch fehlen die Zeichen der klassischen Einkleidung, noch weigert man ihm das Ehrengrab, noch trägt keine Gasse stolz seinen Namen, noch schmückt seine Büste – selbst von Rodin ein vergeblicher Versuch, diesen Feurigen im starren Erz zu fassen – nicht des Hauses Gang, das er wie keiner beseelt und zum geistigen Wahrbild der Stadt gemacht. Noch zagen und warten sie. Aber eines ist schon geschehen, die Hasser und Hetzer gegen ihn sind verschwunden, sie haben sich verkrochen in alle Winkel der Scham und zumeist in jene letzten schmutzigsten und feigsten, in die falsche verlogene Bewunderung. Die gestern noch Crucifige schrien, rufen heute Hosianna und salben das nachschleifende Kleid seines Ruhmes mit Myrrhen und Spezereien. Verschwunden sind die Übelgesinnten von gestern, keiner, keiner will es gewesen sein. Denn so unfruchtbar sind die Hasser und Hetzer, daß sie furchtsam werden, wenn ihr eigener Haß seine Früchte trägt. Tumult und Zwist – der Meinungen wie der Völker – ist ihre trübe Welt, aber sie werden ohnmächtig, wo immer ein Wille sich seine Ordnung schafft und Reinheit der Einheit unaufhaltsam entgegenstrebt. Denn die großen Gewalten sind stärker als der Tag und die Stunde und jedes Wort des Hasses wesenlos gegen das willensgestaltete Werk.

† Peter Rosegger
1918

Graz, 26. Juni.
Der Dichter Peter Rosegger
ist heute in Krieglach
(Steiermark) gestorben.

Er hat begonnen vor mehr als fünfzig Jahren als unbehol-
fener klobiger Bauernbub aus einem steirischen Älpler-
dorf, kaum der Rechtschreibung kundig, tumb und un-
belehrt, ein kleiner Parsifal in Lederhosen, der mitten in
der Zeit der Eisenbahnen und Telegraphen nach Wien
aus seinem Dörfel fuhr, um den Kaiser Josef zu suchen
(wie schön, wie rührend hat er diese Torheit seiner Kindheit erzählt). Und jetzt, da sein Atem innehielt, war er
ein milder gütiger Greis, Welt und Zeit mit stiller Weisheit von eben demselben steirischen Heimatswinkel umfassend, der »alte Heimgärtner«, der wie Lynkeus der
Türmer von seiner einsamen Höhe nach den Stunden
und Sternen spähte. Dazwischen liegen unzählige ar-
beitsvolle, hilfstätige Tage, eine Bücherreihe, die mühe-
los eine Wand füllt, eine reiche Lebenswanderschaft und
ein großer Ruhm.

Aber Ruhm, wie vielfältig vermag dieses Wort zu sein!
Ruhm, das ist Neugier, Unruhe, ist Wirkung und Men-
schengewalt, ist ein Denkmal und ein Sarg, ist zugleich
Lärm und Vergessenheit. Und durch alle diese Phasen ist
dieser alte Mann langsam durchgeschritten. Zuerst war
er eine Kuriosität: irgendein Winkelredakteur hatte ein
paar Gedichte von dem kleinen Schneidergesellen abge-

druckt, sie machten Aufsehen, und er hatte seinen ersten Ruhm, freilich dem einer Zirkusnummer nicht allzu unähnlich: er war der dichtende Bauernbub aus der Steiermark. Aber dann begann man allmählich ihn mehr zu achten. Die Zeit war ihm günstig; Bertold Auerbach, die Birch-Pfeiffer hatten die Bauernwelt für die Literatur entdeckt, und man spürte, dieser Neue, dieser Peter Rosegger war echter als sie alle. Er hatte Wurzel und Saft, war ein gerader kerniger Erzähler, und sein Weltwinkel, wieviel Liebe strömte er aus! Damals vor vierzig Jahren begann Rosegger der Liebling des deutschen Volkes zu werden und wirklich: des Volkes! Wo sonst der Name eines Dichters nie eindringt, in die kleinen Stuben, darin noch unter brennendem Kienspan und schwelendem Petroleumlämpchen Bücher mehr durchbuchstabiert werden als gelesen, sprach man seinen Namen mit Ehrfurcht aus, seine Zeitschrift ›Der Heimgarten‹ (die vielleicht kaum in zehn Exemplaren in die Großstädte dringt) war dort Hauspostille und Unzähligen seit vierzig Jahren darin sein Wort Meinung und Gesetz. Immer weiter wuchs des Steiermärkers Ruhm, Tolstoi, der Unerbittliche, rühmte seine Romane als »gute Bücher«, in Frankreich schrieben zwei Professoren dicke Bücher über sein Werk, und ich glaube nicht zu irren, wenn ich sage, daß von keinem lebenden deutschen Autor mehr Bücher verkauft und verbreitet waren. Unermeßlich wurde allmählich sein Ruhm: mehr als Hauptmanns, als Hebbels, als Kleistens, als Gottfried Kellers war dieser Name Rosegger längst ein Begriff geworden, eine Selbstverständlichkeit. Aber eben in diesem Erstarren zum Begriff war ein stilles Sterben in seinem Ruhm: die Literatur kümmerte sich um seine Bücher nicht mehr, wertete sie kaum. Ein neuer Roseggerband zu Frühling und zu Herbst, das wurde allgemach selbstverständlich, wie die grünen Blätter am Baum im April und die gelben im September, man staunte nicht darüber und wußte, wie sie waren – eben: Rosegger –, ohne sie aufzuschlagen. Die junge Generation und die jüngste zog flüchtig den Hut vor seinem Namen und ging vorüber, ohne nur seinem Werk ins Antlitz zu sehen. Er war vergessen, eingesargt in seinem Ruhm. Und als ich im vergangenen Jahr aus dem Gefühl, einmal um ihn zu wissen, sein jüngstes Buch aufschlug und dann öffentlich sagte, eine wie hohe, wie ehrfurchtswürdige Menschlichkeit hinter diesem großen Namen sei, da kam ein Brief von ihm, zitternder Altershand, unendlichen ungläubigen Staunens voll, daß man drüben in der andern Welt, in der Stadt, bei der Jugend noch etwas an ihm müden alten Mann finden könne. Es ist mir heute ein liebes kostbares Blatt, weil darin Freude eines Menschen blinkt, der andern viel, unendlich viel Freude getan.

Und da, da ist sein Wert in der Zeit. Kein Schriftsteller, kein Dichter der letzten Generationen in Deutschland hat in so ernster sittlicher ehrlicher Weise schlichten Menschen von kleiner Welt erzählt und in ihnen die milden Lichter der Liebe zur Natur, zur Einfachheit, zur Andacht entzündet. Wie Jeremias Gotthelf, sein Schweizer Bruder, hat er ihnen immer wieder gesagt, daß an der Erde der beste Halt für den Menschen sei, und sie gewarnt vor der Verführung der Städte, hat prophetisch im Handel und der Geldsucht den künftigen Untergang gesehn – »Mehr Pflüge, weniger Schiffe!« war sein schlagkräftiges Wort – und in vielen, vielen Legenden aus seiner Waldheimat (von denen manche dauern wird), in seinem ›Jacob dem Letzten‹, im ›Erdsegen‹, den tiefen Sinn des Zusammenhanges des einzelnen mit der Erde als Evangelium der Welt gekündet. Er war fromm, nicht ganz im katholischen Glauben, und sein Christusbuch I.N.R.I. ist bis nach Rom und auf den Index gekommen, aber in seinem gottseligen Pantheismus war etwas, was er »Heimweh nach dem Christentum« nannte. Wie er überhaupt voll Heimweh war nach vergangener Zeit: nach der ländlichen Einfachheit, nach den alten guten Sitten, nach der stilleren Welt.

Ein Heimwehmensch war er, nach rückwärts gewandt mit seiner Sehnsucht, ohne viel Hoffnung auf die künftige Zeit: darum hat die neue Jugend mit ihm so wenig anzufangen gewußt und darum lieben ihn die Alternden so sehr. Seine Bücher werden vielleicht einmal Lederstrumpfgeschichten aus unserm verlorenen Europa sein, und dann wird man von diesen steirischen Bauern lesen wie von den Rothäuten der großen Prärien. Aber dieser Heimwehmensch, dieser rückwärts gewandte, war zugleich ein wunderbar klarer und kluger Kopf: man mußte nur in dem holzschnittharten Gesicht die scharfen Augen unter der Brille sehen. Die blickten sicher in die Welt. In seinem ›Heimgärtners Tagebuch‹ steht soviel Grundgescheites und Treffliches zum Tage in einem so kristallklaren knappen saftigen Deutsch, so erstaunlich das Geschaute in Anekdote verwandelt, daß man sich nicht wundert, wie dieses Buch Tausenden und Tausenden ein Lebensevangelium war. Wie zu Tolstoi, kamen sie in seiner Heimat zum Rosegger, wenn sie Rat brauchten, sie schrieben ihm Briefe aus Sorge und Not und er antwortete ihnen: man kann es kaum sagen, was er diesen Menschen war. Und sie werden es drüben in Österreich erst jetzt wissen, da er gegangen ist. Seine Stelle ist leer. Wir haben gute Dichter, wir haben viele Bücherschreiber. Aber wo ist der in Deutschland, der Führer und Wächter wäre für die stillen Seelen der kleinen Leute, ihnen nah und verständlich und gütig in seinem Ruhm? Ich weiß viele, für die man Verehrung hat. Aber Vertrauen des Volkes: das hat nur dieser besessen, der Petri Kettenfeier Rosegger, der jetzt in seinem Dörfel in der Steiermark still gestorben ist.

War er groß als Dichter, war er klein? Die Frage geht vorbei an einem solchen Menschen. Ich mag da nicht werten und richten. Ich weiß nur, daß ich ein Gedicht von ihm sehr liebe, das mir so schön dünkt wie manches des berühmtesten deutschen Dichters und dessen weise Wehmut mir es noch lieber macht in der Stunde seines Todes. Man fühlt, daß es seinem Alter entstammt, und ich will es hierhersetzen, weil sein Sterben darin so sanft verklingt.

> Was die Erde mir geliehen,
> Fordert sie schon jetzt zurück,
> Naht sich, mir vom Leib zu ziehen
> Sanft entwindend, Stück für Stück.
> Um so mehr, als ich gelitten,
> Um so schöner ward die Welt.
> Seltsam, daß, was ich erstritten,
> Sachte aus der Hand mir fällt. –
> Um so leichter, als ich werde,
> Um so schwerer trag ich mich.
> »Kannst Du mich, Du reiche Erde,
> Nicht entbehren?« frag ich Dich. –
> – »Nein, ich kann Dich nicht entbehren
> Muß aus Dir ein' andern bauen,
> Muß mit Dir ein' andern nähren,
> Soll sich auch die Welt anschauen.
> Doch getröste Dich in Ruh!
> Auch der andere, der bist Du«.

So wollte er sterben. Still. Verklärt. Die Welt hat es nicht gewollt. Er mußte noch den Krieg erleben, seine eigene Verkündigung, den Krieg, für den er, weiser als die »großen« deutschen Dichter und Gelehrten, keine Begeisterung fand. Einige Monate vor seinem Tode besuchte ihn ein Freund, er traf ihn müde, verzweifelt. »Sie sollen mit dem Morden aufhören, sie sollen mit dem Morden aufhören« – das war sein einziges Wort. Denn wie alles hat dieser einfache Mensch und Dichter auch diese Zeit nur menschlich gefühlt. Und dies ist noch ein Ruhm zu seinem großen Ruhm.

Dante

1921

Seine Stunde ist immer gewesen und niemals doch ganz
im Einklang zum Uhrenschlag der Welt: sechs Jahrhunderte schon, zwanzig redende Geschlechter (um der
Griechen starkes Wort zu brauchen) rühmen in Ehrfurcht seinen Namen und sehen auf zum steinernen Dom
seines Gedichtes, alle aber immer wie aus einer Tiefe
empor zu seiner Höhe, der unfaßbaren und ungreifbaren.
Noch immer bleibt wie seit dem Jahre, da sie in den
Marmor seines Grabes gemeißelt ward, die Inschrift des
Giovanni de Virgilio: »Vulgo gratissimus auctor«, »der
von der Menge geliebte Dichter«, eine poetisch flos-
kelnde Übertreibung, ein freundschaftlicher Irrtum,
denn nie und zu keiner Zeit ist Dante ein ins Weite, ins
Lebendige rückwirkender Genius gewesen oder geworden. Immer, heute wie einst, erhebt sich seine Größe
einsam und unvertraut, so weit sie auch tönt, so hoch sie
über die Stunde blickt. Da der heroische Verbannte Zorn
und Liebe in unvergängliche Formen meißelt, erzittert
die Zeit schon von den heiligen Hammerschlägen, Italien
erwacht vom Scheitel der Alpen bis zur Sohle Siziliens
von dem drohenden Tubaton seines Gerichts: aber mitleidlos halten sich die Mauern von Florenz dem Ausgestoßenen, dem Fuoruscito, verschlossen. Sein höchster
Lohn, im »bel San Giovanni« [in der Kirche zu meinem
schönen San Giovanni] den Lorbeer zu empfangen auf
den »grauen Haaren, die am Arno blond gewesen«,
bleibt unerfüllter Traum: Ruhm, nur immerdar steiner-
ner Ruhm wird ihm, nie weiche, umfangende Liebe.
Nach seinem Tode wird er ein Name, eine Glorie, eine

Legende, andere aber haben lindern und weichern Weg in die Welt. Petrarca prägt das Erz der Sprache, die er gegossen, in die kleine Münze der Sonette und streut sie in das romanische Land, Liebe eintauschend und vieler Liebender Leidenschaft; Ariost und Tasso, glücklichere Erben, ernten, wo jener im Dunkeln gepflügt. Er wird zum Gotte, doch sie haben die Liebe der Menschen. Einsam steht er, ein erratischer Block, quer durch die Zeiten: vergebens suchen die Kommentatoren, die Gelehrten an den Seilen ihrer Konjunkturen ihn niederzuziehen zum Augenmaß des gemeinen Blicks; immer aber bleibt er hoch und fern, nicht wegzuwälzen von seiner Stelle, nicht zu zerteilen und zu verkleinern, der »altissimo poeta«, der Dichter, zu dem man aufblickt und der doch zu hoch bleibt, als daß Fühlung des Volkes ihn je voll zu umfassen vermöchte. Nie tritt er ganz hinab in den irdischen Tag, nie vertraut er ganz sein Geheimnis.

Um ihn steigen und fallen die Geschlechter, ein murmelnder Wellenschlag, er aber bleibt starr, der Fels, und sieht über sie in die Unendlichkeit hinein. Staaten und Nationen stürzen, ein kleines Geröll zu seinen Füßen, doch es bebt kein Stein im marmornen Gequader seines Gedichtes. Nichts Festeres hat die Kunst als die vierzehntausend Verse dieses Werkes. Die Denkmale, die in gleicher Stunde auf gleicher Erde wuchsen, Stein an Stein, wie in dem seinen Vers an Vers, sie alle, der weiße Dom von Florenz und der Palazzo Vecchio, sie werden eher stürzen, die Bilder Giottos und Cimabues, seiner Freunde, früher verlöschen, bevor dieser Dom hinbricht, bevor diese Musik vertönt. Je weiter sein Werk hineinwächst in den Horizont der Zeiten, um so naturhafter, um so unzerstörbarer, um so felshafter starrt es zum ewigen Himmel empor über die vergängliche Erde. Nur immer größer erscheint Dante, der Dichter, in immer kleiner planenden Geschlechtern.

Die ›Divina Commedia‹ [Göttliche Komödie] kennt keine Zeiten, ist sie doch selbst gestaltete Zeit, der steingewordene mittelalterliche Gedanke. Sie überlebt wie der gotische Dom seinen Glauben, die einmal erfüllte Idee durch ewige Form. Eine steile Wasserscheide, trennt sie für immer und allezeit, die großen Ströme des Mittelalters und der neuen Zeit: wie jedes Gebirge bindet sie aber zugleich die Kulturen, die sie voneinander abzugrenzen scheint. Mit Dante endet die schöpferische Theologie, die Wissenschaft um den christlichen Gott, mit ihm beginnt der Humanismus, die Wissenschaft um das Göttliche im Irdischen. So ist Dante der größte Beginner und der größte Beender in einem.

Er tritt in verwirrte Stunde, doch durch ihn wird sie klar. Er steht an einem erhabenen Ende, doch er knüpft es an einen erhabenen Anfang an. Da er vortritt, hat der Katholizismus seine historische Tat zu Ende getan: über die europäische Welt hin ragt der Dom des Christentums. Kirche ward Weltmacht und zugleich Weltwissen: ihre Pfeiler sind das neue Sittengesetz, die neue Philosophie, die christliche Lehre, das Dogma. Die riesigen Gestalten des heiligen Augustinus, des Duns Scotus und Albertus Magnus haben dem christlichen Kosmos geschenkt, was Plato und Aristoteles dem antiken: eine neue Ethik, eine neue Philosophie. Nun steht der Dom vollendet vom Fundament bis zum First. Aber jede Vollendung atmet schon Starre und Tod. Da die Schöpfertat getan ist, kommen die Kärrner, das Werk der Könige zu ergänzen, Kommentatoren bohren sich wie Holzwürmer durch die Pandekten [Sammlungen römischen Privatrechts im Corpus iuris civilis, Zivilgesetzbuch], Theologie verknöchert zur Scholastik, Gotteswissenschaft zum Schulgezänk. Die heilige Schöpferflamme des Christentums verlischt: nur in den deutschen Klöstern bei den großen Mystikern glüht sie im Verborgenen, und schon knistert sie wieder unter der Asche des Dogmas bei den religiösen Revolutionären, den Ketzern und Häretikern, ehe sie dann mit der Renaissance und der Reformation hell in den Himmel des Abendlandes aufschlägt. Da steht in so verdunkelter, so ermatteter Stunde dieser eine, Dante, auf und zieht die »Summa«: zur christlichen Wissenschaft schenkt er den Mythos, zur Satzung, der steingewordenen, das ebenso steinerne Gedicht. Alles stellt er auf die dreigestufte Mysterienbühne seines theologischen Weltwerkes, Wissenschaft und Politik, Himmel und Erde, Nähe und Ferne, Antike und Gegenwart, Olymp und Hölle, Glauben und Aberglauben, und sich selbst, den ewigen Menschen, in die Mitte. Noch einmal tut er, was Hesiod, was Pythagoras, die ersten unseres Geistes taten: er träumt einen Welttraum, er schafft einen neuen, den christlichen Weltmythos, er füllt das Schema, das kalte und starre, der Dogmatiker mit bildnerischem Blut. Den Geist erhebt er zur Sinnlichkeit, das Pergament der Pandekten und Traktate illuminiert er mit unverlöschbaren Farben, die Dispute steigert er zu unverklingbaren Dialogen. Gesetz, ihm versinnlicht es sich zu Gestalt, die nackte Doktrin in bunte Allegorie, die christliche Lehre vom Ewigen, sie wird selbst zu einer Ewigkeit durch sein Gedicht.

Aber diese Rede hat noch keine Zunge: auch hier greift der Beginner in stürzenden Bestand. Die Sprache der Theologie ist noch Latein gewesen, aber nicht jenes des Cäsar und Tacitus mehr. In den Syllogismen [den Schlüssen vom Allgemeinen auf das Besondere] und Dogmen verblühte Saft und Mark der klassischen Diktion, längst fügt sie sich nicht mehr der gebundenen Rede. Latein war immer im wesentlichen Ausdruck imperatorischen Willens gewesen, Sprache der Befehle und der Dogmen, unvergleichlich, Inschriften sparsam in Stein zu meißeln und Gesetze eng zu ummauern: aber ihm fehlt die Fülle, die Weiche, die Biegsamkeit, um die weltweiten Sphären Dantes zu umfassen. Das Italienisch, sein Schößling wiederum, noch ist es nicht geboren vor diesem Gedicht: in Dialekte zerstreut, unten dumpf wuchernd im Volke, arm und kleingemünzt in unreiner Prägung, tut es sich um im Lande. Dies »Volgare«, die gemeine Sprache, wie verächtlich die Gelehrten sie nennen, faßt nun plötzlich die heiße, starke Hand Dantes: unter seinem unerhört zusammenballenden Griff schmilzt sie ein, unter seinem prägenden Druck wird der Lehm der Straße wieder fest und neu. Und das nun plötzlich Form hat, ist nicht das Italienisch des Guinizelli und Jacopo da Lentino mehr, ein dem Provenzalischen nachgeträumter »dolce stil nuvo« [schöner, neuer Stil], es ist ein neues Italienisch, gehärtet am Lateinisch, ein Italienisch, metallen und rein, wie es nie war und nie wieder sein wird. Auch hier ist Dante Beginner und Beender zugleich und darf stolz von sich sagen: »L'acqua che io prendo giammai non sie corse«, »nie ward die Flut beschifft, die ich berühre«. Hinter ihm blüht das Italienisch weiter, es verzweigt sich in Dunkel und Licht, in wogenden, schwingenden, singenden Ästen, und steigt auf in hellere Musik: hier aber ist der Stamm, der ehern harte und runde, unvergänglich in die Erde Italiens gepflanzt. Nicht die Nation hat Dante die Sprache, sondern er mit der Sprache erst die Nation geschaffen: durch sechs Jahrhunderte hat das neulateinische Reich keine andere Einheit als dies sein prophetisches Gedicht »il libro«, »das« Buch.

Dieser Mut, diese grenzenlose Kühnheit des Griffes, dieser starre Wille, »l'animo che vince ogni battaglia« [der Geist, der jede Schlacht gewinnt], macht Dante einzig unter den Dichtern. Von allen, die vor und nach ihm kamen, hat er allein dies bronzene Zupacken des Gewalttäters, diese unerhörte bildnerische Gebärde des Anfangs. Aber diesem Willen fügt sich die Tat, »potere in lui era uguale al volere« [das Können war bei ihm dasselbe wie das Wollen], rühmt Petrarca, und wirklich, er kommt aus jenen Sphären, wo, wie er sagt, »sich alles fügt, was man begonnen«. Mit jenem urmächtigen Blick, der vielleicht nur noch Shakespeare und Goethe unter den Dichtern zu eigen ist, sieht er die Welt, sieht er Raum und Zeiten als ein Ganzes, alles Menschliche als eine Einheit. Jahrtausende nietet sein heißer Blick zusammen. Für ihn gibt es so wenig wie bei Shakespeare und bei Goethe eine zeitliche Grenze zwischen dem Mystischen und Sinnlich-Nahen, zwischen einem Achill, dem Myrmidonen, und Falstaff, dem Londoner Tavernensäufer, kühn setzt er – wie Goethe sein Leipziger Gretchen zu den Füßen der Himmelsmutter – seine unsterbliche Geliebte Beatrice Portinari neben die Allmutter Rahel der Bibel; persönlichstes Erlebnis wird ihm Weltgeschehen, uralter Mythos ureigenster Tag. Weil er monumental sieht, macht er sein Privatestes groß: wie kleine Mücken im Bernstein sind seine Widersacher für ewig durchsichtig in der dichterischen Materie festgefangen. Vergänglichstes atmet durch ihn Ewigkeit, sobald sein Blick es durchseelt. Was aber diesen weltweiten Genius noch besonders macht, ist seine gleichzeitige Begabung zur Symmetrie in der Vision: nichts sieht er abgesondert und einzelhaft, alles gestuft in geschlossener Hierarchie. Ihm ist Natur nicht stromhaft wie Goethe, nicht sprunghaft vielgestaltig wie Shakespeare, sondern alles pragmatisch vorbestimmt.

Le cose tutte e quante
Hanno ordine tra loro; e questo è forma
Che l'universo a Dio fa simigliante.

[Geordnet zueinander
Sind alle Dinge; dies Gesetz allein
Macht, daß das All der Welt Gott ähnlich ist.]

Das Göttliche der Natur liegt für Dante in ihrer Ordnung. Und so wird es sein ungeheuerstes, sein für die Dichtung einziges Bemühen, in der ›Commedia‹ die ganze Welt in ein Schema zu bringen und jedem einzelnen Menschen, so wie ein Sternbild starr verharrend seine Stelle im Kosmos innehat, zwischen Himmel und Hölle seinen moralischen Rang anzuweisen. Der Dichter wird (wessen Goethe und Shakespeare niemals sich unterfingen) zum Richter, in unerbittlicher Waage mißt der christliche Moralist in Dante nach der Schwerkraft theologischer Gerechtigkeit Schuld und Verdienst. Mit der grandiosen Geste des Weltenrichters, wie sie Orcagna an die Friedhofsmauer von Pisa gemalt, tritt er in die Mitte seines Werkes und sondert fanatisch erbarmungslos die Menschenspreu der Jahrtausende: finsterer Ahnherr des finsteren Savonarola, Bruder der Ketzerbrenner, zu Bronze erstarrt in scholastischer Form, stößt er – für profanes Fühlen, edelste – Menschen in die Feuer des Inferno; wollüstig sieht er seine Feinde, den Antichrist Bonifazius vor allem, sich winden in der ihm ersonnenen Qual. Gesetz ist ihm mehr als Gnade, das Dogma mehr als die Menschlichkeit; in den höchsten Himmel der Liebe erhebt er, der Plato und Aristoteles in den Dämmer der Vorhölle sperrt, den Blutbischof von Marseille, der die Albigenser geschlachtet. Kein Mitleid trübt dies unbestechlich harte Auge, kein Gefühl hemmt diese ehern richtende Hand. Man versuche darum auch nie, Dante, den Fanatiker von Schuld und Sühne, sentimentalisch zu sehen, nicht so, wie ihn die englischen Präraffaeliten hinwässerten, einen müden Jüngling, der am Arno-Ufer der schönen Beatrice schwärmerisch nachblickt: Dante ist und bleibt die gotisch starre Figur, der harte Mensch des Dugento [des 13. Jahrhunderts], mit der »sacra ira« [mit dem heiligen Zorn] Michelangelos geladen, flammend von Haß, ein Kreuzritter, der lieber mit Feuer und Schwert sein Land ausrodete, als es der heiligen Ordnung der Kirche entflüchtet zu sehen. Ein Kaiser im irdischen Staate, die Kirche im Geistigen: aber Einheit im Kosmos, Symmetrie der Welt um jeden Preis, das ist seine politische, seine metaphysische Idee. Und da er den Widerstand der Materie nicht im Irdischen, in der »vita activa«, vergewaltigen kann, erschafft er ihre Symmetrie in der »vita contemplativa«, im bildnerischen Weltgedicht. Den großen mittelalterlichen Traum vom irdisch-überirdischen Gotteskaiserreich, den die Hohenstaufen wie die Päpste nicht für sich, nicht für die Welt vollenden konnten, er allein, Dante, hat ihn gestaltet in der höchsten Einheit der ›Divina Commedia‹.

Er ist der ewige Feind aller Anarchie: Anarchie des Geistes, der nicht dem Dogma sich beugen will, Anarchie des Staates, der in eigensüchtiger Vereinzelung dem gesalbten Herrn der Welt widerstrebt, Anarchie der Sinne, die in Wollust und Gier sich vereinzeln, Anarchie der Form, die sich nicht dichterisch bis zum Zahlenspiel geschlossen bindet. Der Dogmatiker des Geistes ist ganz natürlich Symmetriker in der Dichtung. Aber dies ist das Einmalige und Unerhörte an Dantes männlichem Genius, daß bei ihm als einzigem die Vision unter dem Schema nicht knöchern, das Wort unter dem Begriff nicht seelenlos wird, daß der Gelehrte den Dichter nicht hemmt, sondern ihn ins Weite beflügelt. Die Sprache dieses Geistesmenschen, dieses Theologen ist sinnlich saftig wie Fleisch anzufühlen und doch hart wie Marmor: nie hat das Italienisch mehr diese Lapidarität bei gleichzeitiger Melodik erreicht. Gewiß: es ist später ausschweifender, barocker, süßer, weibischer geworden, auf der Zunge hinschmelzend wie halbzergangene Frucht, aber nichts übertrifft die Modulierung, den gespannten Rhythmus dieser straffen Terzinenketten, die bald leise klingend wie eine Celesta tönen, bald hart und drohend wie aneinanderklirrende Schwerter dröhnen. Ein »poeta scultore« [Bildhauerdichter], Bruder Michelangelos, hämmert er die Worte des christlichen Gesetzes in seine neuen Mosestafeln ein: jede Fuge ist auszementiert, jede Länge balanciert und in geheimen kabalistischen Zahlenspielen die weltenweite Komposition symmetrisch gebunden. Dazu kommt nun noch ein geheimnisvoller Prozeß der Spiegelung, nämlich, daß alle Visionen und Figuren, ja selbst Worte, wiederum Allegorien bedeuten. Die Dreiteilung der Komposition und die Terzine selbst haben als Grundriß die geistliche Trinität so wie eine Kirche das Kreuz, jede Gestalt meint Symbol. Immer ist Dantes Werk, wie er im ›Convivio‹ [Gastmahl] erklärt, in allen seinen Einzelheiten nicht minder denn in seiner Totalität »polysensum plurium sensuum«, vieldeutig in mehrfachem Sinn. Die lineare sinnliche Oberschicht deckt immer – oft sibyllinisch dunkel und kaum mehr abzulösen – ein geistiges, meist theologisches Symbol, der profane Sinn einen sublimierten, überall hat der Dichter, wie Goethe einmal sein eigenes Geheimnis verrät, »das Mittel gewählt, durch einander gegenübergestellte und gleichsam spiegelnde Gebilde einen geheimeren Sinn der Aufmerkenden zu offenbaren«. Jede seiner Plastiken stellt, wie jene der Griechen, einen Menschen dar und meint einen Gott. Jede Zeile ist zweifällig, zweisinnig, Kern und Schale, eins vom andern abzulösen und nicht wie in Goethes Natur »beides in einemmal«. Erhabener Dualismus ohnegleichen: der größte Visionär des Mittelalters ist gleichzeitig der größte Systematiker, der größte Bildhauer des offen behauenen Wortes auch der größte Meister des Symbols, des Doppelsinns.

Dieses sinnlich-geistige Chiffernspiel, diese Dualität der künstlerisch-theologischen Absicht hat seit ihrem Anbeginn die seelische Erfassung der ›Commedia‹ zu einer Alternative gemacht: man kann in Dante in der ›Divina Commedia‹ Einzelnes und Abgelöstes einzig auf das Dichterische hin lesen. Das Ganze aber, seine Totalität, muß man sich zum Studium machen, ausgerüstet mit Kommentaren, mit philologischem, theologischem, historischem Rüstzeug, man muß ihn sich erobern, erforschen, erraten, muß wie die Dantologen ein Leben wenden an seine Ergründung. Deshalb haben das Werk und seine Welt eine verschiedene Vitalität bewahrt, sie sind irgendwie auseinandergekommen in den Jahren. Dante bedeutet in sich selbst noch die gleiche ungeheure Einheit des Lebens wie einst, nicht aber sein Werk, die ›Commedia‹: da mengt sich Ewiges mit Zeitlich-Vergänglichem, Abgestorbenes mit Unsterblichem, verwitterte gedankliche Materie mit ewig atmenden Formen. Mit dem scharfen Blick des Feindes hat Voltaire im Jahrhundert der Aufklärung die Lüge dieses unaufrichtigen Dante-Enthusiasmus gekennzeichnet, wenn er im ›Dictionnaire‹ spottet: »Die Italiener nennen ihn göttlich, aber er ist eine verborgene Gottheit. Sein Ruhm (sa réputation) wird immer größer bestehen, weil man ihn nicht wirklich liest. Es gibt von ihm zwanzig Stellen, die man auswendig weiß, und dies reicht hin, sich die weitere Mühe des Lesens zu ersparen.« In dieser Bosheit des Nur-Klugen, der eingeborenen Gegenwehr des Klargeistigen gegen den Mystiker, den Gläubig-Dunkeln ist nun gewiß eine halbe Wahrheit geprägt: ein Jahrzehnt nach seinem Tode schon hatte Dante aufgehört, eine Lektüre zu sein, und war die ›Divina Commedia‹ eine Exegese geworden. Kaum fünfzig Jahre deckt die Grabplatte in Ravenna den heimgewanderten Pilger, und schon erläutern vier Universitäten Italiens seine Texte, die ›Commedia‹ wird gedeutet, erklärt, textiert und transponiert wie die Bibel, der Talmud, der Koran, und schließlich selbst als göttliche Inspiration, als heiliges Buch empfunden, als »sacro poema al quale ha porto mano cielo a terra« [heiliges Gedicht, dem Himmel und Erde die Hand gereicht haben]. Aber dies Schicksal ist ja geheimnisvoll allen heiligen Büchern der Menschheit gemein, daß gerade, was ihnen den Odem einhauchte, der schöpferische Glaube, im Umschwung der Geschlechter verblüht und, was ihre Materie war, das Sinnlich-Profane, dichterisch den Geist überdauert. Was ist in Wahrheit von dem Alten Testament geblieben? Nicht das Deuteronom, das Gesetz, der starrgewordene Geist, sondern die Mythen und legendären Arabesken; Ruth und Hiob, die zarten Gedichte, sie sind ewiger als die Gesetzestafeln Mosis und der Tempelbau Salomons, von dem Riesenbau des ›Ramayana‹ [›Mahabharata‹?] leben einzig die seligen Episoden Savitris, von Talmud und Koran ein paar bildgewordene Gleichnisse hinein in unseren geistigen Tag – alles andere ist geistig erstarrt, knisterndes Pergament, erhabener Schutt, in dem die Archäologen des Geistes nach dem ewig Verlorenen graben. Und so ist es auch in Dante nicht der theologische Zwiesinn, die katholische Metaphysik, sondern einzig das Profane, das seines eigenen Spruches spottet. Francesca und Ugolino, die Sünder, haben alle Flammen seiner erträumten Hölle nicht aufzuzehren vermocht, indes die geläuterten Gestalten der Scholastiker in all ihren erhöhten Himmelssphären unserm Bewußtsein längst verblühten. Nur der Dichter Dante, nicht mehr der Richter reicht hinein in unser Gefühl, denn niemals vermögen wir uns geistig wieder zurückzuzwängen in diese dreigeteilte Welt, in dies – herrlich gehämmerte – eherne Schema von Schuld und Sünde und Strafe, nie die seelische Befremdung zu überwinden vor der moralischen Härte eines abgestorbenen Weltgesetzes, das die Freiheit der Natur, die Freiheit des Willens grausam verschneidet. Niemals können wir uns darüber täuschen, daß dieser Heros mit herrlicher Geste der Kraft einen ausgekühlten, abgestorbenen Kosmos über die Zeit hinausstemmt, eine Welt nicht mehr unseres Fühlens und unseres Lebens.

Mag aber der Geist sich befremden, das Gefühl am Abgestorbenen jenes Glaubens sich erkühlen – ewig erschüttert, ewig ergriffen bleibt doch unser Aufblick vor diesem erhabensten mittelalterlichen Dom, diesem meisterlichsten Kunstwerk unserer abendländischen Welt. Unendlich ist die Lust, ihn zu umwandern, die steingestaltete Kühnheit des Planes, die in die höchsten Himmel steigende Wucht seiner Türme, die gleichsam sphärisch tönende Rhythmik seiner Maße, den blanken sprachlichen Marmor der ewig unverrückbaren Quadern als ein nie mehr Erreichtes zu bestaunen. Erst wenn wir durch den kreuzgewölbten Portikus nach innen treten in die Mystik seiner geistigen Räume, fröstelt uns Kühle von Jahrhunderten her an: Denkmal, Kunstbau, heroisch versteinerte Vergangenheit ist uns sein Werk, der herrliche Sarkophag des christlichen Mittelalters, ein Grabmal, groß wie die Pyramiden, das Parthenon und Notre-Dame, wo auch über einem toten Gedanken sein ewiges Bildnis gebaut ist. Außen strömt, chaotisch bewegt, das lebendige Leben weiter im Wind neuen Wahns, neuer Worte: er aber, Dante, der Dom, ruht in sich selbst, ein erstarrter Gedanke Gottes auf lateinischer Erde. Heilig ragt er und ruht, wie nur das Vollendete ruht: seine metallene Glocke zählt nicht mehr unsere Stunde, seine Uhr mißt nicht mehr unsere Zeit. Er weiß nichts von uns, so tief wandern wir unter ihm, wenig wissen wir von seinen letzten Worten, so hoch spricht er sie in den Himmel hinein. Aber an seiner Dauer zerschellen die Jahre, an seinem Maße verwehen die Worte: nur die Ewigkeit, diese unfaßbarste Idee unserer Menschheit, bleibt ihm Widerpart und Gleichnis.

Ernest Renan

Zum Jahrhunderttage seiner Geburt 27. Februar 1823

1923

Jahrzehntelang hatte dieser freie und milde Geist die Jugend Frankreichs, die Elite Europas mit der heiteren Kraft seines formvollendeten Wortes unbestritten beherrscht, und es war eine linde Herrschaft gewesen. Renan hat kein Dogma verkündet und eigentlich auch keines bekämpft, seine verbindende komprehensive Natur erhellte die Unterschiede der Sprachen und Kulturen nicht um ihres Widerstreites willen, sondern um die ewige Einheit des Geistes zu zeigen, der alle Formen durchwandelt, ein unsichtbarer Gott, den jede Nation und jede Zeit sich anders nach ihrem eigenen Bilde gestaltet. Sein reiner, geistiger und fast geistlicher Glaube gab der papiernsten aller Wissenschaften, der Philologie und der Textexegese, Atem und gesteigertes Leben; wo andere nur Inschriften sahen, Pergamente und Fragmente, tat ihm der seherische, der dichterische Blick Horizonte auf, die hinüberreichten zum ewigen Morgenland der Menschheit, zur Frühe des Anbeginns. An dieser übermächtigen Schau zogen Völker vorbei wie wandernde Karawanen durch das Sandmeer der Zeit. Kulturen und Zivilisationen wuchsen und welkten in Blüte und Vergänglichkeit, Religionen zitterten als farbige Dunstgebilde der Phantasie unter dem unendlichen Himmel der Geschlechter dahin, und die wimmelnde Menschheit, sie war ihm wie ein einzelner Mensch, ein einziges wunderbares Leben, dessen frühe Kinderspiele er belauschte, dessen Träume er deutete und das zu verstehen, immer tiefer zu verstehen, seine reinste Leidenschaft verblieb. Er war ein großer Lehrer, weil er ein großer Künstler war: zu seinen Vorlesungen über die semitischen Sprachen, der abseitigsten aller Materien, drängten sich die Dichter, die Gelehrten vieler Nationen, alle wollten sie dieses mächtige Löwenhaupt sehen, diese weichen Lippen, die reiner als die irgendeines Zeitgenossen die französische Sprache formten. Und alle erzählen, die ihn sahen, von seiner Gegenwart als von dem stärksten Erlebnis geistiger Darstellung. Eine Jugend und eine zweite, eine dritte, die in seinem Lichte lernte oder in seinem Schatten wuchs, hat ihn geliebt, eine Welt ihn geehrt.

Und wirklich, ein Weltsturz mußte kommen, um in Frankreich diese Autorität zu erschüttern, diesen mächtigsten Anwalt der Gerechtigkeit und der übernationalen Einheit zu befehden. Jede Nation, die den Weg der Gewalt beschreitet, ist genötigt, vorerst ihr Gewissen zu ertöten, denn niemand ist der Feindseligkeit gefährlicher, nicht einmal der Feind (der unbewußt den Zorn fördert, die Gewalttätigkeit anreizt), als der Mann der Besonnenheit, der wägende, richtende, der verstehende Mann in den eigenen Reihen. Renan wurde in solchen Stunden der Parteiung ein Hemmnis, und schon wurde die Formel geprägt, ihn aus dem geistigen Kreise der Nation zu entfernen: »La fin du Renanisme« [Das Ende des Renanismus] hat im Kriege zu Paris ein literarischer Aufsatz pathetisch verkündet. Es müsse ein Ende gemacht werden mit dem Renanismus, der weichlichen Art, philosophisch bis ans Ende der Dinge zu sehen, das Evangelium der Gerechtigkeit auch dann noch zu verkünden, wenn nationale Interessen bedroht seien. Jetzt sei es nicht an der Zeit, den Feind zu verstehen, denn alles Verstehen bedeute und bereite schon Entschuldigen: jetzt gelte es, alle Kräfte im Haß zusammenzufassen, im »blinden Hasse«, der nicht sehen soll, sondern zuschlagen. Gerechtigkeit gegen den Gegner möge wohl moralisch eine Tugend sein, doch politisch ein Verbrechen wie alles, was die Kampfkraft, die Haßkraft schwächt. Darum sei der Renanismus abgetan, eine edle, eine achtbare Verirrung, aber doch eine Verirrung, weil sie den nationalen (wir sagen: den völkischen) Geist verwirre.

Diese Worte der Absage haben Renan längst nicht mehr erreicht, und auch sein Werk ist in jenem Jenseits geborgen, wo die Worte zerschellen wie Wind an einer Mauer. Er selbst hätte so wie im Jahre 1871, da gleiche Leidenschaft gegen ihn als den »décourageur public« [den öffentlichen Entmutiger] wütete – das Wort vom »Defaitisten«, vom Flaumacher, war damals noch nicht geprägt –, er selbst hätte nur gelächelt und dann geseufzt, oder geseufzt und dann gelächelt, wäre zu seinen Büchern gegangen, um darin ohne Erstaunen zu finden, daß diese Raserei der Stunde eine ewige sei. So hatten Hosea und Amos schäumenden Mundes gegen Tyr und Moab gepredigt und waren vermodert wie jene Städte: immer wieder war diese grelle Stimme des Hasses aufgefahren im Zyklus der Zeiten, ob auch dazwischen Jesus und die Propheten Worte der Liebe sprachen. Ein unendlicher Flammenweg war dieser Haß, seine Meilensteine die Scheiterhaufen und Galgen und Kreuze, und doch führte er immer wieder ins Leere hinein. Er hätte gelächelt und geseufzt, der alte Weise, denn nichts konnte ihn erstaunen lassen, ihn, der in allem Geschehen nur eine Wiederkehr sah, dem jede scheinbar neue Phase ein Gleichnis im Vergangenen rückspiegelte: er wußte, daß man den Geist nicht töten könne, aber auch die Dummheit nicht. Wie immer in bedrückter Stunde wäre er zu seinen Büchern gegangen, hätte die seiner Lieblinge aufgeschlagen, die ewige Bibel, den milden Marc Aurel, den bittern Ecclesiastes, und sich hinübergeflüchtet in die reinere Welt der Meditation, in sein Gottesreich der Stille, wo der beruhigte Geist mit entspannten Flügeln zwischen Güte und Gerechtigkeit schwebt.

Er glaubte an keinen Sieg, an keinen Erfolg, er glaubte an kein Dogma und an keine Philosophie und war doch im Tiefsten ein gläubiger Mensch. Er war ein Idealist ohne Illusionen, ein Romantiker, der sich gegen alles Unklare wehrte: das ist seine Größe und seine Tragik. Wo er ein geistiges Gebäude fand, eine biblische Schrift, eine Lehre, einen Glauben, da zersetzte und zertrennte sein wissenschaftlicher, sein philologischer Verstand alle Nähte, da riß sein Wahrheitsdrang alles Flickwerk in Fetzen: und dabei quälte ihn nichts so sehr wie dieses ewige Außensein von jedem Glauben. Immer rang er sich von allem los, indes sein Gefühl sich zu binden begehrte. Immer blieb er außerhalb jeder Religion, allen nahe, alle liebend, indes er jeder einzelnen Schwächen und Unzulänglichkeiten aufzeigte. Sein Ideal hat deshalb nie eine starre Form gefunden, sein Glauben nie ein Bildnis: ein Leben lang stand er im Tempel des unbekannten Gottes.

Der Welt freilich galt er als Antichrist der Gläubigkeit, als der »Blasphémateur Européen« [der Europäische Gotteslästerer], wie ihn Papst Pius in einer Enzyklika gebrandmarkt hatte. Man feierte oder verabscheute ihn je nach der parteimäßigen Einstellung, einzig als den Verfasser des ›Leben Jesu‹, als Zerstörer der Unfehlbarkeit der Evangelien. Nichts war Renan schmerzlicher als dieses Mißverständnis. Er hatte in seinem Buche Jesus nicht als göttliche, wohl aber als allermenschlichste Gestalt zeichnen, als Künstler ein Buch der höchsten Bewunderung für seine irdische Existenz schaffen wollen, und nichts war ihm fremder als eine verächtliche Behandlung der christlichen Idee, der er Unendliches dankte. Mit Entsetzen sah er dies sein geliebtes Werk als Schleuder von den Händen streitbarer Freigeister geschwungen und hart wies er das Mandat ab, das ihm gleichsam aus politischer Dankbarkeit von den plötzlich erstandenen Kameraden geboten wurde. Vor den begeisterten Demonstrationen der Studenten, vor dem Tumult des nie gesuchten Erfolges in der Politik flüchtete er bis nach Kleinasien hinüber, um dort die Apostelgeschichte in Stille zu vollenden. Denn obwohl längst vom Glauben abgefallen, liebte er doch den großen Gegner, den ihn sein wissenschaftliches Gewissen zu befeinden zwang, im Innersten um vieles mehr als die ihm lärmend zugeströmte Gefolgschaft. »En réalité peu de personnes ont le droit de ne pas croire au christianisme« [In Wahrheit haben nur wenige das Recht, nicht ans Christentum zu glauben]; mit diesem Wort lehnte er jede Solidarität mit einem eilfertigen Materialismus ab, der ihn zum Prellbock gegen den Felsen der Kirche erkoren. Er hatte mit sich selbst sechs Jahre verzweifelt um Erkenntnis gerungen, die, wie er melancholisch sagte, Gavroche, der Pariser Straßenjunge, von Anfang an besitzt, er hatte eine ungeheure Gläubigkeit erst ersticken müssen, um sich frei zu denken in einem viel tieferen Sinne als dem einer vernünftlerischen Freidenkerei. Nun waren ihm die Kirche, die Bibel gewiß nicht mehr heilige Dinge, sogar als er sie noch liebte. Aber heilig blieb ihm sein Leben lang der Kampf, den er um dieses Freiwerden von seiner inneren Liebe gekämpft: ihn wollte er nicht auf die Gasse getragen, durch Politik verschmutzt sehen. »Naphtoule elohim niphtalti« – diese hebräischen Worte des Testaments hatte er sich stolz in seine Erinnerung geschrieben. Sie waren sein geistiges Siegel, der Wappenspruch seines Lebens: »Ich habe die Kämpfe Gottes gekämpft.«

Renans Ringen um den Glauben im Unglauben zählt zu den erschütterndsten Dokumenten der geistigen Weltgeschichte. Von Jugend auf war er zum Priester bestimmt gewesen: in Tréguier, einer alten Klosterstadt, geboren, war er nach dem frühen Tode seines Vaters, eines Seemannes, aus der Provinzschule in das theologische Internat von Issy gekommen und von diesem, dank seiner außerordentlichen Fähigkeiten, bald in das Priesterseminar von Saint-Sulpice. Er findet dort gütige Lehrer, große Gelehrte, die unter dem Priesterkleid ein Wissen und eine moralische Kraft der Bescheidenheit bergen, die ihn selbst leidenschaftlich machen, einer jener großen Meister der Theologie zu werden. Tag und Nacht, ohne jemals in die Straßen von Paris hinauszutreten, die, ein dumpfes, gefährliches Meer, das uralte Haus mit seinem schweigenden Klostergarten umbranden, gibt sich der junge Mann mit der ganzen Zähigkeit des Bretonen, des breitstirnigen, stierhaft auf sein Ziel stürmenden Kraftmenschen dem Studium hin. Alles will er wissen, alles lernen: kaum haben ihm seine berühmtesten Lehrer, selbst La Hire, der große Semitologe, noch etwas zu geben: so verstattet man ihm, die Kurse im Collège de France bei Chantemère zu hören. Mit Staunen sehen die frommen Lehrer diesen jungen Menschen, dessen Glaubenskraft sie beglückt, dessen Eifer sie begeistert –; nur ein einziger unter ihnen warnt einmal in ernstem Zwiegespräch den Leidenschaftlichen vor solchem Übermaß. Ein einziger erkennt, daß gerade der Fanatismus, in das Herz der Kirche und des Glaubens zu gelangen, über sie hinausführt in die Häresie.

Seit Jahren exzelliert Renan im Lateinischen, im Griechischen. Nun lernt er noch, um die Heilige Schrift ganz in ihrer Tiefe zu erfassen, Hebräisch und alle anderen semitischen Sprachen, Syrisch, Arabisch, er lernt, um die Deutung der Bibel zu fördern, Deutsch. Jede dieser Sprachen gibt ihm unendlich viel: das Hebräische erschließt ihm die Größe des jüdischen Geistes, seine dichterische Vergangenheit, das Deutsche lehrt ihn eine fanatische

Bewunderung für die deutsche Wissenschaft. Besonders Herder mit seinen weiten, unendliche Zeiträume schöpferisch bindenden Ideen eröffnet ihm eine neue Welt, in den schwäbischen Theologen erkennt er eine mutige Bekennerschaft, in den Philologen eine unerreichte Gründlichkeit. Zum erstenmal spürt er in seinen verschlossenen Mauern die Lebendigkeit des modernen Geistes, den Fortschritt der Wissenschaft.

Aber ebendiese Berührung mit dem modernen Geiste, die unbewußte Infektion durch den deutschen Protestantismus unterhöhlt in ihm das Fundament seiner geistiggläubigen Welt. Wie er nun, aller Argumente kundig, der Ursprachen mächtig, die ihm bislang heiligen Schriften durchliest, die er seit frühester Kindheit als gegebene Gottesoffenbarung hinnahm, da entdeckt nun sein philologisch geschärfter Blick erschrocken an vielen Stellen Irrigkeiten, Flüchtigkeiten, Kompilationen, nachträgliche Eintragungen. Dem gelehrten und mit allen Argumenten der deutschen Wissenschaften bewehrten Philologen Renan ist es nicht mehr möglich, zu verkennen, was der Theologe Renan nicht sehen darf, daß etwa der zweite Teil der Jesaiaspredigten nicht von dem gleichen Propheten sei wie die ersten, daß an Hunderten Stellen die Zeitangaben einander widersprechen und Interpolationen deutlich sichtbar seien. Solche Bedenken waren den großen Geistlichen zwar nicht neu, und Bossuet, der Prediger Frankreichs, hatte es gerade als Wunder der Bibel gefeiert, daß Cyrus darin zweihundert Jahre vor seiner Geburt schon genannt werde. Aber dem Gelehrten Renan wühlt jede neu entdeckte Unstimmigkeit von neuem Unruhe des Herzens auf. Er fühlt, daß er mit jedem Schritt zu exakterer Forschung sich gleichzeitig von dem Glauben entfernt.

Erschüttert bleibt er darum einen Augenblick stehen. Was soll er tun? Die Wissenschaft lassen, die er liebt,

oder die geistliche Bahn, der er sich liebend verschwo-
ren? Vergebens sucht er einen Mittelweg, und es ist er-
greifend, in seinen Briefen an einen Gefährten, der eben
die Weihen nimmt, zu lesen, wie er, der noch rechtgläu-
bige bretonische Katholik, die deutschen Protestanten
beneidet, die frei forschen dürfen und zugleich doch innerhalb ihrer Kirche, ihres Glaubens verbleiben. Das
Bild Herders taucht vor ihm auf, der als Konsistorialrat
in der Kirche predigen darf und trotzdem ungehemmt
den Geist der biblischen Schriften wie einen herrlichen
Mythos deuten. Die katholische Kirche aber, er weiß es,
sie duldet nicht, daß an einem einzigen Stein in ihrem
ungeheuren, die Welt seit Jahrhunderten überwölbenden
Gebäude gerührt werde, sie duldet kein Paktieren im
Glauben, sie ist groß wie ein Fels im Sturm der Zeit, aber
auch hart wie ein Fels. Sie kennt nur ein Außen oder
Innen im Glauben: der Zögernde muß sich entscheiden.
Endlich, nach Monaten schweigender Qual, entschließt
sich Renan, seinem verehrten Lehrer den schwer gefaß-
ten Entschluß zu bekennen, auf die Priesterschaft zu verzichten. Ungern lassen die gelehrten Theologen den besten Schüler ziehen, ihn, den sie in Gedanken bereits als
eine Leuchte ihrer Wissenschaft gesehen und dem sie
jetzt schon einen Lehrstuhl im Seminar zugedacht. Aber
sie wehren dem gequälten Gewissen nicht: irgendeine
ganz hohe, ganz reine Solidarität ist in diesen großen
Gelehrten mit dem geistigen Drang ihres Schülers, und
mancher mag den gleichen Kampf im Innern vorausge-
kämpft haben. La Hire nimmt gerührten Abschied von
dem Abtrünnigen, auf dessen Wiederkehr er im stillen
hofft, ein anderer der Lehrer bietet ihm heimlich Geld an
für den Fall der Not. In diesen strenggläubigen Menschen lebt mitten im neunzehnten Jahrhundert noch der
reine Geist von Port-Royal, ein Liberalismus des Herzens, ein Wiederklang humanistischen Zeitalters. Renans

letzter Blick zurück ist ein Blick der Dankbarkeit: nicht wie ein entlaufener Mönch, der aus Weltlust dem Kloster entflüchtet, nicht mit dem protestantischen Haß Luthers, sondern mit einem geheimnisvollen Bedauern, mit einer tiefen Traurigkeit geht er am 6. Oktober 1845 zum letztenmal die Treppe von Saint-Sulpice hinab in die ihm unbekannte Welt.

Am nächsten Morgen erwacht er in einem kleinen Hotel. Neben ihm liegt die Soutane, die er zum letztenmal getragen, liegt das Brevier, das zu lesen er nicht mehr das Recht hat. Noch nie war er so allein. Er weiß unendlich viel, ist Meister aller toten Sprachen, Herr einer Geisterwelt, und beherrscht nicht das mindeste von der Wirklichkeit, die ihn umgibt: er kennt die Stadt nicht und nicht die Zeit, er weiß nichts von moderner Literatur und Wissenschaft, selbst ihre berühmtesten Namen sind ihm so fremd wie die Gassen und Theater und Sitten und Gebräuche. Das Buch, das Gebet waren bisher für ihn die Welt.

Der Zufall gibt ihm den rechten Führer. In der gleichen Pension wohnt ein achtzehnjähriger Student der Chemie, Marcel Berthelot, den dann die nächste Generation als den größten Gelehrten Frankreichs verehrt. Die beiden schließen sich eng zusammen, Renan, obzwar der Ältere, lernt Unendliches von dem jüngeren Gefährten: er wird durch ihn eingeführt in die Naturwissenschaften, in die Biologie, er lernt die Zusammenhänge mit der Gegenwart. Balzac hat es in seinen Schilderungen der Pension Vauquer nicht schöner gedichtet, wie zwei junge Menschen sich durch das zufällige Beisammensein in einem Speisehause für das Leben verbinden. Für beide ist die Begegnung schicksalsentscheidend. Beide werden sie bestärkt in ihrem reinen Willen zur Wissenschaft, beiden erweckt sich in Vergleichen die Größe des Zusammenhanges, die Weite des Weltblicks: ein halbes Jahrhundert hat diese Freundschaft nur befestigt und erhöht.

Und noch eine zweite Gestalt wacht führend und fördernd über diesem einsamen Leben, zuerst belebend von ferne, dann es durch Nähe zum Werke steigernd, eine herrliche, unvergeßliche Gestalt, die der französischen Literatur durch zwei meisterliche Darstellungen für immer gerettet ist: Henriette Renan, seine Schwester. Sie war um etwa zehn Jahre älter und hatte an ihm Mutterstelle vertreten, ihn erzogen. Als dann die Familie unter Schulden zusammenbricht, der kleine Ernest in die Klosterschule kommt, verkauft sich das schöne blonde Mädchen in die Ferne, um etwas Geld zu schaffen, sie wird Gouvernante in einem entlegenen Schloß irgendwo in Polen. In armen abgenützten Kleidern geht sie dort jahraus, jahrein zwischen fremden Menschen, um das Geld zu sparen, erst für die Schulden der Familie, dann um dem Flüchtling aus dem Kloster das Studium zu ermöglichen, die Kosten für die Prüfungen zusammenzudienen. Ihr ganzes Leben ist wie das Renans Hingabe: nur daß er sich der Forschung hinopfert, sie dem Bruder für sein Ideal. Jahre, viele Jahre muß sie in der Fremde bleiben, endlich ist das Ziel erreicht, ihr Bruder geachtet, berühmt, endlich kann er sie erlösen von der Fron. Er reist ihr entgegen nach Deutschland und ist erschüttert, sie zu sehen: das helle, schöne Mädchen ist verblüht, ihr eigenes Leben vertan. Sie hat nur mehr das seine. Nun lebt sie bei ihm in Paris, kopiert seine Arbeiten, hilft ihm bei seinen Werken, geht selten aus und ist schon glücklich in dieser neuen Nähe: da kommt noch einmal eine, die schwerste Prüfung an sie heran. Renan entschließt sich zu heiraten, sie muß ihn teilen, dem sie sich ganz hingegeben. Furchtbar ist ihr Schmerz, so furchtbar, daß Renan kurzweg seiner Braut absagt. Aber nur eine

Nacht, einen Tag dauert ihr Zorn. Dann hat sie sich überwunden: sie geht selbst zu seiner Erwählten und bald leben sie in einem Hause. Als dann Renan nach Jerusalem reist, ist es nicht seine Frau, die ihn begleitet, sondern Henriette: auf den Höhen von Ghazir kopiert sie ihm Tag für Tag die ersten geschriebenen Seiten seines ›Leben Jesu‹, das sich dort ihm gestaltet. Und dort rafft sie, die von Entbehrungen Geschwächte, das Fieber plötzlich hinweg; mit ihrem Leben ist das Hauptwerk Renans bezahlt, mit ihrem Leben, das dies wie sein ganzes Werk gestaltete. Dort in Amrit liegt ihr Grab. Das Denkmal ihres Lebens aber hat Renan in seinem wunderbaren Gedächtnisbuche ›Ma sœur Henriette‹ [Meine Schwester Henriette] geschaffen, und auch viele, denen dieses Epitaph fremd ist, kennen doch ihre rührende Gestalt: ich verrate kein Geheimnis, wenn ich sage, daß für die »Antoinette« des Jean Christophe, die so vielen Lesern vertraut ist, jene große Aufopfernde das Urbild war; in dem Roman Romain Rollands wirkt nun dichterisch verklärt dies früh verschollene Leben weiter.

So begleitet, gleichsam im biblischen Bilde vom Engel zur Rechten, vom Engel zur Linken, geht die Jugend Renans ihren ernsten Weg zur Vollendung. In wenigen Jahren schafft er sich Ansehen durch seinen ›Averroës‹, seine Grammatik, und schließlich mit seiner ›Vie de Jésus‹ [seinem ›Leben Jesu‹] und der Apostelgeschichte mehr Ruhm und Lärm, als einer philosophisch-kontemplativen Natur lieb sein konnte. Für den verlorenen Glauben hatte er einen neuen gefunden, die Wissenschaft. »La science est une religion, elle a comme tous les choses religieuses une valeur de tous les jours et tous les instants.« [Die Wissenschaft ist eine Religion, sie hat wie alle religiösen Dinge für alle Tage und für alle Augenblicke Bedeutung.] Vierzig Jahre lebt er nun in dieser neuen Priesterschaft. Im tiefsten hat sich wenig für ihn verändert; er blickte nur gewissermaßen aus einem anderen Fenster in die gleiche Welt.

Seine Gelehrsamkeit war unübersehbar, nichts blieb diesem regen Geiste verschlossen, nichts abgesondert und ohne Gleichnis gewärtig. Und doch ist Renan eigentlich nie restlos Gelehrter gewesen: wie sein Geist zur Universalität, so waren auch seine inneren Kräfte unablässig auf eine Vielfalt der Wirkung hingewendet. Renan sah als Künstler, oft sogar als Dichter, beobachtete als Gelehrter, als Analytiker, band als Historiker die Betrachtung mit großen Vergleichen: der Geist, dieser klare, helle, milde Geist, den keine Leidenschaft verwirrte, zog dann die philosophische Summe aus dem, was die bei ihm verwandten und sonst so verschiedenen Sinne ihm zugeteilt. Von allen Franzosen ist vielleicht er Goethe, und zwar dem späten Goethe, am ähnlichsten gewesen mit seiner seltenen Sinnlichkeit im Sehen geistiger Komplexe, mit jenem Fernblick über das Symptom, das Vereinzelte hinaus zu den verborgenen Zusammenhängen. So viel er, gleich seinem großen Gegenspieler, aus Büchern, aus Text und Schrift nahm, immer bedurfte er doch der Anschauung, der persönlichen Emotion, um bildnerisch zu werden. Sein ›Leben Jesu‹ als Anfang einer »Geschichte des Christentums« war ein langgehegter Plan: Tausende Bücher hatte er durchforscht, ohne den Mut, die Urkraft zum Beginn zu finden. Da sendet man ihn zu einer Ausgrabungsexpedition nach Phönizien; zum erstenmal sieht er die palästinische Landschaft, und zauberisch belebt sich vom Anblick eines Marktplatzes, eines verlassenen Brunnens, einer verlorenen Pilgerschar die so oft vergebens beschworene Welt. Noch dort, in einem halb verfallenen Hause, beginnt er sein großes gelehrtes Werk wie andere ein Gedicht. So schreibt er beim Anblick der Akropolis, statt in Inschriften zu schwelgen, jenen herrlichen Hymnus, in Rom bildet sich ihm die grandiose Vision des ersten Christentums, die er im ›Paulus‹ so wunderbar darstellt, in Palästina wird ihm die Geschichte des jüdischen Volkes in der ungeheuren Einheit gewärtig, als die er sie dann in seinem Meisterbuche geschildert hat. Wissen und Schauen fließen bei ihm unmerklich in eins zusammen: darum ist er mit Jacob Burckhardt zugleich der erste Schilderer ganzer Kulturen geworden, der erste Darsteller von Gemeinschaften des Geistes und des Glaubens. Sein großer bindender Blick vermochte nichts Irdisches als abgelöst zu sehen; er empfand als echter Künstler jede Tatsache in ihrer Atmosphäre, er sah als echter Bildner jede Gestalt mit ihrem Hintergrunde, abgehoben und eingesenkt zugleich in den Horizont ihrer Zeit.

Aber welch ein Meißel war ihm auch gegeben mit seiner Sprache! Das Französisch Renans ist, selbst an jenem Flauberts gemessen, das reinste, das edelste seiner Zeit. Seine Sprache war auferzogen in der Klausur des klassischen Lateins, in der Zucht der großen Prediger; wie er selbst hatte sein Französisch in den Jahren des Seminars keusch gelebt und nie Umgang gehabt mit dem Jargon der Gasse, mit den öffentlichen Häusern der Literatur, es war nicht abgenützt, sondern bei aller Sinnlichkeit kristallen klar, bei aller Geistigkeit unbeschwert und leicht. Von der Bibel war Saft darin und Bildlichkeit, von den Theologen Eleganz und jene gewisse diskrete Höflichkeit, wie sie vornehmen Geistlichen eigen ist: etwas merkwürdig Lautloses, Geräuschloses läßt seine Prosa als beschwingt empfinden. Selten greift ihr ruhiger Rhythmus ins Pathos hinauf, meist schildert sie nur, aber dann mit so klarem Umriß, daß die Landschaften glänzen wie im Morgenlicht. Einzelne Porträts, jenes des Paulus, des Predigers und vor allem das berühmte des Marc Aurel, sind ebenso bedeutsam in der bildnerischen Plastik, wie jene großen geistigen Vergleiche der beiden Welten, der jüdischen und der griechischen, in der ›Geschichte des jüdischen Volkes‹ philosophisch bedeutend sind. Den Gelehrten mag die Wissenschaft im einzelnen überflügelt haben: als Gestalter, als Erwecker von Kulturen ist Renan heute noch unerreicht, und wir haben weniges in unserer neueren Zeit, was dermaßen den Anspruch klassischer Gültigkeit erheben darf wie manche seiner vollendeten Seiten.

Doch nie ist dieser vollschöpferische Geist an einzelner Leistung zu ermessen: die Fülle war sein Reich, die Vielseitigkeit seine natürliche Einstellung. Jahrhunderte dünkten ihm wie ein Tag, Zivilisationen eine kurze Stunde: seine Weltenuhr maß immer nach Äonen und Unendlichkeit. Seit Goethe hat vielleicht kein geistiger Europäer, ich sagte es schon, diese Art Fernblick gehabt, dies Urgefühl von der elementaren Verschwisterung der Menschheit mit der Natur, dies Gefühl des Weltgeistes als der einzig schaffenden Gewalt innerhalb des sinnlosen Wellengangs der Zeit.

Sein Blick ging immer in die Ferne, immer zu den großen Zusammenhängen: so konnte er leicht das Nahe, das Nächste übersehen. Den Sommer 1870 verbrachte er in Skandinavien: da schreckt ihn der Ausbruch des deutsch-französischen Krieges aus seiner geistigen Welt. Seit jenem Abfall von der Kirche wird dieser Bruderzwist der von ihm so geliebten Nationen zur entsetzlichsten Stunde. Zwanzig Jahre hatte er seinen französischen Lesern Deutschland als die Vormacht der Wissenschaft und der Forschung gerühmt, seit Jahren war seine einzige politische Idee die Bindung der beiden Völker als Führer der Vereinigten Staaten von Europa gewesen. Und nun stürmte plötzlich ein anderes Deutschland heran, das er mit seinem Auge, das immer nur auf das Geistige, auf die

Horizonte gesehen, nie bemerkt hatte, deutsche Regimenter, deutsche Kanonen, und eine brüderliche Jugend wütete gegen die andere. Noch einmal stürzt ihm ein Glaube zusammen, ihm, der längst an den Gott seiner Kindheit nicht mehr glaubt: er verliert in dieser Stunde das Vertrauen zur Menschheit, zur Vernunft des Zeitalters. Immer will er noch eine Unterscheidung machen zwischen dem Deutschland seiner Träume und der Nation in Waffen: da die Armeen schon siegreich vordringen, appelliert er (ebenso wie Victor Hugo) in einem offenen Brief an seinen theologischen Freund David Friedrich Strauß, Deutschland möge den Sieg nicht mißbrauchen. Er begeht den gleichen Fehler, den die Idealisten unserer Zeit begingen, den Fehler, zu glauben, eine Nation, die sich am Fusel des Sieges die Sinne betäubt, sei noch fähig, die Stimme der Vernunft zu hören. Aber Kanonen machen das Ohr jedes Volkes taub für Humanität. Vergebens bleibt ein Appell; David Friedrich Strauß antwortet ausweichend, und eine Freundschaft zerschellt mit der stürzenden Welt. Aber noch immer ist Renan, obwohl sein Haus in Sèvres zerschlagen, seine Bücher dort verschwunden sind, zu keiner Feindseligkeit des Wortes zu bewegen. »Je ne conseillerai pas la haine après avoir conseillé l'amour.« [Ich werde nicht zum Haß aufrufen, nachdem ich zur Liebe geraten habe.] Auch ein Weltkrieg vermag seine Gerechtigkeit nicht zu beugen.

Die Goncourts haben ihn damals in ihrem Tagebuch geschildert, ein wenig in spöttischer Absicht, aber die Episode scheint mir durchaus nicht lächerlich, die sie berichten. Wieder einmal sind die Freunde versammelt, Berthelot hat die neuesten Kriegsnachrichten gebracht. Sie sind trostlos. Und der große Chemiker bricht aus in Leidenschaft. »Alles ist verloren«, ruft er verzweifelt. »Uns bleibt nichts mehr übrig, als eine neue Generation für die Rache zu erziehen.« Da springt Renan auf, rot vor

Erregung, und schreit: »Niemals für die Rache! Möge auch Frankreich zugrunde gehen und das Vaterland: über ihm gibt es noch ein höheres, das Reich der Vernunft, das Reich der Pflicht.« Aber zornig donnert der ganze Tisch ihm entgegen: »Nein, nein, es gibt nichts, das höher stünde als das Vaterland!« Renan läßt sich nicht bezwingen durch ihren Furor, er geht aufgeregt um den Tisch, fuchtelt mit seinen kurzen Armen in der Luft, weist auf die Bibel und zeigt an Zitaten, daß alles darin enthalten sei. Die anderen lachen oder schweigen oder verhöhnen ihn. Er ist wieder einsam wie in jener Stunde, da er die Stufen des Klosters hinabstieg in die Welt, ärmer um einen Glauben, losgelöst von einer Gemeinschaft. Und wieder flüchtet er aus der brennenden Stunde zurück in das andere, das geistige Reich, das keine Provinzen kennt und keinen Brudermord, das Reich der ewigen Einheit für jeden, der großen Blickes das Verbundensein aller Vielfalt begreift.

Seit jenem Jahre, dem »année terrible« [dem furchtbaren Jahr], zieht sich Renan immer mehr von den äußeren Geschehnissen zurück, an allem zwar teilnehmend in der Betrachtung, doch niemals mehr aktiv beteiligt an Politik und Polemik. »Il ne faut pas voir de trop près les grands enfantements de l'humanité« – man darf die großen Krisen, die Wehen der Menschheit nicht von allzu nahe sehen, sonst verliert man über der Erbärmlichkeit des einzelnen den liebenden, den umfangenden, den begreifenden Blick für das Ganze. Immer unpassionierter, immer überlegener, immer ruhiger wird des alternden Weisen Betrachtung der Welt: eine gewisse Verhangenheit der Gläubigkeit, eine melancholische Skepsis gibt seinen späteren Schriften, besonders den ›Jugenderinnerungen‹, einen unvergleichlichen Reiz. Renan glaubt nicht mehr an seinen Gott, nicht mehr an die Menschheit, nur der unsichtbare Geist der Geschichte, die Worte der Brüder in den Zeiten schenken ihm heitere Zuversicht. Wie Marc Aurel, sein geliebter Meister, am Rande unserer Donau nachts hinüberblickt zu den Herdfeuern der Quaden und Markomannen, der wilden Nationen, von denen er weiß, daß sie sein Reich, die Kultur seiner Welt zerstören werden, und der doch nicht gram wird an diesem Schreckbilde, sondern still sich in seine Meditationen versenkt, so blickt Renan fast heiter in eine von Haß zerrissene, von bösen Leidenschaften zerwühlte Zeit. Auch er sieht die Barbaren kommen, die Zerstörer seiner Sphäre, den Amerikanismus, den »Panböotismus«, wie er ihn nannte, die Herrschaft des Ungeistes, des Hasses und der Erbitterung. Aber seine Kontemplation ist ohne Feindseligkeit, er fühlt den Untergang des Abendlandes dank seinem historischen Blick nur als Episode im großen Zeitlauf ebenso wie den Sturz der hundert Zivilisationen, die er von ferne gesehen und geschildert. Die Sinnlosigkeit alles Kämpfens, alles Sichauflehnens gegen den elementaren Willen des Schicksals ist dem großen Enttäuschten längst offenbar, und in einer milden Resignation fügt er sich dem Weltgeschick. »Es ist ein charakteristischer Wesenszug jedes großen Europäers«, sagt er, sich tröstend, »daß er zu mancher Stunde Epikur recht gibt, und indes er noch leidenschaftlich wirkt und schafft, von Widerwillen gegen sein Werk ergriffen ist, und selbst wenn er einen Erfolg errungen, sich fragt, ob die Sache, der er gedient, das Opfer wert gewesen sei.« Keine Tat scheint ihm der Leidenschaft wert, einzig die Betrachtung, die Kontemplation, die Versenkung enttäuscht ihn niemals. Das Leben, er liebt es nur als Betrachtung, nicht als Besitz, denn nur in der reinen, in der geistigen Welt ist Gerechtigkeit möglich. Nur dort waltet noch Dike, die heilige Göttin, der er ein Leben lang gedient.

Man sieht: was ein Mensch an Weisheit gewinnt, das verliert er an Leidenschaft. Der alternde, der reife Renan ist wie Goethe der letzten Jahre ganz zum Geistigen hingewandt: er hat keinen Machtwillen in die Zeit oder zu seinem Volke, nichts begehrt er mehr, nichts lehnt er ab. Seine große milde Versöhnlichkeit überleuchtet alle Dinge wie eine Herbstsonne, klar und licht, aber ohne Wärme; nie war der perlmutterne Glanz seiner Prosa herrlicher als in seinen letzten Schriften, in den ›Philosophischen Dramen‹, die für ein unsichtbares Theater geschrieben sind, für die »happy few« [wenigen Glücklichen], und die in linden Paraphrasen jene milde Lehre der allmenschlichen Gerechtigkeit abwandeln. Freilich, eine solche Lehre ist übel angetan, eine Zeit der Leidenschaft, des Hasses und der Brutalität zu begeistern. Denn der »Renanismus« ist kein Dogma, das sich spitz zur Waffe schleifen läßt, er duldet keine Verdünnung in Phrasen, er läßt sich nicht als Abzeichen im Knopfloch tragen und zu Parteitexten komponieren. Er läßt sich nicht auf die Straße ziehen und in Versammlungen schleifen, er gedeiht nicht im dürren Sand der Worte und auf dem Pflaster des Marktes, sondern einzig auf dem satten Humus einer profunden Bildung. Er setzt Humanismus des Geistes voraus und Humanität des Herzens: seine Gewalt über Menschen beginnt erst dort, wo die andere Gewalt, die brutale der Waffen und Fäuste, endet. Aller Fanatismus wider den Geist zielt aber notwendig ins Leere: mögen die Nationalisten nun feierlich den Untergang des Renanismus verkündigen, sie können doch nicht zerstören, was ihnen nicht angehört. Ernest Renan ist heute wie einst ein Teil des französischen, des europäischen, des Weltgewissens, dessen schweigend unverrückbares Dasein aller voreiligen Worte spottet und das den wüst aufgeregten Ansturm des Hasses durch sein bloßes bleibendes Dasein immer wieder zunichte macht.

Rede zu Ehren Maxim Gorkis

Zum sechzigsten Geburtstag des Dichters
26. März 1928

Alexander Puschkin, der Ahnherr der russischen Literatur, stammt aus fürstlichem Blut, Leo Tolstoi aus uraltem gräflichen Geschlecht, Turgenjew ist Gutsherr, Dostojewski Beamtensohn, aber adelig, adelig sie alle. Denn die Literatur, die Kunst, alle Formen geistiger Leistung gehören im neunzehnten Jahrhundert innerhalb des russischen Reiches ebenso dem Adel zu wie alle anderen Privilegien, wie das Land und die Schlösser, die Flüsse und die Erzgruben, die Wälder und Felder und die lebendigen Menschen, selbst die leibeigenen Bauern, die sie mit ihrem Schweiße pflügen. Alle Macht, aller Reichtum, alle Repräsentation, alles Wissen und Werten ist einzig hundert Adelsgeschlechtern, zehntausend Menschen inmitten der Millionen vorbehalten. Sie allein stellen vor den Augen der Welt Rußland dar, seinen Reichtum, seine Rasse, seine Kraft und seinen Geist.

Hundert Geschlechter, zehntausend Menschen. Aber unter dieser dünnen Oberschichte wirkt und werkt eine unendliche, unübersehbare Millionenmasse, ein ungestaltes, riesiges Wesen: das russische Volk. In Millionen Körnern hingestreut über die gigantische Fläche der moskowitischen Erde schafft es mit Millionen Händen Tag und Nacht am Reichtum des riesigen Landes. Es rodet Wälder, es glättet die Straßen, es keltert den Wein und hebt die Erze aus den Gruben. Es sät und erntet auf der schwarzen und schneeschweren Erde, es schlägt dem Zaren seine Schlachten, es dient und dient und dient, darin gleich den andern Völkern Europas zur gleichen

Stunde, seinen Fürsten in hingebungsvoller Arbeit und beharrlicher Fron. Aber eines unterscheidet dieses eine russische Volk von seinen Brudervölkern: es ist noch stumm, es hat keine Sprache. Längst haben die andern Völker schon Dichter entsandt aus ihrer Mitte, Redner und Gelehrte, sprechende Zungen – diese Millionen aber, sie können ihre Wünsche noch immer nicht ausdrücken in geschriebenem Wort, sie dürfen ihre Gedanken nicht sagen in den Ratschlüssen ihres Landes, sie können sich nicht erklären, jene weite und wilde Seele nicht aussprechen, die in ihnen waltet. Dumpf, ohne Stimme bei gespanntester Brust, ohne Macht bei ungeheuerlichster Kraft wirkt und werkt dieses ozeanisch weite, geheimnisvolle Wesen Volk auf seiner russischen Erde, Seele ohne Sprache, Dasein ohne selbstgestaltenden Sinn. Immer sprechen für die Schweigenden nur ihre Herren, die Adeligen, die Mächtigen. Bis zum zwanzigsten Jahrhundert haben wir von dem russischen Volk einzig dank der Stimme seiner Adelsdichter, dank Puschkins, dank Tolstois, Turgenjews und Dostojewskis, gewußt.

Dies aber wird für alle Zeiten der Ruhm und die Ehre der russischen Adelsdichter bleiben, daß sie trotz seinem Stummsein, seinem erzwungenen Schweigen das russische Volk, seine Bauern und Arbeiter, den »geringen Menschen« niemals verachtet haben, sondern daß im Gegenteil, wie aus dem Gefühl einer mystischen Schuld, jeder von ihnen die Größe und seelische Gewalt der erniedrigten Masse leidenschaftlich geehrt hat. Dostojewski, der Visionär, erhebt den Begriff des Volkes zum russischen Heiland, Symbol des ewig wiederkehrenden Christus, und der sich erbittert gegen die Bürgerrevolutionäre und Adelsanarchisten wehrt, beugt vor dem letzten Sträfling als dem Repräsentanten einer göttlichen Macht ehrfürchtig das Haupt bis hinab auf die russische Erde. Und noch leidenschaftlicher demütigt sich der andere Adelsdichter, Tolstoi, vor der schweigenden Masse, krampfig erniedrigt er sich, nur um sie, die Bedrückten, zu erheben – »wie wir leben, ist falsch, wie sie leben, ist es richtig« – er zieht seinen Adelsrock aus und die Muschikbluse an, er müht sich, ihre einfache bildliche Sprache, ihre dumpfe gottgläubige Demut nachzuahmen, unterzugehen, sich aufzulösen in dieser ungeheuren, fruchtbaren Kraft. Alle die großen Dichter Rußlands haben einhellig ihre Ehrfurcht vor der großen Gesamtheit bezeugt, alle haben sie die Wehrlosigkeit, die Sprachlosigkeit der brüderlichen Millionen im Schatten ihres hellen und lichten Lebens als eine ungeheure und mystische Seelenschuld empfunden. Alle haben sie den höchsten Sinn ihrer Sendung in der Aufgabe gesehen, für dieses stumme, ungestalte, sprachlose Wesen Volk zu sprechen und seine Gedanken und Ideen der Welt zu vermitteln.

Aber da geschieht auf einmal das Wunderbare, das Unerwartete und Unverhoffte: mit einmal hebt dieses seit tausend Jahren stumme Wesen selbst zu sprechen an. Es hat sich eine Lippe erschaffen aus seinem eigenen Fleische, einen Sprecher aus seiner eigenen Sprache, einen Menschen aus seiner Mitte, und diesen einen Menschen, den Dichter, seinen Dichter und Zeugen, hat es mit einmal herausgestoßen aus seinem riesigen Leibe, daß er der ganzen Menschheit Botschaft gebe von der russischen Volkheit, von dem russischen Proletariat, von den Niederen, Bedrückten und Bedrängten. Dieser Mann, dieser Mensch, dieser Bote, dieser Dichter, er ist plötzlich da, vor sechzig Jahren in diese Welt ereignet und seit dreißig Jahren unentwegt ehrlich der Sprecher und Bildner einer ganzen tragischen Generation von Enterbten und Unterdrückten. Seine Eltern nennen ihn Maxim Peschkow, er selbst nennt sich Maxim Gorki, den Bittern, und Maxim Gorki, mit diesem seinem selbstgeschaffenen Namen, grüßt ihn heute dankbar die geistige Welt und alles, was sich wahrhaft als Volk fühlt unter den Völkern, weil seine Bitternis heilkräftig geworden ist für ein ganzes Geschlecht, seine Stimme worttragend für eine ganze Nation und seine Erscheinung ein Glück und eine Gnade unserer geistigen Gegenwart. Diesen einen unbekannten Menschen, Maxim Gorki, hat sich das Schicksal aus dem Abhub und der Spreu der Volksfülle genommen, um ihn zum Zeugen zu formen für das Leben der Zurückgestoßenen, zum Darsteller alles Leidens der russischen und der allmenschlichen Armut. Und damit er recht und redlich zeugen könne, hat es ihm jeden Beruf, jede Qual, jede Entbehrung und jede Prüfung mitten ins eigene Dasein hinein zugeteilt, auf daß er jegliche schmerzhaft erfahren lerne und erfühlen am eigenen Leibe, ehe er sie gestalte und weiter entfalte im dichterischen Wort. Es hat ihn entsandt in jede proletarische Provinz der Berufe, damit er sie redlich vor dem unsichtbaren Parlament der Menschheit vertrete, es hat ihn lange zum Lehrling und Knecht alles Leidens gemacht, ehe er Herr werden durfte des Wortes und Meister der Gestaltung. Alle Wandlungen und Verwandlungen ein und desselben proletarischen Schicksals duldend durchzumachen, ist ihm auferlegt, ehe er sieghaft der Allverwandelnde wird, der Künstler. So hat sein reiches und gewaltiges Werk zu seiner bildnerischen Größe noch die besondere, daß diesem Dichter nichts geschenkt ward vom Leben, sondern alles errungen, alles erkämpft ist aus einer mühseligen Existenz, und das reine und ruhmvolle Resultat nur mit Bitternis und Erbitterung einer feindseligen Wirklichkeit abgezwungen erscheint.

Welch ein Leben! Welche Tiefe vor diesem Aufstieg! Eine schmutzige, graue Vorstadtgasse in Nischnij Nowgorod hat einen großen Künstler geboren, Armut schaukelt seine Wiege, Armut stößt ihn aus der Schule, Armut wirft ihn auf die Walze und in die Welt. In zwei Kellerstuben haust die ganze Familie, und um etwas Geld, um ein paar jämmerliche Kopeken einzubringen, muß er, Schulknabe noch, in Kloaken und Müllhaufen herumkriechen, Lumpen und Knochen aus dem stinkigen Qualm heraussammeln, so daß die Klassenkameraden wegen des angeblich schlechten Geruches sich weigern, neben dem Mistsammler und Kloakenschliefer zu sitzen. Obwohl wißbegierig, darf er nicht einmal die niedrigste Schule zu Ende absolvieren, muß mit schmaler Kinderbrust schon als Helfer in ein Schuhgeschäft, dann Hausknecht werden bei einem Zeichner, Geschirrwascher auf einem Wolgadampfer, Lastträger an den Landungsplätzen, Nachtwächter in einer Fischerei, Semmelbäcker, Austräger, Eisenbahner, Landarbeiter, Druckereigehilfe, ein ewig gehetzter Taglöhner, rechtlos, glücklos, heimatlos – Vagabund auf allen Straßen, bald in der Ukraine und am Don, bald in Bessarabien, bald in Tiflis und in der Krim. Nirgends kann er sich halten, nirgends hält man ihn fest, immer peitscht, wie ein böser Wind, das Schicksal ihn wieder auf, kaum hat er sich unter ein schmutziges Dach geduckt, und wieder fegt er winters und sommers mit brennenden Sohlen die Straßen, hungrig, zerlumpt, krank und immer, immer von der Armut gehetzt. Ununterbrochen wechselt er die Berufe, aber es ist, als hätte das Schicksal mit Absicht diese Verwandlung gewollt, damit er alle Vielfalt des proletarischen Lebens, damit er das russische Land in seiner ganzen Weite, das russische Volk in seiner unübersehbaren Verschiedenheit und Vielfältigkeit einmal so wissend und erfahrungsgemäß bezeugen könne. Auferlegt war ihm – und er hat großartig diese Prüfung getragen –, alle Formen der Armut zu kennen, um einmal der rechte und gemäße Anwalt alles Elends zu werden, auferlegt auch das Schicksal all jener in Rußland, die sich wider die Ungerechtigkeit dieser Weltordnung empören: in den

Gefängnissen zu sitzen, überwacht zu werden von der Polizei, umschnüffelt, umstellt, beargwöhnt und von den Gendarmen wie ein bissiger Wolf gehetzt. Auch die Knute der geistigen Hörigkeit, die Meinungsentrechtung, muß dieser Dichter des russischen Proletariats mitdulden in der auftrotzenden Seele, denn mitzuleiden alle und alle Leiden seiner Klasse und Rasse ist er berufen. Er muß alle Formen des Entrechtetseins und Verzweifelns erfahren, und jene allerletzte, allerfurchtbarste sogar, diese tiefste und unüberbietbare des Menschen, wenn er das eigene Leben nicht mehr erträgt und es von sich speit wie einen bitteren Auswurf. Auch dieser letzte Abgrund der Verzweiflung ist ihm nicht erspart geblieben: im Dezember 1887 kauft sich Maxim Gorki von seinem letzten Geld einen erbärmlichen Trommelrevolver und schießt sich selbstmörderisch eine Kugel in die Brust. Sie bleibt in der Lunge stecken und hat vierzig Jahre sein Leben bedroht, aber doch – glücklicherweise! – ward er gerettet für jenes ungeheure Werk der Zeugenschaft zugunsten seines Volkes, die er dann einzig eindrucksvoll vor dem Tribunal der Menschheit geleistet hat.

Wann dieser Vagabund, dieser proletarische Taglöhner, dieser Straßenstrolch und Habenichts zum Dichter geworden ist, wird keine Philologie jemals errechnen können. Denn Dichter, dies war Maxim Gorki immer, dank der Augenwachheit und Seelenhelle seiner großartig aufnehmenden Natur. Aber um dies Dichterische auszudrücken, mußte er erst die Sprache erlernen, die Schrift und die Schreibe, und wie mühsam war dies seiner Notdurft! Niemand hat ihm dabei geholfen als sein eigener zäher Wille und die unnachgiebig in ihm drängende, die unerschütterliche Volksurkraft. Als Bäcker und Straßenarbeiter rafft er nachts mit einer großartigen Gier alles an Büchern, Zeitungen, an Gedrucktem wahllos zusammen, was ihm in die Hände kommt. Aber sein wahres Lesebuch ist die Landstraße, sein wahrer Führer der innere Genius, denn Gorki war Dichter, längst ehe er etwas gelesen hat, und Künstler, ehe er orthographisch schreiben gelernt. Mit vierundzwanzig Jahren veröffentlichte er dann seine erste Novelle, mit dreißig ist er plötzlich entdeckt und schon der bekannteste, vom Volke am meisten geliebte Künstler Rußlands, der Stolz des Proletariats und ein Ruhm der europäischen Welt.

Unbeschreiblich elementar war diese Wirkung gleich bei Gorkis ersten Werken, gleichsam ein Aufzucken, ein Aufschrecken, ein Ruck, ein Riß: ein anderes Rußland als bisher, so fühlte jeder, hatte hier zum erstenmal gesprochen, diese eine Stimme kam aus der riesenhaften, eingeengten Brust eines ganzen Volkes. Dostojewski, Tolstoi und Turgenjew, allerdings, sie hatten längst schon in großartigen Visionen die russische Seele in ihrer Weite und Gewaltsamkeit uns ahnen lassen: hier aber war mit einmal dasselbe anders, gleichsam wirklicher dargestellt, nicht die Seele bloß, sondern der ganze, der nackte russische Mensch selbst, die grausam klare, dokumentarisch wahre russische Wirklichkeit. Bei jenen wogte noch im geistigen Element, in der gewitterhaften Sphäre des Gewissens das russische Schicksal, dies Leiden an der eigenen Weite, das Zerspanntsein ins Extreme, das tragische Bewußtsein der historischen Weltwende – bei Gorki aber stand der russische Mensch nicht im Geiste, sondern in Fleisch und Bein, der dunkle anonyme Mensch formte sich zur Masse, er wurde zwingend Realität. Gorki hat im Gegensatz zu Tolstoi und Dostojewski und Gontscharow keine zusammenfassenden symbolischen Gestalten der Weltliteratur, wie etwa die vier Karamasow, wie den Oblomow, wie Ljewin und Karatejew, niemals – diese Einschränkung vermindert nicht seine Größe – hat Gorki ein einziges Symbol des Russischen, der Russenseele zu formen gesucht, aber er hat dafür Zehntausende leibhaftige Figuren einzelner erlebter Menschen mit einer Sinnlichkeit und Sachlichkeit, einer unerhörten Wahrheit und Atemnähe greifbar, faßbar vor uns gestellt; aus dem Volke geboren, hat er selbst ein ganzes Volk mit sich sichtbar gemacht. Aus allen Stufen des Elends, aus allen Ständen hat er Gestalten herangeholt, jede von unübertrefflicher Lebensechtheit, Dutzende, Hunderte, Tausende, eine Armee der Armen und Gekränkten: statt einer Vision, einer umfassenden, gab dieses herrliche Auge in tausend Einzelgestalten jeden Menschen, der ihm im Leben begegnet, wieder dem Lebendigen zurück. Darum gehört dieses erinnerungsmächtige Auge Gorkis für mich zu den wenigen wahrhaften Wundern unserer gegenwärtigen Welt, und ich weiß nicht, was in der Künstlerschaft unserer Zeit sich an Natürlichkeit und Exaktheit seiner Art des Schauens auch nur annähernd vergleichen ließe. Kein Schatten von Mystik trübt dieses Auge, kein Bläschen Lüge sitzt in dieser wunderbaren, kristallenen Linse, die nicht vergrößert und verkleinert, die niemals schief und verstellend sieht oder falsch zusammenfaßt, die nie erhellt oder verdunkelt: dieses Auge sieht nur wahr und sieht nur klar, aber in einer unübertroffenen Wahrheit und einer unübertrefflichen Klarheit. Was einmal vor diese redliche und rechtschaffene Pupille, dieses lauterste und ehrlichste Instrument unserer neueren Kunst getreten ist, das bleibt unentstellt erhalten, denn dieses einzige Auge Maxim Gorkis vergißt nichts und verklärt nichts und verändert nichts, es gibt reinste und redlichste Wirklichkeit. Wenn Maxim Gorki einen Menschen schildert, so bin ich bereit zu beschwören: so war er, genau so, wie er ihn sieht und schildert, genau so, nicht größer und nicht geringer ist er gewesen, hier ist nichts dazugedacht und nichts hinweggenommen, nichts verschönert und nichts verkleinert, hier ist rein und unentstellt die Einmaligkeit eines Men-

schen gefaßt, durchdrungen und ins Bildnis hinüberge-
zwungen. Es gibt kein Bild Leo Tolstois unter seinen
zehntausend Photographien, keinen Bericht unter den
Zehntausenden seiner Freunde und Besucher, der derma-
ßen sinnfällig und lebendig und seelenwahr sein Wesen
durchleuchtete wie die knappen sechzig Seiten, die ihm
Maxim Gorki in seinen ›Erinnerungen‹ gewidmet hat.
Und genau so wie diesen größten aller russischen Men-
schen, dem er begegnet, hat Maxim Gorki mit gleicher
Wahrhaftigkeit und Gerechtigkeit den erbärmlichsten
Vagabunden, den letzten Zigeuner gezeichnet, den er
einmal als Pennbruder auf der Straße angetroffen. Das
Genie des Gorkischen Auges hat nur einen Namen:
Wahrhaftigkeit.

Diesem unbestechlichen, herrlich redlichen Blick Maxim Gorkis dankt Europa das wahrhaftigste Bild der gegenwärtigen russischen Welt – und wann hätte Wahrhaftigkeit zwischen den Nationen mehr not getan als in der
gegenwärtigen Stunde, und welches Volk unter den Völkern bedarf ihrer so sehr wie das russische in diesem
seinem welthistorischen Augenblick? Welches Ereignis,
welche Schickung darum, welche Schicksalsschenkung
für diese Nation, jetzt in einer entscheidenden Minute
einen Darsteller aus eigenem Blute zu besitzen, der allen
dokumentarisch das eigene Bildnis zeigt, der nicht ver-
schönt, nicht ungläubig verhöhnt, der mit der unbeirrba-
ren und unverwirrbaren Gerechtigkeit des Künstlers Not
und Hoffnung, Gefahr und Größe einer Volksunendlich-
keit der ganzen Menschheit sinnlich näherbringt? Tolstoi
und Dostojewski, sie hatten in ihrer gewaltsamen, ihrer
von außen andringenden, ihrer werbenden und wirren,
aber doch noch nationalistischen Liebe das russische
Volk zu einer Art Heiland gemacht, so daß trotz aller
Bewunderung uns der russische Mensch noch irgendwie
anderweltig erschien, fremdartig groß und gefährlich,

aber doch fremd, anders geartet, anders gerichtet. Gorki aber zeigt – und dies ist sein unsterbliches Verdienst – das russische Volk nicht nur darin, wo es *russisch* ist, sondern vor allem, wo es *Volk* ist, ein und dasselbe Volk aller Armen und Gedrückten, das Volk als Proletariat. Er ist mehr menschlich als national eingestellt, er ist mehr human als politisch, Revolutionär aus mitfühlender Volksliebe und nicht aus mißgestaltetem Haß. Er hat die kommende Revolution nicht wie Dostojewski und Turgenjew gesehen, als Produkt einiger überreizter und anarchistischer, also russisch überhitzter Intellektueller, als Verwirklichung exakt durchgedachter Theorien, sondern in ihm und ihm allein wird die künftige Geschichte dokumentarisch ablesen können, daß jener Aufstand und Aufstieg in Rußland ein organisch Volksgeschaffenes war. Er hat gezeigt, wie in der Masse, bei den millionenmal einzelnen die Spannung bis zur Unerträglichkeit gewachsen war: in seinem Roman ›Die Mutter‹, diesem Meisterwerk seiner Werke, sieht man, wie gerade aus den geringsten Menschen, aus den Bauern, Arbeitern, aus den Ungebildeten und Unbelehrten in zahllosen namenlosen Opfertaten der Wille sich sammelt und strafft, ehe er dann im ungeheuren Gewitter sich gewaltsam entlädt. Kein einzelner Mensch, immer die Vielzahl, immer die Masse erscheint in seinen Werken als der Träger der Kraft – denn weil selbst aus einer Vielheit gestaltet, aus der Fülle des Volkes, aus der Breite des Schicksals, empfindet dieser einzelne Mann alles Geschehnis als Gemeinsamkeit. Eben um dieses Verwachsenseins mit dem Volke willen wußte Gorki von Anfang an und unerschütterlich um dieses seines Volkes unbesiegbare Kräfte: er hat ihm vertraut, wie das Volk ihm vertraute. Während die großen Seher Dostojewski und Tolstoi vor der Revolution noch zurückschauern wie vor einer Krankheit, weiß er, daß die unzerbrechliche Gesundheit seiner Nation sie überdauern wird. Gerade weil er die Massen kannte und gerade weil er das russische Volk wie ein Sohn seine Mutter von nahe oder aus dem Blute verstand, hat Gorki niemals die furchtbaren apokalyptischen Angstschauer der großen russischen Dichterpropheten mitgelitten – er wußte sein Volk und jedes Volk stark genug, alle Krisen zu überwinden, alle Gefahren zu durchschreiten. So hat seine Gegenwart den großen Massen in den Zarenjahren mehr Gläubigkeit zu sich selbst gegeben als alle Schreie Dostojewskis nach dem russischen Christus, als alle Bußrufe und Demutspredigten Tolstois. In seiner Gestalt hat das Volk sich selbst Mut gemacht und Zuversicht seines Willens gegeben: Maxim Gorkis unaufhaltsamer Aufstieg aus der Volkstiefe ist ein Symbol geworden für Millionen und sein Werk bezeugt den Willen eines ganzen Volkes, sich zu erheben und ins Geistige zu gestalten.

Wir aber wollen es heute bekennen: großartig hat Maxim Gorki diesen Zeugendienst geleistet, ein reiner, redlicher Mensch, ein großer, gestaltender Künstler, nie sich zum Führer erhebend, nie sich zum Richter aufwerfend und zum Propheten drapierend, sondern immer nur beharrlicher Zeuge für das Recht seines Volkes, für seine seelische Vielfalt und seine sittliche Kraft. Wie es einem ehrlichen Zeugen gebührt, hat er die Wahrheit nie verschönert und nie verleugnet, er hat nie geredet, sondern berichtet, nicht proklamiert, sondern gestaltet. Ohne Pessimismus in den dunklen Jahren und ohne Überschwang in jenen des Erfolges, stark in der Stunde der Gefahr und ohne Hochmut im Gelingen, hat er Menschen neben Menschen in sein Werk gerufen, bis sie selbst eine Schar bildeten, ein Volk und Bildnis des ewigen Volkes, dieses Urstoffes aller Gestaltung und aller schöpferischen Kraft. So ist sein großes Epos kein schwankender Mythos geworden von der russischen

Seele, sondern unverrückbar wahr, die russische Wirklichkeit selbst. Wir können dank seiner Werke Rußland brüderlich begreifen, nahe und nachbarlich unserer Welt, ohne Fremdheit, ohne Widerstand – damit aber ist die höchste Pflicht des Dichters erfüllt, alle Fremdheit zwischen den Menschen zu zerstören, Ferne heranzubringen und Volk und Volk, Stand und Stände zu ihrer letzten Einheit, zur allmenschlichen zu vereinen. Wer das Werk Gorkis kennt, der kennt das russische Volk von heute und in ihm Not und Entbehrung aller Gedrückten, er weiß aus miterkennender Seele um ihr letztes, seltenstes und leidenschaftliches Gefühl ebenso wie um ihr tägliches ärmliches Dasein: alle ihre Qualen und Prüfungen in den Jahren des Überganges konnten wir erschütternd wie in keinem andern in Gorkis Büchern miterleben. Und da wir gelernt haben, mit dem russischen Volke in seinen tragischesten Stunden so zu fühlen, so vermögen wir heute auch den Stolz Rußlands zu teilen und seine Freude wie eine eigene zu empfinden, die stolze Freude eines Volkes, einen so redlichen und reinen, einen so klaren und wahren Künstler aus dem eigenen Blut erschaffen zu haben. Dieser geistige Festtag der russischen Nation ist einer der ganzen Welt. Und so grüßen wir in dieser Stunde einhellig sie beide, die eines sind in seiner Gestalt – wir grüßen Maxim Gorki, den volksgestalteten Dichter, und das in ihm selbst zum Dichter gewordene russische Volk.

Erinnerung an Theodor Herzl
1929

Diese Erinnerungen, ich weiß es wohl, scheinen von einem anderen Theodor Herzl zu erzählen als dem, den die Gegenwart kennt. Sie sprechen zunächst von einem einst berühmten und heute vollkommen vergessenen Schriftsteller, dessen Bildnis die ins Überzeitliche wachsende Gestalt des Zionisten Herzl vollkommen verschattet hat.

Aber es gab, aus meiner frühesten Jugend kann ich es bezeugen, einen begeistert geliebten, heimlich und laut in ganz Österreich verehrten Schriftsteller, den aus Ungarn stammenden, in Budapest geborenen Theodor Herzl, und ihn habe ich längst verehrt, als der Zionismus kaum als Nebelstreif dem geistigen Weltbild sich darbot. Theodor Herzl war damals der erste Feuilletonist der ›Neuen Freien Presse‹ und bezauberte die Leser durch die leicht melancholisch überhauchte und dann wieder geistreich glitzernde, durch die profund gefühlsmäßige und dabei doch kristallkluge Tönung seiner Aufsätze. Das Leichte schien ihm gewichtig, das Gewichtige wußte er vorzutragen in der gefälligsten und faßbarsten Art, und nicht nur ein ironischer Skeptizismus, sondern auch die Geschliffenheit seiner Aphorismen zeigte, wieviel er in Paris von seinem über alles verehrten Anatole France gelernt hatte. Niemand gab unbewußt besser, was die Wiener wollten, auch für das Burgtheater schrieb er ihnen mit einem Kollegen zusammen ein geschmackvolles Lustspielchen, aus besten Ingredienzien kunstvoll serviert. Überdies war er ein auffallend schöner Mann, konziliant, gefällig, amüsant; kurzum, kein Schriftsteller war um die Jahrhundertwende beliebter, berühmter, gefeierter als er innerhalb der ganzen Bourgeoisie und wohl auch Aristokratie des alten Österreich.

Diese Beliebtheit erhielt nun plötzlich einen heftigen Stoß. Denn gerade knapp vor dem Jahrhundertende begann durchzusickern (kein Mensch dachte wirklich daran, die Broschüre zu lesen), dieser elegante, noble, geistreiche Causeur hätte da plötzlich einen abstrusen Traktat geschrieben, der nichts mehr und nichts minder wollte, als daß die Juden aus ihren Ringstraßenhäusern und Villen und ihren Geschäften und Rechtsanwaltskanzleien, kurz, daß sie mit Sack und Pack nach Palästina übersiedeln und dort eine Nation gründen sollten. Die erste Antwort war bei seinen Freunden verärgertes Bedauern über diesen »Unfug« eines doch sonst kreuzklugen und hochbegabten Schriftstellers. Dann setzte die in Wien auf jedes Geschehnis unfehlbare Wendung ein, die Erledigung durch Heiterkeit. Karl Kraus schoß eine Broschüre gegen ihn ab, und ihre Spitze, das Titelwort »Eine Krone für Zion«, blieb Herzl lebenslang in der Haut stecken; wenn er ins Theater trat, schön bebartet, ernst und mit zwingender hoher Haltung, zischelte und wisperte es von allen Seiten: »Der König von Zion«, oder »Seine Majestät ist erschienen«, aus jedem Gespräch, aus jedem Blick funkelte ihm verdeckt dieser ironische Name entgegen; die Zeitungen, insofern sie nicht wie sein Chef glattweg verboten, daß das Wort Zionismus in der ›Neuen Freien Presse‹ gedruckt werden dürfe, überboten sich in Spöttereien. Vielleicht ist niemand zu Anfang des Jahrhunderts so sehr in dieser spottlustigen Stadt gehöhnt worden wie Theodor Herzl und jener andere große Mann, der gleichzeitig eine entscheidende Weltidee allein und unabhängig aufgestellt – wie sein großer Schicksalsgefährte Sigmund Freud, den übrigens noch zu seinem siebzigsten Geburtstage die hohe Fakultät nicht geruhte mit einem Glückwunsch zu begrüßen.

Nun will ich offen sein und eingestehen, daß auch all meine Liebe und Bewunderung ebenfalls nur dem heute verschollenen Schriftsteller Theodor Herzl galt. Seit ich richtig lesen konnte, hatte ich jeden seiner Aufsätze gelesen, mich daran gebildet und seine Bildung bewundert: noch heute erinnere ich mich (Kindheitserinnerungen sind unbezwinglich) an fast jedes seiner Feuilletons so deutlich wie an die ersten Gedichte Rilkes und Hofmannsthals, die ich damals auf der Schulbank las. Keine Autorität galt mir höher als die seine, kein Urteil wesentlicher und wirklicher. Und so war es eigentlich ganz natürlich, daß ich, gerade dem Gymnasium entlaufen, an niemand anderen dachte, um ihm eine Novelle, die ich geschrieben hatte, vorzulegen, als ihm, dem für mich entscheidenden und geliebten Richter. Nun kannte ich ihn nicht persönlich und hatte auch keinen rechten Weg zu ihm, so wählte ich mit der glücklichen Naivität und dem nicht mehr wiederkehrenden Mut der Jugend den allereinfachsten Weg, nämlich ihn in der Redaktion aufzusuchen, wo er als Feuilletonredakteur seines Amtes waltete. Ich hatte seine Sprechstunde erkundet, ich glaube, es war nachmittags von zwei bis drei Uhr, so ging ich glatt und einfach eines Tages zu ihm hin. Zu meinem Erstaunen wurde ich sofort vorgelassen, in ein sehr enges, einfenstriges, nach Staub und Druckeröl dunstendes Zimmerchen und war plötzlich, ohne daß ich mich innerlich zusammengerichtet hatte, vor ihm, der höflich aufstand und mir einen Sessel neben dem Schreibtisch anbot. Die ihm natürliche und wirklich bezaubernde Art seiner Höflichkeit hat mich in diesem ersten Augenblick und bei jeder Begegnung mit ihm immer von neuem gewonnen. Sie kam aus französischer Schule, bekam aber an seiner majestätischen Gestalt wirklich etwas von der Höflichkeit von Königen oder hohen Diplomaten: nicht nur vom Geist, sondern gleichsam aus seinem körperlichen Wesen mochte ihm der Gedanke einer Führerrolle gekommen sein. Man subordinierte sich ihm unwillkürlich rein aus dem Gestaltmäßigen seiner Natur.

Er lud mich sehr freundlich ein, Platz zu nehmen, und fragte mich: »Was bringen Sie mir?« Ich stammelte recht und schlecht, daß ich ihm eine Novelle vorlegen wollte. Er nahm sie, zählte die handgeschriebenen Seiten bis auf die letzte, sah dann gespannt die erste Seite an, lehnte sich zurück. Mit einem gewissen Schreck merkte ich, daß er in meiner Gegenwart sofort zu lesen begann. Die Minuten dauerten mir lange, ich füllte sie bewußt, indem ich von der Seite her vorsichtig sein Gesicht betrachtete. Es war makellos schön. Der weiche, schwarze, wohlgepflegte Vollbart gab ihm ein klares, fast rechteckiges Maß, dem auch die reine, klar in die Mitte gestellte Nase nicht widersprach und nicht die hohe, leicht gerundete Stirn. Aber dieses vielleicht fast zu ebenmäßige, beinahe zu bildhafte Gesicht wurde vertieft durch die weichen, mandelförmigen Augen mit ihren schweren, schwarzen, melancholischen Wimpern, uralte Augen des Orients in diesem sonst französischen, à la Alphonse Daudet arrangierten Gesicht, welches leicht parfümiert gewirkt hätte oder Typus Frauenarzt oder »schöner Mann«, ohne diesen Seelenaufschlag tausendjähriger Melancholie. Er schien es zu merken, daß ich ihn betrachtete, denn einmal beim Blättern sah er mich scharf, aber nicht streng an: er war es gewohnt, betrachtet zu sein, vielleicht liebte er es sogar. Endlich schlug er die letzte Seite um und tat eine merkwürdige Geste, er schüttelte die Blätter zurecht, legte sie zusammen, schrieb etwas mit blauem Bleistift darauf, legte sie links in eine Schublade. Dann erst, nach dieser umständlichen, offenbar auf Spannung berechneten Geste (ein wunderbar Theatralisches verließ ihn nie), wandte er sich mir zu und sagte mit dem Bewußtsein großer Ankündigung: »Die Novelle ist angenommen. «

Das war viel, unerhört viel sogar, denn zu jener Zeit galt das Feuilleton noch als ein Heiligtum, einzig Vollwertigen oder Angegrauten zugänglich, und nur der junge Hofmannsthal hatte einmal den geheiligten Bann durchbrochen. Herzl fragte mich dann noch allerhand, was ich studiere, aber zu Gespräch blieb nicht viel Zeit, und er entließ mich mit dem Wunsch, ich möge ihm doch wieder etwas vorlegen. Er hat dann jene Novelle wirklich bald veröffentlicht und mehr noch getan, gleichfalls unvermutet, indem er in einem seiner nächsten Feuilletons plötzlich darauf hinwies, es seien jetzt wieder junge Leute in Wien, von denen allerlei zu erwarten wäre, und dabei sofort meinen Namen nannte. Es war das erstemal, daß ganz spontan, aus einem urtümlichen Vertrauen, jemand mir öffentlich Mut zusprach, und vielleicht kein Augenblick innerhalb einer literarischen Laufbahn ist so entscheidend und so unvergeßlich wie ein solcher erster unvermuteter Impuls. Ich habe es immer seitdem als eine Verpflichtung empfunden, daß es gerade Theodor Herzl gewesen, der als erster zu mir (mehr aus Instinkt als aus dem vorhandenen Werke) Zutrauen hatte, und ich bin ihm immer noch genau so dankbar wie in jener überraschenden ersten Stunde.

Ich durfte ihn dann öfter sehen, nicht zu oft freilich, denn ich studierte in Deutschland, und wenn ich nach Wien kam, hielt mich Respekt zurück, ihm seine Zeit zu nehmen, aber es kam selten vor, daß er mich im Theater sah, ohne auf mich zuzutreten und mit ein paar freundlichen Worten nach meiner Arbeit zu fragen. Inzwischen war aus Dankbarkeit für den Menschen mir auch die Idee vertraut geworden, die ihn mehr und mehr beschäftigte. Ich begann die zionistische Bewegung zu verfolgen, ging auch hie und da als Zuhörer zu den kleinen Versammlungen, die meist im Unterkeller von Kaffeehäusern abgehalten wurden, und begegnete auf der Universität öfter und öfter dem edelsten seiner Schüler, Martin Buber. Aber eine rechte Bindung wollte mir nicht gelingen, mich ließen die Studenten fremd, denen die Satisfaktionsfähigkeit noch irgendwie den Kern des Judentums zu bilden schien, und den Diskussionsabenden entfremdete mich die heute wohl nicht mehr vorstellbare Art der Respektlosigkeit, mit der sich gerade die ersten Schüler zu Herzls Person stellten. Die östlichen warfen ihm vor, er verstände nichts vom Judentum, er kenne nicht einmal seine Gebräuche, die Nationalökonomen betrachteten ihn als Feuilletonisten, jeder hatte seinen eigenen Einwand und nicht immer der respektvollsten Art. Dieser Mangel an geistiger Subordinationsfähigkeit hielt mich instinktiv von jenem Kreise fern. Ich wußte, wie gerade damals vollkommen ergebene, selbst gegen ihre eigene Meinung wortlos mithelfende Menschen und besonders junge Leute Herzl wohlgetan hätten, und dieser zänkische, rechthaberische Geist der heimlichen Revolte gegen Herzl entfremdete mich sofort der Bewegung, der ich mich nur um Herzls willen neugierig genähert hatte. Als wir einmal über das Thema sprachen, gestand ich es ihm offen ein. Er lächelte etwas bitter und sagte: »Vergessen Sie nicht, wir sind seit Jahrhunderten an das Spielen mit Problemen, an den Streit mit Ideen gewöhnt. Wir Juden haben ja seit zweitausend Jahren historisch gar keine Praxis, etwas Reales in die Welt zu setzen. Die unbedingte Hingabe muß man erst lernen und ich selbst habe sie noch heute nicht gelernt, denn ich schreibe noch immer zwischendurch Feuilletons und bin noch immer Feuilletonredakteur der ›Neuen Freien Presse‹, während es meine Pflicht wäre, keinen Gedanken außer dem einen zu haben, keinen Strich für irgend etwas anderes auf ein Blatt Papier zu tun. Aber ich bin schon unterwegs, mich da zu verbessern, ich will die unbedingte Hingabe erst selbst lernen, und vielleicht lernen da die anderen mit.« Ich weiß noch, daß diese Worte auf mich tiefen Eindruck machten, denn das hatte uns alle unbewußt irritiert, daß Herzl sich so lange nicht entschließen konnte, seine Stellung bei der ›Neuen Freien Presse‹ aufzugeben – wir meinten, um seiner Familie willen. Daß dem nicht so war und er sein eigenes Privatvermögen der Sache geopfert hatte, erfuhr die Welt erst viel später, und wie sehr er selbst unter diesem Zwiespalt gelitten hatte, erwies mir nicht nur dieses Gespräch, sondern auch viele Aufzeichnungen in seinen Tagebüchern.

Ich sah ihn dann noch mehrmals, aber von allen Begegnungen ist mir nur eine als wichtige erinnerlich und unvergeßlich, vielleicht, weil sie die letzte war. Ich war im Ausland, nicht anders als brieflich mit Wien in Verbindung gewesen, endlich traf ich ihn eines Tages im Stadtpark. Er kam offenbar aus der Redaktion, ging sehr langsam und ein wenig in sich gebeugt; es war nicht mehr der alte schwingende Schritt. Ich grüßte höflich und wollte vorüber, aber er kam rasch emporgestrafft auf mich zu, bot mir die Hand: »Warum verstecken Sie sich? Sie haben das gar nicht nötig.« Daß ich so oft ins Ausland flüchtete, rechnete er mir hoch an. »Es ist unser einziger Weg«, sagte er. »Alles, was ich weiß, habe ich im Ausland gelernt. Nur dort gewöhnt man sich, in Distanzen zu denken. Ich bin überzeugt, ich hätte nie den Mut zu jener ersten Konzeption gehabt, man hätte sie mir zerstört, solange sie noch im Keimen und Wachsen war. Aber Gott sei Dank, als ich sie herbrachte, war schon alles fertig, und sie konnten nicht mehr tun, als das Bein aufheben.« Er sprach dann sehr bitter über Wien;

hier hätte er die stärksten Hemmungen gefunden, und kämen nicht von außen, von Osten besonders und auch von Amerika, neue Impulse, er wäre schon müde geworden. »Überhaupt«, sagte er, »mein Fehler war, daß ich zu spät begonnen habe. Viktor Adler, der war mit dreißig Jahren Führer der Sozialdemokratie, in seinen besten, ureigentlichsten Kampfjahren, und von den Großen der Geschichte will ich gar nicht reden. Ich brauchte irgendeinen jungen Menschen, einen leidenschaftlichen und klugen, der mit mir denkt und aus mir herausdenkt. Ich habe zuerst auf F. gehofft, aber der ist zu weich, zu unpolitisch. Wenn Sie wüßten, wie ich leide im Gedanken an die verlorenen Jahre, daß ich nicht früher an meine Aufgabe herangekommen bin. Wäre meine Gesundheit so gut wie mein Wille, dann stünde alles gut, aber Jahre kauft man nicht mehr zurück.« Ich begleitete ihn noch lange des Weges und er sprach viel von den Schwierigkeiten, die man ihm entgegenstellte, nicht so sehr erbittert, sondern eher resigniert: er schien es schon gewohnt, immer wieder Widerstand zu finden gerade an der unerwarteten Seite. Ich versuchte ihm irgend etwas Wohltuendes zu sagen und erzählte ihm von der Auswirkung, die seine Idee im Auslande gefunden habe, von der Anzahl Menschen, die nur den einen Wunsch hätten, ihm die Hand zu drücken, und wies ihn dann darauf hin, ob er nicht selber fühle, wie weit er über sich hinausgewachsen sei aus diesem Wien, aus diesem Österreich, irgendwohin bis in die fernsten Zonen der Welt. Aber er lächelte nur trüb und sagte: »Ja, ihr, ihr jungen Leute, euch scheint Erfolg und Ruhm immer schon alles. Da« (und er wies plötzlich auf seinen schönen und wirklich schon stark durchsilberten Bart) »da, nehmen Sie mir die weißen Haare aus meinem Bart und meinem Haar und ich schenke Ihnen meinen ganzen Ruhm.« Ich begleitete ihn noch lange, fast bis zu seinem Hause. Dort blieb er stehen und gab mir die Hand und sagte: »Warum kommen Sie nie zu mir? Sie haben mich nie zu Hause besucht. Telephonieren Sie vorher an, ich mache mich schon frei.« Ich versprach es ihm, fest entschlossen, das Versprechen nicht zu halten, denn je mehr ich einen Menschen liebe, desto mehr ehre ich seine Zeit. Ich war fest entschlossen, nicht zu ihm zu kommen.

Aber ich bin dennoch zu ihm gekommen und schon wenige Monate später. Die Krankheit, die damals ihn zu beugen begann, hatte ihn plötzlich gefällt, und nur zum Friedhof mehr konnte ich ihn begleiten. Vor genau fünfundzwanzig Jahren. Ein sonderbarer Tag war es, ein Tag im Juli, unvergeßlich jedem, der ihn miterlebte. Denn plötzlich kamen auf allen Bahnhöfen der Stadt, mit jedem Zug bei Tag und Nacht aus allen Reichen und Ländern Menschen gefahren, westliche, östliche, russische, türkische Juden, aus allen Provinzen und kleinen Städten stürmten sie plötzlich herbei, den Schreck der Nachricht noch im Gesicht; niemals spürte man deutlicher, was früher das Gestreite und Gerede unsichtbar gemacht, daß hier einer großen Bewegung der Führer gefallen war. Es war ein endloser Zug. Mit einmal merkte Wien, daß hier nicht nur ein Feuilletonist gestorben war, ein Schriftsteller oder mittlerer Dichter, sondern einer jener Gestalter von Ideen, wie sie in einem Land, in einem Volk nur in ungeheuren Intervallen sich sieghaft erheben. Am Friedhof entstand ein Tumult, zu viele strömten plötzlich zu seinem Sarge, weinend, heulend, schreiend in einer wild explodierenden Verzweiflung, es wurde ein Toben, ein Wüten fast; alle Ordnung war zerbrochen durch eine Art elementarer und ekstatischer Trauer, wie ich sie niemals vordem und nachher bei einem Begräbnis gesehen: und an diesem ungeheuren, aus der Tiefe eines ganzen Millionenvolkes stoßhaft aufstürmenden Schmerz konnte ich zum erstenmal er-

messen, wieviel Leidenschaft und Hoffnung dieser einzelne und einsame Mensch durch die Gewalt eines einzigen Gedankens in die Welt getragen.

Unvergeßliches Erlebnis
Ein Tag bei Albert Schweitzer
1932

Ein vollkommener Tag ist selten. So hat, der ihn erlebt und gerade heute erleben darf, die Pflicht, besonders dankbar zu sein und dieser Dankbarkeit das Wort zu lassen.

Schon der Morgen gab ein großes Geschenk. Seit Jahr und Tag stand man wieder einmal vor dem Straßburger Münster, dieser vielleicht schwerelosesten Kathedrale der europäischen Erde. Daß frühwinterlicher Nebel den Himmel dunkelte und dem Horizont einen stumpfen Ton gab, vermochte die Wirkung nicht zu mindern; im Gegenteil, wie von innen glühend in seinem einzigartigen Rosagestein stieg mit seinen Hunderten gemeißelten Gestalten dieses quaderne Spitzenwerk empor, selig leicht und doch unverrückbar, jeden aufhebend in sein beschwingtes Empor. Wie außen in die Höhe beglückt emporgeschwungen, spürt man innen, abermals erstaunt, die Weite im klar gestalteten Raum, den Orgel und Gesang sonntäglich durchfluten: auch hier Vollendung, geschaffen von dem verschollenen Genius Erwin von Steinbach, dessen Ruhm der junge Goethe mit ebenso quadernen Worten in die Unvergänglichkeit gehämmert.

Und weiter noch vormittag und mittag zur andern deutschen Herrlichkeit der elsässischen Erde, hinüber nach Colmar, um wieder einmal, wissender und doch ebenso empfänglich wie vor zwei Jahrzehnten, den Isenheimer Altar des Matthias Grünewald zu bewundern. Großartiger Gegensatz bei gleicher Vollendung: dort die strenge Linie architektonisch gebunden, zu Stein gefrorene Musik, zu Kristall gewordene, himmelaufdeutende Frömmigkeit, und hier in diesen flammenden Farben die übermächtige Inbrunst der Ekstase, das fanatisch gewordene Kolorit, die apokalyptische Vision von Untergang und Auferstehung. Dort die Ruhe im Glauben, die langsame, beharrliche, demütige Bemühung zur letzten Erfüllung, hier der wilde Ansprung, der rasende Gottesrausch, der heilige Raptus, die bildgewordene Ekstase. Man mag auch hundertmal, tausendmal vor den trefflichsten Nachbildungen sich bemüht haben, dem einzigen Geheimnis dieser leuchtenden dämonischen Tafeln nahezukommen: nur hier, dieser erschütternden Realität gegenüber fühlt man sich völlig gebannt und weiß, man hat leibhaftig eines der bildnerischen Wunder unserer irdischen Welt gesehen.

Zwei völlig verschiedene und beide fehllose Vollendungen menschlicher Schöpferkraft hat man erlebt und noch steht die matte Novembersonne erst im Zenit; noch ist der Tag voll, noch das Gefühl offen und bereit und vielleicht gesteigerter sogar, menschlich magischen Eindruck in sich aufzunehmen. Noch ist Zeit, noch ist der Wille lusthaft gewillt, sich starkem Eindruck aufzuschließen, und so, vom Gefühlten erfüllt und dennoch nicht gesättigt, fährt man hinüber in ein kleines elsässisches Städtchen, nach Günsbach, um dort im Pfarrhaus Albert Schweitzer zu besuchen. Die Gelegenheit darf nicht versäumt werden, diesen merkwürdigen und wunderbaren Mann, der wieder einmal zu kurzer Frist sein Werk in Afrika verlassen hat und in seinem Heimatdorfe gleichzeitig ausruht und sich zu neuer Hingabe rüstet, zu besuchen, denn menschliche Vollendung ist nicht minder selten als die künstlerische.

Albert Schweitzer, dieser Name hat für viele Menschen heute schon einen starken Klang, aber fast für jeden unter diesen einen verschiedenen besonderen Sinn. Unzählige lieben und verehren ihn, die meisten aber von völlig verschiedenen Gesichtsfeldern her, denn dieser Mann ist eine einzige und einmalige, eine unwiederholbar gebundene Vielfalt. Manche wissen von ihm nur, daß er vor einigen Jahren den Goethe-Preis erhielt, die protestantische Geistlichkeit bewundert in ihm einen ihrer hervorragendsten Theologen, den Verfasser der ›Mystik des Apostels Paulus‹, die Musiker respektieren in ihm den Schöpfer des größten und gründlichsten Werkes über Johann Sebastian Bach, die Orgelbauer rühmen ihn als den Mann, der wie keiner sämtliche Orgeln Europas kennt und über ihre Technik das Tiefste und Aufschlußreichste geschrieben hat, die Musikalischen ehren ihn als den (mit Günter Ramin) vielleicht größten Orgelvirtuosen der gegenwärtigen Welt, und wo immer er ein Konzert ankündigt, sind Tage vorher alle Plätze ausverkauft. Aber um seiner höchsten Tat willen, um jenes Spitals, das er aus rein menschlicher Aufopferung, einzig um eine europäische Schuld zu sühnen, im Urwald von Afrika, ganz allein, ohne irgendeine staatliche Hilfe gegründet und geschaffen, um dieser einzigartigen und beispielgebenden Selbstpreisgabe willen liebt und bewundert ihn jeder, der um das Menschliche weiß, alle jene, denen Idealismus nur dann groß erscheint, wenn er über das geredete und geschriebene Wort hinausgeht und durch Selbstaufopferung zur Tat wird. Diesen tief bescheidenen Mann ehren die Besten der Erde heute als ein moralisches Vorbild, und eine immer wachsende Gemeinde schart sich still (und ohne jedes Programm) um seine Gestalt. Wie stark sein Einfluß geworden ist, bezeugt in den letzten Jahren schon rein äußerlich die Verbreitung der Bücher, die sein Leben schildern und deren einfachstes, schlichtestes er selbst geschrieben hat: ›Aus meinem Leben und Denken‹.

Dieses Leben nun ist in der Tat wahrhaft würdig, einmal Gegenstand einer heroischen Biographie zu werden; heroisch freilich nicht im alten Sinn des Militärischen, sondern in dem neuen, den wir als einzig gültigen anerkennen, des moralischen Heldentums, der völligen und dabei undogmatischen Aufopferung der Person an die Idee, jenes Heldentum, das in Menschen wie Gandhi und Romain Rolland ebenso wie in Albert Schweitzer die ruhmreichsten Formen unseres Zeitalters angenommen hat. Zwischen zwei Ländern geboren, zwischen Deutschland und Frankreich, beiden so sehr verbunden, daß ein Teil seiner Werke französisch, der andere deutsch geschrieben ist, wächst der Pfarrerssohn in seinem Heimatort Günsbach auf, erhält 1899 ein Predigeramt in St. Nikolai in Straßburg, mit allen den kleintäglichen Tätigkeiten wie Konfirmandenunterricht und Kirchenpredigt, habilitiert sich zwei Jahre später mit einer Vorlesung über die ›Logoslehre im Johannes-Evangelium‹ an der theologischen Universität Straßburg. Aber gleichzeitig studiert er in den Ferienmonaten bei dem greisen Meister Widor, der noch Wagner, César Franck und Bizet freundschaftlich gekannt. Schweitzers unermüdliche Arbeit teilt sich fortab zwischen Musik und Theologie, beiderseits schöpferische Frucht tragend, hier in einer ›Geschichte der Jesus-Forschung‹, dort in jener monumentalen Biographie Johann Sebastian Bachs, die bis heute noch unübertroffen geblieben ist. Meister der Orgel, reist er von Stadt zu Stadt, um alle nur erreichbaren auszuproben und das halb verschollene Geheimnis der alten Orgelbaumeister neu zu entdecken. Auch auf diesem Gebiet werden seine Werke Autorität. Doppelgeistig und klar könnte nun dieses Leben weiter verlaufen, aber in seinem dreißigsten Jahr faßt Albert Schweitzer plötzlich jenen unvermuteten Entschluß, der in der tiefreligiösen Natur seines Wesens voll begründet ist: Europa zu verlassen, wo er sich nicht genug nutzbringend fühlt, und in Äquatorialafrika ein Spital für die Ärmsten der Armen, für die Verlassensten der Verlassenen, für die unter der Schlafkrankheit und anderen Tropengebresten zu Tausenden hinsiechenden Neger, aus eigener Kraft zu begründen.

Wahnsinn, sagen seine Freunde, sagen seine Verwandten. Warum in Afrika? Ist nicht in Europa Elend genug, dem abzuhelfen wäre? Aber die innerliche Antwort Albert Schweitzers ist: weil die Arbeit in Afrika die schwierigste ist. Weil sich dort hinab niemand wagt, außer den Geldverdienern, Abenteurern und Karrieremachern, weil gerade dort im Urwald, in der täglichen Lebensgefahr der aus reinen, ethischen Motiven wirkende Mensch nötiger ist als irgendwo. Und dann – mystischer Gedanke – dieser eine Mensch will für seine Person jenes ungeheure, unsagbare Unrecht sühnen, das wir Europäer, wir, die angeblich so kulturelle weiße Rasse, an dem schwarzen Erdteil seit Hunderten Jahren begangen haben. Würde einmal eine wahrhafte Geschichte geschrieben werden, was die Europäer an Afrika verbrochen, wie sie erst durch Sklavenraub, dann durch Branntwein, Syphilis, Raffgier die ahnungslosen schwarzen Kinder dieses Erdteils gemartert, ausgeplündert und dezimiert haben (noch heute ist, wie André Gides Kongobuch beweist, vieles nicht besser geworden), dann würde eine solche historische Aufstellung eines der größten Schandbücher unserer Rasse werden und unser frech getragenes Kulturbewußtsein für Jahrzehnte zur Bescheidenheit dämpfen. Einen winzigen Teil dieser ungeheuren Schuld will nun dieser eine religiöse Mensch mit dem Einsatz seiner Person bezahlen durch die Gründung eines Missionsspitals im Urwald – endlich einer, der nicht in die Tropen geht um des Gewinns, um der Neugier willen, sondern aus reinem humanen Hilfsdienst an diesen Unglücklichsten der Unglücklichen. Aber wie kann er ein Spital gründen, er, der von Medizin nichts weiß? Eine solche Kleinigkeit kann eine eherne Energie wie jene Albert Schweitzers nicht erschrecken. Mit dreißig Jahren Professor der Theologie, einer der meisterlichsten Orgelspieler Europas, hochgeehrt als Musikologe, setzt er sich ruhig zu den Achtzehnjährigen in Paris noch einmal auf die Schulbank, in den Seziersaal, und beginnt trotz schweren Geldsorgen Medizin zu studieren. 1911, sechsunddreißigjährig, besteht er das medizinische Staatsexamen. Dann noch ein Jahr klinischer Dienst und die Doktorarbeit, und der beinahe Vierzigjährige tritt die Reise in den anderen Erdteil an.

Nur das Wichtigste fehlt noch: das Geld für ein so weitreichendes Unternehmen, denn unter keinen Umständen will Albert Schweitzer von der französischen Regierung Unterstützung nehmen. Er weiß: Unterstützung bedeutet Abhängigkeit von Beamten, Kontrolle, kleinliche Einmengerei, Überschaltung eines rein human Gedachten ins Politische. So opfert er das Honorar seiner Bücher, gibt eine Reihe von Konzerten zugunsten seiner Sache, und Gesinnungsfreunde steuern bei. Im Sommer 1913 langt er endlich in Lambarene am Ogovefluß an und beginnt, sein Spital zu bauen. Zwei Jahre beabsichtigt er zunächst dort zu bleiben, aber zwangsweise werden es viereinhalb, denn dazwischen fällt für die ganze europäische Menschheit der Krieg, und dieser warmherzige Samariter, der selbstlos in den französischen Kolonien einer humanen Idee dienen wollte, wird plötzlich gewalttätig daran erinnert, daß er seinem Paß nach immerhin Elsässer, also damals Deutscher, sei, und vom 5. August 1914 an hat er sich auf seiner Mission als Gefangener zu betrachten. Anfangs erlaubt man ihm noch die Ausübung seiner ärztlichen Tätigkeit, schließlich aber wird die Kriegsbürokratie unerbittlich in ihrem heiligen Wahnsinnsrecht: Schweitzer wird aus dem afrikanischen Missionsgebiet, wo er auf wunderbarste Weise tätig ist, mitten aus dem Urwald nach Europa gebracht und für ein ganzes Jahr in den Pyrenäen untätig hinter Stacheldraht gesetzt. Als er heimkehrt, findet er die väterliche Landschaft von Günsbach verheert und zerstört, die Berge entwaldet und das menschliche Elend, zu dessen Bekämpfung er sein Leben eingesetzt hat, vertausendfacht.

Sein ganzes Werk scheint also vergebens getan. An einen Wiederaufbau des afrikanischen Spitals ist zunächst nicht zu denken, noch sind Schulden zu bezahlen, noch ist die Welt versperrt, und diese Jahre nützt Schweitzer zu seinen Werken ›Verfall und Wiederaufbau der Kultur‹ und ›Kultur und Ethik‹ sowie zur Vollendung der großen Bach-Ausgabe. Aber die Entschlossenheit dieses Mannes ist unzerstörbar. Er gibt Konzert auf Konzert, schließlich hat er nach fünf Jahren wieder Geld beisammen. 1924 reist er abermals nach Lambarene, wo er alles, was er aufgebaut hat, verfallen findet. Der Dschungel hat die Gebäude gefressen, alles muß neu und in größeren Dimensionen an anderer Stelle errichtet werden. Aber diesmal kommt ihm schon Ruhm und Ruf seines Werkes zustatten. Denn jede starke ethische Energie sendet Emanationen aus, und wie der Magnet totes Eisen magnetisch macht, so wohnt aufopfernden Naturen die Kraft inne, andere sonst gleichgültige Menschen zur Aufopferung zu erziehen. Immer sind in der Menschheit Unzählige bereit, einer Idee zu dienen, ein ungeheurer Idealismus wartet unausgelöst in jeder Jugend, sich einer Aufgabe völlig hinzugeben (und wird von den politischen Parteien meist in eigennütziger Weise mißbraucht). Manchmal aber, in sehr seltenen Glücksfällen, strömt er reich und frei einer humanen Idee zu, so in diesem Falle: eine ganze Schar Helfer bietet sich Schweitzer an, die, von seiner Idee überzeugt, unter ihm, neben ihm wirken will, und gefestigter als je steht der alte Bau. 1927, 1928 ist wieder ein Pausejahr, das Schweitzer in Europa verbringt, um durch Konzerte und ihren Ertrag den materiellen Bestand seines Spitals zu sichern, und so teilt er sein Leben zwischen der einen und der anderen Welt in Arbeit und Arbeit, die aber beide konzentrisch auf die Entwicklung des Werkes und seiner Persönlichkeit zielen.

Den Glücksfall, diesem außerordentlichen Mann, der jetzt knapp vor einer neuen Reise nach Afrika bei uns in Europa weilt, wieder zu begegnen, glaubte ich nicht versäumen zu dürfen; die Welt ist so arm an wirklich überzeugenden und beispielgebenden Gestalten, daß da eine kleine Reise wahrhaftig nicht als Preis gelten darf. Ich hatte Schweitzer jahrelang nicht gesehen, und briefliche Bindung ersetzt nur sehr unzulänglich die lebendige Gegenwart. So freute ich mich zutiefst wieder seines warmen, klaren und herzlichen Blickes. Ein wenig Grau hat sich auf sein Haar gestreut, aber prachtvoll imponierend wirkt noch immer das plastisch gehauene alemannische Gesicht, dem nicht nur der buschige Schnurrbart, sondern auch die geistige Struktur der überwölbten Stirn eine starke Ähnlichkeit mit den Bildern Nietzsches gibt. Führertum eines Menschen verleiht immer unwillkürlich von inner her etwas Autoritatives, aber das Selbstbewußtsein Albert Schweitzers hat nichts von Rechthaberei, sondern ist nur die von innen nach außen gewendete Sicherheit eines Menschen, der sich am rechten Wege weiß, und die Kraft, die von ihm ausstrahlt, wirkt niemals aggressiv, denn sein ganzes Denken und Leben beruht ja in der höchsten Lebensbejahung oder, besser gesagt, der Bejahung des Lebens in allen seinen geistigen und irdischen Formen, also in verstehender Konzilianz und Toleranz. Albert Schweitzers Gläubigkeit und sogar

Kirchengläubigkeit entbehrt jedes Fanatismus, und das erste, was dieser wunderbare Mensch, dieser einstige protestantische Priester und Theolog uns mitten im Gespräch bewundernd rühmte, waren religiöse Texte chinesischer Philosophen, in denen er eine der höchsten Manifestationen irdischer Ethik bewundert.

Es wurde ein reicher Nachmittag; man durchblätterte Photographien von Lambarene, man hörte von den hier sich erholenden Pflegerinnen und Helferinnen der Mission viele erschütternde und gleichzeitig wieder viele erhebende Einzelheiten von der unsäglichen Sisyphusarbeit, die dort geleistet wird, um das immer wieder neu anströmende Menschenelend nur für kurze Frist zu dämmen und zu lindern. Und zwischendurch, in dem mit Briefen und Manuskripten überstreuten Zimmer dieses unermüdlichen Menschen freut man sich immer wieder eines Blickes auf das männlich schöne Antlitz, in dem Sicherheit und Ruhe sich zu einer seltenen Einheit verbinden. Hier wirkt, so spürt man, das Zentrum einer Kraft, die, für uns unsichtbar, sich in einem anderen Erdteil in Wohlfahrt und moralische Schöpfung umsetzt und gleichzeitig in vielen anderen Tausenden ähnliche Kräfte steigert und erregt, und während er ruht und plaudert, ist er zugleich Führer einer unsichtbaren Armee, der Mittelpunkt eines magischen Kreises, der ohne jede äußere Gewalt und ohne Verwendung von Gewalt doch mehr Gewalt und Leistung ausgelöst hat als Dutzende politischer Führer, Professoren und Autoritätsmenschen. Und wieder erkennt man : beispielgebende Kraft hat mehr Macht im Wirklichen als alle Dogmen und Worte.

Und dann hinaus in das kleine Tal, durch das sonntäglich stille Dorf. Längst sind die Narben verheilt, die der Krieg geschlagen. Drüben in den Hängen der Vogesen und auf der anderen, der deutschen Seite, wo die Kanonen mit dumpfem Schlag Stunde für Stunde ihre gasgiftigen Geschosse ausgespien, liegt ein stillfriedliches Abendlicht. Sorglos kann man auf der Straße gehen, die vor vierzehn Jahren noch in unterirdische, mit Stroh überdeckte Tunnels verwandelt war. Der Weg führt langsam zur kleinen Kirche, denn obwohl ich nicht wagte, ihn darum zu bitten, der große Musiker hatte unseren heimlichen Wunsch geahnt, ihn auf seiner neuen, nach seinen eigenen Angaben gefertigten Orgel wieder einmal spielen zu hören.

Die kleine Kirche von Günsbach, die er jetzt aufschließt, ist eine besondere unter den hunderttausend Kirchen, die auf europäischer Erde stehen. Nicht, daß sie eigentlich schön wäre oder im kunsthistorischen Sinn bedeutsam: ihre Eigenart ist geistig-geistlicher Natur, denn sie gehört zu den im ganzen vierzig oder fünfzig Kirchengebäuden, wie man sie nur im Elsaß und einigen Orten der Schweiz findet, welche zugleich für katholischen und protestantischen Gottesdienst eingerichtet sind. Der Chor, durch ein kleines Holzgitter abgeschlossen, wird nur für den katholischen Gottesdienst geöffnet, der zu anderer Stunde stattfindet als der protestantische. Ein scheinbar Unmögliches ist also hier vollbracht, auf einer Erde, wo deutsche und französische Sprache locker ineinandergleiten – daß auch die katholische und protestantische Lehre ohne Gehässigkeit in einem gleichsam neutralen Gotteshause miteinander verbunden sein können, und Albert Schweitzer erzählt, daß schon von seiner Jugend her diese Möglichkeit einer friedlichen Bindung einen vorbildlichen Einfluß auf seine Lebensanschauung gewonnen hat.

Es ist schon dunkel im völlig leeren Kircheninnern, als wir eintreten, und wir machen kein Licht. Nur über der Klaviatur der Orgel wird eine einzige kleine Birne aufgedreht. Sie leuchtet nur Schweitzers Hände an, die jetzt über die Tasten zu gehen beginnen, und das niederge-

beugte sinnende Gesicht erhält von den Reflexen unge-
wissen magischen Widerschein. Und nun spielt Albert
Schweitzer uns allein in der leeren nachtschwarzen Kirche seinen geliebten Johann Sebastian Bach: unvergleichliches Erlebnis! Ich habe ihn, diesen Meister, der alle
Virtuosen beschämt, schon früher mit tausend anderen
zugleich in München in einem Orgelkonzert spielen gehört; es geschah vielleicht im technischen Sinne nicht
minder vollendet. Aber doch, nie habe ich die metaphysische Gewalt Johann Sebastian Bachs so stark empfunden wie hier in einer protestantischen Kirche, erweckt
durch einen wahrhaft religiösen Menschen und von ihm
mit der äußersten Hingabe gestaltet. Wie träumend und
doch zugleich mit wissender Präzision gehen die Finger
über die weißen Tasten im Dunkel, und gleichzeitig hebt
sich wie eine menschliche, übermenschliche Stimme aus
dem bewegten riesigen Brustkorb des Orgelholzes der
gestaltete Klang. Großartig ordnungshaft und inmitten
äußersten Überschwanges fühlt man die Vollkommenheit der Fuge so unabänderbar beständig wie vormittags
das Straßburger Münster in seinem Stein, so ekstatisch
und leuchtkräftig wie die Tafel des Matthias Grünewald,
deren Farben einem noch warm unter den Lidern bren-
nen. Schweitzer spielt uns die Adventkantate, einen
Choral, und dann in freier Phantasie; leise und geheimnisvoll füllt sich das schwarze Gehäuse der Kirche mit
großer Musik und zugleich die eigene innere Brust.
   Eine Stunde solch beschwingter Erhebung und wieder
hinaus auf die schon verdunkelten Wege, die jetzt gesteigert hell erscheinen, und wieder langes gutes Gespräch
beim Abendbrot, von innen erwärmt durch das Gefühl
wahrhaft menschlicher Gegenwart und die andere, die
unsichtbare, der Kunst, die uns alles Irdische, politisch
Widrige auf die herrischeste und herrlichste Art wegzu-
nehmen weiß. Dann wieder zurück nach Colmar und im

Zuge neuerdings hin durch die Nacht, dankbar erregt und gleichsam ausgeweitet. Man hat an einem Tage eines der vollendetsten Wunder deutscher Architektur, das Straßburger Münster, hat das Meisterwerk deutscher Malerei, den Isenheimer Altar, und schließlich noch die unsichtbare Kathedrale der Musik Johann Sebastian Bachs erlebt, aufgebaut von einem der musikalischesten Meister der Gegenwart – an einem solchen vollkommenen Tag fühlt man schon wieder Gläubigkeit für die widrigste Zeit. Aber der Zug rollt und rollt weiter über die elsässische Erde, und plötzlich schreckt man auf, denn die Stationen, die draußen ausgerufen werden, wecken bedrückende Erinnerung: Schlettstadt, Mülhausen, Thann, an alle diese Namen erinnert man sich noch aus den Heeresberichten: da zehntausend Tote, da fünfzehntausend, und dort in den Vogesen, die silbern durch den Nebel geistern, hunderttausend oder hundertfünfzigtausend, gefallen unter Bajonetten, unter Kugeln, vergast, vergiftet im Bruderkrieg, im brudermörderischen Haß. Und man verzagt wieder und versteht nicht, wie ebendieselbe Menschheit, welche die unfaßbarsten und unbegreiflichsten Meisterwerke im Geistigen hervorbringt, seit tausend und tausend Jahren nicht das einfachste Geheimnis zu meistern lernt: zwischen Menschen und Menschen, welche solche unvergängliche Güter gemeinsam haben, den Geist der Verständigung lebendig zu bewahren.

Abschied von John Drinkwater

1937

Abschiednehmen ist eine schwere Kunst, die das Herz hartnäckig sich weigert zu erlernen; jedesmal steht man mit neuer Beklommenheit vor einem neuen Verlust. Selten aber habe ich den Tod eines Kameraden, eines Freundes so schreckhaft-jäh und so erschüttert empfunden wie den John Drinkwaters. Ich liebte diesen großen englischen Dichter sehr um seiner reinen und humanen Verse willen, ich schätzte außerordentlich seine Dramen, von denen ›Abraham Lincoln‹ im Wiener Burgtheater erst vor kurzem großen Erfolg errungen, ich bewunderte ihn als Prospero und in andern Shakespeare-Rollen als einen der taktvollsten und verständigsten Schauspieler und ich war sehr beglückt durch die Freundschaft, die uns beinahe Gleichaltrige verband. Ich dankte ihm gute Stunden in seinem gastlichen Haus, wo man den ausgezeichnetsten Künstlern der Zeit begegnete und Daisy Kennedy, seine Frau, die treffliche Geigerin mit ihrem musikalischen Talent, die dichterische Atmosphäre noch vollkommener machte. Aber noch ein Besonderes erschütterte mich diesmal so sehr und das war die letzte Begegnung mit ihm, zwei Tage vor seinem Tod.

Es war am Dienstag dieser Woche vor Ostern, da ging morgens das Telephon. Er rief mich an und sagte, nachmittags würde im allerintimsten Kreise ohne jede Presse und Publizität der Film gezeigt ›The King's People‹, den er für die Krönung geschrieben habe, und ob ich kommen wollte. Natürlich kam ich gern. Die Vorstellung war in keinem Kinotheater, sondern in einem kleinen

Probezimmer der Warner Brothers Company, im ganzen fünfzehn oder zwanzig Personen, die in bequemen Fauteuils beisammen saßen – es war etwa die Atmosphäre von Kammermusik. Außer den nächsten Angehörigen Drinkwaters waren die illustren Personen anwesend, welche in diesem Film mitspielen, die Lady Astor und der einundachtzigjährige Bernard Shaw, frisch wie immer – er hatte es sich nicht nehmen lassen, zu Fuß von seiner Wohnung herzumarschieren mit seinen steifen raschen Schritten. Ein paar Schauspieler noch, der Producer, dann Drinkwater selbst und seine achtjährige süße kleine Tochter Penny, die in dem Film tapfer mitspielt.

Die Szene des Krönungsfilms ist zuerst John Drinkwaters Haus, denn es wird gleichzeitig die Entstehung des Films mit dem Film selbst geschildert. Drinkwater tritt in persona auf, erklärt einer amerikanischen Journalistin den Sinn des Krönungsfilms, und während der Film abrollt, berät er sich mit einigen prominenten Persönlichkeiten Englands, mit Austen Chamberlain, mit Lady Astor, mit Bernard Shaw, so daß diese gleichsam als Raisonneure [Augenblickskommentatoren] die Geschehnisse vom Tode der Königin Victoria bis zur heutigen Stunde begleiten. Nun ist schon dies ein wenig gespenstisch, mit lebenden Menschen im selben Zimmer zu sitzen, deren schwarzweiße redende Schatten zwei Meter weit auf der Leinwand agieren und sprechen. Knapp vor mir saß atemlos das achtjährige Kind, Penny Drinkwater, und sah sich selber zu, wie sie auf dem fließenden Bild ihren Vater umarmte, der leibhaft und lebend neben ihr stand, hinter mir saß Bernard Shaw und schmunzelte sich selber an – es war grotesk und geheimnisvoll zugleich, diese Spiegelung einer doppelten Realität. Einmal freilich wich dieser sonderbare Bann einem herzlichen Gelächter, als auf der Leinwand Bernard Shaw im Bibliothekszimmer in Drinkwaters Haus auf Drinkwater

wartet und – verzeihlich bei einem Einundachtzigjähri-
gen – dabei einnickt und dann Drinkwater den Einge-
schlafenen überrascht, nicht ganz gewiß, ob er den hei-
tern Patriarchen aufwecken dürfe oder nicht. Schließlich
weckt er ihn auf und sofort feuerwerkt auf der Leinwand
Shaw die shawischsten Paradoxen – es war eine wunderbare Lustspielszene, wie sie eben kein Regisseur, sondern
nur die Wirklichkeit erfindet. Wir alle applaudierten im-
pulsiv und wandten uns in dem kleinen Zimmer nach
dem leibhaftigen Bernard Shaw um, der mit seinen kleinen Äugelchen amüsiert funkelte. Eine gelöstere, hu-
morvollere Stimmung war nicht zu erdenken.

Aber plötzlich kam ein bedrücktes Schweigen, es ging
wie ein Atemanhalten gespenstisch durch den kleinen
intimen Raum. Auf der Leinwand erschien das Hausmäd-
chen in Drinkwaters Studierzimmer und meldete neuen
Besuch – Sir Austen Chamberlain. Alle fühlten wir unwillkürlich ein Unbehagen. Denn Austen Chamberlain
war doch erst wenige Tage vorher gestorben. Ein Toter
sollte plötzlich in unsern lebendigen Kreis treten. Und
schon war er da, schon setzte er sich (vorgestern hatte man
ihn begraben) bequem auf einen Stuhl, zündete sich eine
Zigarette an und sprach. Er sprach mit lauter deutlicher
Stimme, der Tote, er sprach unbekümmert und klar.
Alle, ich glaube alle, hatten wir ein leises gruseliges Gefühl im Nacken, alle sagten wir uns: du bist doch tot,
wieso lebst du, wieso regst du dich, wieso sprichst du?
Und alle waren wir erleichtert, als er wieder von der
Szene abtrat, und wir freuten uns, daß statt seiner wieder
die Lebendigen ihr Leben zeigten, daß auf der Leinwand
John Drinkwater, breit, hell, gesund, sein Kind umarmte
und ihm den Sinn der Krönung, die Ideale des englischen
Commonwealth, die auf Toleranz und good-will beru-
hen, deutete. Aus dem Hades kam man wieder ins Licht,
und als es dann wirklich Licht war in dem kleinen Pro-

bierzimmer, als die Leinwand verlosch und die Kerzen aufflammten, schüttelte man dem Freunde, dem Autor John Drinkwater herzlich glückwünschend die Hand, man umarmte die kleine süße achtjährige Penny, man half respektvoll dem muntern Patriarchen Bernard Shaw in den Mantel, man ging auf die Straße und freute nach dem künstlichen sich des lebendigen Lichts.

Und nächster Tag am Abend, ich sagte mir's noch: du mußt Drinkwater eine Zeile schreiben und ihm doch ehrlich aussprechen, wie nobel, wie anständig, wie dichterisch er das diffizile Problem eines offiziellen Krönungsfilms gelöst, das so leicht ins Byzantinische, in das Superpatriotische, ins Geschmacklose hätte abgleiten können. Ich wollte ihm danken für das Vertrauen, mich dem engen Freundeskreis beigezogen zu haben, welchem diese intimste Uraufführung zugedacht war. Ich hatte, ich weiß nicht warum, ganz plötzlich und heftig das Bedürfnis, ihm etwas Herzliches zuzusprechen, aber es verschob sich dann um einen Tag. Aber wieder, zum wievieltenmal im Leben, empfing ich die Mahnung, nie einen Dank, nie eine Geste der Freundschaft um einen Tag und nur um eine Stunde zu verzögern. Denn am nächsten Tag, auf der Straße springt von einem der posters, der großgedruckten Ankündigungszettel, die Inschrift mich an ›John Drinkwater Tragedy‹. Was für »tragedy«, frage ich mich erschrocken und weiß für einen Penny dann: er ist gestorben in dieser Nacht und ich habe ihm nicht meinen Dank gesagt, nicht genug Dank für diesen einzelnen Anlaß und nicht für all das, was ich an dichterischem Wert von ihm empfangen. Den ich gestern noch gesehen, lebend und heiter neben dem Schattenspiel seines Lebens, er ist selbst nun bei den Schatten, und verstört, verwirrt, mit vergebens tastenden und ohnmächtig niedersinkenden Händen blickt unsere Liebe ihm nach.

Tolstoi als religiöser und sozialer Denker
1937

Am 27. Juni 1883 schreibt Turgenjew, neben Tolstoi damals der bedeutendste lebende russische Dichter, einen erschütternden Brief nach Jasnaja Poljana an seinen Freund Tolstoi. Seit einigen Jahren hat er mit Befremdung bemerkt, daß Tolstoi, den er als den größten Künstler seiner Nation verehrt, sich von der Literatur abgewandt hat und sich einer »mystischen Ethik« nähert und in ihr zu verlieren droht, daß gerade er, der wie kein anderer die Natur und den Menschen darzustellen wußte, auf seinem Tisch nun nichts liegen hat als Bibel und theologische Traktate. Die Sorge bedrängt ihn, daß Tolstoi ebenso wie Gogol seine entscheidenden Schöpferjahre in religiösen Spekulationen, für die Welt sinnlos, verschwenden könnte. So greift er, sterbenskrank, zur Feder oder vielmehr zum Bleistift – denn seine todesmatten Hände können die Feder nicht mehr halten – und wendet sich an den größten Genius seines Heimatlandes mit einer erschütternden Beschwörung. Es sei die letzte und aufrichtige Bitte eines Sterbenden, schreibt er ihm. »Kehren Sie zur Literatur zurück! Dies ist Ihre eigentliche Gabe. Großer Dichter unseres russischen Landes, hören Sie meine Bitte!«

Diesen ergreifenden Ruf eines Sterbenden – der Brief bricht in der Mitte ab und Turgenjew schreibt, ihm versage die Kraft – hat Tolstoi nicht sofort beantwortet, und als er endlich antworten will, ist es schon zu spät. Turgenjew ist gestorben, ohne seinen Wunsch erhört zu wissen. Aber wahrscheinlich wäre es Tolstoi schwergefallen, dem Freunde zu antworten, denn nicht Eitelkeit, nicht spekulative Neugier haben ihn auf diese Bahn des Grübelns und Gottsuchens gedrängt, sondern er fühlt sich dahin gezogen, ohne seinen Willen und sogar gegen seinen Willen. Tolstoi, der wie kein anderer das Sinnliche dieser Welt gesehen und durchfühlt, Erdenmensch und erdgebunden, hatte vordem sein ganzes Leben lang niemals Neigung zur Metaphysik gezeigt. Er war nie Denker aus elementarem Denktrieb oder Denklust gewesen, das Sinnliche der Dinge, nicht ihr Sinn, hatte ihn vor allem in seiner epischen Kunst beschäftigt. Nicht freiwillig also hat er diese Wendung ins Spekulative unternommen, sondern er hat plötzlich einen Stoß empfangen, einen Stoß von irgendwoher aus dem Dunkel, der diesen festen, starken, gesunden Mann, der bisher aufrecht und selbstbewußt durch das Leben geschritten ist, mit einmal taumeln läßt und mit ängstlich verkrampften Händen nach einem Halt, nach einer Stütze suchen.

Dieser innere Schock, den Tolstoi etwa in seinem fünfzigsten Jahre erfährt, hat keinen Namen und eigentlich auch keine sichtbare Ursache. Alles, was man Voraussetzung eines glücklichen Lebens nennen kann, ist ihm gerade in diesem Zeitpunkt wunderbar erfüllt. Tolstoi ist gesund, körperlich sogar ungewöhnlich kräftig, er ist geistig frisch, künstlerisch unverbraucht. Er hat keine materiellen Sorgen als Herr eines großen Gutes, er hat Ansehen als Abkömmling einer der vornehmsten Adelsfamilien und noch mehr als der größte, über den ganzen Erdkreis berühmte Schriftsteller russischer Sprache. Sein Familienleben – er hat Frau und Kinder – ist völlig harmonisch, und keine äußere Ursache zu irgendeiner Unzufriedenheit mit dem Leben ist zu entdecken.

Und plötzlich kommt dieser Stoß aus dem Dunkel. Tolstoi spürt, daß ihm etwas Furchtbares zugestoßen ist. »Das Leben blieb stehen und wurde unheimlich.« Er ta-

stet sich gleichsam selbst ab und fragt, was ihm geschehen ist, warum plötzlich diese Schwermut, diese Angst-
zustände ihn überfallen, warum ihn nichts mehr freut,
nichts mehr erschüttert. Er spürt nur, daß die Arbeit ihn
anwidert, die Frau ihm fremd wird, die Kinder gleichgültig. Ein Ekel vor dem Leben, taedium vitae, hat ihn
überfallen, und er verschließt sein Jagdgewehr im
Schrank, um es nicht in Verzweiflung gegen sich zu
wenden. »Zum ersten Male hatte er damals klar erkannt«
– so schildert er diesen Zustand in seinem Spiegelbild,
dem Lewin der Anna Karenina, »daß jeden Menschen
und auch ihn in Zukunft nichts erwartete als Leiden, Tod
und ewiges Vergängnis, und da hatte er entschieden, daß
er so nicht leben könnte, entweder mußte er eine Erklärung des Lebens finden oder er mußte sich erschießen«.
   Diese innere Erschütterung, die Tolstoi zum Grübler,
zum Denker, zum Lebenslehrer gemacht hat, mit Namen zu benennen, hat keinen Sinn. Wahrscheinlich war
sie nur ein klimakterischer Zustand, Angst vor dem
Alter, Angst vor dem Tod, eine neurasthenische Depression, die sich in einen vorübergehenden Lähmungszu-
stand verwandelte. Aber es gehört zum Wesen des geistigen Menschen und vor allem des Künstlers, daß er seine
inneren Krisen beobachtet und zu überwinden sucht.
Zunächst beginnt nur eine namenlose Unruhe Tolstoi zu
ergreifen. Er will wissen, was mit ihm geschehen ist und
warum das Leben, das ihm bisher so sinnvoll, so reich, so
üppig, so vielfältig erschienen, mit einmal schal und
sinnlos geworden ist. Und wie in der herrlichen Novelle
sein Iwan Ilitsch, da er zum erstenmal die Kralle des
Todes im eigenen Leibe fühlt, sich erschreckt fragt:
»Vielleicht habe ich nicht so gelebt, wie ich leben sollte«,
beginnt Tolstoi jetzt, Tag für Tag, sich nach seinem Leben und nach dem Sinn des Lebens zu fragen – Wahr-
heitssucher und Philosoph nicht aus ursprünglicher

Denklust und geistiger Neugierde, sondern aus Selbst-
erhaltungstrieb, aus Verzweiflung. Sein Denken ist wie
bei Pascal Philosophie vor oder aus einem Abgrund, aus
dem »gouffre«, Lebenserforschung aus Angst vor dem
Tod, vor dem Nichts. Es gibt ein sonderbares Blatt Tolstois aus jenen Tagen, ein Blatt Papier, auf dem er sich
die sechs »unbekannten Fragen« aufgeschrieben hat, die
er zu beantworten hat.

a) Wozu leben?
b) Welche Ursache hat meine Existenz und die jedes andern?
c) Welchen Zweck hat mein Dasein und jedes andere?
d) Was bedeutet jene Spaltung in Gut und Böse, welche
   ich in mir fühle, und wozu ist sie da?
e) Wie soll ich leben?
f) Was ist der Tod – wie kann ich mich retten?

Diese Fragen zu beantworten, wie er wie die andern
»richtig« leben sollte, ist für die nächsten dreißig Jahre –
mehr als das Dichterische – der Sinn und die Aufgabe
Tolstois geworden.

Die erste Etappe dieses Suchens nach dem »Sinn des
Lebens« ergibt sich durchaus logisch. Tolstoi, der trotz
einzelnen nihilistischen Anwandlungen, die hauptsäch-
lich in der Geschichtsphilosophie von ›Krieg und Frieden‹ zum Ausdruck gekommen waren, nie ein Skeptiker
gewesen war, der im äußeren und inneren Sinne sorglos
frei, genießerisch und arbeitsam seine Jahre verbracht
hatte, wendet sich als plötzlicher Adept der Philosophie
zunächst an die Autoritäten, um deren Meinung zu hören, wozu und wofür man lebt. Er beginnt philosophische Bücher zu lesen, kreuz und quer, Schopenhauer und
Plato, Kant und Pascal, um sich den »Sinn des Lebens«
von ihnen erklären zu lassen. Aber weder die Philosophen noch die Wissenschaften geben ihm Antwort. Tol-

stoi findet mit Unbehagen bei diesen Weisen, daß ihre Meinungen immer nur dort »genau und klar sind, wo sie sich nicht auf unmittelbare Fragen des Lebens beziehen«, daß sie sich aber jeder Antwort enthalten, sobald man von ihnen entscheidenden Rat und Hilfe will, und niemand unter ihnen das ihm einzig Wichtige ihm erläutern kann, »welche zeitliche, ursächliche und räumliche Bedeutung hat mein Leben?« Und so wendet er sich – zweite Phase – von den Philosophen ab und nun den Religionen zu, um sich bei ihnen Trost zu suchen. Das »Wissen« hat sich ihm verweigert, so sucht er einen »Glauben« und betet: »Schenke mir, Herr, einen Glauben, und laß mich den andern helfen, ihn zu finden.«

In jener Zeit innerer Verstörtheit ist also Tolstoi noch um keine überpersönliche Lehre bemüht, kein Initiator, kein Revolutionär im geistigen Sinne, er will nur sich selbst, dem unsicher gewordenen Individuum Leo Tolstoi, einen Weg, ein Ziel finden, sich selbst den seelischen Frieden zurückerobern. Er will sich nach seinem eigenen Wort nur »retten« vor dem inneren Nihilismus, einen Sinn finden für die Sinnlosigkeit des Daseins. Er denkt damals noch nicht im entferntesten daran, einen neuen Glauben zu proklamieren und will sich auch keineswegs von der altererbten Religion, vom orthodoxen Christentum entfernen. Im Gegenteil, er nähert sich, nachdem er seit seinem sechzehnten Lebensjahr aufgehört hat, zu beten, Kirchen zu besuchen und sich zum Abendmahl vorzubereiten, wieder der Kirche. Er bemüht sich, strenggläubig zu sein, er hält alle ihre Gebote und Vorschriften ein, er fastet, pilgert in die Klöster, wirft sich auf die Knie vor den Ikonen, diskutiert mit Bischöfen und Popen und Sektierern, und vor allem studiert er das Evangelium.

Und nun geschieht, was immer unruhigen Suchern der Wahrheit geschieht. Er findet, daß das Evangelium mit seinen Gesetzen und Geboten nicht mehr beachtet wird und, was die russisch-orthodoxe Kirche als Christi Lehre predigt, keineswegs mehr die ursprüngliche, die »wahre« Lehre Christi ist; damit entdeckt er sich auch eine erste Aufgabe: das Evangelium in seinem eigentlichen Sinne auszulegen und allen andern dieses Christentum »als eine neue Lebensauffassung, nicht als mystische Lehre« zu predigen. Aus dem Suchenden ist ein Bekennender, aus dem Bekennenden ein Prophet geworden, und vom Propheten bis zum Zeloten wird kein weiter Schritt mehr sein. Aus einer persönlichen Verzweiflung beginnt eine autoritäre Lehre sich zu formen, Reformation des ganzen geistigen und sittlichen Denkens und überdies eine neue Soziologie; die ursprüngliche geängstigte Frage eines einzelnen Menschen: »Wozu lebe ich und wie soll ich leben?« hat sich allmählich in ein Postulat an die ganze Menschheit »So sollt ihr leben!« verwandelt.

Aus tausendjähriger Erfahrung hat nun die Kirche eine besondere Witterung für die Gefahr, welche jede eigenmächtige Auslegung des Evangeliums bringt. Sie weiß, daß jeder, der einmal beginnt, sein Leben nach dem Buchstaben der Bibel zu formen, mit den Normen der offiziellen Kirche und den Geboten des Staates notwendigerweise in Konflikt geraten muß. Gleich das erste prinzipielle Buch Tolstois ›Meine Beichte‹ wird von der Zensur, das zweite ›Mein Glaube‹ vom heiligen Synod verboten, und so sehr die kirchliche Behörde aus Respekt vor dem großen Schriftsteller sich auch scheut, zu der äußersten Maßregel zu schreiten, muß sie schließlich doch über Tolstoi den Kirchenbann verhängen und ihn exkommunizieren. Denn, aufgewühlt bis in die Tiefen seines Wesens, hat Tolstoi begonnen, alle die Fundamente zu unterhöhlen, auf denen die Kirche, der Staat, die zeitlich gültige Ordnung ruht; wie die Waldenser, die Albigenser, die Wiedertäufer, die Bauernprediger der Revolution, wie alle, die das Christentum zum Urchristentum wieder zurückführen und einzig nach Wort und Buchstaben der Bibel leben wollten, ist Tolstoi von nun ab unaufhaltsam auf dem Wege, der entschlossenste Staatsfeind, der leidenschaftlichste Anarchist und Antikollektivist zu werden, den die Neuzeit kennt. Gemäß seiner Kraft, seiner Entschlossenheit, seiner Zähigkeit und der Unbändigkeit seines Muts geht er einerseits weiter als die eifrigsten Reformatoren wie Luther und Calvin, andererseits im soziologischen Sinne weiter als die verwegensten Anarchisten, als Stirner und seine Schule. Bald hat die moderne Kultur, die zeitgenössische Gesellschaft mit all ihrem Recht und Unrecht im neunzehnten Jahrhundert keinen grimmigeren und keinen gefährlicheren Gegner gefunden als den größten Dichter ihrer Zeit und niemanden, der gesellschaftskritisch destruktiver gewirkt hat als er, der künstlerisch vordem der größte Gestalter seiner Epoche war.

Die Kirche und der Staat aber kennen die Gefahr solcher entschlossener Einzelgänger, sie wissen, daß auch die reinsten ideologischen Untersuchungen allmählich ins Praktische übergreifen und daß gerade die Ehrlichsten, die Begabtesten unter den Weltverbesserern die meiste Verwirrung auf Erden stiften. Sie wissen, daß das Urchristentum auf ein Gottesreich zielt und nicht auf ein irdisches, daß seine Gebote im staatlichen Sinn zum Teil subversive, den Staat negierende sind, weil der Gläubige Christus über Caesar, das Gottesreich über das irdische zu stellen verpflichtet ist und darum notwendigerweise mit den Pflichten des »Untertanen«, mit dem Gesetz und Gefüge des Staats in Konflikt geraten muß. Aber Tolstoi wird erst allmählich gewahr, in welches Dickicht von Problemen sein Suchen und Tasten ihn führen wird. Er meint zuerst nichts zu beginnen, als sein eigenes, privates Leben in Ordnung, seine Seele in Ruhe zu bringen, indem er sein individuelles Verhalten den Geboten des

Evangeliums möglichst anzupassen sucht; er beabsichtigt nichts, als in Frieden mit Gott, in Frieden mit sich selbst zu leben. Aber unbewußt erweitert sich die ursprüngliche Frage: »Was war falsch in meinem Leben?« zur allgemeinen: »Was ist falsch in unser aller Leben?« und wird dadurch Kritik an der Zeit, Kritik an der Gegenwart. Er beginnt um sich zu blicken und entdeckt – was insbesondere im damaligen Rußland nicht schwer war zu entdecken – die Ungleichheit der sozialen Verhältnisse, den Kontrast zwischen arm und reich, zwischen Luxus und Elend, er sieht neben seinen privaten, persönlichen Irrtümern das allgemeine Unrecht seiner Standesgenossen und erkennt es als seine erste Pflicht, mit seinen ganzen Kräften diesem Unrecht zu steuern. Auch hier beginnt er ganz langsam; lange ehe er – die Bahn wird diesen unerbittlich harten, unheimlich scharfsichtigen Mann immer weiter führen – zum Anarchisten, zum elementaren Revolutionär sich steigert, wird er zunächst Philanthrop und Liberalist. Ein zufälliger Aufenthalt in Moskau 1881 bringt ihn zum erstenmal der sozialen Frage näher: in seinem Buch ›Was sollen wir tun?‹ schildert er in erschütternder Form diese erste Begegnung mit dem Massenelend der Großstadt. Selbstverständlich hatte er mit seinem hellen Auge auf seinen Reisen und Wanderungen tausendmal schon Armut vorher gesehen, aber es war nur die Einzelarmut gewesen der Dörfer und des Landes, nicht die konzentrierte, die proletarisierte Armut der Industriestädte, die Armut als Zeitprodukt, als gleichsam maschinelles Produkt einer Maschinenkultur: gemäß seiner Bibeleinstellung sucht Tolstoi zunächst durch Gaben und Spenden, durch Organisation der Wohltätigkeit dem Elend abzuhelfen, aber er erkennt bald die Vergeblichkeit jeder Einzelaktion und »daß Geld allein hier nicht helfen könne, die tragischen Existenzen dieser Leute zu verändern«; eine wirkliche

Änderung kann nur durch eine totale Umstellung des ganzen gegenwärtigen gesellschaftlichen Systems erreicht werden. So schreibt er die feurigen Warnungsworte an die Wand der Zeit: »Zwischen uns, den Reichen und den Armen, steht eine Wand von falscher Erziehung, und bevor wir den Armen helfen können, müssen wir erst diese Wand niederreißen. Zwanghaft kam ich zum Schlusse, daß unser Reichtum die wahre Ursache des Elends der Armen ist.« Etwas ist falsch in der gegenwärtigen Gesellschaftsordnung, das ist ihm in innerster Seele schmerzlich klar geworden, und von dieser Stunde an hat Tolstoi ein einziges Ziel: die Menschen zu belehren, zu warnen, zu erziehen, daß sie das ungeheure Unrecht, das durch die Schichtung der Menschen in derart abgesonderte Klassen geschieht, aus eigenem Willen wieder gutzumachen sich bemühen.

Aus eigenem Willen und aus einer reinen moralischen Erkenntnis – hier beginnt der Tolstoianismus –, denn Tolstoi zielt nicht auf eine gewaltsame, sondern auf eine sittliche Revolution, welche ehebaldigst diese Nivellierung vollziehen und damit der Menschheit die andere, die blutige Rebellion ersparen soll. Eine Revolution vom Gewissen her, eine Revolution durch einen freiwilligen Verzicht der Reichen auf ihren Reichtum, der Unbeschäftigten auf ihre Untätigkeit, und die baldige Neuschaffung einer Arbeitsteilung in dem natürlichen, gottgewollten Sinne, daß keiner einen übermäßigen Anteil an der Arbeit des andern haben dürfe, und alle nur gleiche Bedürfnisse; Luxus ist von nun ab für ihn nur eine Giftblüte im Sumpfe des Reichtums und muß um der Gleichheit zwischen den Menschen willen ausgerottet werden. Aus dieser Erkenntnis eröffnet Tolstoi hundertmal erbitterter als Karl Marx und Proudhon seinen Kampf gegen das Eigentum. »Besitz ist heutzutage die Wurzel alles Bösen. Er ist die Ursache des Leidens derjenigen, die besitzen und derjenigen, die nicht besitzen. Und die Gefahr des Zusammenstoßes ist unvermeidlich zwischen denen, die Überfluß haben und denen, die in Armut leben.« Alles Böse beginnt mit dem Besitz, und solange der Staat das Prinzip des Besitzes noch anerkennt, handelt er im Sinne Tolstois ebenso unchristlich wie unsozial und macht sich – da Besitz für Tolstoi Schuld gegen andere darstellt – zum Mitschuldigen und Hauptschuldigen. »Staaten und Regierungen intrigieren und gehen in den Krieg um Eigentum, bald um die Ufer des Rheins, die Länder in Afrika, bald um China und den Balkan; die Bankleute, die Händler, die Fabrikanten und Landbesitzer arbeiten, planen und quälen sich und die andern nur um Besitz. Die Beamten kämpfen, betrügen, unterdrücken und leiden nur zugunsten des Besitzes. Unsere Gerichte, unsere Polizei verteidigen den Besitz. Unsere Strafkolonien und Gefängnisse, alle die Greuel unserer sogenannten Unterdrückung des Verbrechens existieren nur zum Schutze des Eigentums.«

Es gibt also im Sinne Tolstois nur einen einzigen mächtigen Hehler, der alle Ungerechtigkeit der gegenwärtigen Gesellschaftsordnung schützt, und dieser Verbrecher ist der Staat. Nur um das Eigentum zu schützen, ist er nach seiner Meinung erfunden worden, nur zu diesem Zwecke hat er sein vielgliedriges System der Gewalt aufgerichtet mit Gesetzen, Staatsanwälten, Gefängnissen, Richtern, Polizisten, Armeen. Aber als das fürchterlichste und gottloseste Vergehen des Staates betrachtet Tolstoi das erst in unserem Jahrhundert erfundene, die allgemeine Wehrpflicht. Nichts bedeutet ihm eine solche Herausforderung des »christlichen Menschen«, die Satzung Christi, die Gebote des Evangeliums zu verraten, als daß er sich dem staatlichen Befehl fügt, ein Mordwerkzeug sich in die Hand zwingen läßt, um einen völlig unbekannten Menschen zu töten, um irgendeiner zufälligen Parole willen – Vaterland, Freiheit, Staat –, einer Parole, die, wie Tolstoi immer wieder eifert, nichts anderes verbirgt als den Willen, ein Eigentum zu schützen, das ihm nicht selber gehört, und die Idee des Eigentums zu der eines höheren und sittlichen Rechts gewaltsam zu erheben. Hunderte und Hunderte Seiten hat Tolstoi geschrieben, um den Widerspruch darzulegen, der darin liegt, daß bei dem heutigen Zustand einer sogenannten Kultur (in der er nur einen Deckmantel der inneren Entsittlichung erblickt) Menschen gezwungen werden können, auf staatlichen Befehl sich gegenseitig abzuschlachten – gegen Gottes Gebot und gegen das innere sittliche Gebot –, weil damit »ein Mensch gegen seinen Willen in eine Stellung gebracht wird, die seinem Bewußtsein widerstrebt«.

So kommt Tolstoi – aus dem Sucher des Evangeliums ist endgültig der radikale Anarchist geworden – zu dem Schluß, daß es Pflicht ist jedes sittlich denkenden Menschen, dem Staate Widerstand zu leisten, wenn er von ihm »Unchristliches«, also Militärpflicht fordert, und zwar Widerstand nicht durch Gewalt, sondern durch non-resistance [inaktiven Widerstand], und außerdem, daß er sich freiwillig lossagen soll von jeder Tätigkeit, die auf Ausnützung und Ausbeutung fremder Arbeit beruht. Der ehrliche Mensch hat nicht patriotisch, sondern human zu denken und zu handeln; unablässig von neuem weist Tolstoi auf das heiligste Recht des Individuums hin, Dinge, obzwar sie gesetzlich erlaubt oder sogar anbefohlen sind, kraft seiner inneren Überzeugung abzulehnen, zum Refraktär [Widerspenstigen] zu werden gegen alle Satzungen des Staates, die er nicht als sittlich anerkennt. Darum rät er dem »christlichen Menschen«, möglichst sich allen Einrichtungen und Institutionen zu entziehen, keinen Gerichtsdienst zu leisten, keine Ämter anzunehmen, um seine Seele rein zu erhalten. Immer

wieder ermutigt Tolstoi den Einzelnen, sich nicht einschüchtern zu lassen durch das falsche, das antimora-
lische Prinzip der Gewalt, auch wenn sie sich Staatsgewalt
nennt, denn der Staat in seiner gegenwärtigen Form ist
an sich der Verteidiger, Anwalt und Büttel einer latenten
Ungerechtigkeit; und selbst die anarchischen Verbrechen, welche einzelne begehen, scheinen Tolstoi nicht so
sittlich verderblich, wie die scheinbar wohlgeordneten
und human sich gebärdenden Institutionen dieses Erz-
feinds. »Diebe, Räuber, Mörder, Betrüger sind ein Beispiel für das, was man nicht tun darf, und wecken in dem
Menschen Abscheu vor dem Bösen. Die Menschen aber,
die Taten des Diebstahls, des Raubes, des Mordens, der
Züchtigung verüben und sie durch religiöse, wissen-
schaftliche, liberale Rechtfertigung beschönigen, die es
als Grundbesitzer, Kaufleute, Fabrikanten tun, rufen die
andern zur Nachahmung ihrer Taten auf und tun nicht
bloß denen Böses, die darunter leiden, sondern Tausenden und Millionen Menschen, die sie entsittlichen, indem
sie für diese Menschen den Unterschied zwischen gut
und böse aufheben ... ein einziges Todesurteil, das von
Menschen vollzogen wird, die sich nicht unter Einwir-
kung der Leidenschaft befinden, von wohlhabenden, gebildeten Menschen mit Zustimmung und unter Teilnahme christlicher Seelenhirten, entsittlicht und vertiert
die Menschen mehr als Hunderte und Tausende von
Morden, die von arbeitenden, ungebildeten Menschen
begangen werden und meist im Überschwang der Leidenschaft ... Jeder Krieg, auch der kürzeste, mit allen den
Krieg begleitenden Verlusten, Diebstählen, geduldeten
Ausschweifungen, Räubereien, Morden, mit der ver-
meintlichen Rechtfertigung ihrer Notwendigkeit und
Gerechtigkeit, mit der Lobpreisung und Verherrlichung
der Kriegstaten, mit Gebeten für die Feldzeichen, für das
Vaterland und mit der Heuchelei der Sorge für die Ver-

wundeten, entsittlicht in einem Jahre die Menschen mehr als Millionen Räubereien, Brandstiftereien, Mordtaten, die im Lauf von Hunderten Jahren von einzelnen Menschen unter dem Einfluß der Leidenschaft begangen werden.« Der Staat also, die gegenwärtige Gesellschaftsordnung, ist der Hauptschuldige, der wahre Antichrist, die Personifikation des Bösen, und Tolstoi schleudert ihm sein erbittertes »Ecrasez l'infâme« [Zermalmt das Niederträchtige] entgegen.

Wenn aber der Staat als Träger des menschlichen Zusammenlebens das schlechthin »Böse« ist, die sinnfälligste Form des Antichrist auf Erden, so ist es nach Tolstoi selbstverständliche Pflicht des »christlichen Menschen«, sich sowohl den Forderungen als den Verlockungen dieses Teufelsspuks zu entziehen. Rußland muß dem freien Christen genau so indifferent sein wie Frankreich oder England, er darf nicht in Nationen, sondern nur vom Allmenschlichen aus denken. So wie aus der orthodoxen Kirche tritt darum Tolstoi seelisch aus dem Staatsverband aus, indem er erklärt: »Ich kann nicht Staaten oder Nationen anerkennen oder an Streitigkeiten zwischen ihnen teilnehmen, weder indem ich mich schriftlich dazu äußere noch indem ich einem einzelnen Staat diene. Ich kann an allen Dingen nicht teilhaben, die auf dem Unterschied zwischen Staaten fußen, wie Zollhäusern, Steuereintreibungen, Herstellung von Explosivstoffen und Waffen oder irgendwelchen Kriegsvorbereitungen.« Der »christliche Mensch« darf keinen Vorteil zu ziehen suchen aus staatlichen Institutionen, er darf nicht versuchen, unter dem Schutze des Staates reich zu werden oder dank seiner Protektion Karriere zu machen. Er darf keine Gerichte anrufen, keine Industrieprodukte benutzen, nichts in seinem Leben verwerten, was aus fremder Arbeit stammt. Er darf kein Eigentum besitzen, soll es vermeiden, Geld in die Hand zu nehmen, er soll keine

Eisenbahn benutzen, keine Fahrräder, niemals teilnehmen an Wahlen oder öffentliche Ämter bekleiden. Er
darf keinen Eid der Treue schwören, weder dem Zaren
noch irgendeiner anderen Instanz, weil er mit seinem
Gehorsam niemand anderem verpflichtet ist als Gott und
dessen Wort, wie es in den Evangelien ausgesprochen ist,
und er darf keinen anderen Richter anerkennen als sein
eigenes Gewissen. Der »christliche Mensch« im Sinne
Tolstois – man könnte eigentlich immer dafür »der reine
Anarchist« setzen – hat den Staat zu negieren, er hat
sittlich außerhalb dieser unsittlichen Institution zu leben;
einzig dieses rein passive, rein negative, apathische, alles
Leiden willig akzeptierende Verhalten unterscheidet ihn
grundlegend vom politischen Revolutionär, der die
Staatsordnung haßt, statt sie zu ignorieren.

Man übersehe also nicht den prinzipiellen Antagonis-
mus zwischen Tolstoi und Lenin: ebenso streng und ent-
schieden wie die gegenwärtige Gesellschaftsordnung
selbst verurteilt der Tolstoianismus jede gewalttätige
Auflehnung gegen diese Gesellschaftsordnung, weil die
Revolution sich des Bösen – der Gewalt – gegen das
Böse bedienen muß. Den Teufel darf man nicht durch
Beelzebub bekämpfen. Gemäß ihrem obersten und innersten Grundsatz »Widerstrebet dem Übel nicht durch
Gewalt« statuiert die Lehre Tolstois den passiven, den
individualistischen Widerstand als die einzig erlaubte
Kampfform gegenüber der aktiven, der revolutionären.
Der »christliche Mensch« hat zu leiden und jedes Un-
recht, das ihm vom Staate geschieht, hinzunehmen, ohne
es darum jeweils anzuerkennen. Nie darf er Gewalt brauchen, um die Gewalt zu bekämpfen, weil er durch seine
eigene Gewalttätigkeit das Prinzip des Bösen und die
Gewalt als erlaubt anerkennen würde: der Tolstoische
Revolutionär schlägt niemals zu, er läßt sich schlagen, er
strebt keine äußere Machtposition an, läßt sich aber von

seiner inneren Position der Gewaltlosigkeit durch keine Gewalt abdrängen. Er hat die »Macht«, den »Staat« nicht zu erobern, sondern links liegen zu lassen als etwas Gleichgültiges, dem er nicht innerlich zugehört, und dessen »Untertan« zu werden niemand ihn gegen sein Gewissen zwingen kann.

Sehr deutlich zieht also Tolstoi den Trennungsstrich zwischen seiner religiösen, seiner urchristlichen Auflehnung gegen jede Autorität und dem professionellen, dem aktivistischen Klassenkampf. »Wenn wir Revolutionären begegnen, täuschen wir uns häufig in der Meinung, daß wir und sie einander berühren. Sie und auch wir rufen: kein Staat, kein Eigentum, keine Ungerechtigkeit, und vieles andere. Dennoch besteht da ein großer Unterschied: für den Christen gibt es keinen Staat – jene aber wollen den Staat vernichten. Für den Christen gibt es kein Eigentum – jene wollen es abschaffen. Für den Christen sind alle gleich – sie wollen die Ungleichheit zerstören. Die Revolutionäre kämpfen mit der Regierung von außen, das Christentum kämpft aber gar nicht, es zerstört die Fundamente des Staates von innen.« Wenn Tausende und immer mehr, jeder von seiner eigenen Person und Überzeugung aus, sich nicht unterwerfen und sich lieber nach Sibirien verschicken, mit Knuten schlagen und in Gefängnisse werfen lassen, so erreichen sie nach Tolstois Meinung durch ihre heroische Passivität mehr als die Revolutionäre durch solidarische Gewalt. Aus diesem Grunde wird die religiöse Revolution durch genaue Befolgung der non-resistance [des inaktiven Widerstands] auf die Dauer für den Staat gefährlicher und zersetzender als Aufstände und Geheimbündeleien. Um die Weltordnung zu ändern, müssen die Menschen selbst geändert werden. Was also Tolstoi erträumt, ist die Revolution von innen, die Revolution nicht der Waffen, sondern des unerschütterlichen und zu jedem Leiden bereiten Gewissens: eine Revolution der Seelen und nicht der Fäuste.

Diese »Antistaatslehre« Tolstois – man denkt an Luthers Traktat von der ›Freiheit des [eines!] Christenmenschen‹ – ist an sich von einer großartigen Einlinigkeit und Stoßkraft. Der Bruch innerhalb dieses Systems beginnt erst, sobald Tolstoi seine Selbstbestimmungsforderung in eine positive Staatslehre umzudrehen sucht. Schließlich lebt der Mensch nicht im luftleeren Raum und jenseits seines Jahrhunderts; wo Millionen Individuen zusammengeschichtet sind, Berufe und Begabungen sich im täglichen Verkehr überschneiden, muß – selbst wenn man den Verbrecher »Staat« ausschaltet –, ein gewisses Regulativ der Lebensordnung gefunden und damit dem bisher »Falschen« das »Richtige«, dem Bösen ein Gutes entgegengestellt werden. Und nun erweist es sich zum tausendsten Mal in der Geschichte der Menschheit, um wieviel schwerer im Soziologischen Aufbau ist als Kritik. Von dem Augenblick, wo Tolstoi von der Diagnose zur Therapie übergeht, wo er statt der Negierung und Verdammung der gegenwärtigen Gesellschaftsordnung Vorschläge einer zukünftigen besseren Menschengemeinschaft macht, werden seine Begriffe vollständig nebulos, seine Gedanken konfus. Denn an Stelle einer stabilen, normierten Staatsordnung mit Autoritäten und Gesetzen und ihren ausübenden Organen empfiehlt Tolstoi – man staunt, dies von einem Menschenkenner zu hören, der wie kaum einer alle Tiefen der irdischen Seele durchforscht hat – als Kohäsionsmittel aller widerstreitenden Interessen ganz simpel »die« Liebe, »die« Brüderlichkeit, »den« Glauben, »das Leben in Christo«. Die ungeheure Kluft, die heute zwischen den besitzenden, den kulturell verwöhnten und den besitzlosen Klassen besteht, kann nach Tolstoi nur überbrückt werden, wenn sich freiwillig die besitzenden

Klassen aller ihrer Vorrechte entäußern und nicht mehr wie bisher an das Leben so große Forderungen stellen. Der Reiche soll seinen Reichtum abgeben, der Intellektuelle seinen Hochmut preisgeben, der Künstler bei seinen Werken ausschließlich auf Verständlichkeit für die große Masse sehen, jeder nur von seiner eigenen Arbeit leben, ohne mehr davon zu empfangen, als er für diese primitive Form des Lebens benötigt. Die soziale Nivellierung soll – dies Tolstois Zentralgedanke – nicht von unten her erfolgen, wie es die Revolutionäre wollen, indem sie mit Gewalt den Besitzenden ihr Eigentum wegnehmen, sondern von oben herab durch eine spontane Konzession der Besitzenden. Daß bei einem solchen Niederstieg zu bäuerlichen und primitiven Lebensformen viele unserer Kulturwerte verlorengehen, ist Tolstoi vollkommen klar, und er hat versucht, in seiner Schrift über die Kunst diesen Verzicht uns leichter zu machen, indem er die literarische und musikalische Leistung unserer größten Künstler, selbst Shakespeares und Beethovens, entwertete, weil sie für das Volk nicht genug verständlich seien. Nichts scheint ihm wichtiger, als den furchtbaren Zwiespalt zwischen arm und reich, der heute die Welt vergiftet, zu beseitigen. Denn sobald einmal durch gleichmäßige Bedürfnisse oder vielmehr gleichmäßige Bedürfnislosigkeit die Einheit unter den Menschen wieder hergestellt ist, können seiner Meinung nach die bösen Instinkte des Neides und des Hasses keine Angriffsobjekte mehr finden. Es wird überflüssig sein, besondere Autoritäten zu schaffen und Gewalt anzuwenden, um sie aufrecht zu erhalten. Das wirkliche Gottesreich auf Erden wird beginnen, sobald alle Überordnungen und Unterordnungen beseitigt sind und die Menschen wieder gelernt haben, eine einzige brüderliche Gemeinschaft zu bilden.

So verlockend waren diese Thesen in einem Land der

äußersten sozialen Kontraste, so mächtig die Autorität Tolstois in seiner Zeit, daß sie in vielen Menschen den Wunsch erregten, diese tolstoianische Gesellschaftslehre praktisch zu verwirklichen. An einigen Orten versuchten Leute, die Probe aufs Exempel zu machen und gründeten Kolonien auf dem Prinzip des Nicht-Eigentums und der Nichtanwendung von Gewalt. Aber verhängnisvollerweise endeten diese Versuche als Enttäuschungen, und nicht einmal innerhalb seines eigenen Hauses, seiner eigenen Familie gelang es Tolstoi, die Grundprinzipien des Tolstoianismus durchzusetzen. Jahrelang bemühte er sich, sein privates Leben in Einklang mit seinen Theorien zu bringen; er verzichtete auf die geliebte Jagd, um keine Tiere zu töten, er vermied es möglichst, die Eisenbahn zu benützen, er überwies den Ertrag seiner Schriften seiner Familie oder wohltätigen Zwecken, er lehnte jede Fleischnahrung ab, weil sie die gewaltsame Tötung von lebenden Wesen voraussetzte. Er pflügte selbst auf dem Feld, ging in grobem Bauernrock und hämmerte sich mit eigener Hand die Sohlen an die Schuhe.

Aber er vermochte den Widerstand der Wirklichkeit gegen seine Ideen nicht zu besiegen, und – dies die tiefste Tragödie seines Lebens – gerade bei seinen nächsten Menschen, gerade innerhalb seiner Familie am wenigsten. Seine Frau entfremdete sich ihm, die Kinder begriffen nicht, warum gerade sie um der Theoreme ihres Vaters willen wie Stallmägde und Bauernsöhne auferzogen werden sollten, seine Sekretäre und Übersetzer schlugen sich wie trunkene Kutscher um das »Eigentum« an Tolstois Schriften herum; nicht ein einziger in seiner Nähe nahm das Leben dieses herrlichen Heiden als ein wahrhaft christliches an, und schließlich wurde ihm der Kontrast zwischen seiner eigenen Überzeugung und dem Gegenwillen seiner Umgebung so schmerzlich, daß er aus dem eigenen Hause flüchtete und, einsam und in seinen heiligsten Absichten enttäuscht, in einer kleinen Bahnstation in einem fremden Bette starb. Gerade um der Unbeugsamkeit seiner Überzeugung, der Konzessionslosigkeit seiner Ideen willen, mußte sein Versuch, mit einem Ruck die Weltordnung zu verändern, scheitern – wie immer der ideale Gedanke innerhalb der irdischen Welt.

Immerhin: es bliebe billige Nachsprecherei, hochmütig festzustellen, daß Tolstois soziales und religiöses Gedankensystem in unserer realen Welt als Ganzes ebensowenig zu verwirklichen war wie die Staatsutopie Platos und die Gesellschaftsordnung Jean-Jacques Rousseaus. Und es ist ebenso spottleicht zu entdecken, daß seine theoretischen Schriften nur an einzelnen Stellen den Glanz und die Überzeugungskraft seiner dichterischen ausstrahlen; es genügt, ein oder zwei seiner Volkserzählungen, in denen er die gleichen Ideen abwandelt, mit dem eifernden Schreiton seiner theoretischen Schriften zu vergleichen, um den Unterschied zu fühlen. In den Volkserzählungen, deren schönste in der Bibel stehen könnten neben den Legenden von Hiob und Ruth, ist er knapp, bildnerisch, erfindungsreich, während er in seiner Philosophie leicht ins Weitschweifige, Emphatische gerät und überdies manchmal peinlich wirkt durch die diktatorische Anmaßung, als hätte er, Leo Tolstoi, seit 1880 Jahren als Erster das Evangelium »richtig« gelesen und niemand anderer vor ihm die Probleme der menschlichen Gemeinschaft kritisch durchgedacht. Oft ist man geneigt, der Beschwörung Turgenjews Recht zu geben, der Tolstoi von den weitschweifigen Traktaten ›Was sollen wir tun?‹, ›Das Reich Gottes ist in uns‹ und den unfruchtbaren Bibelexegesen zurückweisen wollte in das Reich dichterischer Gestaltung, wo er nicht bloß einer unter vielen Grüblern, sondern der unbestrittene Meister, der erhabenste Gestalter seines Volks, ja seines Jahrhunderts war. Dennoch wäre es ungerecht, die gewaltigen, ja sogar welthistorischen Wirkungen zu verkennen, welche die Welt Tolstois Lebenslehren verdankt, und man übertreibt keineswegs mit der Feststellung, daß von keinem denkerischen Werk seiner Zeitgenossen, nicht von Karl Marx und nicht von Nietzsche, ähnliche Erschütterungen für Millionen und Millionen Menschen ausgegangen sind – freilich in die verschiedensten Richtungen. Wie aus dem Herzen des Paradieses die Ströme in die gerade entgegengesetzten Richtungen fließen, so haben Tolstois Gedanken merkwürdigerweise gerade die feindlichsten geistigen Bewegungen des zwanzigsten Jahrhunderts befruchtet. Nichts wäre wahrscheinlich ihm ferner gewesen als der systematische Bolschewismus, der die Zerschmetterung des Gegners als erste Forderung setzte (während *er* Ausgleich durch Liebe fordert), der dem Staat (dem Beelzebub Tolstois) eine nie geahnte Autorität über den einzelnen verlieh und mit seiner Zentralisierung aller Gewalt, mit seinem Atheismus, seiner Kollektivierung und Industrialisierung, seinem Willen, die Massen aus ihrer Dumpfheit emporzuheben, just das Gegenteil statuierte von *seinem* »So sollt ihr leben!« Trotzdem hat keiner der russischen Revolutionäre des neunzehnten Jahrhunderts Lenin und Trotzki so sehr die Wege geebnet wie dieser gräfliche Antirevolutionär, der als erster dem Zaren Trotz geboten und, vom Bannstrahl des heiligen Synods verfolgt, die Kirche verlassen hatte, der jede bestehende Autorität mit Axtschlägen zertrümmerte und den sozialen Ausgleich als Vorbedingung einer neuen besseren Weltordnung setzte; von der Zensur verboten, waren seine Werke in Abschriften in Hunderttausende Hände gelangt und hatten die Forderung der Aufhebung des Eigentums bereits zu einer Zeit zum Gemeingut gemacht, da die grimmigsten unter den Sozialrevolutionären sich noch bescheiden mit

liberalistischen Verbesserungen und Reformen begnü-
gen wollten. Kein Buch und kein Mensch hat so sehr
dazu beigetragen, Rußland radikal zu machen, wie Tolstois Radikalismus des Denkens, keiner hat so sehr seine
Landsleute ermutigt, vor keiner Verwegenheit zurück-
zuschrecken; trotz aller inneren Gegensätzlichkeit gebührt ihm ein Denkmal auf dem Roten Platz. Denn wie
Rousseau Ahnherr der französischen, ist Tolstoi (wahrscheinlich ebenso sehr gegen seinen Willen wie jener andere Erzindividualist) der »Prodromos«, der wahre Ahnherr der russischen, der Weltrevolution gewesen.

Aber sonderbarerweise hat gleichzeitig seine Lehre auf
andere Millionen Menschen im genauen Gegensinne gewirkt. Während die Russen aus Tolstois Lehre das Radikale übernehmen, übernimmt am andern Weltende, in
Indien, Gandhi, der Nichtchrist, daraus das Apostolat
des Urchristentums, die These der non-resistance [des
inaktiven Widerstands] und organisiert als erster mit seinen dreihundert Millionen Menschen die Technik des
passiven Widerstands. Er gebraucht in diesem Kampf
auch all die andern unblutigen Waffen, die Tolstoi als die
einzig erlaubten anempfohlen hat: die Abkehr von der
Industrie, die Heimarbeit, die Erringung innerer und politischer Unabhängigkeit durch äußerste Einschränkung
der äußeren Bedürfnisse. Hunderte von Millionen also –
jene in der aktiven Revolution Rußlands und jene in der
passiven Indiens – haben Gedanken dieses reaktionären
Revolutionärs oder revoltierenden Reaktionärs sich zu
eigen gemacht und verwirklicht – wenn auch in einem
Sinn, den ihr Schöpfer verworfen oder verleugnet hätte.

Aber Ideen haben in sich selbst keine Richtung. Erst
wenn die Zeit sie ergreift, werden sie von ihr fortgerissen
wie das Segel vom Wind. Ideen sind in sich selbst nur
motorische Kräfte, Bewegung erschaffend, ohne zu wissen, zu welchem Ziele diese Bewegung, die Erregung

führt. Es bleibt gleichgültig, wieviel von ihnen anfechtbar sein mag – da zweifellos Tolstois Ideen Zeitgeschichte, Weltgeschichte in weitesten Dimensionen gezeitigt haben, gehören seine theoretischen Schriften mit allen ihren Widersprüchen ein für allemal zum wichtigsten geistigen und sozialen Bestand unserer Zeit, und vieles vermögen sie heute noch dem einzelnen zu geben. Wer für den Pazifismus kämpft und für friedliche Verständigung zwischen den Menschen, wird kaum ein anderes so ergiebiges und systematisches Arsenal mit Waffen gegen den Krieg finden. Wer gegen die heute übliche Vergottung des Staates als der angeblich einzig gültigen Zielrichtung unseres Denkens und Strebens sich innerlich auflehnt und diesen Götzendienst der völligen Selbstaufopferung mitzumachen sich weigert, wird sich wunderbar bestärkt finden von diesem »fuoruscito« [Flüchtling] aller Vaterländerei. Jeder Staatsmann, jeder Soziologe wird in Tolstois gründlicher Kritik unseres Zeitalters prophetisch vorausschauende Erkenntnisse entdecken, jeder Künstler sich angefeuert fühlen von dem vorbildlichen Wirken dieses mächtigen Dichters, der sich die Seele zerquälte, um für alle zu denken und gegen das Unrecht auf Erden mit der Kraft seines Wortes zu streiten. Immer ist es Wollust, einen überragenden Künstler auch als moralisches Beispiel empfinden zu können, als einen Mann, der, statt kraft seines eigenen Ruhmes zu herrschen, sich zum Diener der Humanität macht und in seinem Ringen um das wahre Ethos von allen Autoritäten der Erde nur einer einzigen sich unterwirft: seinem eigenen, unbestechlichen Gewissen.

III
Menschen und Schicksale

Charles Baudelaire

1902

»Gibt Leute, denen von Geburt aus ein ander Natur und Beschaffenheit gegeben ist, als den Übrigen; haben ein größer Herze und hurtiger Blut, wünschen und verlangen mehr, begehren stärker und ihre Sehnsucht ist wilder und brennender als wie sie der gemeine Adelshaufen hat. Sind flugs wie Sonntagskinder; ihre Augen sind offener, ihre Sinne alle sind subtiler in ihren Empfindungen. Des Lebens Freud und Lust, die trinken sie mit ihren Herzenswurzeln, dieweil die Anderen, die greifen sie nur mit ihren groben Händen. Aber Wollust an Schönheit, Wollust an Pracht, in allen Teilen so man benennen kann, Wollust an den innersten Bewegungen des Gemütes, Wollust an den geheimen Trieben und Gedanken, so der Mensch selber niemalen recht begreifen kann, all dies, was für Andere, wenn sie müßig sind, zu armseliger Kurzweil dienet oder widriger Schlemmerei, das ist für ihre Seelen Heilkunst und köstlicher Balsam.«

Die Worte sind aus Jens Peter Jacobsen. Sti Hög sagt sie der Maria Grubbe, deren innerstes Wesen er damit enträtseln will. Aber sie gelten allen Einsamen, allen Leidenden, sie könnten für Charles Baudelaire, den großen Dichter der französischen Décadence, geschrieben sein. Denn er repräsentiert das verfeinerte raffinierte Individuum, in dem sich die sensitive Schwäche und Depravation einer kranken Kultur in tausendfachen Nuancierungen widerspiegelt. Sein Nervensystem ist ungemein feinfühlig. Er empfindet die verzitterndsten Sinnessensationen, die in den Tiefen strömen und zu denen nicht mehr der Intellekt, sondern nur ein geschärfter Instinkt führt, mit fast krankhafter Genauigkeit und reproduziert sie mit rücksichtsloser Schärfe. Und diese »psychical impressions« [psychischen Eindrücke], wie sie Edgar Allan Poe, sein großer Meister, nannte, blühen bei ihm zu exotischen, betäubend duftenden Blüten auf, die jedes Geschehen in ihren schwülen Rausch verweben. So ist er wie wenige befähigt, den leise verfliegenden, atembangen Hauch der »richesses intimes« [intimen Reichtümer], der über den Alltagsdingen schwebt, einzufangen und ihm künstlerischen und subjektiven Ausdruck zu verleihen.

Durch diese gesteigerte psychologische Aufnahmsfähigkeit und die Plastik seiner Reproduktion wären bei Baudelaire alle Voraussetzungen einer ästhetischen und subtilen Filigrankunst gegeben. Aber Nietzsches lebenswahres Wort: »Was wir nicht sind, das ist uns Gott und Tugend«, erfüllt sich an ihm. Wie jeder Décadent, wie jede weichliche, leicht reizbare Natur, empfindet er Schauer der Bewunderung für sein polares Gegenspiel, für das Grandiose, Titaneske und selbst für das Brutale. Er liebt die Kunst der großen Linie, Lady Macbeth, Michelangelos machtvollste Figuren überwältigen ihn. Und so sucht er auch im Leben seine Ideale nur im Kraftvollen, Negierenden, Revoltierenden, in allem, was sich auslebt und zur Geltung bringen will. Die Seele eines Renaissancemenschen lebt in ihm, die die Kraftentfaltung um ihrer selbst willen, den starken von ethischen Tendenzen ungehemmten Naturtrieb auch in den unsinnigsten Ausschweifungen bestaunt und verehrt. Jedem von der Alltagsmoral Verfluchten weiß er ein Segenswort und in einem wilden Gedichte erhebt er seine betenden Hände zu Satan, der Inkarnation alles innerlich Großen und Gewaltigen. So baut sich in diesem Buche ›Les fleurs du mal‹ [Die Blumen des Bösen] eine geniale

Moraltheorie des Bösen und Verfluchten auf, die das Evangelium des ewigen Gottes verkünden will, der bald Satan, bald Kain ist und der einst das Reich des Erlösers zerschmettern wird. Und mit eherner Konsequenz verteidigt Baudelaire alle Schattenseiten des Lebens, er weiß dem Laster in seiner niedrigsten Form stets eine geheime Schönheit abzuzwingen und so eine Umwertung aller ästhetischen Begriffe zu vollbringen. Mit unverkennbarer Absicht stellt er jedem geläufigen Ideal ein eigenes entgegen und ersetzt so einseitige Schwerfälligkeit durch einseitige Übertriebenheit.

Wie in einem Hohlspiegel gesehen, zieht das Leben vorbei. Die Gestalten sind genau erkennbar, aber unproportioniert und grandios verzerrt, ein wilder Hexensabbat verwirrter Begriffe. Von dem Bilde der Frau löst er nur die Züge los, die ihn interessieren, den rückständigen Rest des Guten und Wertvollen sucht er zu verdecken. Das Weib ist für Baudelaire – generell genommen – nur eine brünstige Bestie, die in schweigender Gier die Kräfte der Menschheit verzehrt. Er liebt die Frauen, welche kalt und verschlossen lächeln, aber innerlich nach den gemeinsten Lüsten lechzen und die Schönheit in ihrer tiefsten Form findet er erst in der Vermengung mit dem Grauenhaften, denn das Morbide, Krankhafte zieht ihn an, er verehrt den haut goût [die Anrüchigkeit], der eigentlich schon Fäulnis ist. Seine weiblichen Ideale entbehren darum durchaus der Alltäglichkeit, sie sind junonische Riesengestalten, unfruchtbar und lusterfahren, verkommene Dirnen, Mulattinnen – perverse und inkonsequente Leidenschaften, die sich nach Lombroso-Nordau auch in sein Leben verirrten, besonders die Negerin. Aber dennoch war sein Verständnis für Frauenschönheit von unglaublicher Feinheit, und es gibt wohl wenige Dichter, welche die geheimen, ganz leisen sexuellen Reize, die einer Frau entströmen, so subtil und verehrungsvoll erfaßt haben. Wenn Baudelaire den sanften Duft schildert, der aus gelösten Locken fließt, oder den heimlichen, sinnlichen Klang, der in der Stimme verschwebt, oder wenn er die berückende Grazie eines rhythmischen Vorbeigleitens in die letzten Bewegungen auflöst und mit schmiegsamen Bildern und Versen begleitet, so ist seine rein künstlerische Wirkung überwältigend. Er liebt die Frauen, wie er Katzen und Schlangen liebt, und wird nicht müde, ihre Vergleichspunkte anzuführen: das wiegende, unhörbare Dahinschweben, den gierigen Glanz der Blicke, die sinnliche Duftausstrahlung, die Falschheit und die wollüstigen Schmeicheleien, die plötzlich in brutale Brunst umschlagen.

Aber nicht nur in den Sexualempfindungen allein bewahrt sich Baudelaire seine merkwürdige Originalität. Von den Jahreszeiten üben die hellen, sonnigen Frühlingstage auf ihn keinen Reiz aus:

»O fins d'automne, hivers, printemps trempés de boue,
Endormeuses saisons! je vous aime et vous loue –«

[O Spätherbst, Winter, schmutzdurchtränkter Frühling,
einschläfernde Jahreszeiten! euch liebe und lobe ich –]

beginnt eines seiner Gedichte, das die melancholische Schönheit der nebelgrauen Herbstabende feiert, in denen sich jeder laute Hall wie erschreckt verbirgt und nur der Wind über den Dächern schluchzt und stöhnt. Und viele seiner Gedichte gelten auch der schwermütigen Ruhe der Nacht, die tausend Bilder und Geheimnisse verbirgt und die dunklen Gefühle zu ahnungsbanger Größe heranreifen läßt. Die Empfindung einer drückenden Öde, einer jähen Todesfurcht, die beim Normalmenschen nur im Blitzlicht eines flüchtigen Sekundenspieles auftauchen, gewinnen bei ihm breite furchterfüllte Gestaltung, man

glaubt in dem Gedichte ›Spleen‹ Edgar Allan Poe zu hören und dessen überreizte Ängstlichkeiten.

Aber sein blinder Sensualismus umklammert nicht nur
die klaren und einfachen Gefühle des Lebens; Baudelaire
liebt die wilden Ekstasen der Sinne und seine reiche
Phantasie trägt ihn oft zur Halluzination. Er irrt gerne in
der schwankenden Dimension, die Traum und Leben
scheidet, und kein Mittel ist ihm zu gering, das seine
Empfindung zu dieser Höhe des seligsten Sinnenrau-
sches emporträgt. Mit den Bildern von Hogarth hat
Théophile Gautier die pittoresken Schöpfungen Baudelaires verglichen, in denen er den Wein und seine Wirkung feiert. Und der künstlich gesteigerten Nerventätig-
keit im Opium- und Haschischrausche gilt ein eigenes
Buch ›Les Paradis artificiels‹ [Die künstlichen Paradiese],
das mit Grundlegung eines englischen Werkes die
Traumlandschaften dieses narkotischen Schlafes schildert. Baudelaire sucht den tiefsten, letzten Genuß, der
schon dem Irdischen entflieht, »la sensation jusqu'à l'ex-
trême limite, jusqu'à cette mystérieuse porte de l'Infini à
laquelle il se heurte, mais qu'il ne sait pas ouvrir« [die
Empfindung reicht bis ans Äußerste, bis an diese geheimnisvolle Tür zum Unendlichen, an die er stößt, die
er aber nicht zu öffnen weiß]. Hinter aller Leidenschaft
steht als des Lebens letzter Sinn der Tod. Aus jedem
Worte tönt ein Klang seiner Harmonie, die farbigsten
Bilder werden abgetönt durch das dunkle Grau des Todes, dessen notdürftiger Vorhang sie sind. Und in die
meisten Liebesgedichte Baudelaires hat sich dieser Gedanke versteckt, der erst im Ausklange, als grauenvolle
Pointe seine drohende Faust erhebt.

Durch diese interessante Subjektivität der Lebensspie-
gelung ist Charles Baudelaire jene unverrückbare Stellung in der Literatur gesichert, die gleichzeitig den Aus-
gangspunkt der sogenannten »satanistischen Dichtung«

bedeutet. Nicht die Konfiskation der ›Fleurs du mal‹ [Blumen des Bösen], dieses Buches, das kühn und rücksichtslos – »révoltant comme la vérité« [empörend wie die Wahrheit], wie Barbey d'Aurevilly schrieb – ein grelles Licht in gern verheimlichte Gefühle warf, hat seinen enormen Erfolg begründet. Denn die grausame Kritik, die Baudelaire nicht nur an der landläufigen Moral übte, ebenso wie der glühende Flagellantismus, mit dem er seine eigene Wollust an den Pranger stellt, ergibt noch nicht die historische Bedeutung dieser Konfession. Man hat versucht die ›Fleurs du mal‹ und ihren Erfolg als spontanen Rückschlag auf den Romantizismus zu begründen, aber es wird wohl vergeblich sein, eine so komplizierte Wesenheit aus einer dominierenden Ursprungsquelle motivieren zu wollen, denn die verschiedenen Einflüsse, deren Spuren sich noch deutlich zurückführen lassen, sind jeder für sich bedeutungsvoll und charakteristisch. Am deutlichsten hat wohl die Übersetzung des großen Amerikaners Edgar Allan Poe gewirkt, die den trüben Schatten auf Baudelaires Dichtung vorauswarf. Die Vorliebe für das Exotische und Orientalische erklärt sich aus den Reisen nach dem Archipel, die er als junger Kaufmann unternahm, und die fast krankhafte Angst vor dem Normalen »la peur d'être trop commun« [die Angst, zu gewöhnlich zu sein], die ihm Sainte-Beuve vorwirft, war nicht blasiertes Dandytum, sondern nur ein Reflex seines zerrissenen, überreizten Seelenlebens. Und Zerrissenheit, Ungleichheit und Gegensätzlichkeit, das charakterisierte sein innerstes Wesen, das an einem unüberbrückbaren Widerspruche zwischen seiner Persönlichkeit und dem modernen Milieu krankte. Er war Pessimist und Schopenhauerianer, ohne je eine Zeile des deutschen Philosophen gelesen zu haben.

Die gesteigerten Anforderungen eines übertriebenen Raffinements ließen ihn sich fremd erscheinen in einer gleichgültigen Zeit, die ihm selbst mit ihren künstlichsten und verborgensten Genüssen keine Befriedigung bieten konnte, und so erwuchs in Baudelaire langsam die bleierne Langeweile des überreizten und doch kraftlosen Kulturmenschen, die nur noch in künstlichen Paradiesen, im willkürlich erzeugten Rausche sich vergißt. Selbst die Kunst konnte ihm nicht mehr – etwa wie Flaubert, der sich aus Verzweiflung an der realen Welt eine Welt der Literatur schuf – Erlösung bieten, in seinen Tagebüchern versteigt er sich sogar einmal zu dem brutalen Satz: »L'amour, c'est le goût de la prostitution. Il n'est même pas de plaisir noble, qui ne puisse être ramené à la prostitution. Qu'est-ce que l'art? Prostitution...« [Die Liebe hat den Geschmack von Prostitution. Es gibt selbst kein edles Vergnügen, das nicht auf die Prostitution zurückgeführt werden könnte. Was ist die Kunst? Prostitution...] Und nur eine Sehnsucht klingt mehr in ihm, nach Frieden, Ruhe, Schlafen – nach Nirwana. Er, der den wilden Ausbruch der Leidenschaften in den grellsten Farben gezeichnet hat, gelangt schließlich selbst zur Willensverneinung in seinen Dichtungen, er läßt den Schmerz nicht mehr heißströmend vertoben, sondern versteinert ihn in einer kalten, unnahbaren Form. Nur vereinzelt bricht ein Naturlaut, ein Überquellen einer unsagbar leidvollen Empfindung jäh und unvermittelt durch, am wildesten in dem Aufschrei der Verzweiflung: »Mon cœur est un palais flétri par la cohue« [Mein Herz ist ein Palast, den der Pöbel schändet] im Gedichte ›Causerie‹. Aber dann verhallt wieder der Klang und das drängende Leid, das sich von jeder Seite des Buches abhebt, blinkt nicht mehr nackt und heiß, sondern kleidet sich in wehmütighallende, korrekte Strophen, die ruhig und kühl dahinschreiten, wie griechische Epheben, die die Stufen des Tempels emporwallen. Man lese das wundervolle Gedicht ›Recueillement‹ [Andacht]:

Sei weise, Du mein Schmerz, und laß Dein irres Stöhnen,
Der Abend war Dein Wunsch. Und sieh', er ist schon
  hier.
Ein Dunst umhüllt die Stadt mit matten Farbentönen,
Der Glanz des Friedens und die Trauer wacht in ihr.

Indes die andern feilen Sklavendiensten frönen,
– Denn ohne Mitleid peitscht sie wilde Sündengier –
Und bitt're Reuetropfen nur ihr Mühen krönen,
Gib Du mir Deine Hand, mein Schmerz, und komm mit
  mir.

Im Grund der Fluten wiegt sich lächelnd das Bedauern,
Und träumend neigen sich von hohen Wolkenmauern
Die toten Jahre im verblichenen Kleid herab.

Fern unter einer Brücke will der Tag vergleiten,
Und sieh! ein dunkler Schleier auf des Toten Grab,
Naht schon die Nacht, und sacht hörst Du ihr Schreiten. –

In diesem Gedichte offenbart sich die eminente Technik
Baudelaires aufs glücklichste. Seine Form bedeutet einen
Übergang, der von den klassisch-strengen Parnassiens zu
den Symbolisten führt. Die eherne Struktur ist ein Erb-
teil Victor Hugos, aber der Schöpfer der ›Fleurs du mal‹
hat sie verdichtet, musikalisch nüanciert und in ihr alle
geheimen Formreize angedeutet, die dann später bei Sté-
phane Mallarmé und der in Deutschland sich parallel entwickelnden Kunstrichtung Stefan Georges zum selbstge-
nügsamen Formalismus führt, der nicht im gedanklichen
Thema die Stimmung auszulösen sucht, sondern in der
Anordnung, Wahl und Verwertung der Worte. In seinem Gedicht ›La beauté‹ [Die Schönheit] hat er zuerst die
hundertfach variierte Formel dieser Artistenkunst gegeben: »Je hais le mouvement, qui déplace les lignes« [Ich

hasse die Bewegung, die die Linien verschiebt.] und ihm ist diese Unbeweglichkeit und schroffe Majestät der Strophen so gelungen, daß seine Verse die eherne Kälte einer Statue haben und die klaren kraftvollen Linien eines Bildes, ohne deshalb auf phonetische Reize zu verzichten. Diese echt künstlerische Freude an der Form hat ihn manchmal zu Reimspielen verleitet, so in ›Invitation au voyage‹ [Einladung zur Reise], ›Le jet d'eau‹ [Der Springbrunnen] oder dem vierstrophigen Gedichte ›Harmonie du soir‹ [Harmonie des Abends], das auf zwei Reimen balanciert, aber er hat auch Verse von meisterhafter Ruhe geschaffen, so das berühmte Gedicht ›Don Juan aux enfers‹ [Don Juan in der Unterwelt], wahrhaftig »un groupe en marbre blanc et noir« [eine Gruppe aus weißem und schwarzem Marmor], wie Barbey d'Aurevilly sagte.

Interessant ist auch Baudelaires Metaphernschatz. Seine Bilder sind immer originell und von einer wilden Großartigkeit, aber sie sind nicht zu abwechslungsreich. In ihnen zeigt sich vielleicht am deutlichsten die eigentümliche Sterilität des Dichters, der nicht aus einem unbegrenzten Gebiete schuf und schöpfte, sondern einen engen Kreis mit Sorgfalt bestellte. Nur so ist auch die zahlreiche Doppelbehandlung des gleichen Themas in den Versen und Prosagedichten zu erklären, denn die geistige Unproduktivität des Dichters war sicher kein Talentmangel, sondern markiert wieder deutlich das Fehlen der konzentrierten Energie. Am liebsten entlehnt er seine Vergleiche der düstern Umgebung des Todes. Die Nacht erscheint ihm wie ein weites, wallendes Grabtuch, das sich schwer über das düstre Land legt, die Kühle des Abendwindes empfindet er als dumpfen Hauch, der aus Grüften steigt, ein brennender Schmerz nagt wie Würmer, die an der Leiche zehren. Oder gerne zieht er die Gegenstände des katholischen Ritus herbei;

der Himmel ist wie eine Kirche tief und still, die Wälder brausen wie Orgeln, der Sturm singt ein ›De profundis‹, die Blumen duften wie Weihrauchbecken, eine Erinnerung leuchtet wie ein geweihter Kelch. Es ist wohl keine Zufälligkeit, die diese Bilder zusammendrängt, sondern hier zieht sich das geheime Band, das Baudelaire noch immer mit der Romantik verbindet. Die Romantiker, insbesondere in Deutschland, haben immer in ihrem dunklen, mystischen Bedürfnis das geheimnisvolle Gepränge des katholischen Ritus bestaunt, ihre Religiosität galt nie der Kirche, sondern dem Übersinnlichen, das sich in tausend Formen verschleiert und der Seele in dumpfen Ahnungen verkündet. Und auch Baudelaires Frömmigkeit ist keine Religiosität, nur ein kindliches transzendentales Bedürfnis. Oder darf man es für ernst nehmen, wenn er in seiner Haltlosigkeit auf einen Papierzettel schreibt: »Je me jure à moi-même, de prendre désormais les règles suivantes pour règles éternelles de ma vie: faire tous les matins ma prière à Dieu, réservoir de toute force et de toute justice à mon père, à Mariette et à Poe comme intercesseurs, les prier de me communiquer la force nécessaire pour accomplir tous mes devoirs et d'octroyer à ma mère une vie assez longue pour jouir à ma transformation; travailler toute la journée ou du moins tant que mes forces me le permettront. « [Ich schwöre es mir zu, daß ich künftig die folgenden Regeln zu meinen ewigen Lebensregeln machen will: Jeden Morgen mein Gebet zu Gott zu verrichten, dem Gefäß aller Kraft und aller Gerechtigkeit, zu meinem Vater, zu Mariette und zu Poe, als Fürsprechern; sie zu bitten, daß mir die nötige Kraft verliehen werde, alle meine Pflichten zu erfüllen und daß meiner Mutter ein ausreichend langes Leben gewährt werde, auf daß sie sich über meine Wandlung freuen könne; den ganzen Tag arbeiten, zumindest aber so viel, wie es meine Kräfte zulassen.] Diese Religiosität ist doch etwas zu sehr verwandt mit der des Paul Verlaine, der im Absinthrausch in die Kirche kam und dort glühende Gebete an Maria lallte. Man darf sie für nicht mehr nehmen, als die Sehnsucht nach Mystik und Erdflucht, als einen jener wirren Träume, deren Baudelaire so viele in seinem ›Spleen‹ gegeben hat, wo die Bilder schon halluzinatorische Gewalt bekommen und die Schranken einer ästhetischen Wirkung rücksichtslos durchbrechen. Überhaupt ist er oft gewaltsam und unkünstlerisch in seinen Metaphern. Von einer tanzenden Frau singt er z. B.

> »Sous le fardeau de ta paresse
> Ta tête d'enfant
> Se balance avec la molesse
> D'un jeune éléphant.«

> [Unter der Last deiner Trägheit
> Wiegt dein Kinderhaupt
> Sich mit der Weichheit
> Eines jungen Elefanten.]

Oder in dem furchtbar krassen Gedicht: ›La charogne‹ [Die Tierleiche]:

> »Les jambes en air, comme une femme lubrique
> Brûlant et suant ses poisons
> Ouvrait d'une manière nonchalante et cynique
> Son ventre plein d'exhalaisons.«

> [Die Beine abgespreizt, gleich einem geilen Weib,
> Heiß seine Gifte schwitzend,
> Bot es schamlos lässig den offenen Bauch
> Voll übler Dünste dar.]

eine Stelle, die an naturalistischer Gewalt in der Weltliteratur ihresgleichen sucht und die Baudelaire wohl selbst
in ihrer rücksichtslosen Kühnheit empfunden hat, denn
›La charogne‹ ist eines der wenigen Gedichte, wo er sich
schließlich zu einer optimistisch-transzendentalen Weltanschauung durchringt und die Verse in reingestimmter
Harmonie verklingen läßt.

Zu seiner Charakterisierung stellt man Baudelaire besonders gerne in Deutschland mit seinem kongenialen
Zeitgenossen Paul Verlaine zusammen, obwohl ein
schärferer Gegensatz kaum denkbar ist. Kaum eine
flüchtige Ähnlichkeit ist vorhanden, weil es keine Vergleichspunkte zwischen dem naiven und dem bewußten
Dichter gibt. Und Baudelaire war zu viel Gehirnmensch,
zu viel Beobachter, um naiv zu sein, es ist viel zu viel
berechnendes und pointiertes Literatentum in seiner
Dichtung, als daß sie als echter und unmittelbarer Aus-
strom einer Persönlichkeit genommen werden könnte,
wie die Lieder aus den ›Fêtes galantes‹ [Galanten Festen]
und ›Sagesse‹ [Weisheit]. Baudelaire hat die Menschen
von je nur durch den Spiegel der bewußten Beobachtung
gesehen, und das berüchtigte Wort des Mallarmé: »Le
monde est fait pour aboutir à un beau livre« [Die Welt ist
geschaffen, um in einem schönen Buch zu enden.]
könnte schließlich auch von ihm gesagt sein. Und auch
die Tendenz seiner Dichtung war eine wesentlich andere,
denn der exklusive und soignierte Aristokrat, der seine
Verse doch in letzter Linie auf starke Wirkung gravi-
tierte, hat nichts gemein in seiner vornehmen Zurückhal-
tung mit dem genial-perversen Zigeuner Paul Verlaine,
der auf Landstraßen vagabundierte, im Gefängnis saß
und den tiefsten Schmerz seiner Seele achtlos als wundervolle Bekenntnisse in die Welt warf. Und nur im letzten verborgensten Grunde berühren sich wieder die
Wurzeln ihrer Wesenheiten: in der kulturmüden Sehn-

sucht des Individuums, das sich einer entnervten, deka-
denten und kranken Zeit vergebens entringen will, weil
es sich als ihr ureigenstes Kind fühlt und als ihr getreue-
stes Spiegelbild.

Arthur Rimbaud

1907

Absurde! Ridicule! Dégoûtant! [Sinnlos! Lächerlich! Ge-
schmacklos!]: mit solchen Worten wehrte der damals
dreiundzwanzigjährige Arthur Rimbaud ab, wenn man
von seinen Versen mit Bewunderung sprach und
schüchtern versuchte, ihn der Literatur wieder zurückzu-
gewinnen. Das war nicht der posierte Dégoût [Wider-
wille] eines Literaten, der Jugendwerke heftig verleugnet, um alles Interesse auf sein künftiges Schaffen zu
konzentrieren: es war der harte, unbarmherzige Schluß-
strich einer abgeschlossenen Rechnung. Der Dreiundzwanzigjährige hatte damals die Kunst längst hinter sich
geworfen. Aus Afrika kam er gerade und war schon
in der ganzen Welt gewesen, hatte als Vagabund in
Deutschland, England, Belgien gestrottert, auf den Pariser Boulevards mit Schlüsselbünden hausiert, in Holland
den Bauern bei der Mahd geholfen, hatte niedrigste
Handlangerarbeit verrichtet, kannte schon die harte
Streu der Gefängnisse, die Schauer des Urwaldes. Für die
holländischen Kolonien als Soldat verdungen, war er in
Sumatra ausgebrochen, hatte in malayischen Dörfern,
ein gehetzter Flüchtling, sich durchgehungert oder, im
Dickicht verborgen, mit Affen und wilden Tieren sein
Leben gefristet. Ägypten kannte er, Zypern, Sansibar,
Aden: überall hatte er gelebt, der Dreiundzwanzigjäh-
rige, und Europa schien ihm eng, ein Zuchthaus, ein
schmutziger Tümpel. Dann ging er in Länder, die den
Namen erst von ihm empfingen, lernte die Sprache der
Somalineger und erbeutete jungfräuliche Erde, half den

Krieg König Menileks vorbereiten, hat aber Adua nicht mehr erlebt. Siebenunddreißig Jahre alt starb er in Marseille, der weißen Stadt, dem funkelnden Tor des Orients, ein Krüppel mit geballten Fäusten.

Und war mit siebzehn Jahren schon berühmt gewesen, ein gefeierter Dichter, ›Shakespeare enfant‹ [Shakespeare Kind], wie Victor Hugo, der Meister aller Phrasen, ihn taufte. Hatte mit fünfzehn Jahren Gedichte geschrieben, wie ›Sensation‹ [Empfindung], das schönste deutsche Gedicht der französischen Sprache, mit sechzehn und siebzehn Jahren, »absolument écœuré par toute poésie existante« [völlig angewidert von der gesamten vorhandenen Dichtung], in den wilden, von aller Ästhetik losgeketteten Versen der ›Effarés‹ [der Verzückten] und anderer konvulsivischer Gedichte ein irrlichterndes Land neuer Möglichkeiten eröffnet. Und schließlich, mehr Knabe noch als Jüngling, das unvergängliche ›Bateau ivre‹ [Das trunkene Schiff], diesen titanischen Traum, Revolte der Farben und phantastische Symphonie fiebernder Worte geschaffen, das mir und manchen als das bedeutendste Gedicht der französischen Literatur erscheinen will. Nebenbei hatte er einmal, mehr ulkend als ernsthaft, ein Sonett über den Farbwert der Vokale hingeworfen, das heute noch Artistenevangelium in Frankreich verblieb. All diese Kunst aber schuf er achtlos, unwillig fast. Seine Verse wurden von Freunden gesammelt, von Freunden gedruckt. Ein einziges Heft, ›Une saison d'enfer‹ [Ein Aufenthalt in der Hölle], gab er selbst in Brüssel heraus, ließ die Exemplare aber schon am nächsten Tage vernichten; drei, vier Abzüge blieben davon, kleine, schmierige Heftchen auf Käsepapier, durch Zufall erhalten. Die Poesie war ihm nichts. Nur irgendein Befreiungsversuch, ein Ventil für die drängende überschüssige Vitalität. Nur ein Versuch unter anderen. Und der erste Versuch. Dann kam die Erotik.

Auch sie warf er weg: »La débauche est dégoûtante.«
[Die Ausschweifung ist widerlich.] Der Wissenschaft
war er verloren: »La science est trop lente.« [Die Wissenschaft ist zu langsam.] Seine Energie konnte nur in Blitzen sich entladen und ließ sich nicht zu gleichmäßiger
Wärme dämpfen. Und dann ist er träg, bei aller Energie.
»Quel siècle à mains!« [Welch ein Jahrhundert der Hände!] stöhnt er einmal auf. Der vorsichtige logische Spira-
lenstieg zu den klaren Erkenntnissen empor widert ihn
an: er ist Arbeit. Magisch, mit dem Sprungfeuer der Intuition wollte er den Geheimnissen ins Antlitz leuchten.
Statt des Enthusiasmus, den Goethe als erste Bedingung
künstlerischen Erkennens rühmt, befeuerte ihn Paroxys-
mus, der gierige Kampf statt der ringenden Umkettung.
Wie ein Fluch bricht die Kraft aus ihm heraus. Wegschleudern will er das Überschüssige: zuerst in Gedichte,
in Frauen, in Tätigkeit. Es geht nicht. Da sucht er die
quellende Gewalt gewissermaßen zu überrasen; wie ein
Kranker, dem Schmerz die Eingeweide versengt, rennt
und klettert, taumelt und tanzt, Unsinniges beginnt, so
stürzt Rimbaud die Länder entlang. Nicht eigentlich
planvoll, sondern immer wie aus einem Gefängnis heraus, nur hinaus ins Freie, ins Ferne: der Vierzehnjährige
war schon so nach Paris entflohen wie der Zwanzig- und
Dreißigjährige in die Zonen des Äquators. Konquistador
ist er: der Starke, der mit leeren Händen und heißem
Herzen auszieht, irgendwohin. Nicht um des Erfolges
willen reizen ihn die Taten, sondern um des Tuns, um
der Betäubung willen. »L'action n'est pas la vie, mais une
façon de gâcher quelque force, un énervement.« [Die Tat
ist nicht das Leben, aber eine Art Vergeuden der Kraft,
ein Verströmen.] Betätigung braucht er, nicht Spielerei
wie die Kunst. Aber kein Cortez rüstet Galeeren, kein
Wallenstein sammelt ein Heer, keine Republik hat Platz
für junge Generäle. Nicht 1793 lebt er, sondern in der

Neige eines verarmenden Jahrhunderts. Da wütet die Kraft anarchisch gegen sich selbst. Einmal träumt er noch den Gedanken der Macht, den Rausch Balzacs: reich sein, unermeßlich reich, die Welt sich kaufen, die man nicht erobern kann. Wie eine Flamme bricht die frühe Prophezeiung aus seinem Buch: »Je reviendrai avec des membres de fer, la peau sombre [, l'œil furiéux:] sur mon masque, on me jugera d'une race forte. J'aurai de l'or [: je serai ossif brutal.] Les femmes soignent ces féroces infirmes retour des pays chauds. Je serai mêlé aux affaires politiques. Sauvé.« [Ich werde zurückkehren, mit Gliedern von Eisen, mit dunkler Haut (, mit wilden Augen): Beim Anblick meiner Fratze wird man glauben, ich gehörte zur Rasse der Starken. Ich werde Gold haben (:Ich werde nichts tun und brutal sein.) Die Frauen pflegen solche wilden Kranken, die aus den Tropen zurückkehren. Ich werde mich in die Politik mischen. Gerettet.] Aber manches mißglückt; er erbeutet immer nur Summen, nie ein Vermögen. Die Langweile einsamen Lebens, der Trotz der versäumten Kraft saugen ihn langsam auf, die eigene Stärke erwürgt ihn. Der Drang nach Taten quillt in seinem Körper auf, Fieber verzehrt seine Seele. Sterbend will er nach Frankreich flüchten, aber an der Grenze schlägt ihn der Tod nieder. Und ohne die Treue und Mühe seiner Familie wüßte niemand, daß dieser afrikanische Kaufmann, der, an beiden Beinen amputiert, im Marseiller Spital starb, ein Dichter (und einer der größten in Frankreich) war.

Liest man die Einzelheiten seines Lebens in Berichten und Briefen, hört man all diese barbarischen Namen nie gesehener Städte, so dämmert mählich die Vorstellung solchen Schicksals in eine neblige Ferne, in eine Traumhaftigkeit hinein. Es klingt ganz wie außer unserer Zeit. Und doch wäre Rimbaud erst ein Mann mittleren Alters. Ich traf in Paris seinen Lehrer aus Charleville, Monsieur

Izambart, den einzigen, der Rimbaud von seiner dichterischen Zeit her kannte, den einzigen, dessen Erinnerung den Dichter Rimbaud aufzeigt. Der schilderte ihn: frühreif, jähzornig, brutal, durchaus männlich, einen Kerl mit großen, derben Fäusten, ein wenig Muskelmensch, in der Schule schon von erstaunlicher, aber sprunghafter Energie. Dazu stimmt das Bild Fantin-Latours, wo er hingeflegelt sitzt, einem Arbeiter ähnlicher als einem Dichter, auffallend nur durch die hohe Stirn, über die Adern blau wie Schlangen hinrollten, wenn er in Zorn geriet. Brutal sieht er aus: und war es auch wohl. Denkt man an das Ende der tragischen Episode Verlaine, als er in Stuttgart am Neckarufer die verzweifelte Diskussion über Religiosität mit einem Stockhieb abschloß, der Verlaine blutig und ohnmächtig hinstürzen ließ, denkt man an dieses merkwürdige Verhältnis überhaupt, in dem er, der Willensmensch, der Mann, »l'époux infernal« [der höllische Ehemann], und Verlaine der Träumer, die Frau im Sinn der Unterjochten war, so spürt man Funken des Feuers sprühen, das ihn erfüllte. Proletarische Kraft strammt seine Glieder und hat sie allen Entbehrungen trotzig entgegengestellt. Die Dekadenz, die Verfeinerung, die krankhafte Überreizung, die halluzinative Vision (»les vices de son sang gaulois« [die Fehler seines gallischen Blutes]) war eine rein seelische und hat nie in sein äußeres Leben hineingereicht, das sich ja allmählich mehr und mehr von aller zeitlichen Kultur loskettet; Kosmopolit wie alle Nomaden, ein soziales Phänomen wie die Zigeuner, zugvogelhaft über die Länder hinstreifend, ohne irgendwo Fuß zu fassen, stürzt er, ein einsamer Meteor, in die Kultur wie Kaspar Hauser, der vergessen hat, woher er kam, der keinem mehr angehört und keinem mehr angehören will. Arthur Rimbaud wäre schon merkwürdig allein durch die Tatsache seines Lebens, durch die brüske Verachtung aller Kultur, durch die Überwindung alles Europäertums, durch ein rein instinktives Leben inmitten der Moralsphären, durch seinen unbändigen Individualismus. Er ist ein Heros innerer Freiheit in unseren Tagen. Ein Desperado des Instinktes.

Den Dichter in ihm hat zweierlei so groß gemacht: eine Bedingung und eine Begabung. Ein Negatives vorerst, ein Manko: der Mangel an inneren Belastungen. Er war in keiner Weise gehemmt. Nichts band ihm die Hände, nichts war ihm heilig. Stolz sagte er: »J'ai de mes ancêtres gaulois l'idolâtrie et l'amour du sacrilège, tous les vices, colère, luxure, magnifique la luxure; surtout mensonge et paresse.« [Ich habe von meinen gallischen Vorfahren die Neigung, Götzen anzubeten und die Lust zur Tempelschändung, alle Laster, Jähzorn und Geilheit, großartig diese Geilheit; besonders Lüge und Faulheit.] Nichts hielt ihn. Familiensinn schien ihm Torheit, Fessel und Strang: seine Briefe sind wie an einen Bankier geschrieben, Geld, Geld ist ihr steter Kehrreim. Patriotismus, Kulturstolz hatte er weggeworfen wie eine faule Frucht: unter dummen Negern lebte er lieber als mit Europäern. Nie zwang ihn Religion in die Knie, Christus ist ihm nichts als der »éternel voleur des énergies« [der ewige Dieb der Kräfte]. Freundschaft hat ihn nie gekettet, wurde ihm nie mehr als flüchtige Vagantenbrüderschaft. Moral: eine Lächerlichkeit, »une faiblesse du cervelle« [eine Gehirnschwäche]. Kunst: irgendeine Sorte von Arbeit. Nichts Festes, Solides gibt ihm das Rückgrat einer Weltanschauung, tänzerisch schwebt er über den Abgründen des Wissens. Selbst der frühe Dichter in ihm ist frei. Frei von Ästhetik, von Kunstverstand, frei von konventioneller Belastung. Brutal faßt er die Poesie an und nicht durch zärtliche Liebe zwingt er ihre Hingabe, sondern durch harten Griff. Rücksichtslos sind seine Gedichte und für schwache Nerven nicht geeignet; manche stinken von Armut, von schmutzigen Kleidern, schwitzigen Schuhen, vom Dunst der Latrinen; ein genialer Knäuel realistischer Wirklichkeit und zügelloser Phantasie. Vorbildlos sind sie: er fängt Verse zu schreiben an, als sei er der erste, als sei die durch Tausende vorgebaute Ästhetik zerfallen wie ein Kartenturm. In dieser blinden Freiheit des Instinktes wächst seine Dichtung eigenartig auf, uneuropäisch, unkonventionell, urwüchsig und groß; germanisch und barbarisch bricht sie in die gallische Hochkultur ein wie in Völkerwanderungszeiten die wandernden Kraftvölker des Nordens in Rom oder Byzanz.

Diese innere Freiheit, dieses in Leben und Dichtung gleich impulsive Sichlosgelösthaben von allen hemmenden Begriffen, ist die Bedingung für seine Größe. Dazu tritt nun eine einzigartige Befähigung, die halluzinative Kraft seiner Anschauung, oder besser: seiner Einfühlung. Denn er umfaßt die Außendinge nicht nur gewissermaßen dimensional, sondern läßt sie in sich mit all ihren Qualitäten einquellen, er sieht sie nicht nur, er hört sie, schmeckt sie, riecht sie, befühlt sie und durchdringt sie. Sein Auffassungsvermögen schluckt die Dinge ein wie ein gurgelnder Strom, gierig, fast gefräßig: und er verzehrt sie auch im künstlerischen Sinn, er saugt ihre Essenz aus, genießt ihre schwindendsten Nuancen, sie sikkern bis in sein Blut. Und so tief, so vehement saugt er alle Sinneseindrücke ein, daß ihre geordneten Stränge zerreißen, die Qualitäten sich verlieren: Duft, Ton, Farbe, Stoß, all das rinnt ineinander, berührt sich in jener untersten Schicht, wo kein Wissen mehr ist, sondern dumpfes Empfinden einer Betastung von außen, gereizter Instinkt. In dieser Tiefe und Vehemenz des Einfühlungsvermögens sind die dann auch dichterisch entäußerten Zusammenklänge der verschiedenen Sinneseindrücke begründet, die schon Baudelaire in seinem berühmten Sonett ›La nature est un temple‹ [Die Natur ist ein Tempel] dunkel vorgeahnt hat. Es ist jener Vorgang des Einanderentsprechens von Werten verschiedener Sinnesgebiete, den die Psychologie Pseudoanästhesie nennt, der aber für den künstlerisch empfindenden Menschen nichts Absonderliches, weil ein Alltägliches ist. Bei keinem Dichter ist nun dieses wechselseitige Sich-Ersetzen so ausgebildet wie bei Rimbaud. Ein Ton klingt an ihn heran, er schleudert eine Farbe gleichen Empfindungswerts zurück. Die Gleichstellung allerdings ist nicht logisch begründet, sondern wurzelt im Gefühl: stets in seinem, oft auch, durch die magische Ahnung des Dichters oder durch die suggestive Stärke des Ausdrucks, in fremdem. Und wie ungeheuer lebendig diese Gewißheit der Zusammenhänge in Rimbaud sich kundtat, zeigt dies eine programmatische ›Sonnette des voyelles‹ [Sonett der Vokale], wo die phantastischen Vorgänge sich fast dogmatisch kristallisieren, wo A schwarz, E weiß, I rot, O blau und U grün gleichgesetzt wird, wo die »naissances latentes« [Dinge, die in euch liegen], in wilden Bildern umklammert, sich zur Einheit fassen. Ein Scherz zur Hälfte, aber doch einer jener Niederstürze in das dunkle Gebiet des Unbewußten, wie sie wenigen gelangen. Es ist Poesie ohne Begrifflichkeiten, Symbolkunst ohne Verstandesbeihilfe: Instinkt, Magik. »Die Alchimie des Wortes«, wie er's nannte, eine Schwarzkunst, keinem als dem Meister bewußt, wenigen Wissenden kenntlich. Und im kleinen gefaßt wieder der ungeduldige Aufschrei seines Lebens: »La science est trop lente.« Die Wissenschaft ist zu langsam, das Beschreiben zu umständlich im Gedicht. Mosaik ist mühsam, die geniale Skizze alles. Im Blitz, in der Intuition will das Symbol gefangen sein, nicht im sanften Herdfeuer destilliert; mag sein, auf Kosten seiner Verständlichkeit. Aber Gefühl ist alles. Auf Verständlichkeit durfte einer leicht verzichten, der seine Verse nicht für Zeitschriften und Bücher schrieb, wie Rimbaud, der nur seine innere Spannung entladen wollte. Und elektrische Entladung schlägt nicht vorbedacht, sondern blind im Blitz.

Es ist nur natürlich, daß eine solche innere Zügellosigkeit, eine so brennende Vehemenz des Kolorits, eine so schäumende Fülle des Ausdrucks bald das Gefäß, die traditionelle französische Versform zersprengen mußte. Nur der Vierzehnjährige schreibt noch den wohlerzogenen Alexandriner. Bald aber fließen die Zeilen über im Enjambement, die Reime springen herb ab, gärende Empfindungen blähen die schwankenden Zeilen auf: und bald haut er die zerschmetterte Form hin. Zuerst nur revolutionär in der Verwendung von Assonanzen, Freiheit der Reime, wird er bald anarchisch und wirft alle Form über den Haufen, schreibt die wild hinströmenden Prosagedichte der ›Illuminations‹ [Illuminationen] ihrer eigenen wilden Melodik nach. Eine Prosa, die an Kunstwert das Höchste der Poesie ist, groß wie die Zeilenkatarakte des Walt Whitman, wie die dionysischen Ekstasen Nietzsches. Innerlich von der Kultur befreit, kommt er den stammelnden Urlauten wieder nah, religiös in einem tieferen Sinn, rhapsodisch und predigerhaft: kaum gibt es eine merkwürdigere Stilähnlichkeit des Zufalles als die beiden fast gleichzeitigen Bücher der einsam Gewordenen, von der Welt Befreiten, als ›Une saison d'enfer‹ [Ein Aufenthalt in der Hölle] und ›Zarathustra‹. Rimbauds Wortkraft wird allmählich phänomenal, die Worte schwellen an unter seiner Hand: das graue Gallert der Begriffe saugt sich vampirhaft mit Blut an und schillert nun, von Farben bis zum Bersten geschwellt, in nie gesehenem Licht. Die verbrauchtesten Worte werden neu, knistern elektrisch und sprühen plötzlich wilde Funken. Unerwartet schnellen sie auf, überraschen und zwingen wieder, noch ehe man sie logisch faßt. Und sind dabei nicht edle Worte, sondern manchmal aus dem Argot der Straße geklaubt, der Wissenschaft weggerissen, oft erst neu gestanzt. Ein paar nur. »La reine aux fesses cascadantes.« [Die Königin der prallen Arschbacken.] Wie prachtvoll! Oder »le cœur fou robinsonne« [das Herz, tolle Robinsonei] – die Akademie hat's noch nicht in ihrem Diktionär. »Les insultes ithyphalliques et pioupiesques« [Mischkotischphallische und schmutzige Beleidigungen], »percaliser sa peau« [seine Haut perkalisieren (Perkal ist ein Baumwollgewebe)] – tausend Beispiele, in jeder Strophe eins. Mit solchen Worten sprengt sich die Tür der letzten Dunkelheiten, und stolz kann er sagen »J'écrivais les silences, les nuits, je notais l'inexprimable« [Ich schrieb am Schweigen der Nacht, nannte das Unsagbare.]. Denn Unerhörtes hat er im Umkreis der drei Jahre vollendet, in einem Alter, da andere noch in dumpfer Torheit sich mit dem nachschleppenden Netz der süßen Jugendeseleien balgen. Mit fünfzehn Jahren hat er ›Sensation‹ [Empfindung] geschrieben, das schlicht schönste Gedicht der französischen Sprache. Mit sechzehn ›Les chercheuses des poux‹ [Die Läusesucherinnen], dieses diabolisch schöne, im Innersten perverse Gedicht, das man wollüstig schaudernd empfindet wie eine kühle Hand, die den Rücken herabstreift. Immer mehr werden die Zeilen blutgeädert, die Rhythmen unbändiger, die Phantasien unerhörter; und mehr und mehr beginnen sie sich schon über den Rand des Lebens hinauszuneigen, nur noch Spiegelflächen unbekannter Welten entgegen. Die Halluzination trägt ihn jäh über die Möglichkeiten. Rimbaud hat (um bei einem Bild seines Lebens zu bleiben) als Künstler mit fünfzehn Jahren Frankreich, mit sechzehn Europa verlassen. Und steuert nun der zügellosen Pracht des Orients entgegen, den gaukelnden Nächten anderer Sternenkreise, der schwülen Wollust tropischer Sphären. Und wie die rote Fahne der Anarchie weht über der französischen Lyrik sein ewiges Gedicht ›Le bateau ivre‹ [Das trunkene Schiff], die große Revolte der Farben, der Sieg der entfesselten Sinne. Das ist ein flutender Katarakt ineinandergischtender Bilder, ein kochender Abgrund, in den diese Erkenntnisse aus apokalyptischen Himmeln gestürzt zu sein scheinen. Eine Vision, deren Sinn man erst nachträglich aufspürt; zuerst taumelt man hin unter den Keulenschlägen der Bilder. Nur auf den Zeichnungen des William Blake finden sich noch ähnliche fiebrige Visionen. Diese Länder, die von singenden Fischen durchzogen sind, das blutende Sternengewölbe, die Riesenschlangen, von der Brut der Wanzen zerfressen, die Blumen mit den Pantheraugen, die silbernen Sonnen, dieser Traum »im Gedichte des Meeres«: welche unbegreiflichen Opiate, welche brennende Fieber haben all das gezeugt? Und doch ist er irgendwie innig mit dem Leben verkettet, in verborgensten Wurzeln; schreckhaft wie ein lodernder Gipfel über der niedersengenden Lavaflut bricht jäh der Aufschrei hervor: »Je regrette l'Europe aux anciens parapets.« [Ich sehn' mich nach Europas altem Festungswall.] Der tiefste Kern dieses Traumes ist schon die Vorahnung des später erfüllten Schicksals. Hier lebt sich seine letzte Sehnsucht aus: ein »voyant« zu sein, Magier, der mit Arkanen die Träume der Zukunft findet. Er wußte sie. Sein künftiges Leben stand in diesem Gedicht, stand schon in anderen wie durch mattfarbige Scheiben leuchtend. Zwanzig Jahre vor der Erfüllung. Es ist ein unerhörter Triumph innerer Bestimmung, sublimste Möglichkeit, das erst Wachsende im Kunstwerk schon erfüllt zu zeigen. Und ist auch eins seiner letzten Gedichte. Sein Atem ging so heiß, daß das Wachs unter seinen Händen schmolz, statt sich der Form anzupassen. Die Literatur, die Kunst waren zu schwach, um das Unaussprechliche ganz sagen zu lassen. Und so warf er sie weg. Mit achtzehn Jahren. Manche finden es nicht »stylisch«, daß er damals nicht starb: daß sich noch ein ganzes Leben wie ein Anhängsel an die literarische Zeit klebt. Sie merken nicht, wie begrenzt, wie literarisch sie empfinden. Mit achtzehn Jahren solche Gedichte zu hinterlassen: es wäre nichts Einzigartiges gewesen, nur ein Rekord, denn Keats starb mit vierundzwanzig. Beispiellos aber und einzig ist die Verachtung eines solchen Künstlers für die Kunst; daß er sich ihr nicht hingab, sondern sie an sich riß, vergewaltigte und dann, als sie nichts mehr für ihn hatte, wegwarf und nie wieder anrührte; daß er bei den letzten Illusionen vorbei war, ehe die andern sie zu denken wagen, und daß er, wie Faust in der entscheidenden Stunde, mutig das »Im Anfang war das Wort« ausstrich und dafür – mit eisernem Riß und unauslöschlichen Farben – ins Buch des Lebens schrieb: »Im Anfang war die Tat.«

Lafcadio Hearn

1911

Den vielen, denen es nicht gegeben war, Japan zu erleben, die nur immer in stummer, sehnsüchtiger Neugier
nach den Bildern greifen und mit Entzücken die kostbaren Zierlichkeiten japanischer Kunst in Händen halten,
um sich aus so schwankem Gerüst von Tatsachen einen
farbigen Traum des fernen Landes aufzubauen, all diesen
ist in Lafcadio Hearn ein unvergleichlicher Helfer und
Freund geworden. Was er uns von Japan erzählt hat, ist
vielleicht nicht die ganze gewichtige Substanz der Tatsachen in der starren Kette statistischer Daten, sondern der
sie überschwebende Glanz, die Schönheit, die über jeder
Alltäglichkeit unkörperlich zittert, wie der Duft über der
Blume, ihr zugehörig und doch schon von ihrem gefes-
selten Sein ins Unbegrenzte gelöst. Ohne ihn hätten wir
vielleicht nie von diesen kleinen, ganz flüchtigen, uns
jetzt schon so unsagbar kostbaren Imponderabilien heimischer Überlieferungen erfahren; wie Wasser wären sie
der neuen Zeit durch die Finger geglitten, hätte er sie
nicht zärtlich aufgefangen und in verschlossenem, siebenfach funkelndem Kristall der Nachwelt gerettet. Als
Erster und Letzter sogleich hat er uns und dem Japan von
heute, das sich mit beängstigender Eile von sich selber
fortverwandelt, einen Traum vom alten Nippon festge-
halten, den die Nachfahren später so lieben werden wie
wir Deutschen die ›Germania‹ des Tacitus. Einst, wenn
die Menschen dort »das Lächeln der Götter nicht mehr
verstehen werden«, wird diese Schönheit noch lebendig
sein und die Späteren ergreifen als bedauerndes Besinnen
an ihre selige, viel zu früh verlorene Kindheit.

Blättert man in diesen reichen Büchern, darin die Novelle der philosophischen Betrachtung, diese wieder der
anspruchslosen Skizze die Hand reicht, wo Religion,
Sage, Poesie und Natur so wundervoll ungeordnet ineinandergleiten wie eben nur im Wirklichen, und blickt
man dann aus dieser bunten Fülle auf Lafcadio Hearns
Leben zurück, so ist man leicht versucht, an eine mystische Berufung dieses Menschen zu diesem Werke zu
glauben. Als sei es vorbedachter Wille der Natur gewesen, daß gerade dieser erlesene Mensch dieses erlesene
Werk, die Schönheit Japans gerade im entscheidenden
Augenblick knapp vor ihrem Welken festhalte, so ist
dieses merkwürdige Leben Stufe für Stufe vom ersten
Beginn bis zur äußersten Vollendung seinem Zweck entgegengebaut. Denn ein besonderes Medium war hier
notwendig, ein ganz außerordentliches Mittelding zwischen dem Morgenländer und Europäer, Christen und
Buddhisten: ein zwiefältiger Mensch, einerseits befähigt,
das Fremdartige dieser Schönheit von außen mit Staunen
und Verehrung zu betrachten, sie aber anderseits schon
verinnerlicht als eigenstes Erlebnis wie ein Selbstverständliches darzustellen und uns begreiflich zu machen.
Einen ganz besonderen Menschen mußte sich die Natur
zu diesem Zweck destillieren. Ein Europäer, ein flüchtig
Reisender hätte das Land und seine Menschen verschlossen gefunden, ein Japaner wiederum unser Begreifen,
denn in ganz anderen Sphären schwingt die Geistigkeit
der Fernorientalen und die unsere aneinander vorbei. Etwas ganz Außerordentliches mußte geschaffen werden,
ein Instrument von äußerster Präzision, befähigt, jede
dieser seelischen Schwingungen zu spüren, jede in geheimnisvoller Übertragung weiterzugeben, und noch
mehr: dieser richtige Mensch mußte im genau richtigen
Augenblick erscheinen, da Japan ihm entgegengereift
war und er für Japan, damit dieses Werk geschaffen wer

den konnte, diese Bücher von der sterbenden und zum Teil nur durch ihn unsterblichen Schönheit Japans.

Das Leben des Lafcadio Hearn, dieser Kunstgriff der Natur zu einem erhabenen Zweck, ist darum wert, erzählt zu werden.

Im Jahre 1850 – fast zur gleichen Zeit, da die Europäer zum erstenmal in das verschlossene Land eindringen dürfen – wird er geboren, am anderen Ende der Welt, auf Leocadia, einem jonischen Eiland. Seine ersten Blicke begegnen azurnem Himmel, azurnem Meer. Ein Widerschein von diesem blauen Licht blieb ihm ewig innen; all der Ruß und Rauch der Arbeitsjahre vermochte ihn nicht zu verdunkeln. So war der Liebe zu Japan schon eine geheimnisvolle Präexistenz als Sehnsucht bereitet. Sein Vater war ein irländischer Militärarzt in der englischen Armee, seine Mutter eine Griechin aus vornehmer Familie: zwei Rassen, zwei Nationan, zwei Religionen durchdrangen sich in dem Kinde und bereiteten früh jenes starke Weltbürgertum vor, das ihn befähigen sollte, sich einst die Wahlheimat statt der wirklichen zu schaffen. Europa und Amerika sind dem Knaben nicht freund. Den Sechsjährigen bringen die Eltern nach England, wo das Unglück ihn ungeduldig erwartet, um ihm dann viele Jahre treu zu bleiben. Seine Mutter, frierend in der kalten grauen Welt nach ihrer weißen Heimat, entflieht ihrem Gemahl, der kleine Lafcadio bleibt allein und wird in ein College gesteckt. Dort trifft ihn das zweite Unglück, beim Spiel mit Kameraden das eine Auge zu verlieren, und um das Maß seiner frühen Leiden voll zu machen: die Familie verarmt und Hearn wird unbarmherzig, noch ehe er seine Studien annähernd beendigen konnte, in die Welt hinausgestoßen.

Mit 19 Jahren steht nun dieser junge, unerfahrene Mensch, der nichts Rechtes gelernt hat, eigentlich noch ein schwächliches, dazu einäugiges Kind, ganz ohne Freunde und Verwandte, ohne Beruf und sichtliche Befähigung in den unerbittlichen Straßen von New York. Undurchdringliches Dunkel liegt über diesen bittersten Jahren seines Lebens. Was ist Lafcadio Hearn dort drüben alles gewesen? Tagelöhner, Händler, Verkäufer, Diener – vielleicht auch Bettler – jedenfalls war er lange in jener untersten Schicht von Menschen, die Tag und Nacht die Straßen Amerikas schwärzt und ihren Taglohn aus dem Abhub des Zufalls klaubt. Und fraglos: es muß ein furchtbares Martyrium gewesen sein, denn selbst die heiteren Jahre im Bambushause von Kyoto vermochten ihn niemals zu einer Andeutung über diese äußersten Erniedrigungen seiner Existenz zu verlocken. Eine einzige Episode hat er verraten, die grelles Licht in das Dunkel schleudert: Lafcadio Hearn in einem Auswandererzug. Drei Tage hat er nichts gegessen, mit den blauen Schatten der Ohnmacht vor den Augen sitzt er im ratternden Wagen. Plötzlich, ohne daß er gebeten hat, reicht ihm eine norwegische Bäuerin von gegenüber ein Stück Brot hin, das er gierig hinabschlingt. Dreißig Jahre später hat er sich darauf besonnen, daß er damals, von Hunger erwürgt, vergessen hatte, ihr zu danken. Ein Streiflicht. Dann wieder Jahre voll Dunkel irgendwo im Schatten des Lebens. In Cincinnati taucht er endlich neu auf, als Korrektor einer Zeitung, er, der Halbblinde. Nun aber sollte sich sein Schicksal befreien. Hearn wird zu Reportagen verwendet, zeigt darin überraschendes Geschick, und schließlich frißt sich sein schriftstellerisches Talent durch. In allen diesen dunklen Jahren muß schon neben der harten Arbeit bei ihm ein ständiger, innerlicher Prozeß beharrlicher Selbstbildung stattgefunden haben, denn jetzt schreibt er ein paar Bücher, die Kenntnis orientalischer Sprachen und ein feines Verständnis morgenländischer Philosophie verraten. Es ist unbeschreiblich, was dieser stille, sanftmütige Mensch im Lande der »aggressive selfishness« [aggressiven Selbstsucht] gelitten haben muß. Aber dieses große Leid war notwendig für sein Werk, war in seinem Schicksal ebenso als Notwendiges eingefügt wie jene mystische Sehnsucht nach der Insel im Blauen. Er mußte erst zweifeln lernen und verzweifeln an der ererbten Kultur, ehe er befähigt war, die neue zu begreifen: sein großes Dulden in europäischem Land sollte der Humus werden für die große Liebe von später. Das aber wußte er damals noch nicht, er spürte nur das Nutzlose, Freudlose, Sinnlose seines Lebens in diesem fiebernden Land, er empfand sich ständig als Fremdkörper im Rhythmus dieser Rasse – »nie werde ich ein Gote, ein Germane werden«, stöhnt er auf – und flüchtet in die Tropen nach Französisch-Westindien, schon hier beglückt durch die stillere Form des Lebens. Fast schien es, als wollte sein Leben sich hier schon verankern, der Erwählte vorschnell der Berufung entgehen. Aber im Buche seines Schicksals stand Größeres geschrieben. Im Frühjahr 1890 bot ihm ein Verleger an, nach Japan zu reisen, um dort gemeinsam mit einem Zeichner Skizzen aus dem Volksleben für seine Zeitschrift zu verfassen. Die Ferne lockt Lafcadio Hearn, er nimmt den Vorschlag an und verläßt für immer die Welt seines Unglücks.

In seinem vierzigsten Jahre betritt er Japan, arm, müde, heimatlos, seit zwei Jahrzehnten ohne Lebenszweck von einem Ende der Welt zum anderen geschleudert, ein Halbblinder, ein Einsamer, ohne Weib und Kind, ohne Namen und Ruhm. Und wie Odysseus nachts an den Strand der ersehnten Insel getragen, ahnt er im Nahen nicht, wagt er gar nicht zu hoffen, daß er schon in der Heimat sei. Er wußte nicht, daß der Hammer des Schicksals nun ruhen würde, daß sein Land in jenem Mai 1890 an der Schwelle der Erfüllung stand.

Das Land der aufgehenden Sonne, im tiefsten Sinn des Wortes, war für ihn gefunden und das Korn, das fruchtlos im Wind hin und her getanzt hatte, fand endlich die hüllende Scholle, in der es aufblühen und sich entfalten konnte.

»Es ist, wie wenn man aus unerträglichem atmosphärischen Druck in klare, stille Luft treten würde« – das war sein frühester Eindruck. Zum ersten Male spürte er das Leben nicht mit voller Wucht an sich hängen, die Zeit nicht wie in Amerika gleich einem rasend gewordenen Rade um seine Stirne schwingen. Er sah Menschen mit stiller Freude am Arglosen, Menschen, die Tiere liebten, Kinder und Blumen, sah die fromme, erhabene Duldsamkeit ihres Lebens und begann wieder an das Leben zu glauben. Er beschloß zu bleiben, zunächst einen Monat oder zwei – und blieb für sein Leben. Zum ersten Mal hielt er Rast, zum ersten Male, noch ehe er es selbst empfinden durfte, glaubte er Glück zu sehen. Und vor allem, er sah, zum erstenmal in seinem Leben durfte er schauen, ruhig schauen, liebevoll mit dem betrachtenden Blick die Dinge anfassen, statt, wie drüben in Amerika bei den Reportagen, hastig an den Erscheinungen vorbeizuhetzen. Die ersten Worte, die Lafcadio Hearn über Japan schrieb, waren ein Staunen, das Staunen eines Großstadtkindes, das mit ungläubigen Augen das Wunder einer wirklich blühenden Gebirgswiese sieht, ein sanftes Staunen größter Beglücktheit, zuerst noch leise unterklungen von der heimlichen Angst, all dies nicht halten, fassen und verstehen zu können.

Aber was dann später seine Bücher so einzigartig und seltsam macht, ist die verblüffende Tatsache, daß sie nicht mehr Werke eines Europäers sind. Freilich auch nicht die eines echten Japaners, denn dann könnten wir sie ja nicht verstehen, nicht so geschwisterlich mit ihnen leben. Sie sind etwas ganz Eigenartiges in der Kunst, ein

Wunder der Transplantation, der künstlichen Aufpfropfung: die Werke eines Abendländers, aber von einem Fernorientalen geschrieben. Sie sind eben Lafcadio Hearn, dieses unvergleichliche Ereignis einer Vermischung, dies einzigartige Geschehen der Völkerpsychologie. Diese geheimnisvolle Mimikry des Künstlers an den Gegenstand hat bewirkt, daß man Hearns Bücher gar nicht mehr wie mit der Feder geschrieben empfindet, sondern aus der Perspektive der zärtlichen Nähe gezeichnet mit dem feinen Tuschpinsel der Japaner, in Farben, die zart sind wie der Lack auf jenen entzückenden Schächtelchen, erlesenste Proben jener Kleinkunst, jenes japanischen Bric-à-brac, das er selbst einmal so verliebt geschildert hat. Man muß immer an die farbigen Holzschnitte denken, die größten Kostbarkeiten der japanischen Kunst, die landschaftlichen Schilderungen voll zartester Details, wenn man diese kleinen Novellen liest, die sich bescheiden zwischen den Essais verbergen, oder jene Gespräche, die am Straßenrand beginnen, mitten im Gelegentlichen, und dann sanft in die tiefsinnigen Weltbetrachtungen, zu den Tröstungen des Todes und den Mysterien der Transmigrationen [Seelenwanderungen] emporführen. Nie vielleicht wird das Wesen der japanischen Kunst uns klarer werden als aus diesen Büchern: und zwar nicht so sehr durch die Tatsachen, die sie uns berichten, sondern eben durch diese einzigartige Darstellung selbst.

Und dies war das dunkle Ziel, zu dem das Schicksal Lafcadio Hearn aufgespart und erzogen hatte. Er sollte in ihrer eigenen Kunstart von diesem unbekannten Japan erzählen, all die vielen kleinen Dinge, die bislang im Dunkeln waren, die zerbrechlichen, die anderen zwischen den Fingern geblieben wären, die vergänglichen, die der Sturm der Zeit verweht hätte, wäre er nicht im richtigen Augenblicke gekommen, all diese tiefsinnigen Sagen des Volkes, die rührenden Aberglauben, die kin-

disch patriarchalischen Gebräuche. Diesen Duft einzufangen, diesen Schmelz von der schon welkenden Blume
abzustreifen, dazu hatte ihn das Schicksal bestimmt.

Freilich wuchs schon damals ein anderes Japan neben
dem seinen empor, das Japan der Kriegsvorbereitungen,
das Dynamit erzeugte und Torpedos baute, jenes gierige
Japan, das allzu rasch Europa werden wollte. Aber von
diesem brauchte er nicht zu reden, das wußte sich schon
selbst bemerkbar zu machen mit der Stimme der Kanonen. Sein Werk war es, von den leisen Dingen zu reden,
deren zarter, blumenhafter Atem uns nie erreicht hätte
und die vielleicht wichtiger waren für die Weltgeschichte
als Mukden und Port Arthur.

Zehn Jahre wohnte er friedlich dort in Kyoto, lehrte in
Schulen und an der Universität die englische Sprache,
glaubte noch immer als Fremder diese neue Welt zu betrachten, noch immer Lafcadio Hearn zu sein, und
merkte nicht, wie er langsam von außen nach innen geriet, wie das gelockerte Europäertum in ihm nachgab
und sich in dieser neuen Heimatsfremde verlor. Er
wurde gewissermaßen selbst etwas wie die künstlichen
Perlen, die sie dort drüben erzeugen, indem sie kleine
Fremdkörper in die noch lebende Muschel einpressen.
Die Auster umspinnt dann das Störende mit ihrem glitzernden Schleim, bis der ursprüngliche Fremdkörper in
der neu entstandenen Perle unsichtbar wird. So ging
schließlich der Fremdkörper Lafcadio Hearn in seiner
neuen Heimat unter, er wurde eingesponnen von der
japanischen Kultur, und selbst sein Name ging verloren.
Als Hearn eine Japanerin aus einem vornehmen Samurai-
geschlecht zur Frau nahm, mußte er sich – um der Ehe
gesetzliche Prägung zu geben – adoptieren lassen, und
empfing damals den Namen Koizumi Yakumo, der auch
heute seinen Grabstein schmückt. Seinen alten Namen
warf er hinter sich, als wollte er die ganze Bitterkeit

seiner früheren Jahre damit wegschleudern. In Amerika begannen sie jetzt auf ihn zu achten, aber der Ruhm lockte ihn nicht mehr zurück, war er doch Lärm. Und Lafcadio Hearn badete sein Herz in Stille, er liebte nur mehr dieses linde, leise Leben hier drüben, das ihm doppelt teuer war, seitdem das Schmetterlingsdasein einer zierlichen Frau und zweier Kinder es freundlich umwebte. Mehr und mehr nahm er die Gewohnheiten des Landes an. Er aß Reis mit kleinen Stäbchen, trug nur mehr japanische Tracht; das Heidentum, das als geheimnisvolle Erbschaft seiner griechischen Heimat immer schon in ihm unter dem äußerlichen Christentum geschlummert hatte, verwandelte sich hier in einen eigenartigen Buddhismus. Nicht wie die andern war er gekommen, wie die Freibeuter des Kommerzialismus, die, mit dem Stolz der weißen Rasse auf die »Japs« niedersehend, nur nehmen wollten, gewinnen und rauben; er wollte schenken, demütig sich selber hingeben, und darum wurden das Land und die Menschen ihm Freund. Er war der erste Europäer, den die Japaner ganz als den Ihren nahmen, dem sie vertrauten und ihr Geheimstes verrieten. »He is more of Nippon than ourselves« [Er ist japanischer als wir selbst], sagten sie von ihm, und tatsächlich warnte niemand eindringlicher vor Europa als er. Er hatte das Schicksal schon erlebt, dem sie erst entgegengingen.

Und das Leben hatte dieses Werk lieb, es war zufrieden mit Lafcadio Hearn und gab ihm das letzte, das größte Geschenk: es ließ ihn sterben im richtigen Augenblick, so wie es ihn im richtigen Augenblick an sein Werk gewiesen hatte. Der Verkünder des alten Nippon starb in dem Jahre, da die Japaner Rußland besiegten, da sie jene Tat vollbrachten, die ihnen das Tor der Weltgeschichte aufsprengte. Nun stand das geheimnisvolle Land im vollen Blendlicht der Neugierde, nun bedurfte das Schicksal seiner nicht mehr. Weiser, vorberechneter Sinn scheint darin zu liegen, daß er den Sieg Japans über Rußland nicht mehr erlebte, jenen trügerischen Sieg, mit dem sich die alte Tradition selber das Messer durch den Leib riß. Lafcadio Hearn starb in derselben Stunde wie das alte Nippon, wie die japanische Kultur.

So teuer aber war er diesem seinem neuen Volke, daß sie mitten im Kriege, der ihnen täglich Tausende entriß, aufschraken bei seinem Tod. Sie fühlten, daß etwas von ihrer Seele mit ihm erlosch. Tausende schritten hinter seinem Sarg, der nach buddhistischen Riten in die Erde gesenkt wurde, und an seinem Grabe sprach einer das unvergeßliche Wort: »Wir hätten eher zwei oder drei Kriegsschiffe mehr vor Port Arthur verlieren können als diesen Mann.«

In vielen Häusern Japans, bei seinen Angehörigen, bei seinen Schülern steht heute noch sein Bild – das energische Profil mit dem blitzenden Auge unter buschigen Brauen – auf dem heiligen Schrein. Hearn hat selbst erzählt, wie man dort vor den Bildern der Abgeschiedenen die tote Seele mit sanftem Zauber von ihrer Wanderung beschwört. Flutend im Meido, dem All und dem Nichts, ist sie stets dem Gläubigen im Anruf nahe und hört ihr freundliches Wort. Unser Glaube ist anders. Für uns ist diese helle Seele vergangen, und nur in den Büchern, die Hearn uns hinterlassen hat, können wir sie wiederfinden.

Jaurès
Ein Porträt
1916

Vor acht oder neun Jahren, in der Rue St. Lazare, sah ich ihn zum erstenmal. Es war sieben Uhr abends, die Stunde, da der stahlschwarze Bahnhof mit dem funkelnden Zifferblatt plötzlich die Masse wie ein Magnet an sich reißt. Die Ateliers, die Häuser, die Geschäfte schütten mit einemmal alle ihre Menschen auf die Gasse, und alle strömen sie, ein schwarz aufgewühlter Strom, den Zügen zu, die sie aus der dampfigen Stadt ins Freie tragen. Ich würgte mich mit einem Freunde langsam durch den stickigen, drückenden Menschenqualm, als er mich plötzlich leicht anstieß: »Tiens! V'la Jaurès!« [Schau! Da ist Jaurès!] Ich sah auf, aber schon war es zu spät, die Silhouette des Vorbeischreitenden zu haschen. Nur den breiten Rücken, wie den eines Lastträgers, gewaltige Schultern, den kurzen, gedrungenen Stiernacken sah ich von ihm, und mein erstes Empfinden war das einer bäuerischen, unerschütterlichen Kraft. Die Aktentasche unter dem Arm, den kleinen, runden Hut auf dem mächtigen Haupt, ein wenig gebückt, wie der Bauer hinter dem Pflug, und ebenso zäh wie er, stapfte und stieß er sich langsam und unerschütterlich durch die ungeduldige Menge. Niemand erkannte den großen Tribun, Burschen schoben hastig an ihm vorbei, Eilfertige überholten ihn, rannten ihn im Laufe an, sein Schritt blieb unerschütterlich fest in seinem schweren Takt. Der Widerstand der schwarz fließenden, stark strömenden Masse brach sich wie an einem Felsblock an diesem kleinen, gedrungenen Mann, der hier allein für sich ging und seinen ureigenen Acker pflügte: die dunkle, unbekannte Menge von Paris, das Volk, das zur Arbeit ging und von der Arbeit kam.

Von diesem flüchtigen Begegnen blieb nichts zurück in mir als das Empfinden unbeugsamer, erdfester, zielstrebiger Kraft. Bald sollte ich ihn besser sehen, sollte kennen lernen, daß diese Kraft nur ein Fragment seines komplexen Wesens war. Freunde hatten mich zu Tische gebeten, wir waren vier oder fünf in dem engen Raum, plötzlich trat auch er herein und von diesem Augenblick gehörte alles ihm, das Zimmer, das seine volle Stimme tönend füllte, und unsere Aufmerksamkeit an Wort und Blick, denn seine Herzlichkeit war so stark, so offenbar seine Gegenwart, so warm von innerer Lebensfülle, daß jeder unbewußt sich in der seinen gereizt und gesteigert fühlte.

Er kam gerade vom Lande, sein breites, offenes Gesicht, in dem die Augen tief und klein und doch scharf blitzend saßen, hatte die frischen Farben der Sonne, und sein Handschlag war der eines freien Mannes, nicht höflich, sondern herzlich. Jaurès schien damals ganz besonders frohgestimmt, er hatte draußen, in seinem Gärtchen mit Hacke und Spaten arbeitend, Kraft und Lebensfrische sich neu ins Blut getränkt, und nun teilte er sich und sie mit der ganzen Generosität seines Wesens aus. Für jeden hatte er eine Frage, ein Wort, eine Herzlichkeit, ehe er von sich selber sprach, und es war wunderbar zu spüren, wie er unbewußt erst Wärme und Lebendigkeit um sich schuf, daß er dann in ihr seine eigene Belebtheit frei und schöpferisch entfalten könnte.

Ich entsinne mich noch deutlich, wie er sich plötzlich mir zuwandte, denn in dieser Sekunde sah ich zum erstenmal in seine Augen hinein. Sie waren klein, aber trotz ihrer Güte wach und scharf, sie griffen einen an, ohne weh zu tun, sie drangen ein, ohne zudringlich zu sein. Er erkundigte sich nach einigen seiner Wiener Parteifreunde, ich mußte bedauernd sagen, sie nicht persönlich zu kennen. Dann fragte er mich nach der Baronin Suttner, die er sehr zu schätzen schien, und ob sie bei uns im literarischen und politischen Leben einen tatsächlichen, wirklich fühlbaren Einfluß hätte. Ich antwortete ihm – und bin heute mehr als je gewiß, ihm nicht nur mein persönliches Empfinden, sondern eine Wahrheit gesagt zu haben – daß man bei uns für den wundervollen Idealismus dieser edlen und seltenen Frau wenig tätiges Verständnis habe. Man schätze sie, aber mit einem leichten Lächeln der Überlegenheit, man achte ihre Überzeugungen, ohne sich aber innerlich überzeugen zu lassen, im letzten finde man ihr stetes Beharren auf einer und derselben Idee etwas eintönig. Und ich verschwieg ihm nicht mein Bedauern, daß gerade die Besten unserer Literatur und Kunst sie immer als abseitig und gleichgültig betrachteten.

Jaurès lächelte und sagte: »Aber gerade so muß man sein wie sie, hartnäckig und zäh im Idealismus. Die großen Wahrheiten gehen nicht auf einmal ins Gehirn der Menschheit hinein, man muß sie immer und immer wieder einhämmern, Nagel für Nagel, Tag für Tag! Es ist eine monotone und undankbare Arbeit, aber wie wichtig ist sie doch!«

Man ging über zu anderen Dingen, und das Gespräch blieb unentwegt belebt, solange er mit uns war, denn was immer er sagte, es kam von innen, heiß und warm aus einer vollen Brust, einem stark schlagenden Herzen, aus gestauter, gesammelter Lebensfülle, aus einer wunderbaren Mischung von Bildung und Kraft. Die breite, aufgewölbte Stirn gab seinem Antlitz Ernst und Bedeutung, das freie, heitere Auge diesem Ernst wieder Güte, eine wohltuende Atmosphäre von fast kleinbürgerlicher

Jovialität strömte aus diesem machtvollen Menschen, von dem man gleichzeitig aber immer spürte, daß er in Zorn oder Leidenschaft wie ein Vulkan Feuer aus sich schütten könnte. Immer empfand ich, daß er, ohne sich zu verstellen, seine eigentliche Macht in sich zurückbehielt, daß der Anlaß zu eng war für seine Entfaltung (so ganz er sich auch im Gespräche gab), daß wir zu wenig waren, um seine ganze Fülle zu reizen, und der Raum zu eng für seine Stimme. Denn wenn er lachte, schütterte das Zimmer. Es war wie ein Käfig für diesen Löwen.

Nun hatte ich ihn von nah gesehen, ich kannte seine Bücher, die in ihrer gedrungenen Breite, ihrer Schwerwuchtigkeit ein wenig seinem Körper glichen, ich hatte viele seiner Artikel gelesen, die mich den Impetus seiner Rede ahnen ließen, und um so stärker war mein Verlangen, ihn nun einmal auch in seiner gemäßen Welt, in seinem Element, ihn als Agitator und Volksredner zu sehen und zu hören. Die Gelegenheit bot sich bald.

Es waren wieder schwüle Tage in der Politik, es knisterte neuerdings in den Beziehungen zwischen Frankreich und Deutschland. Irgend etwas war wieder vorgefallen, an irgendeinem flüchtigen Anlaß hatte sich die phosphorne Fläche der französischen Empfindlichkeit wieder angeflammt, ich weiß nicht mehr, war es der »Panther« in Agadir, der Zeppelin in Lothringen, die Episode von Nancy, aber es flackerte und funkelte wieder auf. In Paris, in dieser ewig erregten Atmosphäre, spürte man diese Wetterzeichen damals ungleich stärker als unter dem idealistisch-blauen politischen Himmel Deutschlands. Die Austräger mit ihren gellen Schreien trieben scharfe Keile in die Mengen der Boulevards, die Zeitungen peitschten mit heißen Worten, fanatischen Überschriften, knallten mit Drohungen und Überredungen die Erregung auf. An den Mauern klebten zwar die brüderlichen Manifeste der deutschen und französischen Sozialisten, klebten freilich selten länger als einen Tag, denn nachts rissen die Camelots du roi [die Königstreuen] sie herab oder beschmutzten sie mit Hohnworten. In diesen erregten Tagen sah ich eine Rede Jaurès' angekündigt: in den Augenblicken der Gefahr war er immer zur Stelle.

Das Trocadéro, der größte Saal von Paris, sollte seine Tribüne sein. Dieses absurde Gebäude, dieser Nonsens orientalisch-europäischen Stiles, ein Rest der alten Weltausstellung, der mit seinen beiden Minaretten über die Seine dem andern historischen Überrest, dem Eiffelturm, zuwinkt, tut innen einen leeren, nüchternen, kalten Raum auf. Er dient meist musikalischen Veranstaltungen und selten dem gesprochenen Wort, denn die hohle Luft schluckt dort die Rede fast restlos ein, nur ein Riese der Stimme, ein Mounet-Sully, vermochte sein Wort von der Tribüne bis hinauf zu den Galerien zu schleudern wie ein Tau über einen Abgrund. Dort sollte diesmal Jaurès sprechen, und früh füllte sich der gigantische Saal. Ich weiß nicht mehr, ob es ein Sonntag war, aber in Festtagsgewändern kamen sie, die sonst in blauen Blusen hinter Kesseln und in Fabriken ihr Tagewerk tun, die Arbeiter von Belleville, von Passy, von Montrouge und Clichy, ihren Tribunen, ihren Führer zu hören. Schwarzgedrängt war der riesige Raum lang vor der bestimmten Stunde und nicht wie in den modischen Theatern das Scharren der Ungeduld, das fordernde rhythmische, stockbegleitete »Le rideau«! »Le rideau«!-Rufen [Der Vorhang!-Rufen] um den Beginn. Es wogte nur, gewaltig und erregt, erwartungsvoll und doch voll Zucht, – ein Anblick selbst schon unvergeßlich und schicksalsträchtig. Dann trat ein Redner vor, eine Schärpe quer über die Brust, Jaurès anzukündigen, man hörte ihn kaum, aber sofort fiel Stille nieder, eine gewaltige atmende Stille. Und dann kam er.

Mit dem schweren, festen Schritt, den ich nun schon an ihm kannte, stieg er zur Tribüne, stieg aus einer atemlosen Stille in einen ekstatischen, dröhnenden Donner der Begrüßung empor. Der ganze Saal war aufgestanden, und was da schrie, waren mehr als menschliche Stimmen, es war die gesparte gespannte Dankbarkeit, die Liebe und die Hoffnung einer Welt, die sonst verteilt und zerrissen, in Schweigen und Seufzen vereinzelt ist. Er mußte warten, Jaurès, Minuten und Minuten, ehe er seine Stimme loslösen konnte aus den tausenden Schreien, die ihn umstürmten, er mußte warten und wartete ernst, beharrlich, der Stunde bewußt, ohne das freundliche Lächeln, ohne die falsche Abwehr, die Komödianten in solchen Augenblicken in ihre Gebärde tun. Dann erst, als die Woge verrauschte, hub er an.

Es war nicht seine Stimme von damals, die sprach, die im Gespräch Scherz und bedeutendes Wort freundlich vermengte, es war jetzt eine andere Stimme, stark, knapp, vom Atem scharf durchfurcht, eine Stimme, metallen wie Erz. Nichts von Melodie war in ihr, nicht jene vokalische Geschmeidigkeit, die bei Briand, seinem gefährlichen Genossen und Gegner, so verführt, sie war nicht geschliffen und schmeichelte nicht den Sinnen, nur Schärfe fühlte man in ihr, Schärfe und Entschlossenheit. Manchmal riß er ein einzelnes Wort aus der feurigen Esse seiner Rede wie ein Schwert heraus und stieß es in die Menge, die aufschrie, im Herzen getroffen von diesem wuchtigen Stoß. Nichts war moduliert in diesem Pathos, es fehlte dem Kurznackigen vielleicht der biegsame Hals, um die Melodik des Organs zu läutern, bei ihm schien die Kehle schon in der Brust zu sitzen, aber darum empfand man auch so sehr, daß sein Wort von innen kam, stark und erregt, aus einem starken und erregten Herzen, es keuchte oft noch vor Zorn, es bebte immer noch vom Herzschlag seiner breiten, stark gehämmerten Brust.

Und diese Vibration griff weiter aus seinem Wort in sein ganzes Wesen, sie stieß ihn fast von der Stelle, er schritt auf und nieder, hob die geballte Faust wider einen unsichtbaren Feind und ließ sie auf den Tisch fallen, als zerschmetterte sie ihn. Das ganze Dampfwerk seines Wesens arbeitete immer mächtiger in diesem Aufundniedergehen eines gereizten Stieres und unwillkürlich ging der gewaltige Rhythmus dieser erbitterten Erregung in die Masse über. Immer stärker antworteten ihre Schreie seinem Ruf, und wenn er seine Faust ballte, so krümmten sich vielleicht viele mit. Der kalte, weite, leere Saal war mit einemmal voll der Erregung, die dieser einzige starke, von seiner eigenen Kraft bebende Mensch mitbrachte, und immer stieß die scharfe Stimme wieder wie eine Trompete über die dunklen Regimenter der Arbeit hin und riß ihre Herzen zur Attacke. Ich hörte kaum, was er sagte, ich horchte nur über den Sinn hinaus in die Gewalt dieses Willens und fühlte mich heiß werden an ihm, so fremd mir, dem Fremden, der Anlaß war und die Stunde. Aber ich spürte einen Menschen, wie ich nie einen stärker gespürt, ich spürte ihn und die unendliche Macht, die von ihm ausging. Denn hinter diesen wenigen Tausenden, die jetzt in seinem Bann waren, untertan seiner Leidenschaft, standen noch die Tausende der Tausende, die seine Macht von ferne spürten, übertragen durch die Elektrizität des fortwirkenden Willens, die Magie des Wortes – die ungezählten Legionen des französischen Proletariats und darüber hinaus ihre Genossen jenseits der Grenzen, die Arbeiter von Whitechapel, von Barcelona und Palermo, von Favoriten und St. Pauli, aus allen Windrichtungen oder Winkeln der Erde, die diesem, ihrem Tribunen, vertrauten und bereit waren, jederzeit ihren Willen in den seinen zu geben.

Breitschultrig, vierschrötig, in sich zusammengeballt, wie er körperlich war, mochte Jaurès denen der Rasse nach nicht als echter Gallier erscheinen, die mit dem Typus des Franzosen einzig die Vorstellung der Zartheit, Feinnervigkeit und Geschmeidigkeit verbinden. Aber nur als Franzose, in seiner Erde, nur im Zusammenhang, nur als Repräsentant, als Letzter einer Ahnenreihe ist er ganz zu erfassen. Frankreich ist das Land der Traditionen, selten ist dort ein großes Phänomen, ein bedeutender Mensch ganz neu, jeder knüpft an ein Vorgeahntes und Vorgelebtes, jedes Ereignis hat seine Analogie (und unschwer wird man in seinem jetzigen Fanatismus, in der blindwütigen Ausblutung um einer einzigen Idee willen Analogien zu 1793 erkennen). Hier ist seine große Wegscheide des Wesens gegen Deutschland. Frankreich reproduziert sich unablässig, und darin liegt das Geheimnis der Erhaltung seiner Tradition, darum ist Paris eine Einheit, seine Literatur eine geschlossene Kette, seine innere Geschichte eine rhythmische Wiederholung von Ebbe und Flut, von Revolution und Reaktion. Deutschland dagegen entwickelt und verwandelt sich unablässig, und das ist das Geheimnis der steten Steigerung seiner Kraft. In Frankreich kann man alles, ohne gewaltsam zu werden, auf Analogien zurückführen, in Deutschland nichts, denn kein seelischer Zustand gleicht dort dem andern, zwischen 1807, 1813, 1848, 1870 und 1914 liegen ungeheure Verwandlungen, die seine Kunst, seine Architektur, seine Schichtung bis in die Fundamente verändert haben. Selbst seine Menschen sind jeder einzigartig und neu, für Bismarck, Moltke, Nietzsche, Wagner gibt es kein Präzedens in der deutschen Geschichte, und die Männer dieses Krieges sind wiederum Anfänge eines neuen organisatorischen Typs, nicht Wiederholungen eines vergangenen.

In Frankreich ist der bedeutende Mensch selten einzigartig und auch Jaurès war es nicht. Aber er ist eben darum echtester Franzose, Schößling eines geistigen Geschlechts, das in die Revolution hinabreicht und in allen Künsten seine Vertreter hat. Immer gab es dort inmitten der zarten, debilen geschmackvollen Mehrheit ein Kraftgeschlecht dieser Stiernackigen, Breitschulterigen, Vollblütigen, dieser massigen Bauernenkel. Auch sie sind Nervenmenschen, aber ihre Nerven scheinen mit Muskeln umwickelt, auch sie sind sensibel, aber ihre Vitalität ist stärker als die Sensibilität. Mirabeau und Danton sind die ersten dieser Ungestümen, Balzac und Flaubert ihre Söhne, Jaurès und Rodin die Enkel. In allen ist der breite Körperbau, die Wuchtigkeit des Wesens und des Willens erstaunlich. Wie Danton auf das Schafott tritt, zittert das Gerüst, wie man Flauberts riesenhaften Sarg in die Erde senken will, ist das Grab zu eng, Balzacs Sessel ist gebaut für doppeltes Gewicht und wer Rodins Werkstatt durchschreitet, vermag nicht zu fassen, daß dieser steinerne Wald von zwei irdischen Händen geschaffen. Titanische Arbeiter sind sie alle, ehrlich und redlich, und es ist ihr gemeinsames Schicksal, von den Geschmeidigen, den Listigen, den Geschickten und Geschmackvollen beiseite gestoßen zu werden. Auch die gigantische Lebensarbeit Jaurès' wurde gequert: Poincaré war stärker als er, der Stärkste, durch Geschmeidigkeit.

Aber dieser Urfranzose, der Jaurès unverkennbar gewesen, war durchtränkt mit deutscher Philosophie, deutscher Wissenschaft und deutschem Wesen. Nichts ermächtigt Spätere, zu behaupten, daß er Deutschland liebte, aber eines ist gewiß: er kannte Deutschland, und dies ist schon in Frankreich viel. Er kannte deutsche Menschen, deutsche Städte, deutsche Bücher, er kannte das deutsche Volk und kannte, als einer der Wenigen im Ausland, seine Kraft. Darum war allmählich der Gedanke, den Krieg zwischen diesen beiden Mächten zu verhindern, sein Lebensgedanke, seine Lebensangst geworden, und was er in den letzten Jahren tat, war nur zur Verhinderung dieses Augenblicks. Er kümmerte sich nicht um Schmähungen, ließ sich geduldig den »député de Berlin« [den Abgesandten von Berlin] nennen, den Emissär Kaiser Wilhelms, er ließ sich höhnen von den sogenannten Patrioten und griff schonungslos die Zettler des Krieges, die Hetzer und Schürer an. Er kannte nicht den Ehrgeiz des Advokaten-Sozialisten Millerand, sich Orden an die Brust zu heften, nicht die Ambition seines einstigen Genossen, des Gastwirtssohnes Briand, der aus dem Agitator in den Diktator sich verwandelte, er wollte seine breite freie Brust nie in den Palmenfrack zwängen, sein Ehrgeiz blieb, das Proletariat, das ihm vertraute, und die ganze Welt vor der Katastrophe zu schützen, deren Minen und Gänge er unter seinen eigenen Füßen, in seinem eigenen Lande graben hörte. Während er sich so mit dem ganzen Elan Mirabeaus, mit der Glut Dantons gegen die Anstifter und Aufreizer warf, mußte er gleichzeitig auch in der eigenen Partei dem Übereifer der Antimilitaristen in den Weg treten, Hervé vor allem, der damals so laut und gellend zur Revolte rief, wie er heute täglich nach dem »endgültigen Siege« schreit. Jaurès war über ihnen allen, er wollte keine Revolution, weil auch sie nur mit Blut zu erringen war, und er scheute das Blut. Er glaubte, Schüler Hegels, an die Vernunft, an den sinnvollen Fortschritt durch Beständigkeit und Arbeit, das Blut war ihm heilig und der Völkerfriede sein religiöses Bekenntnis. Kraftvoller, unermüdlicher Arbeiter, der er war, hatte er die schwerste Pflicht auf sich genommen, der Besonnene zu bleiben in einem leidenschaftlichen Land, und kaum daß der Friede bedroht war, stand er wie immer aufrecht als Posten, Alarm zu rufen in der Gefahr. Schon war der Schrei in seiner Kehle, der das Volk Frankreichs aufrufen sollte, da warfen sie ihn hin aus dem Dunkel, die ihn kannten in seiner unerschütterlichen Kraft und die er kannte, in ihren Absichten und Abenteuern. Solange er wachte, war die Grenze gesichert. Das wußten sie. Und erst über seine Leiche stürmte der Krieg, stießen die sieben deutschen Armeen nach Frankreich hinein.

Walt Whitman
(Zum hundertsten Geburtstage, 31. Mai 1919)

Das Außerordentliche ist immer eigenartig in seinem Ursprung, das Neue, ehe es sich erfüllt, kaum seines Wesens bewußt. Bis zu seinem dreiunddreißigsten Jahre weiß Amerika, weiß die Welt nichts von einem Dichter Walt Whitman, und er selbst am wenigsten. Die den hochgewachsenen, athletisch schönen, eigenartig sympathischen Menschen kennen, begegnen ihm in den wandelhaftesten Formen, als Setzerjungen in Brooklyn, als Lehrer, als Bauarbeiter, als Maschinisten, als Zeitungsherausgeber, die meisten aber nur als zigeunernde, nach der Arbeit müßig im Gewühl des Broadway umherschlendernde Figur, als Habitué der Omnibusse und Motorcars, wo er, immer neben dem Wagenführer, hoch über der Menge, sich brüderlich dem Gespräch mit den Leuten des Volkes gibt und hingibt. Irgendein Ziel im Leben scheint er nicht zu haben: er arbeitet eigentlich nur, um dann ausrasten zu können, im Sand am Meer zu liegen und das Rauschen der Wellen sich ins Blut rieseln zu lassen oder jenes andere Rauschen der großen Stadt, in der er, scheinbar müßig, mitrollt, ein Staubkorn, unbeachtet, wesenlos. Nichts bezeugt ihn als Dichter, weder die Gesellschaft, die meist aus Tramps und Farmerburschen bestand, noch weniger die kleinen Novellen oder ein spottschlechter Temperenzlerroman, den er um des Verdienstes willen geschrieben; nirgends ist in dieser Jugend äußerlich eine Anspannung, ein Ziel, eine Absicht, ein Wille, eine Neigung, eine Überzeugung sichtbar, alles nur ein lässiges, scheinbar ganz passives Sichlebenlassen ohne Ja und Nein wider das Schicksal.

Da plötzlich, im dreiunddreißigsten Jahre, kommt es über ihn wie eine Erleuchtung. Noch weiß keiner von ihm, noch weiß er nichts von sich selbst und doch sagt er sich: ich muß eine neue Dichtung schaffen. Eine neue Kunst für den neuen Erdteil, für die neue Zeit, eine ›Ilias‹ für Amerika, Gedichte größer, schöner, notwendiger, wie sie bisher geschrieben worden sind. Er empfindet, wie er selbst sagt, das Bedürfnis, »sich zu verlautbaren«, sich, seine Rasse, sein Land, seine Zeit aus einem isolierten Menschen in ein Weltgedicht zu verwandeln, und kaum daß er so empfindet, setzt er den Willen mit jener fanatischen, zähen, rasch zupackenden amerikanischen Energie (die Deutschlands Führer so furchtbar kennenlernten) in Tat um. Er schreibt seine Gedichte, unkund der Formen: so schafft er sich eine neue. Er hat keinen Verleger: so wird er es selbst. Er hat keinen Drucker: so stellt er sich selbst an den Setzkasten und fügt, Buchstabe um Buchstabe, seine Seele in ein Buch zusammen, ein kleines, schmales, ungeschicktes und unsterbliches Buch ›Leaves of grass‹ [Grashalme].

Sein Name Walt Whitman steht nicht auf dem Titelblatte, er verbirgt sich irgendwo im Winkel. Aber vor die erste Seite stellt er sein Bild, wie er sich fühlt, »wohlgezeugt, von der besten Mutter geboren, Freund volkreicher Straße« – im Arbeiterrock, den Hals stets frei unter dem Kragen, den Blick warm und geradeaus in den des unbekannten Lesers, nicht frech und doch frei, nicht herausfordernd und doch einladend, nachlässig und doch sicher. Unter das erste Gedicht setzt er seine Unterschrift. Er will Vertrautheit, Kameradschaft, Zutrauen, er will, daß man ihn »Walt« nenne, den Bruder, den Freund. Er will, daß man den Menschen in ihm fühle, darum zeigt er sich körperlich in den sinnlichen Zeichen seiner Gegenwart. Und dann erst spricht sein Gedicht: »Einsam im Westen singend erhebe ich meine Stimme.«

Und nun reiht sich unendlich der Hymnus der Dinge, die unsägliche Vielfalt des Lebens, in breitem Strom stürzend durch dieses einen Menschen breite Brust, der sie auffängt und im Donner tönen macht wie ein wölbiger Felsen das brausende Wasser. Riesenhaft hebt dieser Einzelne sich hoch im Anprall. Und darum besingt er als erstes aller Wunder sich selbst, das Ich, das zauberhafte, das all dies liebend erleidet und noch Kraft hat, im Rückschwung Jubel und Glück zu entäußern. »My self I sing« – ich singe mich selbst, jauchzt er voran, ich singe den Menschen, den wohlgefügten, freien, den Amerikaner, den Demokraten, den Allmenschen, den Propheten, den Künder der neuen Religion in mir, ich singe das Nackte meiner Haut, die Tierheit und den Geist, das Gute und das Böse, und über mich selbst alle Möglichkeit neuer, freier, seliger, besserer Menschen. Mit riesenhafter athletischer Kraft spannt er dies Ich: zuerst scheint es nur, eine schmale Haut, sein eigenes Bildnis zu decken, den Körpermenschen, die Animalität Walt Whitman, aber er spannt und spannt sich im Enthusiasmus, daß Amerika darin ist, ganz Amerika, in diesem Ich schon ein neues Geschlecht und ein neuer Glaube, die ganze Natur schließlich, der Kosmos mit Myriaden Sternen und Generationen. Und dies alles hat keine Grenze in ihm, nichts ist, wo seine Kameradschaft aufhörte, seine Bruderschaft sich löste, allen ist er zugetan, aus allen wächst er gleichsam von innen empor, ähnlich durch Liebe und eins durch innere Einheit, allen gemeinschaftlich:

Arbeiter nehmen ihn als einen der Ihren
Soldaten grüßen ihn als Soldat, Seemänner als Seemann,
Dichter als Dichter, die Künstler als Künstler,
Welche Arbeit man ihm gibt, er tut sie und hat sie
    gemeistert,
Kein Land ist, in dem er nicht Bruder fände und Schwester.

Engländer meinen, er käme von ihrem Stamm,
Juden scheint er ein Jude, den Russen ein Russe,
Jedwedem nah und nie einem fremd oder peinlich.
Wen immer er anblickt in einem Café, Italiener,
    Franzosen, Kubaner
Sie sind seiner sicher und zählen ihn gern zu den Ihren
Der Ad'lige reinsten Geblüts entdeckt seines Blutes
    Urreinheit
Und der Trunk'ne, die Hure, der Bettler entdecken sich
    in seiner Art und Verwandlung.

Nie war, so lange gedichtet ward, seltsamer Welt dem
Ich vermengt, eine barbarische Form neuzeitlichem Gefühl und eine zauberische Naivität einer raffinierten Pla-
katsucht. Der in den Versen die Kleider abreißt in home-
rischer Nacktheit, mit dem Atem eines Pindar den Hymnus der Zeit erhebt, dieser Urmensch, in dem die Seele
Manhattans, der Rothäutestadt, noch einmal aus den verlorenen Wäldern in die Welt schreit, dieser Freimensch
hat die Seele des modernen Yankees in sich, der seine
Welt als die Beste der Welten erklärt, der Ideen mit der
fanatischen Reklame, der schreienden, blitzenden, tosen-
den, lärmenden (die einem in New York die Sinne zu
zersprengen droht) in die Zeit schleudert. »Ich, Walt
Whitman, Amerikaner aus dem Volk, will den andern
Dichtern den Weg zeigen, Amerika zu singen!« – so kündigt sich der Dreiunddreißige an in dem kleinen Heft,
das tatsächlich ein Anfang ist, der »Same einer neuen
Religion«!

Daß man Walt Whitman nach diesem Buche für toll
hielt, ist nur selbstverständlich. Daß die puritanische
Moral gellend, mit niegehörtem Entsetzen nach dem
Richter rief, gleichfalls. Ein Kritiker schlug vor, Walt
Whitman öffentlich auspeitschen zu lassen, ein anderer
verlangte seine Überführung ins Narrenhaus. Niemand

verstand ihn. Niemand las sein Buch. Der große Whittier, der Quäkerdichter, warf es ins Feuer wie ein Unreines. Niemand dankte ihm. Nur ein einziger, in einem wundervollen, unvergeßlichen Brief, der einzige in Amerika, der schon der Welt gehörte, Ralph Waldo Emerson, sah hier den größten Anfang einer Dichtung in unseren Tagen. Und Walt Whitman schrieb fort mit der gleichen Energie, mit der gleichen unerschütterlichen Festigkeit seines Vertrauens, ob auch sein Körper vom Samariterdienst in den Kriegen lahm, sein Auge matt, sein Haar eisgrau geworden war, schrieb immer nur dies eine Buch, die ›Leaves of grass‹ [Grashalme], dieses »Sangbuch der Persönlichkeit«, dem die unendliche Welt immer neue Strophen einfügte, das immer rauschender, hymnischer, heroischer und fanatischer ward von Auflage zu Auflage. Bis dann dieser Rhythmus, der aus der Erde kam, die ganze Erde umschwang und der »gute graue Poet« von Long Island die Welt gewonnen.

Denn so, so spürten wir's, als zum erstenmal diese Rhythmen, diese ungefügen und neuschönen, an unser Herz schlugen: dies ist andere Welt, anderer Kontinent, fremd und doch wunderbar neu. Zum erstenmal fühlten wir alle Amerika. An dem Optimismus vor allem, an diesem blindwütigen, stoßkräftigen, muskelhaften, gar nicht mehr geistigen, sondern schon ganz körperlichen Optimismus, der um so vieles funktioneller, organischer, eingewachsener ist als unsere europäische Zuversicht, die immer nur auf geistige Erkenntnisse gebaut ist. In diesem amerikanischen Optimismus aber erscheint eine ins Unbekannte noch weit fortstoßende Energie, jene Energie, die man in New York, dieser wie eine Maschine stets vibrierenden und zitternden Stadt, bis in sein Stockwerk hinauf und allmählich ins Blut hineinvibrieren fühlt. Und all das, was wir vom Technischen, vom Allgemeinen des dort gesteigerten Lebens wußten, hier war es in faßlichstes Medium, in Gedicht verwandelt. Trunken fühlte man ozeanischen Atem, jene Weite der Luft in jeder Versreihe und wieder in jeder einzelnen Zeile, Bibelsprache, aber ins Neuzeitlich-Amerikanische übersetzt, hinrollend und groß. Meerhaft, so schien uns Binnenländlern, Kleineuropäern dies Werk, meerhaft wie Homer mit diesem Rollen und Schäumen unendlicher Zeilen übereinander, dem tiefwogenden, monotonen und doch hinreißenden Rhythmus. Ozon war darin, salzige, starke, ungeatmete Luft, die über die Welt gefahren, Sturm, der sich gegen das Herz warf, daß man unwillkürlich den Brustkasten spannte; irgendeine Wollust fiel einen plötzlich an, seine Muskeln, seine Jugend zu fühlen, gesund, atmend froh und vor allem lebendig zu sein. Wirkten andere Verse auf unsere Empfindung, unsern Nerv, unsere Stimmung, unsere Erkenntnis – dieser eine, Walt Whitman, er wirkte auf unsere Vitalität, ein Tonikum, eine Kraftzufuhr, eine elektrische Spannung. Man empfand sich selbst stärker, sobald man ein Gedicht von ihm gelesen. Man war gesünder, werktätiger, tagesfroher, weltfroher, selbstfroher.

Und das war auch der Sinn, die Absicht, aus der dieser männlichste Mann von athletischer Kraft sich niederzwang, Verse zu schreiben. Er wollte im Sinne der amerikanischen Gesundbeter, der Christian science, ein Gesunddichter sein, wollte durch Überleitung seines eigenen starken stählernen Rhythmus, durch die Hypnose seiner Heiterkeit, durch die Selbstliebe seiner Gesundheit andere gesund machen. (Deshalb auch dies sein Bildnis auf dem ersten Blatt seines Buches.) So wie er im Sezessionskriege als Krankenpfleger einzig durch den Willen, durch das magnetische Element seines Wesens rettete.

Zu dem Sterbenden, wer es auch sei, eile ich hin, auftue
    ich die Türe,

Die Decken werf' ich vom Bette des Kranken,
Den Arzt, den Priester, ich schicke sie fort
Und fasse den Menschen und hebe ihn auf mit
    unwiderstehlichem Willen;
Verzweifelter, fasse mich an.
Ich will nicht, so stark ich zu glauben vermag, daß du
    stirbst. Hänge dich an
Mit all deiner Kraft, ich trage dich hoch,
Das Haus erfüll' ich durch alle Winkel mit kämpfender
    Kraft,
Vertrau mir! Wer mir vertraut, der täuscht auch den Tod.

So wie der Samariter hier also seelischer Magier war, so
ist der Gesunddichter (wie ich ihn immer innerlich
nenne) ein Aufrüttler der gestauten Lebenskräfte durch
den Rhythmus, durch diesen Weltseelenrhythmus, der
aus seiner Natur hymnisch ausbricht und weiterflutet.
Walt Whitman bedeutet die stärkste Energiequelle, das
höchste Maß an Menschlichkeit und Allmenschlichkeit
in der neuern Dichtung. Dostojewski in manchen Spas-
men seiner Ekstase reicht über ihn vielleicht noch hinaus,
aber nur für Sekunden der Spannung, während Whitman
nie nachläßt, nie den elektrischen Strom für einen Moment unterbricht. Von einem bis zum andern Ende seiner Existenz lebt er im Hymnus und webt als Paneroti-
ker ohnegleichen alle Dinge der Erde als Strophen in sein
ewiges Gedicht, das mehr als an irgendeines der neueren
Zeit an die großen, hellenischen Theogonien [mythische
Lehren oder Vorstellungen von der Herkunft oder Ab-
stammung antiker Götter], die fragmentarischen Welt-
gedichte des Hesiod, des Empedokles erinnert, die auch
eine einzige Urkraft als Urelement alles Seins erkannten.
Ihm war dies Element die Brüderlichkeit, die große Kameradschaft, die alles, das Gute wie das Böse, Vergangenheit und Zukunft, ineinanderfühlt, die keine Grenze

zieht zwischen Mensch und Gestein, die das Meer ebenso bewundert wie eine Lokomotive und das Geschlecht, den Sexus, so frei wie eine Blume in ihren Formen feiert. Er atmete Volk ein, so wie er Luft einatmete, er liebte den Tod sowie das Leben – alle Gegensätze lösten sich ihm in einer Kameradschaft der Bewunderung, in einer Gleichheit, für die er gerne das Wort Demokratie anwandte, in einem so hohen Sinne freilich, daß es fremd gegen das moderne politische steht. Dieser große Amerikaner war der erhabenste Seher, und wie mitten in unseren Tag zielt sein Gedicht, vor einem halben Jahrhundert geschrieben:

Ich sehe Menschen marschieren und rückmarschieren in
    raschen Millionen,
Ich sehe die Grenzen und Abgeschlossenheiten des alten
    Adels zerbrochen,
Ich sehe die Grenzmarken der europäischen Könige
    beseitigt.
Ich sehe in diesen Tagen das Volk zum erstenmal seine
    Grenzmarken ziehen (alle übrigen geben Raum).
Niemals wurden solch scharfe Fragen aufgeworfen, als
    in diesen Tagen,
Niemals war der Durchschnittsmensch, seine Seele,
    gottähnlicher...
Welch Geflüster ist dies, oh Länder, das euch voranläuft
    und unter den Meeren hinstreicht?
Verbinden die Nationen sich miteinander? Wird dem
    Erdball ein einziges Herz geschaffen?
Formt sich die Menschheit als Waffe? Denn siehe,
    Tyrannen zittern, Kronen verdunkeln sich,
Die Erde, trotzig, fordert ein neues Zeitalter heraus,
    vielleicht einen göttlichen Krieg.

Prophetische Jahre! Der Raum vor mir, wie ich gehe, wie
   ich ihn vergeblich zu durchdringen suche, ist voll von
   Geschichten,
Ungeborene Taten, Dinge, die bald sein werden, werfen
   ihre Schatten um mich.

Aber seine Prophetien sind noch vergeblich, sein Aufruf
zur Freude noch vertan. Hundert Jahre nach seiner Geburt, ein Vierteljahrhundert nach seinem Tode, ist er der
Menschheit nur dumpf bewußt in seiner Größe (die doch
bloß einzig der Ferne bedarf, um neben den mythischen
Gestalten Dantes und Homers zu stehen). Noch weiß die
Welt nichts von seinem Weltgedicht. Wunderbare Fragmente bringt zum feiernden Tage uns eine neue Ausgabe, von Hermann Bahr hymnisch und durchdringend
eingeleitet, von Max Hayek vortrefflich übersetzt (Walt
Whitman: »Ich singe das Leben«, E. P. Tals Verlag,
Wien): möge sie den wundervollen Menschen, wie er es
träumte, zu vielen Brüdern jenseits des Ozeans bringen,
damit allmählich jene Whitmansche Welt über alle Kon-
tinente und Meere hinreiche: Die Welt der Brüderlichkeit und der freudigen Freiheit.

Paul Verlaines Lebensbild

1922

Das Leben Paul Verlaines gilt, dank mancher übertreibender Legenden, einer jüngeren Generation als äußerst romantisch, er selbst, der »pauvre Lélian« [armer Lélian], als der erste Bohémien, ein zynischer Verächter der Bürgerliteratur, Kraftgenie und Empörer. Nichts war er weniger als solch eine Aufrührernatur: einzig Unkraft war seine Kraft, Widerstandslosigkeit seine Magie. Ins banalste Provinzbürgertum hineingeboren, hat er, einmal losgerissen von Amt und Haus, statt Vagantenfreude immer nur Heimweh gehabt nach den eigenen vier Wänden, nach Weib und Kind, dem Kirchenglauben der ersten Kommunion, nach Zärtlichkeit und Versöhnung, Heimweh sogar nach dem Gefängnis, weil selbst dies noch eine Art Heimstatt für den widerwillig Schweifenden gewesen war. Nicht wie Rimbaud, sein Verführer und Begleiter in den Strotterjahren, atmet er, ein echter Prinz Vogelfrei, nur wohl auf fremder Streu, in fremder Luft: Verlaine blieb zeitlebens Bohémien wider Willen, Literat mit Selbstekel, Alkoholiker mit lyrischem Katzenjammer. Drei-, vier-, fünfmal, immer wieder versucht er sich aus dem grünen Absinthschlamm herauszuarbeiten ans brav bürgerliche Ufer. Bald will er Landwirt werden, bald Lehrer, bald wieder Redakteur oder gar Magistratsbeamter, immer möchte er ins gerade stille, geordnete Leben zurück: es fehlt dem Deklassierten einzig die Kraft, nicht der Wille, zum Rückwärts in die Bourgeoisie. Einmal ins Rollen geraten, aus seinem bürgerlichen Scharnier gelöst, stürzt er unaufhaltsam ins

Leere hinein, denn gerade den Schwachen kann, weil ihm wider den Sturz kein Widerstand wächst, nicht die stärkste Kraft mehr halten.

Diese äußerste seelische und moralische Kraftlosigkeit bei stärkster dichterischer Kraft – das ist das Besondere in Verlaines Lebensformel. Sein Schicksal hat pittoreske Détails, aber im Wesenhaften nur eine einzige Wendung, jenen typischen Durchbruch, der das Zentrum fast jeder Künstlerbiographie darstellt. Irgendwo packt – man gleite nur alle Biographien aller wahrhaft Großen durch – in der Mitte der Jugend oder der Mitte des Lebens das Schicksal den schöpferischen Menschen und reißt ihn aus seinem Winkel, aus seiner Sicherung gewaltsam los und schleudert ihn, einen Federball, zum Spiel irgendwohin ins Unbekannte. Alle diese Menschen haben diese Flucht, diesen Sturz – manchmal scheinbar selbstgewollt, in Wahrheit immer schicksalsgewollt – aus einer Enge, einer Eingewöhntheit, einem Angewachsensein heraus in eine Stunde, die sie ganz nach außen stellt, manchmal an den Pranger, manchmal in die Einsamkeit, aber immer Stirn an Stirn gegen ihre ganze Zeitwelt. So stürmt eines Tags der wohlbestallte Hofkapellmeister Richard Wagner auf die Barrikade und muß dann flüchten; Schiller wieder bricht aus der Karlsschule; so läßt plötzlich der Minister Goethe in Karlsbad den Wagen anspannen und jagt nach Italien in eine freie ungebundene Existenz; so reist Lenau nach Amerika, Shelley nach Italien, Byron nach Griechenland; so läßt einer, der immer zögerte und längst den Ruf gehört, so läßt der achtzigjährige Tolstoi fiebernd und todkrank noch das Schloß und flüchtet auf der Troika in die Winternacht. Alle, alle Großen haben diese plötzliche Flucht aus ihrer eigenen, bürgerlichen Behaglichkeit wie aus einem Kerker, alle dies plötzliche Auf-eine-Karte-Setzen der ganzen Existenz, um eines heißen urmächtigen – und wie weisen! – Triebes willen, der den Dichter zum

Ganzen treibt, ins Ewig-Außenhafte, wo er Zeit und Welt wie von fremdem Sterne sieht.

Dem Starken ist dieser Ausbruch, dieser Durchbruch bloß Krise und dann Genesung. Die Schwachen unter den Dichtern verbluten daran. Dante schafft im Exil die ›Commedia‹, Cervantes im Kerker den ›Don Quijote‹, Goethe, Wagner, Schiller, Dostojewski, sie kehren heim mit aufgesprungenen Blicken, mit verhundertfachter Kraft. Ihnen wird der Durchbruch Weg zum tiefsten Ich, ihr Sturz einer ins Weltall hinein. Die Schwachen aber fallen ins Leere: losgelöst von dem Bürgerlich-Konventionellen, das sie einengte und doch mit diesem Anpressen hielt (wie ein stürzendes Pferd sich oft an der Deichsel hält), rutschen all die sensitiven, die morbiden Naturen, diese Empörer nicht aus Temperament, sondern aus Nervosität, aus Schwäche, aus Ungeduld, rutschen die Grabbe, die Günther, Wilde, Verlaine immer hilfloser den schiefen Abhang hinab, ihr Leben zerrinnt wie ihr Dichten. Es ist Frauenart, ist sentimentaler Irrtum*, das wahrhaft Große mit dem bloß Ergreifenden zu verwechseln: in Wahrheit darf Verlaines Leben wohl tragisch und im tiefsten erschütternd genannt werden, doch wäre es gewaltsam, dies Verflackern schon als Lebenskunstwerk, als biographische Tragödie werten zu wollen. Nirgends ist dieser Lebensgang dramatisch emporgestuft, er hat keinen Helden, kein Ringen und kein Widerspiel: es ist einzig ein Zerbrechen, Zerbröckeln, ein Abgleiten und Verschlammen, eine Dekadenz, ein Absturz. An keiner Stelle wird Verlaines Leben sublim, an keiner Stelle beispielhaft groß, immer beharrt es in kleinmenschlichen Maßen, rührend durch Unkraft, erschütternd bloß durch Schwäche, beseligend einzig durch Melodie. Kein Hel-

---

* Ich habe ihn selbst begangen in einer jugendlichen Biographie Verlaines (Schuster & Loeffler 1904).

dendenkmal aus Marmor und Erz heißt Paul Verlaine; nur ein tragisch weiches Stück heißer Menschheit, das die Faust des Schicksals zu einer flüchtigen und doch unvergeßlichen Geste des Leidens geknetet hat.

Paul Marie Verlaine – seines zweiten Vornamens besinnt er sich erst zur Zeit der Konversion – ist am 30. März 1844 als Sohn eines französischen Geniehauptmanns aus dem Lothringischen geboren. Sein Vater, der Waterloo noch mitgemacht hatte, führte eine reiche Erbin heim, gibt dann bald nach gutfranzösischer Rentnerart die Militärstellung auf und zieht mit Frau und Kind nach Paris, wo er 1865 starb, nicht ohne zuvor einen beträchtlichen Teil des Vermögens verspekuliert zu haben. Aber es bleibt noch immer genug zu einer kleinen bürgerlichen Existenz, zu bequemer Behaglichkeit, in der der sensitive nervöse Knabe aufwächst, von seiner Mutter und einer Kusine verzärtelt und verzogen. Ein paar Jahre im Pensionat machen aus dem schamhaft zutraulichen Kind einen kleinen Pariser Gamin [Gassenjunge]: das Routinierte, Witzige, Leichtfertige und Schmutzige, das dann am Ende seines Lebens in den Versen durchbricht, ist Infektion jener Schlafsaalgemeinschaft von 1860. Gleichzeitig beginnt aber auch der Dichter, beginnt – typisch genug für den weibischen, femininen Charakter Verlaines – gleichzeitig und nicht zufällig gleichzeitig mit der Pubertät als ein früher Erguß schöpferischer Männlichkeit und jünglinghafter Melancholie. Die meisten der ›Poèmes Saturniens‹ [Saturnische Gedichte] stammen noch von der Schulbank: dank des Druckkostenbeitrages, den die gute Kusine Elisa vorstreckt, können sie bei Lemerre – seltsamerweise am gleichen Tage wie François Coppées Erstling – erscheinen und haben bei der Presse einen »joli succès de hostilité« [einen schönen Erfolg an Feindseligkeit].

Gedichteschreiben betrachtete damals und betrachtet noch heute der französische Dichter im Gegensatz zum deutschen durchaus noch nicht als materielle Grundlage einer Existenz: kein einziger hat je ernstlich versucht, von guter lyrischer Literatur zu leben. Und so beschließt, nach einem kurzen Studienintermezzo, auch Verlaine im Einverständnis mit seiner Familie, einen bürgerlichen Beruf zu erwählen, und zwar wie die meisten französischen jungen Dichter geht er in ein Staatsbüro, weil der Dienst dort nicht sehr gefährlich ist: drei Stunden Sesselwärmen, ein wenig plaudern und Papier verschmieren täuscht nach außen eine Anstrengung vor, läßt aber reichlich Zeit, herumzustreichen, literarische Cénacles zu frequentieren und sich der Dichtung hemmungslos zu widmen. Eine kleine Rente, das Ideal des französischen Bürgers, ist dem Poeten durch sein väterliches Erbe gesichert, von Ambition ist er nicht sonderlich geplagt, so lebt der junge Paul Verlaine heiter, im behäbigen Wohlstand, ganz normal, ganz bürgerlich. Alles scheint für ihn gesichert und geregelt. Er stellt das typische Bild des französischen jungen Dichters dar, der irgendwo in einem Büro sanft faulenzend mit schönen Gedichten beginnt, um dann nach dreißig Jahren des Dichtens und Trachtens mit der Ehrenlegion in die Akademie einzurücken, den sanften Weg, den auch alle seine älteren Genossen und Jugendfreunde, Anatole France, François Coppée voran, wacker gegangen sind.

Ein Einziges in diesem braven, bürgerlichen, stilldichterischen Leben ist Gefahr: die frühe Gewöhnung an den Alkohol in allen Formen. Verlaine, der Schwache, sich selbst immer Nachgebende, kann bei keinem Kaffeehaus, keinem Schank vorbei, ohne nicht rasch einen Absinth, einen Branntwein, einen Curaçao zur Anfeuerung zu nehmen, und die Trunkenheit treibt dann aus dem nervösen zarten Menschen eine sprunghaft böse

Brutalität heraus. Er wird plötzlich zänkisch, prügelt seine Freunde, wie Gottfried Keller in seinen Berliner Jahren, und allmählich schwemmt der Absinth in stiller beharrlicher Arbeit alles Sanfte, Zarte aus dem schwachen Menschen heraus und entfremdet ihn sich selbst. Nach dem Tode seiner Kusine Elisa hat er zum erstenmal eine ganz heftige Krise, zwei Tage rührt er aus Trauer keine Speisen an, aber aus Trauer trinkt er auch jene zwei Tage und zwei Nächte ununterbrochen und muß sich als Trunkenbold einen Rüffel seines Vorgesetzten gefallen lassen. »Le seul vice impardonnable«, das einzige unverzeihliche Laster seines Lebens hat er selbst seine Trunkenheit und seine Trinkwut genannt. Und sie allein hat ihm den Boden unter den Füßen langsam weggeschwemmt.

Auch das erste große Erlebnis, seine Liebe, ist noch ganz bürgerlich. Auf Besuch bei einem Freunde lernt er ein junges Mädchen kennen, Mathilde Manté, 16jährig, hold, blond, zart, ein Sinnbild von Unschuld und Jungfräulichkeit. Verlaine, in seiner Jugend häßlich wie ein Affe, scheu, timid und lasziv zugleich, ein Romantiker, der seine käuflichen Abenteuer sich nur immer rasch wie einen Alkohol an der Straßenecke holen mußte, sieht in dem weißen Mädchen sofort die Heilige, die Erretterin, die Erlöserin. Er läßt das Trinken, wird ein braver bürgerlicher Werber, der zu den Eltern geht und respektvoll Verlobung feiert. Wie ein Gymnasiast dichtet er zärtlich und getreulich in Briefen die Verehrte an, nur, daß es eben nicht Verse eines Gymnasiasten sind, sondern jene herrlichen Brautgedichte, die dann sein schönstes, sein reinstes Jugendbuch ›La bonne Chanson‹ [Das gute Lied] vereint. In einem Augenblick verschmilzt sich da das Heimlich-Sinnliche, das Dumpfe seines Wesens mit einer reinen Leidenschaft, sordiniert vom Tannhäuserwahn einer befreiten Seele: restlos ist hier die alte und oft geheuchelte Melancholie in Melodie aufgelöst.

Aber in die Idylle hinein donnern die preußischen Kanonen. Der Krieg von 1870 bricht aus, und rasch, um einer möglichen, vom Verliebten durchaus nicht ersehnten Einberufung zuvorzukommen, schließt er Hochzeit, während die Deutschen schon hinter Sedan stehen und – ein anderes rotes Symbol – die Petroleuse Louise Michel bei seiner Trauung Beistand leistet.

Die Ehe gerät nicht gut, die unter so schlimmen Auspizien geschlossen wurde. Dazu kommen noch kleine Krisen und Katastrophen. Gleichgültig gegen Politik, hat sich Verlaine doch verleiten lassen, während der Kommune Zeitungsausschnitte für die revolutionäre Regierung zu kollationieren, statt in sein Magistratsamt zu gehen. Nach der Niederwerfung der Revolte ist es ihm nicht recht behaglich mehr. Er könnte wohl noch zurück in sein Amt, aber er hat »assez du bural«, genug vom Büro. Er will nicht mehr. In solcher Zeit der Umwälzung knistert die Unruhe quer bis in alle einzelnen Existenzen (wie haben wir selbst dies in unserer Epoche erlebt); der wilde Wind von Freiheit, der durch die Welt weht, zündet ihn an. Verlaine fühlt sich nicht mehr wohl in seinem Hause, bei seinen Schwiegereltern. Er fühlt sich nicht mehr wohl in seinem Beruf: aus Ärger trinkt er, im Trunke wird er brutal, die Mißhelligkeiten mehren sich, nur mühsam hält der Hausstand – der bald durch einen Dritten, den Sohn Verlaines, ergänzt werden sollte – zusammen. Alles in ihm drängt nach Ausbruch, Durchbruch, es gärt, so wie es in Goethe gärte die letzten langweiligen Schranzenjahre vor der Flucht nach Italien. Er möchte fort, irgendwohin, aber er hat keine Kraft zum Abstoß, Schwächling, der er war und der sich nie freimachen konnte weder zum Guten noch zum Bösen. Erst ein anderer muß ihn von sich selbst wegstoßen.

Im Februar 1871 erhält er plötzlich einen Brief aus einer kleinen Provinzstadt Charleville, ziemlich knabenhaft und ungelenk, unterschrieben von einem gewissen Arthur Rimbaud. Aber beigelegt ein paar Gedichte, die Verlaine taumeln machen vor Bewunderung. Aus diesen Zeilen explodiert eine Wortgewalt, funkeln Bilder so phantastisch, wie kein zweiter Lebender sie auch nur zu träumen gewagt: Elektrizität schlägt ihm entgegen, eine Urkraft, fremd und schicksalhaft. Verlaine zeigt die Verse den Freunden. Sie teilen die Bewunderung, zum erstenmal wird das Gedicht ›Le bateau ivre‹ [Das trunkene Schiff], dieser herrlichste Hymnus eines Weltherzens, gelesen, und in einem drängenden leidenschaftlichen Brief lädt Verlaine den Unbekannten ein, eiligst nach Paris zu kommen: »Venez, chère grande âme, on vous attend, on vous désire.« [Kommen Sie, liebe große Seele, man erwartet Sie, man möchte Sie sehen.] Und Rimbaud kommt, kein Mann, wie sie meinen, ein junger Bursch von merkwürdiger Dämonie körperlicher Kraft, ein Vautrintyp mit einem verderbten Knabengesicht und roten gewalttätigen Fäusten. Finster, unfreundlich, mürrisch zu den Menschen, nur in der Trunkenheit und im Verse aufschießend zu purpurnen Ekstasen, setzt er sich zu den Frauen an den Tisch, ißt wie ein Berserker und spricht kein Wort. Dreimal war er von der Schulbank schon nach Paris durchgebrannt, dreimal hat man ihn zurückgejagt, nun ist sein harter dämonischer Wille daran, sich ehern festzubeißen. Für Verlaine ist dieser Meteor eine Beglückung. Hier findet er endlich den Freund von geistiger Überlegenheit und männlicher Kraft, der ihn aufpeitscht, der ihn stärkt und von sich selber losreißt: Rimbaud, der große Amoralist, lehrt ihn, als Siebzehnjähriger schon radikaler als der letzte Nietzsche, die Anarchie, Verachtung der Literatur, Verachtung der Familie, Verachtung der Gesetze, Verachtung des Christentums. Er reißt ihn mit seinen harten, höhnischen, straffen und doch urmächtigen Worten aus seiner weichen Erde heraus. Er entwurzelt ihn. Zunächst treiben sie sich noch gemeinsam in Paris herum und trinken und reden, reden und trinken, nur daß Rimbaud, das Genie, der urkräftige und überkräftige dämonische Mensch, trinkt, um sich freier zu fühlen, um seinem Übermaß im Rausche gemäßer zu sein, indes Verlaine trinkt aus Angst, aus Reue, aus Melancholie, aus Schwäche. Allmählich gewinnt Rimbaud über den älteren Freund eine magische, eine dämonische Macht, er wird der »infernal époux«, der teuflische Gatte, der Verlaine unterjocht wie eine Frau, und eines Tages im Jahre 1872 brechen sie gemeinsam auf. Verlaine läßt Weib und Kind und beginnt mit dem Freund ein Landstraßendasein quer durch Belgien und England. Immer tiefer wird die Unterjochung: inwieweit unterirdische sexuelle Momente diese Freundschaft durchzogen haben, wird für immer Konjektur bleiben und geht auch die Welt schließlich nichts an, nach außen hin aber äußert sich immer herrischer die despotische Gewalt des zornigen Knaben über den weichen Mann. Wie einen Sträfling an der Kette hält er Verlaine in seinem eisernen Willen gefangen, das Erbe vom Vater her vertun diese sinnlosen Jahre fast ganz in Schenken und Kneipen bei Ale und Porter. Endlich rafft sich der Schwache auf: im stinkenden Nebel Londons überfällt Verlaine plötzlich Heimweh, Heimweh nach dem bürgerlichen warmen Haus, nach seiner Frau, der er durch seine Mutter vorschlagen läßt, auf einem Gut jetzt zusammenzuziehen, nach seinem Kind, nach Ruhe und gesicherter Existenz. Wie als Schulbub aus seiner Pension entflieht er seinem Kerkermeister aus London, läßt Rimbaud dort allein ohne einen Farthing zurück und eilt nach Brüssel, seine Mutter zu treffen, die ihm Botschaft von seiner Frau bringen soll.

Aber sie bringt schlechte Botschaft. Die Frau Verlaines

denkt nicht mehr daran, mit dem Straßentrotter und Kneipenbruder eine eheliche Gemeinschaft wieder aufzunehmen. Und da sieht sich der schwache verlassene Mensch wieder allein, er, der nicht zum Guten und nicht zum Bösen einen Schritt ohne Hilfe, ohne Freund, ohne Frauen tun kann. Sofort sendet er ein Telegramm an den Freund, an den geliebten Peiniger, an den Verwalter seines Willens, und bestellt ihn nach Brüssel. Rimbaud kommt, Verlaine erwartet ihn in Gesellschaft seiner Mutter, angetrunken wie gewöhnlich, überreizt von Enttäuschung und Erregung. Und wie nun Rimbaud sich zwar bereit erklärt, zurückzufahren, aber zuvor Geld fordert, mit harter Faust auf den Tisch hämmert, Geld, Geld, Geld fordert, da packt Verlaine plötzlich eine trunkene Wut, er reißt den Revolver aus der Tasche und schießt zweimal auf Rimbaud, den er nur leicht verletzt. Rimbaud ergreift die Flucht auf die Straße, Verlaine, entsetzt über seine eigene Tat, eilt ihm nach, um sich zu entschuldigen, und erreicht ihn auf dem offenen Boulevard. Eine mißverständliche Handbewegung läßt Rimbaud glauben, er wolle noch einmal schießen, er schreit um Hilfe, Verlaine wird gepackt, und nun hilft nichts mehr gegen das unerbittliche belgische Gesetz. Paul Verlaine, der größte Dichter Frankreichs, wird verurteilt wegen »körperlicher Verletzung« zu zwei Jahren Gefängnis, abzubüßen in Mons, einer kleinen französischen Provinzstadt, vom Jahre 1873—1875.

Im Gefängnis nun ist jene profunde Verwandlung Verlaines vor sich gegangen, die eine Genesung seiner ganzen innern Unruhe zu verbürgen schien. Vor allem wirkte die Entziehung der Spirituosen wohltätig. Das Gehirn, bisher gleichsam umwölkt von feuchtem Dampf und Dunst, erwacht aus seiner alkoholischen Dämmerung: das Ferne wird nah, das Ferne scheint schön. Die

Kindheit taucht wieder auf, Träume von Unschuld, der ersten Jugend, Träume, die sich in der ungewohnten Stille zu kristallenen Gedichten formen. Der einzige Mann, den er sehen darf, ist der Priester, und mit dem ungeheuren Hingebungsbedürfnis, mit jenem rührenden Zwang zum Anvertrauen, der Verlaine zum subjektivsten aller neuen Dichter machte, gibt der von allen Verlassene sich »le cœur plus veuf que toutes les veuves« [das Herz mehr verwitwet als alle Witwen] der Wollust der Beichte hin. Endlich kann er, der Reuelüstling, das Übermaß seiner Schuld, seiner Anklage aus sich heraus abstoßen, endlich findet er wieder für sein verlorenes, verirrtes Leben eine Autorität. Verlaine, der verderbte Pariser, beichtet nach Jahren zum erstenmal, er empfängt die Kommunion und wird wieder gläubig: in der weißen Gefängniszelle von Mons tritt der »guote suendaere« ein in die Reihen der großen katholischen Dichter und rührt in manchen Augenblicken an die Gewalt der Mystiker. Eine neue Kraft der Konzentration ist in ihm entstanden, religiöse Ekstase überwindet zum erstenmal die neurotische Schwäche, Erotik vergeistigt sich zu Inbrunst, Leidenschaft zu Gottesliebe. Die Verse aus ›Sagesse‹ [Weisheit], die hier entstehen, sowie die letzten ›Romances sans paroles‹ [Romanzen ohne Worte], die er hier vollendet, bedeuten seine größten dichterischen Augenblicke, und man kann's verstehen, wenn er in späteren Versen dann dieses Gefängnis sehnsüchtig das »magische Schloß« nennt, »wo seine Seele gestaltet ward«, und immer wieder zurückklagt nach dieser Stunde der Reinheit und des Glaubens.

Unendliches schenkt ihm das Schicksal in diesen zwei Jahren, das belgische Gericht aber nicht einen Tag der verhängten Strafe. Am 16. Januar 1875 wird er entlassen. An der Tür erwartet ihn keiner seiner Freunde, nur die Mutter, die immer Getreue, seine alte Mutter.

Kaum in der Welt, kaum von dem harten Halt der vier Wände gelöst, kommt Verlaine wieder ins Schwanken. Seine Frau hat während seiner Gefängnishaft die Scheidung erzwungen, die Freunde in Paris haben ihn vergessen; allein zu leben, fühlt er sich zu schwach. Die erste Bewegung ist unwillkürlich wieder dem Dämon seines Lebens zu, Jean Arthur Rimbaud, mit dem er trotz allem und allem in brieflichem Verkehr geblieben war. Er schreibt ihm, und anscheinend muß in dem Briefe auch ein schüchterner Bekehrungsversuch unterlaufen sein, denn Rimbaud, der damals gerade in Deutschland Sprachunterricht gibt, antwortet höhnisch, der »Loyola« möge ihn nur in Stuttgart besuchen. Verlaine reist hin und versucht die Bekehrung: leider in der Gaststube, einem wenig geeigneten Lokal für Proselyten [Neubekehrte] und Propheten. Neophyt [Neugetaufter] der eine, Atheist der andere, haben sie das eine noch gemein – die Leidenschaft für den Trunk, und so sprechen und trinken sie zusammen bis in die tiefe Nacht. Zeuge des Bekehrungsversuches ist niemand gewesen: man kennt nur sein tragisches Ende. Im Heimwandern geraten die beiden Trunkenen in Streit, und am Ufer des Neckar, im flutenden Mondlicht der Mitternacht schlagen die beiden – ein grandioser Augenblick der Literaturgeschichte – schlagen die beiden größten Dichter Frankreichs mit Stöcken aufeinander los. Der Kampf dauert nicht lang. Rimbaud, dieser athletische, kräftige Bursche, entledigt sich leicht des nervösen, in Trunkenheit schwankenden Verlaine, ein Hieb über den Kopf wirft ihn hin, blutig und ohnmächtig bleibt er am Ufer liegen.

Es war ihre letzte Begegnung. Dann beginnt jene grandiose Odyssee Rimbauds* durch die ganze Welt in

---

* Von der in meiner Ausgabe *Jean A. Rimbaud* (Insel-Verlag 1921) mehr erzählt ist.

unbekannte Erdteile, dieses Amoklaufen gegen das Schicksal, bis auch ihn dann nach zwanzig Jahren die Welle zerschmettert wieder zurück nach Frankreich wirft. Verlaine aber kehrt zurück nach Paris, dann nach London als Sprachlehrer, versucht es mit dem Landleben, macht vergebliche Versuche wieder zurück in die bürgerliche Welt, aber sie mag den Verbrauchten nicht mehr. Sein Meisterwerk ›Sagesse‹ [Weisheit] erscheint 1881 bei einem katholischen Verleger oder eigentlich Devotionalienhändler Palmé: kein Mensch kümmert sich darum, weder die Literatur noch die Gläubigen, und allmählich schwemmt der Alkohol die Frömmigkeit aus Verlaines Dichtung wieder weg. Die greise Mutter macht noch vergebliche Versuche, ihn zu retten; 1885 kauft sie ein Gut, um mit ihrem Sohn ein zurückgezogenes Leben zu beginnen, aber der Haltlose versäuft sich in den bäuerlichen Kabaretts und begeht dann in der Trunkenheit sein letztes, sein schmählichstes Delikt: er wird gewalttätig gegen seine fünfundsiebzigjährige Mutter und deshalb vom Tribunal zu Vouziers zu einem Monat »wegen Gewalttätigkeit und gefährlicher Drohung« verurteilt.

Wie er diesmal aus dem Gefängnis kommt, erwartet ihn nicht mehr seine Mutter. Auch sie ist seiner müde geworden, auch sie. Ein Jahr später stirbt sie dahin.

Nun geht das Leben Paul Verlaines rasch abwärts. Mit der Mutter verliert er den letzten Halt. Er hat kein Heim, keine Stütze, der letzte Rest des Vermögens ist aufgezehrt – »et tout le reste est littérature«, der Rest ist Literatur.

Bald ist er eine typische Figur im lateinischen Viertel, der alte Mann mit dem faunischen Gesicht, der den Hut quer über den nackten Schädel trägt und immer ein Rudel von Schmarotzern um sich hat. Sein eines Bein lahmt, stoßweise stapft er mit seinem Stock von Café zu Café, immer umringt von einem Schwarm Huren, Literaten und Studenten. Mit jedem sitzt er am Tisch, jedem verkauft er für 20 Francs gern eine Widmung in seinem nächsten Buch, jeder wird für einen Absinth sein Freund. Nicht dem Priester mehr, sondern jedem Reporter, jedem Neugierigen beichtet er am Kaffeehaustisch bereitwillig sein Leben, weint und duselt reumütig vor sich hin, solange der Rausch noch milde ist, tobt und weint, klirrt mit dem Stocke auf die Platte, sobald er tüchtig geladen hat. Und zwischendurch schreibt er Gedichte – ach, was für schlechte Gedichte! – ganz so, wie man gerade will, pornographische, katholische, homosexuelle und zart lyrische, läuft damit rasch hinüber zum Verleger Vanier am Kai, der ihm ein oder zwei silberne Hundertsoustücke als Vorschuß pro Gedicht gibt. Geht es ihm schlecht, wird es ihm zu kalt im Zimmer und drängt ihn zu eklig das Geschmeiß der Literaten und Huren, die an ihm schmarotzen, so flüchtet er ins Hospital, seine zweite Heimat. Dort kennen ihn die Ärzte, die Studenten, und erlauben ihm aus einer gewissen Kameraderie, länger seinen Rheumatismus zu pflegen, als es nötig wäre. Im Spitalgewande, mit weißer Haube empfängt er dann majestätisch Besuche, schreibt Gedichte oder kleine Eitelkeiten für die Zeitung. Eines Tages wird die Ruhe wieder zu dumm, die Zunge brennt ihm nach Alkohol, er stolpert wieder hinaus auf die Gasse und schleppt sich von Tisch zu Tisch. Vor Aschermittwoch kommt dann noch die Fastnachtskomödie; als Leconte de Lisle stirbt, veranstalteten junge Leute eine literarische Kundgebung und eine neue Königswahl. Mit ungeheurer Majorität wird Verlaine vom Quartier latin zum »prince des poètes« [Dichterfürsten] gewählt. Halb Königs- und halb Narrenkrone trägt er stolz die neue Würde, denkt sogar einen Augenblick daran, sich der Akademie zu präsentieren, aber rechtzeitig winken die Freunde diesem unglücklichen Wahne ab. So bleibt er drüben am Boul' Mich' bei der Jugend, die ihn vergöttert und verhöhnt zugleich, immer kürzer werden die Aufenthalte im Café, immer länger die im Hospital. Und eines Tages, im Januar 1896, liegt sein kranker verbrauchter Leib im Sterben auf dem Bette einer zweifelhaften Frauensperson in der Rue Descartes, der berüchtigten Philomena Krantz, die es durch Jahre verstand, ihm das letzte Geld herauszulocken und ihn dabei mit allen seinen Kameraden zu betrügen. Wie ein Strolch stirbt er auf einem fremden Hurenbett.

Und dann sind sie plötzlich mit einemmal wieder da, die alten Freunde von der Literatur, die so ängstlich ausbogen, wenn sie dem Trunkenen auf dem Boulevard begegneten, mit einemmal sind sie wieder da, die Würdigen, die settled poets [die etablierten Dichter], die Herren der Akademie, François Coppée und Maurice Barrès. Schöne Reden werden gehalten, schwungvolle Ansprachen getauscht, und unter Blumen und Kränzen und Worten verschwindet der arme Kadaver dieses schwachen, gequälten Menschenkindes, das Irdische des großen Dichters, in der Gruft von Batignolles. La commedia è finita... [Die Komödie ist aus...]

Walther Rathenau

Gedächtnisbild

1922

Die Wasser der Zeit strömen zu rasch in unseren erregten Tagen, um Gestalten plastisch zu spiegeln: Das Heute weiß nichts mehr vom Gestern und wie Schatten gleiten die Figuren vorüber, die ein flüchtiger Zeitwille zu flüchtiger Macht berufen. Wer weiß heute noch die deutschen Kanzler des letzten Jahrzehntes, die Minister des Krieges mit Namen zu nennen, wer sich gar noch ihres geistigen Umrisses, ihres persönlichen Wesens zu entsinnen, obwohl sie – hierin verdächtig ähnlich dem Unglücksminister des Jahres 1870 Emile Olivier – Buch auf Buch türmen und sich geschäftig-geschäftlich mit ihren Erinnerungen konkurrenzieren? Aber nichts erlöst sie von der ephemeren Schattenhaftigkeit ihrer Wirkung, keine Bildkraft hebt sie hinaus über ihr bloß dokumentarisches Gewesen-Sein. Kein einziger von allen den professionellen Diplomaten Deutschlands, selbst der tragische Schwächling Bethmann Hollweg nicht, ist noch dem Bewußtsein der Welt als sinnlicher Umriß, als Persönlichkeit lebendig gewärtig, indes jener Eine, der von außen kam, in ihre Welt und nur ein paar Wochen in ihr wohnte, so voll den gespannten Raum mit seines Wesens Kraft erfüllte, daß er sich immer sichtbarer als Figur und Erscheinung vor den Horizont der Weltgeschichte hebt. Gerade seit ihn mißleitete Leidenschaft von seiner Stelle stieß, steht Walther Rathenau am stärksten in Unvergeßlichkeit deutscher Geschichte, und sein Fehlen ist heute sinnlich fühlbarer als seiner Nachfolger unpersönliche Gegenwärtigkeit.

Er war plötzlich aus einer scheinbar privaten Existenz an sichtbare Stelle gerückt. Aber er war schon immer da, überall hatte man sein Wirken gefühlt, überall in Deutschland diesen erstaunlichen überragenden Geist gekannt, nur war diese Wirkung niemals eine einheitliche, zu einem nennbaren Begriff geschlossene gewesen, denn jeder Einzelne kannte ihn aus anderer Sphäre. In Berlin hatte er lange, ja unerlaubt lange bloß als der Sohn seines Vaters Emil Rathenau gegolten, des Elektrizitätsmagnaten: in Berlin, in der Heimat war er immer der Erbe. Die Industrie kannte ihn aber längst als Aufsichtsrat von fast hundert Unternehmungen, die Bankiers als Direktor der Handelsgesellschaft, die Soziologen als Verfasser kühner und neuartiger Bücher, die Höflinge als Vertrauensmann des Kaisers, die Kolonien als Begleiter Dernburgs, das Militär als Leiter der Rohstoffaktion, das Patentamt als Urheber mehrerer chemischer Erfindungen, die Schriftsteller als einen von ihnen, und ein Theaterdirektor fand sogar nach seinem Tode noch ein Drama von ihm im verstaubten Schrank. Seine physische Gestalt – hochgewachsen, schlank – tauchte überall auf, wo geistige Kräfte in Regung waren, man sah ihn bei den Premieren Reinhardts, dessen Theater er begründen half, im Kreise Gerhart Hauptmanns ebenso wie in der Welt der Finanzen. Er fuhr von einer Aufsichtsratssitzung zur Eröffnung der Sezession, von der Matthäuspassion zu einer politischen Besprechung, ohne darin eine Gegensätzlichkeit zu fühlen – in seiner enzyklopädischen Natur war eben alle Betätigung und Bemühung, alle Problematik des Geistes und der Tatsachen zu einer einzigen tätigen Einheit gebunden.

Von ferne gesehen mochte solche Vielfalt leicht als universaler Dilettantismus beargwöhnt werden. Aber sein Wissen und Wesen war das Gegenteil aller Leichtfertigkeit. Ich habe nie etwas Stupenderes gekannt als die

Bildung Walther Rathenaus: er sprach die drei europäischen Sprachen französisch, englisch und italienisch wie deutsch, wußte ebenso genau unvorbereitet in einer einzigen Sekunde das Nationalvermögen der Spanier abzuschätzen wie eine Melodie aus einem bestimmten Opus Beethovens zu erkennen, er hatte alles gelesen und war überall gewesen, und diese unerhörte Fülle von Wissen und Tätigkeit war nur zu erklären, wenn man die außerordentliche und in unserer Zeit vielleicht unerreichte Kapazität seines Gehirns in Betracht zog. Walther Rathenaus Geist war von einer einzigen Wachheit und Konzentration: es gab für dies erstaunliche Präzisionsgehirn nichts Vages, Verschwommenes, sein ewig wacher Geist kannte keine Dämmerzustände von Träumerei und Ermüdung. Immer war er geladen und gespannt, mit einem einzigen Blinkfeuer überstrahlte er blitzschnell den Horizont eines Problems, und wo jeder andere alle die vielen Zwischenstufen des provisorischen Denkens bis zum definitiven brauchte, da zündete bei ihm die diagnostische Entscheidung mit einem Schlag. Sein Denken war funktionell so vollendet, daß es für ihn eigentlich kein Nachdenken und kein Vordenken gab, so wie er ja auch in Rede und Schreibe ein Konzept nicht kannte: Rathenau war einer von den vier oder fünf Deutschen im 70 Millionenreich (ich glaube nicht, daß es mehr gibt), die fähig waren, einen Vortrag, ein Exposé, eine Broschüre so klassisch reif vor dem Sekretär oder dem zufälligen Zuhörer zu sprechen, daß man sie mitstenographieren und ohne Änderung dem Druck übergeben konnte. Er war beständige Bereitschaft und unablässige Gespanntheit, und eben weil ihm alles Passive, Träumerische und Genießerische fehlte, beständig in Tätigkeit. Nur wer diesen Menschen aus dem Gespräch kannte, mit seiner beispiellosen Geschwindigkeit des Begreifens mit jener ungeheuerlichen und kaum faßbaren Abbreviatur aller

Zusammenhänge, konnte das große Geheimnis seines äußeren Lebens verstehen: daß dieser tätigste Mensch gleichzeitig derjenige war, der immer und für alles Zeit hatte.

Nichts hat mich mehr an ihm erstaunt als die geniale Organisation seines äußeren Lebens, während solcher Vielfalt der Interessen, dieses Freisein und Zeit-haben für Alles und Jedes bei unerhörtester Tätigkeit. Es war mein stärkster Eindruck, als ich ihn zum erstenmal sah, mein stärkster, als ich ihn das letztemal sah. Das erstemal – vor mehr als fünfzehn Jahren –, als ich nach längerer brieflicher Bekanntschaft ihn in Berlin anrief, sagte er mir am Telefon, er reise am nächsten Morgen für drei Monate nach Südafrika. Ich wollte natürlich sofort auf den doch gänzlich gelegentlichen Besuch verzichten, aber er hatte inzwischen schon zu Ende kalkuliert, die Stunden gezählt und bat mich, um ¼12 Uhr nachts zu ihm zu kommen, wir könnten dort zwei Stunden angenehm verplaudern. Und wir sprachen zwei und drei Stunden: nichts deutete auf irgendeine Spannung, auf eine Unruhe knapp vor einer Dreimonatsreise in einen andern Erdteil. Sein Tag war eingeteilt, dem Schlaf sowie dem Gespräch ein gewisses Maß zugewiesen, das er voll erfüllte mit seiner leidenschaftlichen und unendlich anregenden Rede. Und so war es immer: man mochte kommen, wann man wollte, dieser tätigste Mensch hatte für den gelegentlichsten Menschen Zeit bei Tag und bei Nacht, es gab für ihn kein unerfülltes Versprechen, keine unerledigten Briefe, keinen vergessenen Anlaß im Tumult seiner Tätigkeit, und mit genau derselben bewundernden Stärke wie das erstemal habe ich dieses Genie seiner Lebensorganisation bei der letzten Begegnung gespürt. Es war im November vor einem Jahr, ich sollte nach Berlin kommen zu einem Vortrag und freute mich schon wieder bei dieser Gelegenheit des gewohnten Gespräches mit ihm, das mir eigentlich immer das wertvollste Erlebnis eines Berliner

Aufenthaltes war; da stand plötzlich in den Zeitungen die Nachricht, daß Rathenau jene politische Mission nach London übernehmen sollte. Mit einemmal war er aus der privaten Sphäre in die Schicksalswelt des deutschen Reiches erhoben. Selbstverständlich dachte ich nicht mehr daran, ihn in solcher Stunde zu sehen, schrieb nur eine Zeile, ich wolle ihn in einem Augenblick, wo eine Weltentscheidung an ihn herantrete, nicht zu bloßem Gespräch behelligen. Aber als ich nach Berlin kam, lag, als einziger von allen erwarteten Briefen anderer, einer von ihm im Hotel. Er schrieb, es sei richtig, er habe wenig Zeit, aber ich solle nur Sonntagabend zu ihm kommen, pünktlich war er zur Stelle, und zwischen zwei Konferenzen im Reichsamt und zahllosen Erledigungen war er ganz Ruhe, Überlegenheit und Unbesorgtheit im rein abstrakten Gespräch. Und wieder zwei Tage später, im Hause eines Berliner Verlegers, wo eine kleine Gesellschaft versammelt war, kam er abends um ½10 Uhr herein, erzählte Dinge der Vergangenheit mit dem Gleichmut eines lässigen, sorglosen Menschen, plauderte dann noch weiter am Weg bis zur Königsallee (wo ihn die Kugel drei Monate später getroffen hat). Es war ein Uhr in der Nacht, man ging zu Bett, stand in den neuen Morgen auf, und da stand schon in den Zeitungen, daß Walther Rathenau heute mit dem ersten Frühzug nach London zu den Verhandlungen gereist sei. So geschlossen, so funktionsbereit, so ewig wach war dieses Gehirn Rathenaus, daß er vier Stunden vor Abfahrt zu welthistorischen Entscheidungen, die seinen ganzen Willen anspannten und über das Schicksal von Millionen entschieden, scheinbar lässig mit vollem Pflichtbewußtsein im plaudernden Gespräche ausruhen konnte, ohne Nervosität, ohne Ermüdung oder Abspannung zu verraten. Seine Überlegenheit war so groß, daß er sich nie und zu nichts vorzubereiten brauchte: er war immer bereit.

Diese Organisation, diese Fügsamkeit des Denkens unter den Willen, diese Vollendung des diagnostischen Geistes war sein Genie. Und das Tragische an diesem Menschen war, daß er diese Form seines Genies wie überhaupt die Idee der Organisation nicht liebte, daß er – in seinen Büchern hat er es ja oft gesagt – alle geistige wie materielle Organisation für unfruchtbar und sekundär hielt, solange sie nicht einem höheren, selbstlosen Sinn, irgendeinem Seelischen diente. Und diesen Sinn hat er lange nicht gefunden. Er schrieb viel in seinen Büchern von der Seele und vom Glauben als einem Postulat, aber man glaubte nicht recht diesem Tätigsten den Hymnus an die Kontemplation und noch weniger dem Millionär das Lob des geistigen Lebens. Und doch war eine tiefe Einsamkeit in ihm und eine große Unbefriedigtheit. Das bloß Kumulative, das bloße Zusammenraffen von Aufsichtsratsstellungen, der Trustwahn eines Stinnes oder Castiglione als Selbstzweck konnte für diesen überlegenen Geist keinen Reiz haben: unablässig fragte er sich in die Welt hinein nach einem Warum und Wozu, nach einer überpersönlichen Rechtfertigung seines gigantischen Tuns. In dem untersten Wesen dieses Intellektuellsten aller Intellektuellen war ein unlöschbarer Durst nach dem Religiösen, nach irgendeiner Dumpfheit des Fühlens, nach einem Glauben. Aber in jedem Glauben ist ein Korn Wahn, ein Korn Weltbeschränktheit, und es war das Verhängnis Rathenaus, seine tiefste Tragik, absolut wahnlos zu sein. Er war ein König Midas des Geistes: was er anblickte, löste sich auf zu Kristall, wurde durchsichtig und klar, schichtete sich zu geistiger Ordnung: nicht ein Senfkorn Wahn oder Gläubigkeit gab ihm Ruhe und Tröstung. Er konnte sich nicht verlieren, sich nicht vergessen: er hätte vielleicht sein Vermögen hingegeben, irgend etwas zu schaffen in erhabener Dumpfheit des Wesens, ein Gedicht oder einen Glauben, aber es war ihm verhängt, immer klar zu sein, immer wach, sein eigenes herrliches Gehirn in sich rotieren und in tausend Spiegelstellungen funkeln zu fühlen.

Darum war auch irgendeine geheimnisvolle Kühle um ihn, eine Atmosphäre reiner Geistigkeit, kristallen klar, aber gewissermaßen luftleerer Raum. Man kam ihm nie ganz nahe, so herzlich, so gefällig, so hingebend er war, und sein hinrollendes Gespräch, wo Horizonte immer weiter und weiter sich wie Kulissen eines kosmischen Schauspiels auftaten, es begeisterte mehr, als es wärmte. Sein geistiges Feuer hatte etwas von einem Diamanten, der die härteste Materie zu zerschneiden vermag und unzerstörbar leuchtet: aber dies Feuer war in sich gefangen, es leuchtete nur zu andern und es wärmte nicht ihn selbst. Eine leichte gläserne Schicht war zwischen ihm und der Welt trotz oder eben wegen dieser geistigen Hochspannung um sein Wesen gegürtet, man spürte diese Undurchdringlichkeit schon, wenn man sein Haus betrat. Da war diese herrliche Villa im Grunewald, 20 Zimmer für Musik und Empfang, aber keines atmete Wärme des Bewohntseins, hatte den Hauch von Erfülltheit und Rast; da war sein Schloß Freienwalde, wo er die Sonntage verbrachte, ein altes märkisches Gut, das er vom Kaiser gekauft, aber man fühlte es wie ein Museum, und im Garten spürte man, daß niemand an den Blumen sich freute, niemand über den Kies ging und niemand ruhend im Schatten saß. Er hatte nicht Frau und nicht Kind, er selbst ruhte nicht und wohnte nicht: irgendwo in diesen Häusern war ein kleines Zimmer, dort diktierte er dem Sekretär oder las seine Bücher, oder schlief seinen kurzen, raschen Schlaf. Sein wirkliches Leben war immer im Geiste, immer in der Tätigkeit, in einer ewigen Wanderschaft, und vielleicht hat sich das merkwürdig Heimlose, großartig Abstrakte des jüdischen Geistes nie vollendeter in einem Gehirn, in einem Wesen ausgeprägt als in diesem Menschen, der sich im tiefsten gegen die Intellektualität seines Geistes wehrte und mit seinem ganzen Willen und seinen Sympathien einem imaginären deutschen, ja preußischen Ideal sich andrängte und doch immer spürte, daß er von einem andern Ufer, von einer anderen Art des Geistes war. Hinter all diesen wechselnden, scheinbar fruchtbaren und immer großartigen Aspekten Rathenaus stand eine furchtbare Einsamkeit: er hat sie niemandem geklagt, und doch hat jeder sie gefühlt, der ihn sah im Wettsturz seiner Tätigkeit und Geselligkeit.

Darum war ihm, wie so vielen innerlich Vereinsamten, der Krieg eine Art Befreiung. Zum erstenmal war diesem ungeheuren Tätigkeitsdrang ein Zweck außerhalb seiner selbst gegeben, zum erstenmal diesem Riesengeist eine Aufgabe gestellt, die seiner würdig war, zum erstenmal konnte diese Energie, die sonst sich in allen Windrichtungen des Geistigen auswirkte, gebunden und zielstrebend in eine Richtung sich entladen. Und mit jenem unerhörten Falkenblick, der aus der verwirrtesten Situation sofort den Knotenpunkt wahrnahm, griff Rathenau damals in das grandiose Geflecht des Krieges hinein. Auf den Straßen jubelten die Leute, die Burschen zogen singend ihrem Tod entgegen, die Herren Dichter dichteten mit Volldampf, die Bierhausstrategen bohrten Fähnchen auf die Landkarten und zählten die Kilometer bis Paris und selbst der deutsche Generalstab rechnete den Weltkrieg nur nach Wochen. Rathenau, dem tragischen Klarseher, war es in der ersten Stunde gewiß, daß ein Kampf, in den die klarsichtigste, die englische Nation sich verstrickt hatte, ein Kampf auf Monate und Jahre hinaus sein mußte, und sein diagnostischer Falkenblick erkannte in der ersten Sekunde die schwache Stelle in der Rüstung Deutschlands, den Mangel an Rohstoffen, der bei einer

Blockade durch England notwendig in kürzester Zeit eintreten mußte. Eine Stunde später war er im Kriegsministerium und wieder eine Stunde später begann er jene Kontingentierung der gesamten Rohstoffe im 70 Millionenreich und baute das System des ökonomischen Widerstandes gigantisch aus, ohne das Deutschland wahrscheinlich schon Monate früher zusammengebrochen wäre.

Es war wohl der erste Augenblick des Lebens, in dem er seine Tätigkeit als sinnvoll und nicht bloß als zwanghaft empfand, aber selbst jene Jahre wurden ihm bald tragisch überschattet durch die eigene Hellsichtigkeit. Sein überlegener Geist, den keine Hoffnung leichtfertig beschwingte, den kein Wahn auch nur für eine Sekunde übertäuben konnte, der zu stolz war, um sich zu belügen, sah das tragische Schicksal des Krieges nach den ersten Fehlschlägen als unvermeidlich voraus und mußte es erleben, sich immer wieder von den Schwätzern und Schreiern, von den traurigen Helden des Siegfriedens überschrien zu wissen. Sein Buch ›Von kommenden Dingen‹, 1917 als erste Warnung entsandt, zeigte Europa sein Schicksal für den Fall einer Fortdauer des Wahns. Es war ein Appell, den nur Torheit überhören konnte. Aber Wahn ist immer stärker als die Wahrheit, und so mußte er weiter mit schmerzhaft verbissenen Zähnen seine verschwiegensten Gedanken in sich vergraben, mußte zusehen, wie die Torheit des Unterseeboot-Krieges, der Irrwitz der Annexionisten sich austobte, mußte schweigen, obwohl für ihn so wie für Ballin die Klarheit über den Ausgang eine beinahe selbstmörderische ward.

Und ebenso tragisch, klarsehend, mit dem vollen Bewußtsein der Vergeblichkeit, unbestechlich hoffnungslos und nur pflichtbewußt ist dieser Walther Rathenau dann Monate später nach dem Zusammenbruch an die wenig begehrliche Stelle des Ministers eines zerschmetterten Reiches getreten. Es war nicht Eitelkeit, wie so viele meinten, die ihn verlockte, sondern eine finstere Pflicht- entschlossenheit gegen sich selbst, gegen die Pflicht, end- lich einmal an der Größe einer Aufgabe, der sonst nie- mand gewachsen war, die eigene ungeheure und noch niemals ganz ausgenützte Kraft zu erproben. Er wußte, was ihm bevorstand: die Mörder Erzbergers waren von ihren Münchner Gesellen gut geschützt und jeder Nach- folger dadurch stillschweigend ermuntert worden; er wußte, daß ihm, dem Juden, eine politische Leistung, und auch die größte, nicht im gegenwärtigen Deutsch- land zuerkannt würde, wohl aber jede scheinbare Nach- giebigkeit zum Verbrechen gestempelt; er kannte genau den hysterischen Gegenwillen Frankreichs und die verlo- gene Verhetztheit der alldeutschen Kreise, die sich ge- genseitig Waffen in die Hände spielten, er wußte alles und wußte auch wohl das Ende – nicht als Emphatiker des Gefühls wie die andern, sondern als tragisch Wissen- der ist er an den Platz getreten, den ihm sein Schicksal wies.

In jenen Tagen hat Rathenau zum erstenmal ein Maß für seine Kräfte gefunden, die Weltgeschichte als den wahren Gegenspieler für seinen grandiosen Geist. Zum erstenmal konnte seine Tatkraft, sein Wille, seine Über- legenheit nicht an zufälliger kommerzieller oder literari- scher Materie, sondern an zeitlosen Geschehnissen, an Weltsubstanz sich versuchen, und selten hat ein einzelner Mensch sich dermaßen in seinem großen Augenblick be- währt. Genug der Anwesenden bei der Konferenz in Ge- nua haben es mit Bewunderung erzählt, wie heroisch dort seine persönliche Leistung war, wie sehr er, der Vertreter des ungeliebtesten Staates, alle Staatsmänner Europas zur Bewunderung zwang. Seine geistige Spann- kraft hatte napoleonisches Maß: er war von Deutschland über Paris gefahren, 58 Stunden im Waggon gereist, kam arbeitend an, nahm die Depeschen entgegen, kleidete sich um, machte zwei Besuche, ging ohne ein Zeichen der Ermüdung in den Sitzungssaal und hielt dort zwei oder drei Stunden seine große Rede. Dann begann eine Diskussion, ein Kreuzfeuer von technischen Fragen, die an seine Konzentration, seine Willenskraft die höchsten Anforderungen stellte. Die englischen, die französischen, die italienischen Delegierten fragten vorbereitet ihn, den Unvorbereiteten, Dutzende von Fragen in ihrer eigenen Sprache. Er antwortete unvorbereitet den Italienern italienisch, den Franzosen französisch, den Engländern englisch, blieb keine Auskunft schuldig und kämpfte so stundenlang als einzelner in einer Art Rösselsprung der Antwort von einem zum andern. Als die Sitzung aufgehoben war, sahen alle im Saale auf, es war jener unwillkürliche Aufblick der Ehrfurcht, den der Gegner für den überlegenen Geist empfindet. Zum erstenmal seit Jahrzehnten hatte das Ausland wieder vor einem deutschen Staatsmann Achtung gefunden, zum erstenmal seit Bismarck ein deutscher Diplomat durch sein persönliches Wesen imponiert. Und so wurde ihm auch das letzte Wort jener Konferenz gegeben, zu jener großartigen Rede am Ostertag, wo er – während zu Hause schon die Gymnasiasten in der Schulpause bei der Butterstulle seine Ermordung berieten – den Ruf zur Besinnung, zur Eintracht Europas mit der ganzen Leidenschaft tragischer Überzeugung formte und sein letztes Wort das »Pace! Pace!« [Frieden! Frieden!] Petrarcas war.

Er hat einen raschen, einen guten Tod gehabt. Die dummen Jungen, die mit ihrer eingepeitschten Hinterhaltsheldentat dem deutschen Geiste zu dienen meinten, waren unbewußt im Einklang mit dem tiefsten Sinn seines Schicksals, denn nur durch das Hingeopfertsein ward das

Opfer sichtbar, das Walther Rathenau auf sich genommen hatte. Aber vielleicht ist die Nation mehr um diesen Tod zu bedauern als er selbst. Welthistorische Gestalten soll man nicht sentimentalisch sehen und nicht ihnen langgemächliches Leben und umhüteten Bettod wünschen wie braven bürgerlichen Familienvätern: ihr wahres Schicksal ist nicht das persönliche, sondern das historische, das zeitlos bildsame, und das liegt in wenigen großen Augenblicken beschlossen. Das Höchste, das solchen Naturen verstattet ist, bleibt immer im Sinne Schopenhauers ein heroischer Lebenslauf. Rathenau hat diese letzte, diese höchste Lebensform eben durch seinen Tod erreicht: eine Stunde Weltwirken nur war ihm gegeben, die hat er groß genützt, und ein Beispiel steht nun dauernd an der Stelle, wo flüchtig, allzuflüchtig seine irdische Gestalt gestanden. Nie war er größer als in seinem Tod, nie sichtbarer als heute in seinem Fernesein: Klage um ihn ist zugleich Klage um das deutsche Schicksal, das in entscheidender Stunde seine stärkste und geistigste Tatkraft verstieß und wieder hinabrollte in die alte verhängnisvolle Wirrsäligkeit, in die wütige Ungeschicklichkeit seiner beharrlich unwirklichen und darum ewig unwirksamen Politik.

Lord Byron
1924

»This man
Is of no common order, as his port
And presence here denote... his aspirations
Have been beyond the dwellers of the earth.«

[Dieser Mann
Ist nicht von gewöhnlicher Art, wie sein Äußeres
Und seine Anwesenheit hier zeigt... sein Hang zum Höheren
Übersteigt die Erdenbewohner.]

›Manfred‹, Akt II.

Am Ostermontag 1824 dröhnen siebenunddreißig Kano-
nenschüsse von der großen Batterie in Missolunghi, alle
öffentlichen Gebäude und Geschäfte werden auf Befehl
des Fürsten Mavrocordato jählings geschlossen, und bald
erfüllt die Welt von einem Ende bis zum anderen, was in
dieser jämmerlichen griechischen Sumpffestung geschehen: Lord Byron ist gestorben, der erste Dichter, der seit
Shakespeare wieder das englische Wort über die ganze
Welt getragen. Zwanzig Jahre lang hat eine begeisterte
Jugend, eine faszinierte Gegenwart in seiner stolzen,
brüsken, oft theatralischen und manchmal wirklich heroischen Erscheinung den Helden der Zeit, den Dichter
der Freiheit gesehen: Rußland sprach durch Puschkin,
Polen durch Mickiewicz, Frankreich durch Victor Hugo,
Lamartine und Musset seine Ideen weiter, und in
Deutschland öffnet sich das versteinerte Herz, das sonst
aller Jugend ewig verschlossen bleibt, öffnet sich Goe-

thes Herz noch einmal liebend dieser herrlich jugendlichen Gestalt. Selbst England, das geschmähte, ver-
höhnte, mit tausend Geißeln und Versen gepeitschte,
beugt sich dem auf der Bahre heimkehrenden Helden,
und wenn auch die Kirche dem Lästerer des ›Kain‹ West-
minster Abbey verschließt, so rauscht sein Tod doch wie
ein nationales Unglück dunkel hin über das Land. Nie
vielleicht hat die ganze Welt so einhellig, so erschüttert
den Verlust eines Dichters beklagt, und der Größte der
Überlebenden schließt noch einmal sein größtes Werk
auf, den ›Faust‹, und fügt ihm, »neidend sein Los singend«, ergreifende Totenklage ein.

> Ach, zum Erdenglück geboren,
> Hoher Ahnen, großer Kraft.
> Leider! früh dir selbst verloren,
> Jugendblüte weggerafft.
> Scharfer Blick, die Welt zu schauen,
> Mitsinn jedem Herzensdrang,
> Liebesglut der besten Frauen
> Und ein eigenster Gesang.
>
> Doch du ranntest unaufhaltsam
> Frei ins willenlose Netz,
> So entzweitest du gewaltsam
> Dich mit Sitte, mit Gesetz.
> Doch zuletzt das höchste Sinnen
> Gab dem reinen Mut Gewicht,
> Wolltest Herrlichstes gewinnen,
> Aber es gelang dir nicht.

In diesen zwei Strophen, die dann noch mit der düsteren
Fuge »Wem gelingt es? Trübe Frage, der das Schicksal
sich vermummt« das Schicksal in das Ewige der Dichtung eindeuten, hat Goethe Lord Byrons Lebenslauf in

schwarzen Granit gehämmert. Unvergänglich steht diese Grabplatte in der tragischen Landschaft des ›Faust‹, nicht nur das Bildnis dieses außerordentlichen Menschen in die Zeiten bewahrend, sondern auch sein Werk.

Denn dieses Werk Lord Byrons ist nicht aus gleich ehernem Metall: schon ist viel von seinen blendenden Farben abgeblättert, das einst so übermächtig Ragende seiner Erscheinung allmählich niedergesunken, und kaum faßt unsere Generation, unsere Gegenwart mehr den magischen Zauber, der einst von seinem Werke über die Welt hinstrahlte, Shelleys edleren, Keats reineren Genius mitleidlos verdunkelnd. Lord Byron ist heute mehr Gestalt als Dichter, sein Leben, dieses rauschende, dramatische, oft selbst theatralische Leben mehr Erlebnis als sein dichterisches Wort, es ist heroische Legende, pathetisches Bildnis des Dichters mehr als der Dichter selbst.

Er hatte alle Bezauberung der Erscheinung, er war so ganz der Dichter, wie eine Jugend ihn erträumt: adelig von Geburt und von Haltung, jünglinghaft schön, kühn und stolz, umrauscht von Abenteuern, vergöttert von den Frauen, rebellisch gegen das Gesetz, er hatte die Romantik des Aufrührers gegen die Zeit, lebte, ein fürstlicher Verbannter, in den paradiesischen Landschaften Italiens und der Schweiz und starb mit einem geknechteten Volke in einem Freiheitskrieg. Um ihn dunkelten und glühten finstere Legenden: wenn die Engländer nach Venedig kamen, bestachen sie die Gondolieri, um von seinen Orgien und Festen zu hören. Selbst Goethe und Grillparzer, die einsam alternden Erlebnislosen, sprechen scheu und mit heimlichem Neid von den furchtbaren Mythen seines Lebens. Und wo er erscheint, ist seine Gestalt festlich und groß, gleichsam renaissancehaft oder antik im kleinen Rahmen der Zeit: am Lido jagt er auf schäumendem Araberhengst allmorgendlich dahin, er durchschwimmt als erster Engländer den Hellespont, er zündet – herrliches Symbol seines Heidentums! – am Strand von Livorno den Scheiterhaufen an, auf dem Shelleys Leiche ruht, und trägt sein unverbranntes Herz aus der stürzenden Asche. Er reist mit Dienern und Pagen und Hunden als der »Cicisbeo« [Hausfreund] einer italienischen Gräfin von Schloß zu Schloß und hält auf Dantes Grab eine Nacht lang Rast im Gedichte, er fährt zu den Paschas Albaniens und wird von ihnen empfangen wie ein Fürst, Frauen töten sich um seinetwillen, ein ganzes Reich verfolgt ihn mit Schergen und Gesetzen – er aber steht, jünglinghaft schön, herrlich stolz und unbändig gegen alle, trotzt in kühnem Gedicht den Fürsten und Königen und selbst dem Gott der Bibel und der Kirchen. So macht er aus seiner Jugend ein einziges Heldengedicht, von dem Harold und Don Juan nur schwächlicher Abklang sind, und die Jugend, müde der bloß sentimentalischen Dichter, müde der Werthers und der Renés, die um irgendeines hausbackenen Bürgermädchens willen zur Pistole greifen, müde der alten Spötter und Sentimentalisten, der Rousseaus und Voltaires, müde selbst Goethes und all der Schlafrockdichter, die zu Hause am gutgeheizten Ofen im Flanellflausch und mit der Hausmütze ihre Werke schreiben, glüht dem Herrn der Abenteuer zu, der sein Leben pathetisch kühn, umklungen von allen klingenden Fanfaren des Krieges und der Liebe lebt. In Byron wird die Welt wieder jung: sie war müde geworden, immer nur bürgerlich und weise zu sein. Seit Napoleon verjagt in St. Helena siechte, hatte Europa keinen Heros mehr: mit Byron beginnt noch einmal die Romantik der Jugend, er lebt ihr offenbar und theatralisch ihre geheimsten Träume vor und stirbt vor ihr heldisch-pathetisch den richtigen Tod.

Dies hat Byron seinerzeit so groß gemacht, dies und seine neue eigenartige Geste, die große Dunkelheit von

Geheimnis um sein Wesen, um seine Gestalt, die tragische Düsternis des Geistes, die fast prahlerische Maske von Weltschmerz und Melancholie. Die Dichter vor ihm waren die idealischen Anwälte des Guten: Schiller war Bote einer freien Gläubigkeit, wie Milton und Klopstock der religiösen – sie alle waren die Verbundenen einer großen Gemeinschaft, die Künder einer besseren, reineren Welt. Byron aber hüllt sich dramatisch in düsteres Gewand: seine Helden, seine Verwandlungen sind die Korsaren, die Räuber, die Zauberer und Empörer, die Ausgestoßenen der Gesellschaft, die gestürzten Engel, und Kain, den ersten Aufrührer gegen Gott, erkürt er als seine Lieblingsgestalt. Er kommt als der Einsame, der Menschheitsverächter nach all den Liebenden der Menschheit, seine Stirne scheint umwölkt von verwegenen Aufrührergedanken, seine Seele verdüstert von geheimnisvollen Verbrechen, das Leiden von Jahrtausenden dröhnt mit in seiner Stimme, wenn er, der aus seinem Vaterland Ausgestoßene, in Dantes Worten und Versen wider die Zeit aufklagt. Mit ihm beginnt der Satanismus, den Baudelaire dann dichterisch so wunderbar erhöht, der Hymnus auf das Böse und Gefährliche des Fleisches, die Proklamation der »Sünde« als des Aufruhrs gegen den bisher heiligen Geist, der Stolz auf die Revolte des einzelnen wie der Welt: unbewußt bereitet er die Revolution des Individualismus vor, der dann ein Jahrhundert später in Nietzsche seine Formel findet. Und die Jugend, die ewig empörerische, fühlt diesen Freiheitsdrang, der nur sich selbst lebt, nicht mehr dem verschwommenen Ideal einer gemeinsamen Freiheit, und berauscht sich an seiner tragischen Düsternis; sie kann sich nicht sattsehen an dem Bildnis dieses düsteren Engels, den Gott geliebt und aus seinen Himmeln verstoßen. Den Prometheus, den Goethe und Shelley gedichtet, hat Byron für seine Zeit gelebt: daher diese ungeheure Bezauberung, die durch ein halbes Jahrhundert den Gottesfeind zum Gott einer ganzen Jugend gemacht.

An diesem titanischen Geiste Byrons war nun innerlich vielleicht nichts ganz echt und wahr als ein ungeheurer Stolz, ein Stolz ohne Ziel und Maß, der durch ein Nichts aufzustacheln und durch alle Triumphe nicht zu ersättigen war, ein Stolz, den ein Ruhm nie beschwichtigen und selbst eine Königskrone (sie war ihm von den Griechen angeboten) nicht befriedigen konnte. Die kleinste Kränkung konnte diesen großen Dichter geradezu physisch unglücklich machen; es wird erzählt, daß er blaß wurde und zu zittern begann vor sinnloser Wut, wenn irgendein Wort seine Eitelkeit verletzte, und die grausame, tückische, bis ins Pathologische gesteigerte Art der Satire gegen seine Kritiker (Southey vor allem, den er ans Kreuz seines Spottes genagelt hat), gegen seine geschiedene Frau, gegen seine politischen Feinde, zeigt die Entzündbarkeit seines Selbstgefühls; doch eben dieser Stolz, dieser aufgereckte Wille, sich zu beweisen, hat ihn groß gemacht, indem er seine Kraft zur höchsten Spannung trieb. Das ging bis ins Körperliche, oder (es wäre interessant, das psychoanalytisch zu verfolgen) es ging eigentlich vom Körperlichen aus: gerade die Minderwertigkeiten seiner Natur hat er durch Willen in Kraft umgesetzt. Er hatte schöne Hände, die er gern zeigte, eine gute Figur, die er gewaltsam schlank erhielt (durch Jahre hindurch aß er fast gar nicht, um sie zu bewahren), aber er hatte ein lahmes Bein, und seine hysterische Mutter hatte ihn ebenso wie seine Kollegen darum verspottet. Sofort trieb sein Stolz alle Leidenschaft ins Gymnastische, er wurde der beste Reiter, ein glänzender Fechter, schwamm mit seinem Klumpfuß – wie Leander zu Hero – durch den Hellespont. Alles ersetzte er durch den Willen: Mary Charworth, die Jugendgeliebte, hatte den »lame boy« verachtet; er ruhte nicht, bis er zehn Jahre später die verheiratete Frau zur Geliebten gewann. Ihn reizte es immer, zu zeigen, daß er alles könne; so trat er ein einziges Mal im Parlament als Redner auf, um es nach seinem Erfolge nie wieder zu betreten, so trieb er Politik und Krieg, und so kam er, eigentlich nur durch seinen Stolz, in die Dichtung hinein.

Denn ich wage die Meinung zu vertreten, daß Byron gar nicht ein urtümlicher Dichter, sondern daß sein Dichten ein durch die äußeren Umstände seines Lebens erzwungenes war. Im letzten verachtete er die Literatur, hat es, obwohl von Schulden erdrückt, hochmütig verweigert, jemals einen Shilling für seine Verse anzunehmen, er würdigte einzig den Gentleman Shelley seines persönlichen Verkehrs und nahm nur kühl Goethes leidenschaftlich, fast dienend dargebotene Hand. Als Student hatte er ein Bändchen schlechter Verse geschrieben, die er selbst verächtlich ›Hours of idleness‹ [Mußestunden] nannte; er schrieb damals Verse, wie er Pistolen schoß und Pferde zuschanden ritt aus adeliger Langeweile und geistiger Sportlichkeit. Dann aber, als die ›Edinburgh Review‹ diese Verse verspottete, war sein Ehrgeiz aufgepeitscht; zuerst schrieb er mit giftigstem Witz die Satire ›English Bards and Scotch Reviewers‹ [Englische Dichter und schottische Kritiker] zur Antwort, und nun galt es, zu beweisen, dem intellektuellen Pöbel zu zeigen, daß er, Lord Byron, Dichter sein könne, und sofort begann jene unerhörte Anstrengung seines Willens. Ein Jahr später, und er war berühmt: jetzt aber reizte es ihn, mit den Gewaltigsten der Zeit und aller Vergangenheiten zu ringen, Goethes ›Faust‹ mit dem ›Manfred‹, Shakespeare mit neuen Dramen, Dantes ›Commedia‹ mit einem neuen Epos, dem ›Don Juan‹, zu übertreffen, und damit hebt jene großartige rauschhafte Phrenesie, jene Tollwut eines dichterischen Willens an, einzig aus einem ungeheuren Stolz. So trieb er seine Flamme hoch, warf sein ganzes Leben, seine titanische Leidenschaft in den Brand seines Willens: aus Stolz und Kraft entsteht dies einzige Schauspiel dichterischer Selbstverbrennung, das über Europa hinleuchtet, und von dem ein purpurner Widerschein noch über dieser Stunde liegt.

Freilich: nur noch ein purpurner Widerschein. Denn von Lord Byrons Dichtung wärmt wenig mehr unser innerstes Gefühl: seine Leidenschaften sind für uns meist mehr gemalte Flammen, seine Gedanken und einst so erschütternden Leiden mehr kühler Theaterdonner und bunte Attrappe. Alles eigensüchtige Leiden hat wenig Macht über die Zeit, und jene »selbstgewollten Traurigkeiten«, die Dante in den Vorhof des Purgatorio [des Fegefeuers] stößt, machen müde, indes das wahrhafte Weltleiden, die Erschütterung des Gefühls durch die »Gebrechlichkeit der Welt«, indes die mitleidende Tragik eines Hölderlin, die magische Ergriffenheit eines Keats als Melodie unsterblich durch die Sphären dauern. Die Byronsche Geste, die dann Heine übernimmt, diese aufgeplusterten Prometheusgebärden des Dichters: »Ach ich unglückseliger Atlas, welche Welt von Schmerzen muß ich tragen«, wirken heute auf unser Gefühl eher peinlich, ja sogar abgeschmackt und widerlich, und ihr Gegenspiel, die spitze Witzigkeit, die jäh mit diesen pathetischen Tiraden alterniert, meistens leer und flach. Es ist immer gefährlich für einen Dichter, seiner Klugheit nachzugeben und sie zur Witzigkeit zu mißbrauchen: die Satire, die ins lebendige Fleisch der Zeit schneidet, wird rasch stumpf und stößt bei der nächsten Generation schon ins Leere. Alle die Strophen, die Hunderte des ›Don Juan‹ gegen Lord Castlereagh, gegen Southey und die höchst gelegentlichen persönlichen Feinde, die damals sich am boshaften Verständnis der Zeit entzündeten und explosiv wirkten, sind heute nur noch nasses Pulver, leerer Ballast. So ist von jenen großen Epen eigentlich nichts mehr lebendig als die Szenerie, jene prachtvollen tropischen Landschaften, einzelne Szenen, wie sie Delacroix in seinem ›Schiffbruch‹ malte; man erinnert sich beim Turm von Chillon, bei dem Schlachtfeld von Waterloo einzelner plastischer Strophen: aber nur das Kostüm der Byronschen Welt ist übriggeblieben und hängt schlotterig um die zu Marionetten gewordenen Gestalten. Die Geschichte, so sinnlos sie zu walten scheint, ist eben im letzten unerbittlich gerecht, sie sondert das Künstliche vom Wahren, läßt erbarmungslos auch das aufgeschwellteste Gefühl eintrocknen und bewahrt dem Leben einzig das Lebendige: so blieb von Byrons Gefühl nur sein Ureigenstes groß, der Stolz. Wenn Manfred in seiner letzten Stunde sich noch ehern aufreckt und die bösen Geister wegscheucht, den Priester verjagt, um frei und groß und kühn unterzugehen, wenn Kain sich herrlich aufbäumt wider seinen Gott – in diesen Szenen hat sich der dämonische Trotz Byrons unsterblich gemacht und vielleicht noch in einigen Gedichten, die aus innerster Erschütterung seiner Seele stammen (wie dem ›Abschied von England‹, den ›Stanzas to Augusta‹ und jenem letzten herrlichen Gedicht, wo er seinen freien Tod verkündet). Sie allein ragen, ein unvergängliches Denkmal des heiligen, des heidnischen Hochmuts, hinein in die Zeiten über das ganze einst so hochgesteigerte und nun völlig in sich eingestürzte dichterische Werk.

So bleibt Byron unserem Gefühl: mehr als Gestalt denn als Genius, mehr als heldische Natur denn als Dichter, ein farbiges Lebensgedicht, wie es der große Demiurg, der ewige Weltenmeister, selten ähnlich rein und dramatisch gebildet. Seine Erscheinung wirkt weniger dichterisch denn theatralisch auf unseren Sinn, aber dies Schauspiel ist farbig und groß, ist unvergeßlich wie kaum eines des ganzen Jahrhunderts. Manchmal sammelt die schaffende Natur wie in einem Gewitter in einem einzigen Menschen alle ihre vielfältigen Kräfte dramatisch zusammen zu einem kurzen heroischen Spiel, damit die Welt all ihrer Möglichkeiten erschüttert gewahr werde. Solch ein Schauspiel eines Menschen war Lord Byrons Lebensgedicht, eine herrliche Steigerung von äußerem Geschehnis, eine leuchtende Entfaltung irdischen Gefühls, blendend mit großen Gedanken und rauschend von gestauter Melodie, nicht dauerhaft als Wesen und doch unvergeßlich als Erscheinung, so daß wir ihn, den Dichter, heute selbst mehr wie ein Schauspiel empfinden und seinen Untergang als eine herrliche Strophe aus dem ewigen Heldengedicht der Menschheit.

Marcel Prousts tragischer Lebenslauf

1925

Er ist geboren um den Ausgang des Krieges, am 10. Juli 1871 in Paris, Sohn eines berühmten Arztes, einer reichen, überreichen Bürgerfamilie. Aber weder die Kunst des Vaters, noch das Millionenvermögen der Mutter vermögen ihm die Kindheit zu retten: mit neun Jahren hört der kleine Marcel für immer auf, gesund zu sein. Zurückkehrend von einem Spaziergang im Bois de Boulogne, wird er von einem asthmatischen Krampf überfallen, und diese fürchterlichen Anfälle zerpressen ihm die Brust sein Leben lang bis zum letzten Atemzug. Fast alles bleibt ihm seit seinem neunten Jahr verboten: Reisen, muntere Spiele, Beweglichkeit, Übermut, alles, was man Kindheit nennt. So wird er früh schon Beobachter, feinfühlig, zartnervig, leicht irritiert, ein Wesen von unerhörter Reizbarkeit der Nerven und Sinne. Er liebt leidenschaftlich die Landschaft, aber nur selten darf er sie sehen und niemals im Frühling: da sticht der feine Staub der Pollen, die Schwüle und Trächtigkeit der Natur zu schmerzhaft auf die entzündlichen Organe. Er liebt leidenschaftlich Blumen: aber er darf ihnen nicht nahen. Schon wenn ein Freund mit einer Nelke im Knopfloch ins Zimmer tritt, muß er ihn bitten, sie abzulegen, und ein Besuch in einem Salon, wo Buketts auf einem Tisch stehen, wirft ihn für Tage ins Bett zurück. So fährt er manchmal in verschlossenem Wagen hinaus, um hinter gläsernen Fenstern die geliebten Farben, die atmenden Kelche zu sehen. Und er nimmt Bücher, Bücher, Bücher, um von Reisen zu lesen, von den ihm nie erreichbaren Landschaften. Einmal kommt er bis nach Venedig, ein paarmal ans Meer: aber jede der Reisen kostet ihn zu viel Kraft. So schließt er sich fast vollkommen ein in Paris.

Um so delikater wird seine Wahrnehmung alles Menschlichen. Der Stimmfall eines Gespräches, die Agraffe im Haar einer Frau, die Art, wie jemand sich an einen Tisch setzt und davon aufsteht, alle feinsten Ornamente des geselligen Daseins haken sich mit unvergleichlicher Festigkeit in seinem Gedächtnis fest. Das minutiöseste Detail fängt sein immer waches Auge zwischen zwei Wimperschlägen ein, alle Bindungen, Wendungen, Serpentinen und Stockungen eines Gespräches bleiben mit allen Schwingungen ihm unverstellt im Ohr. So kann er dann in seinem Roman später einmal das Gespräch des Grafen Norpois auf hundertundfünfzig Seiten festhalten, und es fehlt kein Atemzug darin, keine zufällige Bewegung, kein Zögern und kein Übergang: sein Auge ist wach und beweglich für alle anderen erschöpften Organe.

Ursprünglich haben die Eltern ihn zum Studium und zur Diplomatie bestimmt, aber an seiner schwachen Gesundheit scheitern alle Vorsätze. Schließlich, es eilt nicht, die Eltern sind reich, die Mutter vergöttert ihn – so verschleudert er seine Jahre in Gesellschaften und Salons, führt bis zu seinem fünfunddreißigsten Jahre eigentlich das lächerlichste, läppischeste, sinnloseste Schlenderleben, das je ein großer Künstler geführt, treibt sich als Snob durch alle Veranstaltungen der reichen Müßiggänger, die man Gesellschaft nennt, ist überall dabei und wird überall empfangen. Durch fünfzehn Jahre kann man Nacht für Nacht unweigerlich in jedem Salon, ja selbst in den unzugänglichsten, diesen zarten, scheuen, immer in Hochachtung vor allem Mondänen erschauernden jungen Menschen finden, immer plaudernd, hofierend, amüsiert oder gelangweilt. Überall lehnt er in einer Ecke, schmiegt er sich in ein Gespräch, und seltsamerweise duldet auch die hohe Aristokratie des Faubourg Saint-Germain den namenlosen Eindringling; dies ist eigentlich für ihn sein höchster Triumph. Denn äußerlich hat der junge Marcel Proust keinerlei Qualitäten. Er ist nicht sonderlich hübsch, nicht sonderlich elegant, er ist nicht von Adel und sogar Sohn einer Jüdin. Auch sein literarisches Verdienst legitimiert ihn nicht, denn dies eine kleine Bändchen ›Les plaisirs et les jeux‹ [Tage der Freuden] hat trotz einer Gefälligkeitsvorrede von Anatole France weder Gewicht noch Erfolg. Was ihn beliebt macht, ist einzig seine Generosität: er überschüttet alle Frauen mit kostbaren Blumen, überhäuft alle Welt mit unvermuteten Geschenken, lädt jeden ein, zermartert sich den Kopf, auch dem nichtigsten Gesellschaftslaffen gefällig und sympathisch zu sein. Im Hotel Ritz ist er berühmt durch seine Einladungen und seine phantastischen Trinkgelder. Er gibt zehnmal mehr als amerikanische Milliardäre, und wenn er nur die Halle betritt, so fliegen alle Mützen devot herab. Seine Einladungen sind von phantastischer Verschwendung und kulinarischer Erlesenheit: aus den verschiedensten Geschäften der Stadt läßt er sich alle Spezialitäten zusammenholen – die Trauben von einem Geschäft der Rive Gauche, die Poulards aus dem Carlton, die Primeurs eigens von Nizza sich senden. Und so bindet und verpflichtet er »tout Paris« [ganz Paris] ununterbrochen durch Artigkeit und Gefälligkeiten, ohne jemals selbst eine zu fordern.

Aber was ihn noch mehr als sein gern, sein verschwenderisch ausgegebenes Geld innerhalb dieser Gesellschaft legitimiert, ist seine fast krankhafte Ehrfurcht vor ihrem Ritus, seine sklavische Vergötterung der Etikette, die unerhörte Wichtigkeit, die er allem Mondänen, allen Alfanzereien der Mode beilegt. Wie ein heiliges Buch verehrt er den ungeschriebenen Cortigiano [Höfling] der aristokratischen Sitte: tagelang beschäftigt ihn das Problem einer Tischordnung, warum die Prinzessin X. den Grafen L. an das untere Ende des Tisches gesetzt habe und den Baron R. an das obere. Jeder kleine Tratsch, jeder flüchtige Skandal regt ihn wie eine welterschütternde Katastrophe auf, er fragt fünfzehn Leute, um sich zu erkundigen, was die geheime Ordnung im Turnus der Einladungen der Fürstin M. sei, oder warum jene andere Aristokratin in ihrer Loge den Herrn F. empfangen habe. Und durch diese Leidenschaft, durch dieses Ernstnehmen der Nichtigkeiten, das auch seine Bücher später beherrscht, gewinnt er selbst einen Rang als Zeremonienmeister inmitten dieser lächerlichen und spielerischen Welt. Fünfzehn Jahre lang führt so ein hoher Geist, einer der stärksten Gestalter unserer Epoche, ein derart sinnloses Leben zwischen Nichtstuern und Arrivisten, tagsüber erschöpft und fiebrig im Bette liegend, abends im Frack von Gesellschaft zu Gesellschaft eilend, seine Zeit vertrödelnd mit Einladungen und Briefen und Veranstaltungen, der überflüssigste Mensch in diesem täglichen Tanz der Eitelkeiten; überall gern gesehen, nirgends wahrhaft bemerkt, eigentlich nur ein Frack und eine weiße Binde zwischen anderen Fräcken und weißen Binden.

Bloß ein einziger kleiner Zug unterscheidet ihn von den anderen. Jeden Abend, wenn er nach Hause kommt und sich ins Bett legt, unfähig zu schlafen, schreibt er Zettel auf Zettel voll mit Notizen über das, was er beobachtet, gesehen und gehört. Allmählich werden es ganze Stöße, die er in großen Mappen bewahrt. Und wie Saint-Simon, scheinbar ein flacher Höfling am Hofe des Königs, heimlich Darsteller und Richter einer ganzen Epoche wird, so verzeichnet jeden Abend Marcel Proust all das Nichtige und Flüchtige von »tout Paris« in Notizen

und Anmerkungen und planhaften Skizzen, um es vielleicht einmal, das Ephemere, ins Dauerhafte zu gestalten.

Eine Frage nun für den Psychologen: was ist das Pri-
märe? Führt Marcel Proust, der Lebensunfähige und
Kranke, dieses läppische und sinnlose Leben eines Snobs
fünfzehn Jahre lang bloß aus innerer Freude, und sind
diese Notizen nur ein Nebenbei, gleichsam ein Nachge-
nuß des zu rasch verrauschten Gesellschaftsspieles? Oder
geht er in die Salons einzig wie ein Chemiker ins Laboratorium, wie ein Botaniker auf die Wiese, um unauffällig
Material zusammenzuraffen für ein großes einmaliges
Werk? Verstellt er sich, oder ist er wahr, ist er Mitkämp-
fer in der Armee der Tagvergeuder, oder bloß ein Spion
aus einem anderen, höheren Reich? Flaniert er aus Freude
oder aus Berechnung, ist diese fast irrwitzige Leidenschaft für die Psychologie der Etikette ihm Leben und
Bedürfnis, oder nur die grandiose Verstellung eines ap-
passionierten Analytikers! Wahrscheinlich war beides in
ihm so genial, so magisch gemengt, daß niemals die reine
Natur des Künstlers in ihm zum Austrag gekommen
wäre, hätte nicht das Schicksal harter Hand ihn plötzlich
aus der lässigen Spielwelt der Konversation gerissen und
in die verhangene, dunkle, nur von innerem Lichte
manchmal erhellte Sphäre der eigenen Welt gestellt.
Denn plötzlich ändert sich die Szene. 1903 stirbt seine
Mutter, und kurz darauf stellen die Ärzte die Unheilbar-
keit seines Leidens fest, das sich immer mehr verschlech-
tert. Mit einem Ruck reißt jetzt Marcel Proust sein Leben
herum. Hermetisch schließt er sich ein in seine Klause
am Boulevard Haussmann, über Nacht wird aus dem
gelangweilten Flaneur und Faulenzer einer der erbittertsten, pausenlosen Arbeiter, den dieses Jahrhundert im
Literarischen zu bewundern hat; über Nacht wirft er sich
herum von zerstreuendster Geselligkeit in die allerein-

samste Einsamkeit. Tragisches Bild dieses großen Dichters: immer liegt er im Bette, den ganzen Tag, immer friert sein magerer, ausgehusteter, von Krämpfen geschüttelter Körper. Er hat im Bett drei Hemden aufeinandergezogen, wattierte Plastrons [Stoßkissen, wie sie Fechter beim Üben tragen] über der Brust, dicke Handschuhe an den Händen – und friert doch und friert. Im Kamin brennt Feuer, nie wird das Fenster geöffnet, denn schon die paar erbärmlichen Kastanienbäume mitten im Asphalt tun ihm weh mit ihrem schwachen Geruch (den keine andere Brust in Paris fühlt als die seine). Wie ein Kadaver verkrümmt liegt er immer, immer im Bett, atmet mühsam die dicke, überfüllte, von Medizinen vergiftete Luft. Erst spät abends rafft er sich auf, ein bißchen Licht, ein bißchen Glanz, seine geliebte Sphäre von Eleganz, ein paar aristokratische Gesichter zu sehen. Der Diener zwängt ihm den Frack an, schlägt ihn ein in Tücher und hüllt seinen dreimal umkleideten Körper in Pelze. So fährt er ins Ritz, um mit ein paar Menschen zu sprechen, seine vergötterte Sphäre, den Luxus, zu sehen. Vor der Tür wartet sein Fiaker, wartet die ganze Nacht und führt dann den Todmüden wieder ins Bett zurück. In Gesellschaft geht Marcel Proust niemals mehr, oder doch, ein einziges Mal: er braucht für seinen Roman das Detail der Haltung eines vornehmen Aristokraten. So schleppt er sich, alles staunt, einmal in einen Salon, um den Herzog von Sagan zu beobachten, wie er sein Monokel trägt. Und einmal nachts fährt er hin zu einer berühmten Kokotte, sie zu fragen, ob sie den Hut noch habe, den sie vor zwanzig Jahren im Bois de Boulogne getragen; er brauche ihn für die Beschreibung der Odette. Und ist dann ganz enttäuscht zu hören, wie sie ihn auslacht, sie habe ihn längst ihrem Dienstmädchen geschenkt.

Aus dem Ritz bringt den Todmüden der Wagen nach

Hause. Über dem immer geheizten Ofen hängen seine Nachtkleider und Plastrons: längst kann er kalte Wäsche nicht mehr am Leibe tragen. Der Diener hüllt ihn ein, führt ihn ins Bett. Und dort, das Tablett flach vor sich hingehalten, schreibt er seinen weitmaschigen Roman ›A la recherche du temps perdu‹ [Auf der Suche nach der verlorenen Zeit]. Zwanzig Dossiers sind schon dick gefüllt mit Entwürfen, die Sessel und Tische vor seinem Bett, das Bett selbst weiß überhäuft mit Zetteln und Blättern. Und so schreibt er, schreibt Tag und Nacht, jede wache Stunde, Fieber im Blut, die Hände unter den Handschuhen vor Kälte zitternd, weiter, weiter, weiter. Manchmal besucht ihn ein Freund, gierig fragt er ihn aus, nach allen Details der Gesellschaft, verlöschend noch tastet er mit allen Fühlern der Neugier hinüber in die verlorene, in die mondäne Welt. Wie Jagdhunde hetzt er seine Freunde herum, sie sollen ihm von diesem und jenem Skandal berichten, damit er über diese und jene Persönlichkeit bis auf das kleinste informiert ist, und alles, was man ihm zuträgt, notiert er mit nervöser Gier. Und das Fieber zehrt immer heißer an ihm. Immer mehr verfällt und vergeht dieses arme fiebernde Stück Mensch, Marcel Proust, immer mehr weitet sich und wächst das groß gestaltete Werk, der Roman oder vielmehr die Romanreihe ›A la recherche du temps perdu‹.

1905 ist das Werk begonnen, 1912 hält er es für vollendet. Dem Umfange nach scheinen es drei dicke Bände zu sein (es wurden dann aber dank der Erweiterung während des Druckes nicht weniger als zehn). Nun quält ihn die Frage der Veröffentlichung. Marcel Proust, der Vierzigjährige, ist vollkommen unbekannt, nein, ärger noch als unbekannt, das heißt, er hat im literarischen Sinne einen schlechten Ruf: Marcel Proust, das ist ja der Snob aus den Salons, das mondäne Schriftstellerchen, von dem hie und da im ›Figaro‹ Anekdoten über Salons erscheinen (wobei das immer schlecht lesende Publikum für Marcel Proust unweigerlich Marcel Prévost las). Von dem kann nichts Gutes kommen. Auf geradem Weg hat er also nichts zu hoffen. So versuchen Freunde, auf gesellschaftlichem Wege die Veröffentlichung zu ermöglichen. Ein hoher Aristokrat ladet André Gide zu sich, den Leiter der ›Nouvelle Revue Française‹, und übergibt ihm das Manuskript. Aber die ›Nouvelle Revue Française‹, dieselbe, die dann Hunderttausende von Francs an diesem Werk verdient, weist ihn glatt zurück, ebenso der ›Mercure de France‹ und Ollendorf. Endlich findet sich ein neuer mutiger Verleger, der es wagen will, aber doch dauert es noch zwei Jahre, bis 1913, ehe der erste Band des großen Werkes erscheint. Und gerade wie der Erfolg die Flügel spreiten will, kommt der Krieg und schlägt ihm die Schwingen nieder.

Nach dem Kriege, als schon fünf Bände erschienen sind, beginnt Frankreich, beginnt Europa dieses eigenartigste epische Werk unserer Zeit zu bemerken. Aber was Ruhm dann rauschend Marcel Proust nennt, das ist längst nur noch ein abgezehrtes, fieberndes, unruhiges Fragment eines Menschen, ein zuckender Schatten, ein armer Kranker, dessen ganze Kraft sich zusammenrafft, um nur noch das Erscheinen seines Werkes zu erleben. Noch immer schleppt er sich abends ins Ritz. Dort, am gedeckten Tisch, oder in der Portiersloge, feilt er die Korrekturen der letzten Druckbogen aus, denn zu Hause im Zimmer, im Bette fühlt er schon das Grab. Nur hier, wo er wieder seine geliebte mondäne Sphäre vor den Augen schimmern sieht, fühlt er noch ein letztes bißchen Kraft, indes er zu Hause flügellahm niederfällt, bald sich mit Narkotiken müde machend, bald mit Koffein sich emporstimulierend zu einem kurzen Gespräche mit

Freunden oder zu neuer Arbeit. Immer rascher verschlimmert sich sein Leiden, immer hitziger, immer gieriger arbeitet der allzulang Lässige, um den Tod zu überholen. Ärzte will er nicht mehr sehen, sie haben ihn zu lange gequält und niemals ihm geholfen. So verteidigt er sich allein und so stirbt er endlich am 18. November 1922. In den letzten Tagen noch, schon ganz von der Vernichtung erfaßt, wirft er sich dem Unvermeidlichen entgegen mit der einzigen Waffe des Künstlers: mit der Beobachtung. Er analysiert seinen eigenen Zustand heldenhaft wach bis zur letzten Stunde, und diese Notizen sollen dienen, den Tod seines Helden Bertotte in den Korrekturbogen noch plastischer, noch wahrhaftiger zu machen, sollen versuchen, einige allerintimste Details dazuzutun, jene letzten, die der Dichter nicht wissen konnte, die nur der Sterbende weiß. Noch seine letzte Bewegung ist Beobachtung. Und auf dem Nachttisch des Toten, beschmutzt von umgestürzten Medizinen, findet man auf kaum leserlichem Zettel die letzten Worte, die er schon mit halb erkaltender Hand geschrieben. Notizen für einen neuen Band, der Jahre gefordert hätte, indes ihm selbst nur noch Minuten gehörten. So schlägt er dem Tod ins Gesicht: letzte herrliche Geste des Künstlers, der die Furcht vor dem Sterben besiegt, indem er es belauscht.

Irrfahrt und Ende Pierre Bonchamps'
Die Tragödie Philippe Daudets
1926

Dieser Pierre Bonchamps hat nur fünf Tage gelebt und niemals so geheißen: Usurpierter Name, hinter dem sich ein verwirrter, flüchtiger Knabe verbarg, Titel tiefer Tragödie, die einer der hitzigsten und leidenschaftlichsten Prozesse unserer Zeit nicht ganz zu enthüllen vermochte. Gerade aber das Unbegreifliche, Sinnlose und Undurchdringliche dieses Falles macht hier eine einzelne leidenschaftliche Pubertätskrise typisch für viele verborgene. Und es mag darum nicht zwecklos sein gegenüber allen politisch überhitzten Darstellungen, den Tatbestand jenes Prozesses leidenschaftslos in seiner erstaunlichen und doch präzisen Folge zu erzählen.

Am 20. November 1923 steht der vierzehneinhalbjährige Philippe Daudet, der Sohn des Deputierten und fanatischen Royalisten Léon Daudet, der Enkel Alphonse Daudets, zur gewohnten Morgenstunde auf, verläßt das Zimmer, in dem er mit seiner Mutter gemeinsam schläft und verabschiedet sich nicht auffälliger als sonst.

Aber statt seine Bücher zu nehmen, packt er einen Rucksack, statt in die Schule zu gehen, wo er tags zuvor eine unrichtige Lateinaufgabe dem Lehrer vorgelegt hatte, begibt er sich geradenwegs auf den Bahnhof Saint-Lazare, um nach Le Havre und von dort nach Kanada zu reisen. Seine ganze Habe besteht aus ein wenig Wäsche und aus 1700 Francs, die er dem elterlichen Schrank entwendet hat. In Le Havre steigt der flüchtige Gymnasiast in einem kleinen Hotel ab, schreibt sich unter dem Namen Pierre Bonchamps ein; von diesem Augenblick beginnt sein eigenes Leben, er ist nicht mehr der wohlbehütete, umschmeichelte Familiensohn Philippe Daudet, sondern irgend etwas Neues, Abenteuerliches, Selbständiges, das seinen Weg in die Welt beginnt. Aber bei dem ersten Schritt schon in die Wirklichkeit zerstößt er sich den Kopf. In der Schiffsagentur für Kanada erfährt er zu seinem Schrecken, daß die 1700 Francs bei weitem nicht für die Überfahrt ausreichen. Der frühere Philippe Daudet hat gelernt, griechische Verba zu konjugieren, weiß von Cäsar und Vercingetorix, kann mit Logarithmen rechnen und gute Aufsätze machen, aber wo hätte er's lernen sollen, daß zu einer Reise in die neue Welt Paß, Reiseausweis und Legitimation nötig sind, daß eine Summe, die gestern dem Schuljungen phantastisch erschien, heute dem Pierre Bonchamps nicht über das Meer hilft. Verstört kehrt er zurück in das kleine Hotel, die Welt hat ihn zurückgestoßen, zum erstenmal tut der romantisch umleuchtete Begriff Fremde sich ihm auf als ein Abgrund von Dunkelheit und Öde. In seiner Angst klammert er sich an den ersten besten, beginnt lange Gespräche mit dem Hausdiener, dem Stubenmädchen, die merkwürdige Sympathie mit diesem hochaufgeschossenen Jungen empfinden, aus dessen Fahrigkeit sie sofort ein Tragisches wittern. Abends schließt er sich ein in sein Zimmer, liest und schreibt. Am nächsten Tag, dem 21., dem zweiten seines neuen Lebens, geht er frühmorgens in die Kirche zur Messe (vielleicht ein letzter Versuch, von Gott ein Wunder zu erlangen), irrt dann in den Straßen am Hafen ziellos herum, kommt nachmittags wieder ins Hotel, liest und schreibt aufs neue, darunter einen Brief, den er wieder zerreißt. Am nächsten Morgen, am 22., dem dritten seines neuen Lebens, reist er ab, nachdem er zuvor seinem einzigen Freund, dem Hausknecht, die Hand geschüttelt und ihm gesagt hat, er möge die im Zimmer zurückgelassenen Bücher als Andenken behalten.

Etwas flackert in dem Benehmen des verängstigten jungen Burschen, das die braven Leute aufmerksam macht. Beim Aufräumen des verlassenen Zimmers finden sie im Papierkorb die Fetzen jenes zerrissenen Briefes. Aus Neugierde setzen sie die Fragmente wieder zusammen und lesen erschreckt:

»Geliebte Eltern, verzeiht mir, o verzeiht mir den ungeheuren Schmerz, den ich Euch getan habe. Ich bin ein Elender, bin ein Dieb, aber ich hoffe, daß meine Reue dies mein Vergehen gutmacht. Ich sende von dem Geld zurück, was ich noch nicht ausgegeben habe, und bitte Euch, mir zu verzeihen. Wenn Ihr den Brief empfangt, bin ich nicht mehr am Leben. Lebt wohl, ich verehre Euch mehr als alles, Euer verzweifeltes Kind Philippe.« Dazu noch ein kleiner Nachtrag: »Umarmt für mich Claire und Franz, aber sagt ihnen niemals, daß ihr Bruder ein Dieb war.«

Den braven Leuten zittert die Hand. Ihr erster Gedanke ist, zur Polizei zu laufen, um möglicherweise den Selbstmord zu verhindern oder die Adressaten zu verständigen. Aber die Adresse des Briefes jagt ihnen Schrecken ein. Léon Daudet ist weit über Paris hinaus gefürchtet wegen seiner aggressiven Art, berüchtigt wegen seiner Vehemenz, ein tödlicher Hasser – ihm mitzuteilen, daß sein Sohn ein Dieb sei, kann nur zu peinlichen Weiterungen führen. So verstecken sie den Brief. Und wie tausendmal in unserer Welt geht ein Mensch zugrunde wegen der Feigheit der andern, wegen ihrer Angst vor einer kleinen Unannehmlichkeit –, aus Trägheit des Herzens.

Warum ist Philippe entflohen, warum hat er das Vaterhaus verlassen, warum ist er Pierre Bonchamps geworden? War es Haß gegen den Vater, Krise der Nerven,

Angst vor dem Lateinlehrer, Abenteuerlust – all dies gewohnte pathologische Motive der Pubertät? Kein Brief, kein Wort seines Tagebuches gibt deutlich Antwort. Aber etwas von den geheimnisvollen Verwirrungen seines Wesens offenbaren einige Aufzeichnungen, die er am Abend vor der Flucht mit ungelenker Kinderhand in ein blaues Schulheft einschrieb, das er dann knapp vor seinem Ende in Paris einem ihm zufällig Begegnenden schenkte. Es sind kleine Gedichte in Prosa, offenbar von Baudelaire inspiriert und ganz im Sinne des alten Satansmeisters ›Les parfums maudits‹ [Die schlimmen Düfte] genannt, Gedichte, literarisch kaum zu werten, aber merkwürdig die Verwirrtheit der Pubertät verratend. Drei dieser kleinen Gedichte will ich hierhersetzen.

›Tochter des Nereus.‹ Wir haben zusammen in einer niederträchtigen Bude des Montmartre getanzt, und seitdem habe ich sie oft wiedergesehen. Sie ist nur eine Dirne, aber sie weiß es. Sie ist nicht schön, aber sie weiß es. Sie ist die Tochter eines früheren russischen Ministerpräsidenten, und wenn sie trunken ist von Tanz und Cocktails und Liebe, singt sie schöner als jemals Sirenen gesungen.

›Verlorene Mädchen.‹ Ich habe die Nacht mit verlorenen Mädchen verbracht. Ich habe ihre Gesichter vergessen, ich erinnere mich nur an ihre brutalen, so oft umfangenen Körper, aber doch Frauenkörper, und Villon sagt: »So sanft und rein…«

›Abreise.‹ Meine Seele zittert vor Lust bei dem Gedanken an alles, was sie nun bald empfinden wird. Vor meinen Augen streift die Sonne der Provence vorbei, die schönen braunen Mädchen, die hellen und kühnen Männer und die dunklen Himmel des Nordens und der Schnee und die ewige Traurigkeit. Alles das werde ich erleben und muß nur die Saite in mir zum Erzittern bringen, die jeder Mensch in sich trägt, und werde glücklich sein, wenn dies möglich ist. Leb wohl, du altes Haus! Lebt wohl, meine Eltern! Niemand wird verstehen, warum ich fortgegangen bin, niemand wird die Empfindungen ahnen, die mich fortgetrieben haben. Zwei Tage noch, und wie der Vogel auf seinem ersten Flug reise ich dahin zu den fernen Ländern, zu neuen Gefühlen und in das Abenteuerliche hinein.

»Niemand wird die Empfindungen ahnen, die mich weggetrieben haben...« es ist wahr geworden, dieses kleine Knabengedicht, und alle Prozesse können die Dunkelheit jenes von frühem Föhn aufgewühlten Kinderherzens nicht erhellen. Es ist grausam wahr geworden, dies kleine Gedicht.

Als diese Aufzeichnungen des Vierzehneinhalbjährigen im Verlauf des Prozesses bekannt und veröffentlicht werden, fährt Léon Daudet, der Vater, erbittert empor. »Wie ist es möglich«, schreit er auf, »daß Philippe, mein Sohn, sein Manuskript einem ganz fremden Menschen gegeben hat, ein Manuskript, das er nicht einmal uns je gezeigt hatte?« Dieser Aufschrei ist so typisch für die Eltern, wie das Gedicht für das Kind. Gerade das Allerverständlichste können sie nicht verstehen, daß Kinder lieber jedem Fremden ihr Geheimnis ausliefern als dem Nächsten, und gegen keinen schamhafter sind als gegen das eigene Blut. Eben weil sie immer das eigene Kind in ihrem Kinde sehen, bleiben Eltern naturgemäß länger als die anderen blind für den neuen Menschen, der unter den vertrauten Zügen heimlich aufwächst, für den Doppelgänger in jedem Werdenden, für den Pierre Bonchamps, den Ausbrecher, den Abenteurer, der in jedem Vierzehnjährigen steckt, mag er auch nicht Philippe heißen und nicht Daudet. Dagegen hilft weder Klugheit noch Psychologie: nie ward's deutlicher bewiesen als eben diesmal, denn Léon Daudet ist einerseits gelernter Arzt, Patholog und Schüler Charcots, anderseits Psycholog von Beruf, Bildner und Erforscher von Menschen, wäre also prädestiniert zur Beobachtung wie kein anderer. Aber seine charakterologische Meisterschaft, die mit karikaturistischer Sicherheit jeden Menschen zu zeichnen weiß, an einem einzigen versagt sie, diese magische Wissenschaft: an dem eigenen Kind. Der Knabe schläft im elterlichen Zimmer, atemnah also, sie sprechen mit ihm Tag und Nacht, aber nie haben sie ihm ins innere Auge geblickt. Sie nennen ihn den kleinen Philippe, für sie ist der überlange Junge, dem der Flaum schon um die Lippen sproßt, noch immer das halbwüchsige Wesen, arglos, unverdorben, geschlechtslos, und der Pierre Bonchamps, der in seinen Gedichten von Prostituierten und weichen Umarmungen der Frauen träumt, immer noch das Kind Philippe, das morgens in die Schule geht und seine Lateinaufgaben macht. Und dabei kennt der Vater die epileptischen Anfälle des Knaben, kennt die Belastung durch den Großvater (Alphonse Daudet war Tabetiker [Rückenmarksschwindsüchtiger]), kennt seine Leidenschaft für Ausbruch und Abenteuer, denn schon mit zwölf Jahren war der Junge nach Marseille geflohen und nur durch einen Zufall wieder heimgebracht worden. Aber gerade hier ahnen sie nichts, die sonst Wissenden, nichts von den Wirrsalen dieser Kinderseele, und nehmen die Tragödie für einen dummen Jungenstreich.

Sie sind deshalb nicht sonderlich besorgt, wenigstens spricht der Anschein dafür. Während Pierre Bonchamps in Le Havre herumirrt, die Seele verkrümmt vor Angst, den Tod vor Augen, während er dann in Paris in gefährlichste Kreise sich vorwagt, während all dieser fünf tragischen Tage schreibt Vater Daudet tagtäglich seinen braven Leitartikel über Politik und Literatur. Auch die Mutter Philippes bleibt nicht zurück, sie plaudert drei Spalten lang über die ›Kunst alt zu werden‹ mit der Feder so geistreich wie mit der Lippe in einem Salon. Sie versuchen keine Nachforschungen, verständigen nicht die Polizei, einzig am vierten Tage der Flucht ihres Sohnes steht hinter dem unentwegten Leitartikel des Vaters eine kurze Notiz: »An einen unserer Korrespondenten im Süden: Ich rate Ihnen die sofortige Rückkehr, das ist das Einfachste. L. D.« In diesem schrecklichen, trockenen, fast drohenden Wort, »es ist das Einfachste« spürt man die ganze Lässigkeit der väterlichen Überzeugung: »Er wird schon zurückkommen, der dumme Junge.« Kein Schrei der Angst, kein Vorgefühl des Entsetzlichen, keine verzeihende Gebärde auch hier. Immer wieder, auch hier, wie immer in allen Dingen, heißt das letzte Vergehen: Trägheit des Herzens.

Inzwischen ist Pierre Bonchamps dritter Klasse, durchschüttelt von fliegender Fahrt, durchgerüttelt von wirren Gedanken, in Paris angekommen. Er steht wieder auf dem Bahnhof, demselben, den er vor drei Tagen zum letztenmal zu betreten meinte, dem Bahnhof, von dem er hoffte hinauszufliehen in sein eigenes Leben –, nun ein Zurückgeworfener, Gescheiterter. Wohin soll er gehen? Keinesfalls ins Elternhaus oder zu Freunden der Eltern – sie haben ihn schon einmal verraten bei seiner ersten Flucht. Und nun kommt eine so überraschende und doch so folgerichtige Wendung, wie ein Romancier sie nie auszudenken wagte, und wie nur die Wirklichkeit, die allemal höchste Dichterin, sie erfindet. Pierre Bonchamps nimmt auf dem Bahnhof ein Taxi und fährt schnurstracks in die Redaktion des anarchistischen Blattes, also zu den erbittertsten, ja tödlichen Feinden seines Vaters. Der Sohn des Royalistenführers flüchtet, wie Coriolan zu den Volskern, zu den Todfeinden alles Royalismus. Irgendeine geniale Intuition in dem aufgefieberten Kindergehirn läßt ihn den psychologisch kühnen Schluß wagen, daß er bei niemandem von allen Menschen in Paris sicherer sei als bei den mörderischen Feinden seines Vaters. Das Taxi hält, er steigt in die Redaktion hinauf, nennt seinen falschen Namen Bonchamps, bekennt sich als einen leidenschaftlichen Anarchisten, und als Legitimation seiner Anwesenheit entwickelt er den Plan, daß er – man fühle das Ungeheure dieser Kinderkühnheit – einen der führenden Menschen der Bürgerrepublik ermorden wolle, den Präsidenten Poincaré oder – Léon Daudet, den eigenen Vater.

Ist es ihm ernst mit diesem Entschluß? Daß Philippe seinen Vater haßt, scheint nicht unwahrscheinlich, selbst wenn man von den bekannten psycho-analytischen Axiomen absieht. Vielleicht erklärt auch nur leidenschaftliche Abneigung gegen den Vater diese tolle Flucht. Und noch seltsamer bekräftigt ein Brief, den er in verschlossenem Kuvert dem Redakteur Vidal übergibt, für den Fall, daß ihm »etwas geschehen sollte«, wie sehr der Knabe mit dem Gedanken eines politischen Attentats gespielt. Der Brief, der nach seinem Tode tatsächlich an die richtige Adresse gelangte, lautet:

»Geliebte Mutter, verzeihe mir die ungeheure Qual, die ich Dir verursache, aber ich bin schon seit langem Anarchist geworden, ohne zu wagen, es zu sagen. Nun ruft mich meine Sache, und ich halte es für meine Pflicht, das zu tun, was ich tue. Ich liebe Dich sehr. Philippe.«

Kein Wort von seinem Vater, auf den schon unsichtbar sein Revolver gerichtet ist.

Ist es ihm wirklich ernst mit dem Mordplan? Geheimnis ohne Antwort. Und ist es den Anarchisten wirklich ernst, die den unbekannten Pierre Bonchamps (noch ahnen sie nicht, wen sie in ihrer Hand haben) auf dieses tolle Angebot hin sofort freundlich aufnehmen, ihn hätscheln und pflegen, ihm Geld leihen, eine Waffe besorgen, die denselben halbwüchsigen Jungen, der noch gestern in Le Havre fromm in die Kirche ging, zu den anarchistischen Jugendversammlungen führen und ihm gleichsam das Handgelenk stärken? Sind es überhaupt echte, wirkliche Anarchisten, zu denen der entlaufene Gymnasiast hinflüchtet, gutgläubig, das Herz auf den Lippen? Aus dem Prozeß und nicht nur aus den Behauptungen Léon Daudets hat man den peinlichen Eindruck, daß diese staatsgefährlichen Gesellen eine recht seltsame Freundschaft mit der Polizei pflegen, ja der Verdacht drängt sich zwingend auf, daß dieser ganze ›Libertaire‹, dieses gefährliche Drohblatt, gar nicht so gefährlich ist, wie es sich gebärdet. Falsche und echte, fabrizierte und spontane, stillschweigend geduldete Attentate scheinen sich in diesem Kreise so sonderbar zu mischen, daß man wohl zugeben muß, dieser arme ahnungslose Junge sei hier eher auf eine Polizeistube geraten als in ein anarchistisches Aktionslokal. Immerhin, sie behandeln ihn freundlich, geben ihn von Hand zu Hand, er schläft, der verwöhnte Bürgerjunge, bei einem Strolch in der Dachstube seiner Maitresse, dann in einem Verschlag, treibt sich während dreier Tage herum in niederen Kabaretts, ohne Geld schon, irrt nachts mit leeren Taschen um die Hallen, unsicher, was er tun soll. Diese letzten drei Tage Pierre Bonchamps' sind eine grausame Odyssee auf allen Meeren der Verzweiflung. Vergeblich, daß man im Prozeß Zeugen auf Zeugen aufruft, Ladenangestellte, Chauffeure – nichts erhellt das Dunkel dieser dreitägigen tragischen Irrfahrt eines Kindes, zwei, drei Kilometer weit vom Hause seiner Eltern. Manchmal wirft eine Zeugenaussage Blitzlicht auf eine Stunde, auf eine Minute: da sieht man den hageren Jungen an einem eiskalten Novembertag sein Letztes, seinen Mantel als Pfand ausbieten für ein paar Francs, sieht ihn im Bistro der Anarchisten sich ein erbärmliches Mittagessen zahlen lassen, sieht ihn übernächtig aus einer fremden Dachkammer auftauchen, sieht ihn wieder hinaufsteigen in die Redaktion zu seinen neuen Freunden. Aber nur einzelnes sieht man, Szenen und Episoden, und kann nur ahnen, was dieses flüchtige verwöhnte Kind auf dieser Irrfahrt gelitten.

Schließlich am 24. November, dem fünften Tage seiner Pierre-Bonchamps-Existenz, schicken sie ihn zu dem Buchhändler Le Flaouter am Boulevard Beaumarchais. Eine phantastischere Figur hätte Balzac für diese Wendung nicht erfinden können als diesen professionellen Helfershelfer jeder dunklen Intrige. Denn dieser kleine Buchhändler am Vorstadtboulevard vereinigt allerhand sonderbare Funktionen in seinem weitmaschigen Charakter. Er ist erstens Besitzer einer kleinen Leihbibliothek (dies öffentlich), zweitens Händler mit pornographischen Büchern und Photographien (dies geheim), drittens Anarchist und Vorstand des Komitees für Amnestie (dies wieder öffentlich) und viertens Agent der Polizei (dies allergeheimst). Zu diesem zynischen Burschen, den sie als Gesinnungsgenossen empfehlen, schicken die Anarchisten oder Pseudoanarchisten den armen Jungen, der zum Schein dort eine Baudelaire-Ausgabe verlangen soll, in Wirklichkeit aber sich ein »jou-jou« beschaffen (einen Revolver), nachdem er seine Attentatsabsichten mitgeteilt hat. Le Flaouter hört ihn höflich an, empfängt ihn auf das beste, verspricht, ihm das Buch für nachmittags zu besorgen, er solle nur zwischen drei und vier Uhr wiederkommen.

Wie nun der arme durchgebrannte Junge, zum letztenmal Pierre Bonchamps, nachmittags um vier Uhr eintrifft, ist das Geschäft von allen Seiten von Geheimpolizisten umstellt, als gelte es wirklich, ein staatsgefährliches Individuum, einen Erzverbrecher festzunehmen. Aber seltsamerweise (hier liegt ein dumpfes Zwielicht über dem ganzen Prozeß) behaupten alle von Le Flaouter freundlichst bestellten Polizeiagenten, einen so beschriebenen Jungen weder eintreten noch herauskommen gesehen zu haben, und niemand weiß (denn die Zeugenschaft eines Spitzels wie Le Flaouter gilt keinen Pfifferling), was in jener Viertelstunde dort vorgegangen ist. In diesem Gewölbe enden die Tatsachen, die beweisbaren. Nur das wird dann wieder sichtbar, daß etwa zwanzig bis fünfundzwanzig Minuten später beim Hospital Lariboisière ein Autotaxi vorfährt, in dem ein junger Mensch mit durchschossener Schläfe liegt, neben sich den Revolver. Der Chauffeur Bajot macht die präzise Aussage, er sei fünfzehn Minuten nach vier Uhr auf der Place de la Bastille von diesem jungen Mann, mit dem Zirkus Medrano als Fahrziel, angerufen worden. Unterwegs habe er auf dem Boulevard Magenta eine Detonation gehört, sei in der Meinung, ein Pneumatik seines Wagens wäre geplatzt, sofort abgestiegen. Aber da sei schon Blut über den Wagentritt heruntergeronnen, und sofort habe er den Sterbenden ins Hospital abgeliefert.

Demgegenüber behauptet nun Léon Daudet mit immer steigender Heftigkeit, sein Sohn sei von den Anarchisten, sobald sie ihn als seinen Sohn erkannt hätten, im Einverständnis mit der Polizei oder sogar mit deren Hilfe bei Le Flaouter erschossen und als schon Sterbender in dieses mit der Polizei im Komplott befindliche Taxi geschafft worden. Aber seine Anklage gegen unbekannte Mörder, ebenso die darauf folgende Anklage gegen den Polizeikommissär bleibt vergeblich; schließlich klagt der Chauffeur, aufgereizt durch die immer wilderen Angriffe des Vaters, seinen Anschuldiger an, und Léon Daudet wird wegen Verleumdung verurteilt. Für die Juristen und das politische Publikum ist mit diesem Verdikt der Fall Philippe Daudet bereinigt, der Selbstmord beglaubigt –, nicht so für den Psychologen, der gleichgültig ist gegen die Entscheidungen der Tribunale, und

den niemals das notorische Faktum herausfordert, sondern die geheimnisvoll gebundenen Ursächlichkeiten, jenes wirre Spiel, das Wahrscheinlichkeit oft mit der
Wahrheit treibt. Ihm scheint dies Ende Philippes durch
eigene Hand zu brüsk, zu jäh, zu unwahrscheinlich banal
für diesen stürmischen Knaben, der von der ersten
Kühnheit, von Flucht und kindischem Diebstahl zu immer Höherem schreitet, in fünf Tagen flughaft aus der
Dämmerung einer Schulstube in phantastisch-politische
Pläne sich aufreißt und, großartiger als eine geschriebene
Novelle es zu erfinden vermöchte, einen heroischen,
oder wenn man will, verbrecherisch mutigen Menschen
aus einem scheuen, verängstigten Knaben formt. Wird
jemals die aufregende Dramatik jener letzten Stunden
Philippes sich klären, die Frage Mord oder Selbstmord
übergerichtlich, in der letzten Instanz der seelischen Gewißheit, entschieden sein? Wird jemals das Unglaubhafte
jener phantastischen Situation sich aufhellen, wie der
zum Proleten, zum Straßenläufer gewordene Sohn des
Royalisten im Kreis von polizeilich autorisierten Anarchisten gegen seinen Vater komplottiert und dann,
gleichsam mit einer Tarnkappe, den Kordon der lauern-
den Detektive am hellichten Tage ungesehen durchschreitet, um plötzlich den Revolver gegen sich selbst zu
heben? Es besteht, fürchte ich, wenig Hoffnung. Pierre
Bonchamps kann nicht mehr sprechen, Philippe, das
Kind, ist begraben. Und der Tod hat harte Kinnbacken,
er gibt kein Geheimnis heraus.

Vorbeigehen an einem unauffälligen
Menschen – Otto Weininger
1926

Von keiner der bedeutenden Gestalten unserer Generation sind weniger Begegnungen berichtet als von Otto
Weininger, der mit 24 Jahren, knapp vor dem Anbruch
seines Ruhms, sich mit einer Revolverkugel den Schädel
zerschmetterte.

Oft hatte ich diesen hageren, unsicheren, häßlichen,
gedrückten Studenten im Kolleg gesehen, wußte, daß er
Weininger hieß, kannte ebenso vom Namen her die anderen an seinem Kaffeehaustisch, Oskar Ewald, Emil
Lucka, Arthur Gerber, Hermann Swoboda, wie sie mich
kannten, der ich damals schon mit zwei Büchern ihnen
vorausgeschossen war. Aber zur Bindung fehlte eine einzige dumme Kleinigkeit – wir waren einander nicht
»vorgestellt«; und obwohl unsere Kreise, der dichterische wie der philosophische, sich heimlich sehr fürein-
ander interessierten, obwohl Botschaft und Gespräch
zwischen uns Zwanzigjährigen neugierig spazieren wan-
derte, kam es doch niemals oder lange nicht zu einer
offiziellen »Vorstellung«.

Schließlich, ich muß es gestehen, auch meinerseits unternahm ich nie einen ernstlichen Versuch, mit ihm bekannt zu werden. Weininger, der Name sagte damals
nichts, und sein Gesicht war weniger als anziehend. Er
sah immer aus wie nach einer dreißigstündigen Eisen-
bahnfahrt, schmutzig, ermüdet, zerknittert, ging schief
und verlegen herum, sich gleichsam an eine unsichtbare
Wand drückend, und der Mund unter dem dünnen
Schnurrbärtchen quälte sich irgendwie schief herab.

Seine Augen (erzählten mir später die Freunde) sollen schön gewesen sein: ich habe sie nie gesehen, denn er blickte immer an einem vorbei (auch als ich ihn sprach, fühlte ich sie keine Sekunde lang mir zugewandt): all dies verstand ich später aus dem gereizten Minderwertigkeitsempfinden, dem russischen Verbrechergefühl des Selbstgepeinigten. Nochmals: ich wußte nicht, was mich an dem Kollegen Weininger, damals im siebenten Semester, hätte interessieren sollen.

Da verbreitete sich plötzlich Ende 1902 in unseren Kreisen das Gerücht, ein Student unserer engeren Wissenschaft habe Professor Jodl eine Dissertation vorgelegt, die dieser erstaunt und erschreckt als genial bezeichnet habe. Sie sei Teil eines grundlegenden, ganz neuartigen Werkes, dem Professor Jodl jetzt einen Verleger suche, der Verfasser Otto Weininger. Weininger? – unwillkürlich betrachtete ich ihn nun mit anderem, eindringlicherem Blick (den er wohl spüren mußte); aber das Gefühl des Unheimlichen wollte nicht weichen vor diesen scheuen, in sich verkrochenen Augen, vor diesem bittern Mund, vor dieser – ich sage es aufrichtig – unangenehmen physischen Struktur. Auf einen solchen verbogenen, in sich geduckten Menschen konnte man auch als Kollege nicht zugehen, ihn kordial ansprechen, das spürte ich sofort. So blieb die Neugier latent.

Eines Nachmittags nun kam ich in den kleinen Lesesaal der Universität, bestellte mir ein Buch und setzte mich an den einzig freien Platz. Neben mir rückte jemand höflich zur Seite, ich sah unwillkürlich hin: Weininger! Vor ihm lag ein Stoß Korrekturen – die Fahnen zu ›Geschlecht und Charakter‹, wie ich später feststellen konnte. Unsere Ärmel streiften sich einander; wenn wir aufschauten, merkte ich, daß wir einander beobachteten und daß dies Nebeneinandersein und Sichkennen und Sichnichtkennen jeden von uns irritierte. Ein selbstverständliches kollegiales Wort hätte diese Spannung sofort gelöst, aber (manche werden das aus eigenem Erleben wissen) es gibt Menschen, denen die Scheu vor der Mißdeutung zu tief im Blute steckt, als daß sie die *gerade*, die Walt Whitmansche Brudergeste der Sympathie jemals leibhaft werden lassen könnten. So saßen wir gewaltsam fremd nebeneinander: Ich sah seine zarte, merkwürdig weibische Hand Korrekturen einzeichnen, aber bald stand er auf und – grüßte zu meiner eigenen Überraschung. Der erste Schritt war getan.

Und seltsam: drei Tage später stand ich mit einem Kollegen zusammen; Weininger kam vorbei, mein Kollege sprach ihn an. Und plötzlich, unser reserviertes Gegenüberstehen bemerkend, fragte er erstaunt: »Ja, kennt Ihr Euch denn nicht?« Wir sagten nicht Ja und nicht Nein, stellten uns nicht mit Namen vor (es wäre lächerlich gewesen) und reichten einander die Hände. Und nun will ich ganz aufrichtig sein: *ich habe selten mit einem Menschen ein kälteres, unpersönlicheres Verlegenheitsgespräch geführt als damals mit Weininger.* Ich fragte ihn, der schon promoviert hatte, nach der Art der Prüfung, er riet mir sachlich, sachlich, wie man sich zu verhalten habe: man müsse den geschwätzigen Professor Müllner selbst zum Reden locken und bei Professor Jodl alles Idealistische stark betonen...

Daß diese erste, eigentlich *negative* Begegnung zugleich die letzte blieb, war Weiningers tragische Schuld. In jenem Juni 1903 erschien sein Buch, dann fielen die Sommerferien ein, im September erst kam ich von Italien zurück. Niemand hatte dies großartige, grundlegende Werk bishin bemerkt, einzig in unseren engsten Kreisen begann es eben Erregung zu bewirken. Ich las es noch im September, wir Freunde diskutierten darüber erbittert eine ganze Nacht, und ich freute mich schon, bei der nächsten Begegnung *ihn* nun wissender, persönlicher ansprechen zu können. Aber es kam anders: Am 5. Oktober stand schon in der Zeitung, ein junger Privatgelehrter Otto Weininger habe sich in seiner Wohnung, in Beethovens Sterbehaus, *erschossen*.

Unser wirkliches Begegnen war versäumt. Doch von wenigen Menschen habe ich so deutlich sinnliche Erinnerung wie von dieser tragischen, nah an mir vorbeigegangenen Gestalt.

Ich erzähle absichtlich diese scheinbar unbedeutende Begegnung mit äußerster, kalter Wahrhaftigkeit und ohne jede Ausschmückung, obgleich ich dieser Art eingestehe, einem so bedeutenden Menschen räumlich und zeitlich nahe gewesen zu sein, ohne ihn innerlich geahnt oder erreicht zu haben. Aber mir erscheint es wichtiger, dem unheilbar an das romantische Ideal der pittoresken Erscheinung verschworenen Publikum wieder einmal unbarmherzig zu exemplifizieren, daß fast niemals das wahrhaft Geniale eines Menschen in *Antlitz* und *Wesensart* seiner Umgebung kenntlich wird, sondern daß, gleichsam gesetzmäßig, die Natur ihre merkwürdigsten Formen in Geheimnis hüllt. Nur geistig, nicht bildnerisch-plastisch, tritt das Schöpferische in die Welt: nur vom Geiste aus läßt sich's ahnen und ertasten.

Immer noch wie in mythischen Zeiten ist Unkenntlichkeit der Göttlichen liebstes Gewand und Verkleidung auf Erden.

Legende und Wahrheit der Beatrice Cenci
1926

Geschichte erscheint immer vorerst als rohe Substanz, erst der Dichter ist es oder jener andere anonyme Dichter, den wir Legende nennen, der ihr gestaltend Form verleiht. Durch Dichtung wird das Vergangene zum dauernd Lebendigen erneuert, Erfindung bindet mit kühner Argumentation das zufällige Nebeneinander der Wirklichkeit, und nach einiger Zeit begibt sich das Sonderbare, daß die Legende die Wirklichkeit verschattet und ihr zu Dank Gestalten in unserem Gedächtnis so fortleben, wie sie nie in Wahrheit gelebt haben und wie erst der Dichter sie ins Leben erweckte.

Aber sonderbar: Wenn man einmal oder das andere Mal überprüfend die schon selbstherrlich gewordenen Gestalten wieder mit ihrem historischen Urbild vergleicht, die Legende mit der Geschichte, die Dichtung mit den Dokumenten, so ergibt sich, daß dann oftmals nach Jahrzehnten und Jahrhunderten uns die wahrhafte Gestalt wieder wahrhaftiger erscheint als die übernommene der Dichtung. Die Akten Wallensteins, der Prozeß der Jeanne d'Arc stellen höhere Anforderungen an die mitschaffende Psychologie als die allzu geglätteten und kausal gebundenen Formen der Schillerschen Dramen. Eben durch die Abwesenheit aller Sentimentalität ergreift dann die nackte Naturhaftigkeit der Geschichte mehr als die dramatisch umkleidete Form der Tragödie, und der Stoff, die sachliche Logik der Tatsachen wirkt überzeugender als ihre Durchdichtung. Eines nach dem anderen haben wir jetzt eine Reihe solcher dichterischer verschönter Bilder durch die sichere und sorgliche Arbeit der Geschichtsforscher verblassen sehen. Und wiederum ist jetzt eine Legende am Verblühen, um als Wahrheit aufzuleben: die tragische Geschichte der Beatrice Cenci.

In der Galleria Barberini in Rom hängt ein Frauenbildnis, das zwei Jahrhunderte lang Guido Reni zugeschrieben wurde und unentwegt als Porträt der Beatrice Cenci galt. In Tausenden von Kopien, in Farben und Kupferstichen und Photographien ist es verbreitet, kein Geringerer als schon Stendhal hat es beschrieben. Dieses junge Mädchen stelle, so phantasiert der sonst Unromantische, die Unglückliche dar, in dem sonderbar drapierten Kleide, das sie sich zu ihrer Hinrichtung habe anfertigen lassen, und die »sehr sanften Augen« hätten »den erstaunten Ausdruck, als seien sie in dem Augenblick ihrer heißesten Tränen überrascht worden«. In Wirklichkeit zeigt das Bildnis ein etwa sechzehnjähriges Mädchen, das sich über die Schulter dem Betrachter entgegenwendet, vollkommen ohne Angst und Staunen, ein Unschuldsgesicht, nur Neugier und sanfte Lieblichkeit, kein Zug also, der einer entschlossenen Vatermörderin angehören könnte, die in wenigen Stunden vor dem Antlitz des ganzen römischen Volkes hingerichtet werden soll. Und in der Tat hat das Bild niemals Beatrice Cenci dargestellt, und Guido Reni konnte schon deshalb sie nicht nach dem Leben gemalt haben, weil er – die Historiker sind unbarmherzig gegen die Legende – erst drei Jahre nach ihrer Hinrichtung Rom überhaupt zum erstenmal betreten hatte. Hinfällig also das erschütterte Staunen Stendhals, hinfällig auch die romantische Tragödie Shelleys, der sie als rührendes Opfer väterlicher Bestialität zugrunde gehen läßt – die Wirklichkeit, wie nun die Dokumente sie entblößen, zeigt ein wesentlich anderes Bild. Weniger Unschuld, weniger Reinheit, weniger Romantik und

Überschwang – aber dafür unendlich mehr an dramatischer Kraft, an Tumult des Gefühls, an heroischer Verwegenheit. Sie zeigt die Renaissance, wie sie in Wahrheit gewesen: brutal und blutgierig, skrupellos und grausam, den Urkampf entfesselter Naturen, eine Tragödie, groß und eindringlich wie die des Hauses der Atriden. Und statt der kalten Novelle Stendhals, statt des rhetorischen, schönen, nur etwas süßlichen Dramas Shelleys haben wir plötzlich einen Roman, aus Dokumenten – knapp und hart wie Quadern – gestaltet, die tatsächliche Geschichte dieses verruchten und wilden Geschlechts.*

Die Geschichte der Cenci beginnt hier mit Francesco Cenci. Und nach den ersten paar Strichen seines Bildnisses krampft sich das Gedächtnis zusammen: woher kennt man diesen Menschen, diesen niedern, gemeinen, zynischen, geldgierigen, brutalen Greis, diese Spinne der Wollust, der alle erdenklichen Schändlichkeiten begeht, der seine Kinder knechtet und um ihr Erbe betrügt, der sich einsperrt auf seinem abgelegenen Gute und dort den niedrigsten Ausschweifungen hingibt, diesen bösen Dämon, der dann endlich von seinen eigenen Kindern im geheimen Einverständnis ermordet wird? Das Gedächtnis spannt sich an – und plötzlich weiß man: ja, das ist er, Zug um Zug, Fedor Pawlowitsch Karamasow, fast drei Jahrhunderte nachher von Dostojewski gestaltet. Zug für Zug stimmt das Bildnis, und man erschrickt vor dieser zufälligen Ähnlichkeit. Auch Francesco Cenci ist reich, und reich nur durch schmutzige Ausbeutung. Auch er entkommt nur durch die Disziplinlosigkeit des Gesetzes der Bestrafung für seine Verfehlungen und abwegigen Begierden, aber immer von neuem gerät er in Konflikte mit der Justiz, ohne daß doch die Angst dau-

* Corrado Ricci: ›Die Geschichte der Beatrice Cenci‹, Stuttgart: R. Hoffmann 1927.

ernd seines großartigen Zynismus Herr werden könnte. Er wird in das kapitolinische Gefängnis überführt wegen Mordes und Schändung und kauft sich für hunderttausend Scudi frei. Ein andermal flüchtet er nach ähnlichen Verbrechen in das »Hospital der Unheilbaren«, aus dem er dann mühsam, nach neuer Geldbuße, herauskommt, beschmutzt und mit Krätze bedeckt wie ein Bettler – er, einer der reichsten und mächtigsten Edelherren der Zeit. Er hat einen Prozeß, furchtbar ähnlich jenem von Oscar Wilde, weil er sich im eigenen Hause mit Dienern, schmierigen Gassenjungen vergangen hat; wieder entgeht er durch Bestechung und List dem Scheiterhaufen. Genau so wie bei dem alten Karamasow tobt hier zwischen Francesco und seinen Kindern ein erbitterter Kampf um das Erbe, das er ihnen vorenthält, um das Geld, das er einzig zur Lust verwendet, die anderen zu knechten. Genau wie Karamasow zieht sich schließlich gehetzt und erschreckt der grausame Alte auf ein abgelegenes Gut zurück, in die »Petrella«, und genau wie Fedor seinen Sohn Aljoscha aus dem Kloster reißt und mitschleppt in seine verbitterte Einsamkeit, so führt Francesco Cenci seine zweite Frau Lucrezia und seine sechzehnjährige Tochter Beatrice mit sich als Gefangene in das vermauerte, unheimliche Schloß.

Als Gefangene: denn Frau und Tochter dürfen keinen Menschen sehen, dürfen mit niemandem Umgang haben. Die Fensterläden in ihrem Zimmer sind vernagelt, kein Brief kann zu ihnen, keine Botschaft von ihnen in die Außenwelt, und als der Unmensch einmal erfährt, daß Beatrice sich mit der Bitte um Befreiung an den Papst gewandt, überfällt er sie mit dem Ochsenziemer und schlägt die Blutende zu Boden. Er verhindert ihre Heirat, um ihr nicht Geld mitgeben zu müssen, er verhindert ihren Verkehr mit den Brüdern, von denen er – mit Recht – das Furchtbarste erwartet. Denn seine Söhne haben sein eigenes Blut geerbt – Mordbuben, Lustjungen, verwegene Kerle ohne Gottesfurcht und Gesetzesangst, brutal, sinnlich vehement und ohne Scheu. Er weiß, daß sie nicht zögern würden, so wie man im Rom von damals sich seiner Feinde mit einem Dolchstoß entledigte, auch ihn zu gelegenster Stunde zu beseitigen. Darum ist der alte Dämon immer auf der Wacht. Er nimmt keinen Bissen Speise, keinen Tropfen Wein, ohne daß Beatrice oder Lucrezia ihn vorgekostet hätten. Er verschließt sein Schlafgemach, um nicht im Schlummer überfallen zu werden – genau wie Fedor Karamasow ist er ständig von düsteren Ahnungen über sein Schicksal erfüllt und bei aller Wildheit voll einer hündischen, feigen Lebensangst.

Die Weltgeschichte kennt wenig so furchtbare Szenerien wie diese drei Zimmer in dem steinernen Schlosse der Petrella, erfüllt von Bosheit, Brutalität, Angst und Entsetzen, und es gibt vielleicht keine Darstellung der Renaissance, die gleich entsetzlich den Riesenkampf unüberwindlicher Instinkte im fürchterlichsten Gegeneinander von Vater und Tochter, Frau und Mann, Kindern und Erzeuger zeigte. Nur der atridische Mythos mit seinem kolossalischen Maß und seinem düster barbarischen Licht hat solche grausige Großartigkeit der ins Gefährliche kühn hinübergereckten Gestalten.

Aber der Legende war dies nicht genug. Sie brauchte etwas Helles im Kontrast zu diesem tragischen Hintergrund, eine rührende Gestalt als Gegenspiel zu dem teuflischen Dämon des alten, geldgierigen Lüstlings, einen erhebenden Impuls für die anhebende Tragödie – so erfand sie sehr frühzeitig die Legende der reinen, keuschen Beatrice Cenci. Sie sei jungfräulich von ihrem eigenen Vater überfallen und entehrt worden, und aus dem Zorn und der Empörung erschütterter Tugend habe sie sich an dem väterlichen Verführer gerächt – so formt die Legende die Vorgeschichte des Mordes. Doch die Dokumente, die sonst keine Sympathie für Francesco zeigen, wissen von dieser äußersten Untat nichts. Sie sprechen von entzogenem Geld, von Erniedrigungen, von Brutalitäten – niemals aber von jenem letzten Verbrechen Francesco Cencis. In ihnen erscheint Beatrice nicht so sehr als die schuldlose Märtyrerin, sondern vielmehr – großartig in einem anderen Sinne – ganz als die Tochter des eigenen Vaters, kühn, zu allem entschlossen, auch die letzte Grenze der Natur überschreitend, leidenschaftlich in den Sinnen und leidenschaftlich in der Rache – eine Frau der Renaissance, mutig und verwegen und besinnungslos kühn in ihrem Entschluß. Ihr Vater hat sie erniedrigt, ihr Vater hat sie geschlagen, ihr Vater nimmt ihr durch Einsperrung das ganze eigene Leben – so muß er sterben, und diesem einen Ziel opfert sie nun alles auf – sogar ihren eigenen Leib.

Allein kann sie diese äußerste Tat nicht tun und auch nicht zu zweit mit der Stiefmutter, die einverstanden ist, nicht einmal zu dritt mit dem eigenen Bruder, der ausdrücklich von ferne den Mord billigt. Denn mit Gift ist dem Vorsichtigen nicht beizukommen. Und mit dem Beil den riesenhaften, selbst im Alter übermächtigen Mann zu töten, fehlt ihnen die körperliche Kraft. So suchen sie nach Genossen – Beatrice sucht um den Preis ihres Leibes einen Mann, der, wie Ägisth gegen Agamemnon, den tödlichen Streich führen soll. Und er ist bald gefunden. Der Knecht und Hauswart Olympio ist ein stattlicher Mann, kräftigen Leibes und mutigen Sinnes, ehrgeizig und eitel: so hat das junge Mädchen nicht viel Mühe, ihn seiner Frau abspenstig zu machen, und sie zahlt den vollen Preis. Auf einer Leiter klettert er Abend für Abend in ihr Zimmer und ihr Bett: dort wird der Plan ausgeheckt, den alten Dämon zu beseitigen, und auch ein Zweiter wird für die Tat gewonnen.

Und wiederum Karamasow: genau wie Fedor nachts auf ein gegebenes Zeichen mit dem Hammer, so wird Francesco von den Verschworenen überfallen, nachdem man ihm zuvor einen Schlaftrunk gegeben. Der eine zerschmettert ihm den Schädel, während der andere den Körper des Riesen niederdrückt. Dann schleppen sie den Leichnam hinaus auf die hölzerne Terrasse, die sie abends zuvor schon durchlöchert haben, um den Anschein zu erwecken, als habe der morsche Balkon zufällig nachgegeben und als sei Francesco Cenci durch einen Zufall in die Tiefe gestürzt. Dort wird am nächsten Morgen der zerschmetterte Leichnam gefunden.

Leidenschaft hat den Plan erdacht, Leidenschaft den Plan ausgeführt – und nicht Besonnenheit. Zu herrisch, zu stolz, um im voraus einem Verdacht zu begegnen, schlafen die beiden Frauen in unsinniger Sorglosigkeit. Unzulänglich verbergen sie die blutigen Tücher, ohne Bedenken lassen sie die halbe Stadt in die Zimmer zur Leiche, die dann noch am selben Abend mit verdächtiger Eile wie ein Tier verscharrt wird. Als rechte Menschen des Cinquecento, als Herrenmenschen und Adelsstolze halten sie es für unnötig, etwas zu verbergen und vorsichtig zu sein: sie verachten das Geschwätz des Pöbels, das Gerede der Mägde, die Frauen der Mittäter (dieses Geschmeiß, das man doch mit einem Dolchstich beseitigt, wenn es wagen sollte, den Mund aufzutun). So wie innerlich, fühlen sie sich auch äußerlich jenseits von jedem Gesetz, nun da sie den Reichtum, die Macht als Herren in den Händen haben. Triumphierend berichtet Beatrice an den Bruder die gelungene Tat; und ohne das Verdächtige darin zu bedenken, schenkt sie dem Mörder Olympio, ihrem Liebhaber, zum Lohn den Diamantring und ein Kleid des gemordeten Vaters, wie man eben einen Kammerdiener für eine wackere Tat belohnt.

Aber allmählich regt sich und schwillt das Gerede, und das Unglück will, daß gerade ein strenger Papst im Lande ist. Wie bei Gilles de Raitz, wie bei allen großen adeligen Verbrechern des Mittelalters, wie vielleicht auch bei den Reichen der Neuzeit, ist es immer einer für eine ganze Generation, an dem der Staat, an dem die weltliche Macht ein Exempel statuiert. Was sonst schützt, der Reichtum, wird gerade bei den Allerreichsten, hier den Cencis, zum Verderben; denn aus der Bestrafung der Schuldigen erwächst dem Staate, in diesem Falle dem Papst, die Konfiskation der ungeheuren Güter. Der Papst Klemens ist entschlossen, endlich wieder einmal Ernst zu machen mit dem Gesetz. Nichtsdestoweniger wird aber die Untersuchung zunächst nur lau betrieben; Beatrice, ihre Mutter, ihr Bruder werden nur vorsichtig ausgefragt und bloß in ihren Häusern interniert. Schon hat es den Anschein, als sollte, wie fast immer in solchen Fällen, die leidige Affäre durch Hinhalten, Bestechungen und Kompromisse aus der Welt geschafft werden. Die beiden wichtigsten Zeugen, die eigentlichen Mörder, haben sich aus dem Staube gemacht; der eine ist unauffindbar, aber der andere, Olympio, wagt sich im Vertrauen auf die Macht der Cenci sogar wieder offen in Rom heraus. Und abermals ist es nur der unsinnige Hochmut, die leidenschaftliche Kühnheit des Renaissancemenschen, die den adeligen Verbrechern Verderben bringt. Denn da die Zeugen unbequem werden könnten, man sich auch ungern solchem Pöbel verpflichtet fühlt, und weil es außerdem der »Ehre« dieser Mörderfamilie widerstrebt, daß ein Bursche aus niederem Stand, Olympio, sich rühmen könnte, der Beischläfer einer Cenci gewesen zu sein, beschließen sie kurzerhand, ihn zu erledigen. Der damals leicht auftreibbare Bravo wird gemietet, Olympio gewaltsam verschleppt und ermordet. Und mit der gleichen zynischen Achtlosigkeit wie die Herrenleute lassen die Bravi den Leichnam auf der Straße liegen, gleichgültig gegen das Gesetz, das aber endlich, aufgepeitscht von so viel herausfordernder Kühnheit und Anmaßung, zornig wird und zugreift.

Und das Gesetz hat damals einen furchtbaren Griff, eine grauenhafte Waffe: die Folter. Beatrice, Lucrezia und der Bruder sowie alle übrigen Beteiligten werden auf Befehl des Papstes in die Gefängnisse der Engelsburg gebracht. Dort, in den nassen, kalten Räumen der Folterkammer beginnen die entsetzlichen Befragungen, die nervenerschütternden Torturen, deren Beschreibung in den Dokumenten enthalten ist; und so grausam reißen die Seile und die teuflische Erfindung der Veglia, der »Winde«, an den Gliedern, daß die Gefolterten in kürzester Zeit alles gestehen. Nun eilt die Tragödie mit unaufhaltsamer Geschwindigkeit ihrem Ende zu. Das Urteil wird gefällt: Tod für die Stiefmutter und die Tochter durch das Schwert, Vierteilung für den vatermörderischen Sohn.

Und, knapp vor dem Tode, enthüllt sich – sichtbar für die Sehenden – inmitten all dieser Abgründigkeiten noch ein letztes Geheimnis – höchst unbequem der Legende: Beatrice Cenci, die später als zweite Lucrezia und unbeugsame Jungfrau Gefeierte, macht vor der Hinrichtung ihr Testament, in dem sie als Universalerben die »Seraphischen Schwestern der Wundmale des heiligen Franziskus« einsetzt und etwa dreißig Kirchen, Klöster, Spitäler, Kongregationen und Gefängnisse bedenkt. Aber die sonderbarste Verfügung in diesem Vermächtnis ist ein scheinbar bedeutungsloses Kodizill [eine Verfügung], in dem sie einer vertrauten Freundin einen großen Betrag vermacht für ein bestimmtes, mit Namen nicht genanntes Kind, das in seinem zwanzigsten Jahre jenes Kapital mit Zinsen erhalten soll. Die mehrmalige Erwähnung eben dieses namenlosen, nur der Freundin bekannten Kindes im Testament und in den Kodizillen läßt fast keinen Zweifel zu, daß jene Verbindung mit Olympio nicht ohne Folgen geblieben und das Drängen Beatrices, ihren eigenen Vater zu beseitigen, schließlich auch in der Furcht vor Entdeckung ihrer Mutterschaft begründet war. Damit stürzt und fällt freilich ein wesentlicher Teil der Legende, aber um so menschlicher, klarer und eindringlicher eröffnet sich die innere Tragödie, die jenes Schloß der Petrella jahrhundertelang verborgen.

Am 11. September 1599 wird dann die Hinrichtung vollzogen. Um Mitternacht treten in die Zelle der Verurteilten die unheimlichen Gestalten der Confortatori, der Tröster, vermummt, schwarze Kapuzen übergestülpt und Masken über dem Antlitz, Laternen in der Hand. Die Verurteilten werden zuerst zur Messe geführt und legen die Beichte ab, dann kommunizieren sie: dann erst führt man sie den Todesweg. Voran schreiten die Kongregationen der Wundmale, barfuß, in Säcke von aschgrauer Farbe gehüllt, um die Hüften einen groben Strick mit Rosenkränzen, dann Soldaten und Sbirren [Polizeidiener], der Gerichtshof und die Brüderschaft der Misericordia – hinter dem Karren der Verurteilten wieder fromme Orden, Litaneien singend, und unendliche Scharen Volks, so daß diese Zeremonie beinahe wie ein spanisches Autodafé anmutet. Von allen Balkonen und Fenstern blicken erschüttert Menschen nieder, aber nicht so sehr in Mitleid für Giacomo Cenci, dem der Henker mit der glühenden Zange die Fetzen Fleisches aus dem gemarterten Leibe reißt, sondern einzig auf das junge Mädchen starren sie, die Zweiundzwanzigjährige, die alle Folterungen in den Türmen erduldet hat und nun, schön wie ein Engel, wunderbar jugendlich anzusehen, zum Schafott geführt wird. Und kaum der Henker sein Amt getan hat und die Bahre am Fuß des Blutgerüstes steht, treten schon junge Mädchen heran, um das abgeschlagene Haupt mit Blumen zu bekränzen, Frauen drängen ihnen nach, und bald strömt das ganze Volk, Edelleute wie Pöbel, zu einer ungeheuren Prozession zusammen, und sie stellen Kerzen neben die Bahre, bringen Blumen und Kränze, als sei hier eine Heilige gestorben und nicht eine Vatermörderin.

Denn so stark ist die Gewalt der Jugend und Schönheit, daß, wo immer der Tod sie berührt, sie Geheimnis und Erschütterung schafft und die Welt ihr gegen alle Wirklichkeit den Glauben an die Schuld verweigert. Von diesem Augenblicke an, wo die ersten Blumen des Volkes das erblaßte Antlitz zieren, beginnt die Legende zu blühen von Beatrice Cenci, der Märtyrerin, die ihre jungfräuliche Ehre an ihrem blutfrevlerischen Vater rächte. Sie dringt in das Volk, wird Lied und Überlieferung, rankt sich fest in den Jahrhunderten; die Dichter, die Maler erneuern sie in immer rührender Gestalt. Und selbst die Wirklichkeit, wie sie nunmehr bedeutend wahrhaftiger und großartiger aus den Dokumenten zutage tritt, wird sie nicht mehr ganz zerstören.

Léon Bazalgette
1927

Sein letzter Brief, den ich einen Tag vor seinem Tode erhielt, war unterschrieben »ton ami des profondeurs du siècle dernier« [dein Freund aus den Tiefen des letzten Jahrhunderts]. Tatsächlich, über ein Vierteljahrhundert waren wir in männlich und brüderlicher Kameradschaft verbunden und ich weiß Weniges in meinem Leben, auf das ich so stolz war wie auf sein unerschütterliches Zutrauen in hellen und dunklen Jahren. Denn dieser Mann – wer kann, wer muß es bezeugen als wir? – war ein Genie der Freundschaft, er meisterte diese strenge und männliche Kunst mit der ganzen zusammengefaßten Kraft seines Wesens. Freundschaft war ihm Bedürfnis, er gab sie leicht und gern, aus der Offenheit und Freigebigkeit seiner Natur, aber er nahm sie auch ebenso streng und unerbittlich zurück, sobald er die geringste Unehrlichkeit, Feigheit und Schwäche bei einem Kameraden merkte: während und nach dem Kriege hat er fürchterliche Musterung gehalten unter all jenen, die diese entscheidendste Prüfung der Menschlichkeit nicht bestanden hatten, und was er diesen Ungetreuen nahm, gab er dann den Getreuen seines Herzens doppelt und dreifach wieder zurück. Darum galt in unserem Kreise seine Freundschaft als das äußerste und gültigste Maß der Gerechtigkeit. Sagte man von einem »c'est un ami de Bazalgette« [dies ist ein Freund von Bazalgette], so bedeutete dies schon vollgültige Legitimation und hieß übersetzt: ein ehrlicher, ein verläßlicher Mann, ein Nicht-Paktierer, ein »Camerado« im Sinne Walt Whitmans, dieses seines Vorbildes und Meisters.

In diesen vielen Jahren habe ich unendlich viel von ihm gelernt, denn er zeigte in seinem bescheidenen, für die Öffentlichkeit fast unterirdischen Leben prachtvoll die zur Rarität gewordene Tugend des Künstlers: Unabhängigkeit. Er war unabhängig vom Ruhm, kümmerte sich nicht darum, ob man viel von ihm redete oder wenig, ob die großen Zeitungen ihn rühmten oder vergaßen. Er war unabhängig vom Geld, denn er haßte den Luxus als eine überflüssige und gefährliche Anomalie unserer gegenwärtigen Gesellschaft. In seinen zwei Zimmern zu wohnen, in einem kleinen Gasthaus zu guten Gesprächen mit Freunden zusammenzusitzen, einen Monat lang in seinem Häuschen am Lande die Erde zu graben und redlich seine kritische künstlerische Arbeit zu tun, das war ihm genug. Frei bleiben, das wollte er und ist es geblieben. Kein Titel hat seinen Namen geehrt, keine Auszeichnung sein Knopfloch belästigt. »Nulla crux nulla corona« [Weder Kreuz (der Ehrenlegion) noch Kranz], keine äußerliche, keine öffentliche Ehre schmückt nun sein Gedenken als unsere Ehrfurcht und Liebe. Aber ein solches Leben bis zum Ende unerschütterlich gelebt zu sehen, stärkt gegen alle Versuchungen. Frei von allen Bindungen, herrlich unabhängig und rein, war es bessere Schule zu wirklicher Menschlichkeit als alle Akademien und philosophischen Societäten, und mindestens ebenso wie durch seine meisterlichen Übertragungen hat er uns in seiner Haltung das Bildnis jenes zukünftigen männlichen Ideals gezeigt, das Walt Whitman vor einem halben Jahrhundert schon forderte, den heiteren, freien, sicheren, allem Aufrechten verbundenen, allem Unglück leidenschaftlich zugewandten, hilfreichen Menschen. Man darf von ihm sagen, er hat nicht Walt Whitman übertragen, sondern das Wesen Walt Whitmans sich in ihn.

Nur wir, die wir ihn nahe kannten, wissen darum,

welche herrliche Kraft in diesem bescheidenen, im Schatten der Öffentlichkeit wohnenden Mann wirkte, daß er unsichtbar, gleichsam wie ein geometrischer Punkt mit der moralischen Schwerkraft seiner Person einen ganzen Kreis an sich heranzog und ihn in seiner Richtung bestimmte. Von den vier Mannestugenden, Schaffen, Kämpfen, Dienen und Helfen, hat er jede geübt. Er hat geschaffen: jene drei wunderbaren Werke über Walt Whitman, Verhaeren und Thoreau, die einer ganzen Generation einen Zuwachs an Energie, eine Verstärkung der innern Dynamik gegeben haben. Er hat gekämpft gegen alle Ungleichheit der Menschen, gegen den Krieg und jede andere Form moralischer Unterdrückung. Er hat gedient, jahrelang, leidenschaftlich und ohne materiellen Gewinn an dem Werke jenes Menschen, den er am meisten liebte, und hat so die Verse Walt Whitmans aus amerikanischen zu europäischen gemacht. Und er hat geholfen, jeder Jugend, jedem energischen, ehrlichen, unbedingten Streben. Es sind Hunderte, die lange ehe ein Strahl Öffentlichkeit auf sie fiel, von ihm Zuspruch und Hilfe erfahren haben. Was immer er aber schuf, immer war es im Sinne einer Steigerung der lebendigen Kräfte, immer im Sinn des wirklichen Volkes, der großen unsichtbaren Gemeinschaft. Alles Dekadente, alles Melancholische, alles bloß spielhaft Erotische, alles bloß spielhaft Kunsthafte, l'art pour l'art [die Kunst um der Kunst willen] blieb seinem ins Weite fühlenden Instinkt verhaßt, alle Kunst für kleine Kreise, die nicht welthaft werden wollte, nicht zu allen sprechen, zu allen Ländern, allen Ständen, allen Sprachen.

Eine solche Leistung, ein solcher Mann darf nicht vergessen werden. Und um ihm wahrhaft treu zu bleiben, haben wir heute nur einen Weg: in seinem Sinn zu leben, als ob sein strenges und gleichzeitig gütiges Auge jeden unserer Schritte beobachtete. So zu leben, als ob wir seine Freundschaft, die unschätzbare, immer wieder neu verdienen wollten, indem wir anständig und aufrecht bleiben, alle Versuchungen und Kompromisse ablehnen und immer wieder versuchen, das Unbeugsame und Ehrliche seiner Haltung in uns zu verwirklichen. Nur wenn auch weiterhin die Freunde Léon Bazalgettes – obwohl er sie verlassen hat – seiner würdig sind, bleibt sein Wesen, sein Werk lebendig, und wir können ihn nicht besser ehren, als in seinem Sinne zu wirken und zu dienen für das europäische Ideal.

Mater dolorosa
Die Briefe von Nietzsches Mutter an Overbeck
1937

> Diese Frau ist wirklich unerschöpflich in
> ihrer Geduld – und jener Geduld, die nur
> eine Mutter haben kann, bedarf es hier.
>
> Peter Gast, 1890

Eine stille schmale Pastorswitwe in Naumburg, immer
geht sie in schwarz, immer geht sie allein und oft in die
Kirche, die fromme, die geprüfte Frau. Das Leben ist
nicht freundlich zu ihr gewesen. Früh ist ihr der Mann
weggestorben, die Tochter, die einzige, die zarte, muntere Elisabeth hat sie verlassen, um mit einem sonderbaren Phantasten Förster nach Paraguay auszuwandern,
und das Lieblingskind, der »Herzenssohn« – ach, sie
seufzt, wenn sie an seinen Namen denkt, und in der Kirche spricht sie für ihn ein besonderes Gebet. Wieviel
Freude hat er ihr bereitet, dieser feine, kluge, zärtliche
Junge, wie stolz ist sie auf ihren Fritz gewesen in all den
ersten Jahren: der beste Schüler im Gymnasium, der
Liebling aller Lehrer auf der Universität, mit vierundzwanzig Jahren – ein Mirakel in der akademischen Welt –
Professor, ordentlicher Professor der Universität Basel,
mit fünfundzwanzig Jahren durch die Freundschaft des
berühmten Richard Wagner geehrt; jede Mutter muß sie
beneiden um solch einen Sohn, die stille, bescheidene
Pastorswitwe in Naumburg. Und wie schöne, wie gelehrte Bücher er schreibt, schwer freilich verständlich
dem naiven, altmodischen Frauchen, das wenig, außer
frommen Traktätchen, vielleicht noch den Klassikern,

gelesen hat und sogar die Titel seiner Werke falsch auf-
schreibt (»Geistesdämmerung« statt »Götzendämme-
rung« und »Zara Tustra« statt »Zarathustra«). Doch allerhand gelehrte Leute sprechen den Schriften ihres
Kindes Bedeutung zu, und wie sollte eine Mutter solchem Lobe nicht willig glauben? Aber auf einmal weicht
ihre Freude einer wilden Angst, einem jähen Erschrecken;
erst ist einer gekommen, dann ein andrer und hat erzählt,
Fritz, ihr »Herzensfritz« entehre das Gedenken seines
frommen Vaters, indem er entsetzlich blasphemische
Bücher schreibe und sich frevlerisch »der Antichrist«
nenne. Es sei eine Schande, eine Schmach: ein Pastors-
sohn beschimpfe die christliche Lehre und kündige einen
Kreuzzug an gegen das Kreuz. Die arme schlichte Frau
erschrickt bis in die tiefste Seele, sie hat ihr Kind verloren
bei lebendigem Leib, und wirklich, fremd werden seine
Briefe und manchmal hart. Ein wilder herrischer Ton
springt auf in seinen Schriften, in seinem Wesen; finstere
Ahnung besorgt heimlich die verstörte Mutter, ein Dämon, der leibhaftige Feind Gottes müsse der Seele ihres
Kindes sich bemächtigt haben.

Und plötzlich Schreckensnachricht aus Basel im Januar 1889, sie solle kommen, sofort. Overbeck, der einzig verläßliche Freund und ihr besonders vertraut als
Professor der Theologie, hat den geistig Erkrankten aus
Turin geholt: ihr als der Mutter allein will er den Wahn-
sinnigen übergeben, damit man ihn in die lebendige
Gruft, in die Irrenanstalt überführe. Gräßliche Szenen,
die man sich scheut, wiederzugeben, spielen sich ab bei
dem Wiedersehen, das für den Geisteskranken kein Wie-
dererkennen mehr ist. Mit starken Dosen Chloral einge-
schläfert und außerdem in Begleitung eines Arztes und
eines Irrenwärters wird schließlich mit der Mutter der
kranke Nietzsche in einen Waggon verladen, und hier
beginnt seine Fahrt in die ewige Nacht, beginnt auch

der Bericht der Mutter in den Briefen an Overbeck, die – eines der erschütterndsten Dokumente der Geistesgeschichte – soeben unter dem Titel ›Der kranke Nietzsche‹ (Bermann-Fischers Verlag [Stockholm]) erschienen sind.

Furchtbar die Reise – ein Wutausbruch des Irren gegen die Mutter, vor dem sie in ein anderes Abteil sich retten muß –, furchtbar die Überführung ins Irrenhaus, wo für fünf Mark pro Tag der größte Genius des Jahrhunderts in eine Zelle eingehürdet wird. Für die Ärzte ist er freilich nicht dieser Genius, sondern ein simpler Fall von Paralyse mit dem Vermerk in Klammern »unheilbar«; der Leiter der Anstalt, dem man Nietzsches Bedeutung erklären will, lehnt zunächst die Lektüre seiner Werke ab, »sie hätten zu derartigen Schöngeistschriften so wenig Zeit«; wenige Tage später wird den Studenten im Kursus ein Professor Nietzsche als Schulbeispiel einer Paranoia vordemonstriert, ohne daß ein einziger bei dem Namen »Nietzsche« aufschräke (der damals noch so unbekannt war, daß das Konversationslexikon gar nicht seinen Namen enthält). Man läßt den Patienten auf und ab marschieren, und weil er nicht stramm genug geht (um die Symptome zu zeigen), spaßt der Professor mit ihm: »Ein alter Soldat wie Sie wird doch anständig marschieren können.« Und ebenso spaßt der Irrenwärter mit der Larve dieses größten Geistmenschen unserer Zeit, er streichelt ihm brav den buschigen Schnurrbart, er klopft ihm auf die Schulter und umarmt fröhlich den Mann, der in seiner hellsichtigen Zeit auch die leiseste Berührung als allzu intim und zudringlich empfand. Wie in Baudelaires ›Albatros‹ ist, der früher frei und herrlich den Äther durchschwebte, nun ihm die Schwingen zerschnitten sind, zu Kinderspott und grobem Wärterspaß geworden (»Er kriecht mich mannigmal beim Kopfe«, sächselt der gutmütige Stubengesell).

»Unheilbar« und »für immer zu internieren«, haben

die Ärzte gesagt. Aber eine will es nicht glauben, die rührend einfältige, die rührend gläubige, die rührend zärtliche Frau, seine Mutter. »Quälte mich nicht nur ewig der Gedanke, ob die Ärzte die Krankheit meines Sohnes richtig auffaßten.« Was sind für sie diese fürchterlichen Fremdworte, die Befunde? Nein, sie glaubt es nicht, weil sie es nicht glauben will, daß ihr Kind, ihr Herzensfritz, wahnsinnig sei. Nur überarbeitet habe sich ihr »Herzensjunge«, und wenn sie, die Mutter, ihn zu sich in Pflege nehmen könnte, würde er rasch genesen. Die Ärzte zögern lange. Einen Geisteskranken, der entsetzliche Tobsuchtsausbrüche hat – selbst Peter Gast fürchtet, Nietzsche könne »in diesem Zustand seine Mutter einmal möglicherweise erschlagen oder ermorden« – ohne Wärter, ohne Vorsichtsmaßregeln einer schwachen, alten Frau zur Hütung überlassen: es scheint absurd. Aber die Mutter läßt nicht nach, sie wagt die Gefahr, sie beugt sich dem auferlegten Kreuz, und schließlich entlassen die Ärzte Anfang 1891 den etwas Beruhigten, jedoch keineswegs Genesenen gegen Revers aus der Anstalt. Von nun an ist die Mutter seine einzige Pflegerin.

Und nun sieht man manchmal eine alte Frau den Kranken wie einen großen täppischen Bären durch die Straßen und auf weite Spaziergänge führen. Um ihn zu beschäftigen, sagt sie ihm ununterbrochen Gedichte vor, die er stumpf anhört; geschickt steuert sie ihn an den Menschen vorbei, die ihn neugierig anstarren, und an den Pferden, die er verabscheut. (»Ich bebe keine Pferde«, sagt er immer wieder statt »ich liebe keine Pferde«.) Aber glücklich ist sie jedesmal, wenn sie ihn ohne Aufsehen und ohne »Lautsein« (so nennt sie zärtlich-beschönigend das wilde Aufbrüllen des Irren) nach Hause gebracht hat. Dort ist er leichter zu beschäftigen. Setzt man ihn an das Klavier, so phantasiert der Geistabwesende dort stundenlang ins Leere und sie läßt ihn gewähren, außer wenn er Wagner spielt, denn sie weiß, daß Amfortas immer ihm die Nerven erregt. Oder man gibt ihm zu lesen – das heißt natürlich, Nietzsche weiß längst nicht mehr, was er liest, aber eine Zeitung oder ein Buch in Händen zu halten und sich daraus vorzumurmeln, beschwichtigt ihn. Reicht man ihm einen Bleistift, so wacht dunkle Erinnerung in ihm auf, daß er einmal ein Schreiber, ein Schriftsteller war, er kritzelt und kritzelt unleserliche Worte auf das Papier: etwas von dem unsterblichen Dichter, von dem innerlichen Musiker ist noch unbewußt wach in ihm, doch gespenstischerweise nur das Mechanische der handwerklichen Funktionen. Wenn er spricht, ist er meist verworren und »sprachselig«, wie die Mutter schreibt; nur ab und zu blitzen wie bei dem kranken Hölderlin erschütternde Worte durch das Gewölk des Unsinns, etwa wenn er sagt: »Ich bin tot, weil ich dumm bin«, oder, den Haarbusch wild schüttelnd, »Summarisch tot«.

All das berichtet die Mutter dem Freunde in rührendster Art. Sie ist aufrichtig in ihrem schlichten Erzählen, gewiß, aber doch fühlt man, wie die Geprüfte das Bitterste verschweigt, wie sie Nietzsches wahren Zustand immer als heller, als heilbarer sich und dem Freunde vorzutäuschen sucht, wie sie über seine Zornausbrüche (wenn er aufschreit, »und mit *welcher* Stimme«) eilig hinüberredet, um von dem »guten Sohn« zu fabulieren, dessen »liebes Gesicht höchst amüsiert, ja ganz schelmisch« aussieht. Und nur an ihren erstickten Seufzern ahnt man, welch ungeheure Last die Mutter auf sich genommen, allein den unberechenbaren Kranken zu pflegen, zu überwachen, ihn zu waschen, zu füttern, zu kleiden, alles allein ohne Hilfe, ihn zwölf Stunden des Tags unablässig zu beschäftigen, und dann, statt zu ruhen, während er schläft, die Wirtschaft zu besorgen – ein Jahr, zwei Jahre, fünf Jahre ihr eigenes Leben hinopfernd dem Wahn seiner Genesung, ohne eine Stunde Freiheit, ohne Pause, ohne Entspannung. »Ach, meine Geliebten«, stöhnt sie dann auf, »niemand kann ahnen, was ich leide.« Immer wieder mahnt sie sich, »so muß man Geduld haben und auf des treuen Gottes Gnade und Allbarmherzigkeit vertrauen«.

Aber endlich kann auch dies fromme, dies wundergläubige Herz sich nicht mehr täuschen, und sie läßt von dem langgehegten Wahn, ihr »Herzensfritz« könnte noch einmal wach und geistlebendig werden. Resigniert bekennt sie, daß »sein Leiden mir immer ein Geheimnis bleiben wird«. Noch tut sie treu den täglichen Dienst, sie füttert ihn mit Schinkenbrötchen und streichelt ihm die Wangen. Aber immer mehr zerfällt Nietzsches Kraft. Er wird müder und müder. Die Spaziergänge locken ihn nicht mehr, stumm liegt er auf seinem Liegesessel, die leeren Augen unter den schwergewordenen Lidern mühsam auf den Eintretenden richtend. Die Wutausbrüche hören auf, der Krater ist ausgebrannt. Apathisch sitzt oder liegt er auf der Veranda: »er spricht alle Monate kaum einmal einen Satz, auch körperlich ganz zusammengehutzelt, ein tränenerweckender Anblick. Aber er fühlt offenbar gar nichts mehr, kein Glück und kein Unglück; auf eine schreckliche Art ist er im ›Jenseits‹ von allem.« Alles Vermögen für Unterscheidung kommt ihm allmählich abhanden, furchtbare Fortschritte macht die Auflösung, sogar des Begriffs der eigenen Person. »Er betrachtet lange seine Hände mit dem Ausdruck, als ob sie ihm gar nicht gehörten, und steckt sie dann meist in die Hosentaschen, was er früher doch nie getan. Ich lege sie ihm in dieser Situation, wenn er sich auch krampfhaft weigert, auf den Tisch, liebkose sie und mache ihm begreiflich, daß es seine rechte und linke Hand sei.« Vergebens, daß jetzt der Ruhm ihn sucht, daß

Fremde nach Naumburg pilgern, daß die Freunde, die bei Lebzeiten ihn verkannt, nun Besuche machen – es ist zu spät. Er erkennt niemanden mehr; wie ein sterbender Löwe, furchterregend und großartig, starrt er mit brechendem Auge Freunde und Verwandte an. Und durch ein gütiges Geschick bleibt es der Mutter erspart, dies Letzte, dies Schauervollste mitanzusehen, wie noch Jahre und Jahre, ein lebendiger Leichnam, diese unbewegliche Gestalt im Hause liegt, bis endlich das Herz aufhört zu schlagen in dem gleichsam versteinerten Leib.

Erschütternde Tragödie: ein Gehirn höchster Klarheit, der herrlichste Geist, den die Neige des Jahrhunderts gekannt, die erstaunlichste Fülle des Wissens, verbunden mit dem höchsten Ausdruck der Sprache – und ein winziger Bazillus, der dies einzige Gebilde mörderisch zerfrißt, strahlendste Helligkeit zu tierischer Dumpfheit erniedrigend und was gestern noch schöpferische Kraft gewesen, zu tierischer Dumpfheit vernichtend: Rätsel dies und Geheimnis, das nicht nur diese einfache und milde Frau unkund war zu lösen und zu verstehen, sondern das wir selbst mit unfaßbarem Grauen betrachten. Wunderbar aber, wie sie, die ahnungslos vor diesem Unbegreiflichen steht, wie sie, die heldische Mutter, treu und aufopferungsvoll den vergeblichen Dienst mit unerschöpflicher Kraft weiter tut, wie sie hofft, durch Demut und Liebe das Wunder zu wirken; dieser Heroismus der Liebe, nicht minder gewaltig als der geistige des großen Empörers, ist nun zum ersten Mal unwiderstehlich erkennbar in ihren Briefen, die nie vermeinten, Dokumente zu werden. Aber immer ist die unabsichtliche Geste die schönste und die menschlichste; immer gehen gerade von dem Einfachen, von dem schlicht und sachlich Wahren die reinsten Ergriffenheiten aus, und so wissen wir aus diesen Aufzeichnungen einer ungeistigen, einfachen Frau mehr als aus allen klinischen Belegen und gelehrten Dissertationen über den Untergang und Hingang dieses großen Geistes der vergangenen Generation. Gerade die ihn in seinem Werke vielleicht am wenigsten verstand, die fromme, die weltferne, die ahnungslose Mutter, hat ihn – Mirakel der Liebeskraft – in seinem Wesen am besten geschildert.

Joseph Roth

1939

Abschiednehmen, diese schwere und bittere Kunst zu erlernen, haben uns die letzten Jahre reichlich, ja überreichlich Gelegenheit geboten. Von wie vielem und wie oft haben wir Ausgewanderte, Ausgestoßene Abschied nehmen müssen, von der Heimat, von dem eigenen gemäßen Wirkungskreis, von Haus und Besitz und aller in Jahren erkämpften Sicherheit. Wieviel haben wir verloren, immer wieder verloren, Freunde durch Tod oder Feigheit des Herzens, und wieviel Gläubigkeit vor allem, Gläubigkeit an die friedliche und gerechte Gestaltung der Welt, Gläubigkeit an den endlichen und endgültigen Sieg des Rechts über die Gewalt. Zu oft sind wir enttäuscht worden, um noch leidenschaftlich überschwenglich zu hoffen, und aus Instinkt der Selbstbewahrung versuchen wir, unser Gehirn dahin zu disziplinieren, daß es wegdenke, rasch hinüberdenke über jede neue Verstörung und alles, was hinter uns liegt, schon als endgültig abgelöst zu betrachten. Aber manchmal weigert sich unser Herz dieser Disziplin des raschen und radikalen Vergessens. Immer, wenn wir einen Menschen verlieren, einen der seltenen, die wir unersetzlich und unwiederbringlich wissen, fühlen wir betroffen und beglückt zugleich, wie sehr unser getretenes Herz noch fähig ist, Schmerz zu empfinden und aufzubegehren gegen ein Schicksal, das uns unserer Besten, unserer Unersetzlichsten vorzeitig beraubt.

Ein solcher unersetzlicher Mensch war unser lieber Joseph Roth, unvergeßlich als Mensch und für alle Zeiten durch kein Dekret als Dichter auszubürgern aus den Annalen der deutschen Kunst. Einmalig waren in ihm zu schöpferischem Zwecke die verschiedensten Elemente gemischt. Er stammte, wie Sie wissen, aus einem kleinen Ort an der altösterreichisch-russischen Grenze; diese Herkunft hat auf seine seelische Formung bestimmend gewirkt. Es war in Joseph Roth ein russischer Mensch – ich möchte fast sagen, ein Karamasow'scher Mensch –, ein Mann der großen Leidenschaften, ein Mann, der in allem das Äußerste versuchte; eine russische Inbrunst des Gefühls erfüllte ihn, eine tiefe Frömmigkeit, aber verhängnisvollerweise auch jener russische Trieb zur Selbstzerstörung. Und es war in Roth noch ein zweiter Mensch, der jüdische Mensch mit einer hellen, unheimlich wachen, kritischen Klugheit, ein Mensch der gerechten und darum milden Weisheit, der erschreckt und zugleich mit heimlicher Liebe dem wilden, dem russischen, dem dämonischen Menschen in sich zublickte. Und noch ein drittes Element war von jenem Ursprung in ihm wirksam: der österreichische Mensch, nobel und ritterlich in jeder Geste, ebenso verbindlich und bezaubernd im täglichen Wesen wie musisch und musikalisch in seiner Kunst. Nur diese einmalige und nicht wiederholbare Mischung erklärt mir die Einmaligkeit seines Wesens, seines Werkes.

Er kam aus einem kleinen Städtchen, ich sagte es, und aus einer jüdischen Gemeinde am äußersten Rande Österreichs. Aber geheimnisvollerweise waren in unserem sonderbaren Österreich die eigentlichen Bekenner und Verteidiger Österreichs niemals in Wien zu finden, in der deutschsprechenden Hauptstadt, sondern immer nur an der äußersten Peripherie des Reiches, wo die Menschen die mild-nachlässige Herrschaft der Habsburger täglich vergleichen konnten mit der strafferen und minder humanen der Nachbarländer. In dem kleinen

Städtchen, dem Joseph Roth entstammte, blickten die Juden dankbar hinüber nach Wien; dort wohnte, unerreichbar wie ein Gott in den Wolken, der alte, der uralte Kaiser Franz Joseph, und sie lobten und liebten in Ehrfurcht diesen fernen Kaiser wie eine Legende, sie ehrten und bewunderten die farbigen Engel dieses Gotts, die Offiziere, die Ulanen und Dragoner, die einen Schimmer leuchtender Farbe in ihre niedere, dumpfe, ärmliche Welt brachten. Die Ehrfurcht vor dem Kaiser und seiner Armee hat sich Roth also schon als den Mythos seiner Kindheit aus seiner östlichen Heimat nach Wien mitgenommen.

Noch ein Zweites brachte er mit, als er endlich nach unsäglichen Entbehrungen diese ihm heilige Stadt betrat, um dort an der Universität Germanistik zu studieren: eine demütige und doch leidenschaftliche, eine werktätig sich immer wieder erneuernde Liebe zur deutschen Sprache. Meine Damen und Herren, es ist hier nicht die Stunde, mit den Lügen und Verleumdungen abzurechnen, mit welchen die nationalsozialistische Propaganda die Welt zu verdummen sucht. Aber von all ihren Lügen ist vielleicht keine verlogener, gemeiner und wahrheitswidriger als diejenige, daß die Juden in Deutschland jemals Haß oder Feindseligkeit geäußert hätten wider die deutsche Kultur. Im Gegenteil, gerade in Österreich konnte man unwidersprechlich gewahren, daß in all jenen Randgebieten, wo der Bestand der deutschen Sprache bedroht war, die Pflege der deutschen Kultur einzig und allein von Juden aufrechterhalten wurde. Der Name Goethes, Hölderlins und Schillers, Schuberts, Mozarts und Bachs war diesen Juden des Ostens nicht minder heilig als der ihrer Erzväter. Mag es eine unglückselige Liebe gewesen sein und heute gewiß eine unbedankte, das Faktum dieser Liebe wird doch nie und niemals wegzulügen sein aus der Welt, denn sie ist in tausend einzelnen Werken und Taten bezeugt. Auch Joseph Roths innerstes Verlangen war von Kindheit an, der deutschen Sprache zu dienen und in ihr den großen Ideen, die vordem Deutschlands Ehre waren, dem Weltbürgertum und der Freiheit des Geistes. Er war nach Wien gekommen um dieser Ehrfurcht willen, ein gründlichster Kenner und bald ein Meister der Sprache. Eine umfassende Bildung, errungen und abgerungen zahllosen Nächten, brachte der schmale, kleine, schüchterne Student schon mit an die Universität, und ein anderes noch: seine Armut. Ungern hat Roth von diesen Jahren beschämender Entbehrung in späterer Zeit erzählt. Aber wir wußten, daß er bis zum einundzwanzigsten Jahre nie einen Anzug getragen, der für ihn selber geschneidert worden war, immer nur die abgetragenen, abgelegten von anderen, daß er an Freitischen gesessen, wie oft vielleicht gedemütigt und in seiner wunderbaren Empfindsamkeit verletzt, – wir wußten, daß er nur mühsam durch rastloses Stundengeben und Hauslehrerei das akademische Studium fortsetzen konnte. Im Seminar fiel er sofort den Professoren auf; man verschaffte diesem besten und blendendsten Schüler ein Stipendium und machte ihm Hoffnung auf eine Dozentur, alles schien plötzlich herrlich für ihn zu werden. Da fuhr 1914 die harte Schneide des Krieges dazwischen, die für unsere Generation die Welt unerbittlich in ein Vorher und Nachher geschieden hat.

Der Krieg wurde für Roth Entscheidung und Befreiung zugleich. Entscheidung, weil dadurch für immer die geregelte Existenz als Gymnasialprofessor oder Dozent erledigt war. Und Befreiung, weil sie ihm, dem bisher ewig von andern Abhängigen, Selbständigkeit gab. Die Uniform des Fähnrichs war die erste, die ihm neu und eigens auf den Leib geschneidert wurde. An der Front Verantwortung zu tragen, das gab ihm, diesem unermeßlich bescheidenen, zarten und schüchternen Menschen, zum erstenmal Männlichkeit und Kraft.

Aber es war im Schicksal Joseph Roths in ewiger Wiederholung beschlossen, daß wo immer er eine Sicherheit fand, sie erschüttert werden sollte. Der Zusammenbruch der Armee warf ihn zurück nach Wien, ziellos, zwecklos, mittellos. Vorbei war der Traum der Universität, vorbei die erregende Episode des Soldatentums: es galt eine Existenz aus dem Nichts aufzubauen. Beinahe wäre er damals Redakteur geworden, aber glücklicherweise ging es ihm in Wien zu langsam, und so übersiedelte er nach Berlin. Dort kam der erste Durchbruch. Zuerst druckten ihn die Zeitungen bloß, dann umwarben sie ihn als einen der brillantesten, scharfsichtigsten Darsteller menschlicher Zustände; die ›Frankfurter Zeitung‹ sandte ihn – dies ein neues Glück für ihn – weit in die Welt, nach Rußland, nach Italien, nach Ungarn, nach Paris. Damals fiel uns dieser neue Name Joseph Roth zum erstenmal auf – alle spürten wir hinter dieser blendenden Technik seiner Darstellung einen immer und überall menschlich mitfühlenden Sinn, der nicht nur das Äußere, sondern auch das Innere und Innerste von Menschen zu durchseelen verstand.

Nach drei oder vier Jahren hatte unser Joseph Roth nun alles, was man im bürgerlichen Leben Erfolg nennt. Er lebte mit einer jungen und sehr geliebten Frau, er war von den Zeitungen geschätzt und umworben, von einer immer wachsenden Leserschaft begleitet und begrüßt, er verdiente Geld und sogar viel Geld. Aber Erfolg konnte diesen wunderbaren Menschen nicht hochmütig machen, das Geld bekam ihn nie in seine Abhängigkeit. Er gab es weg mit vollen Händen, vielleicht weil er wußte, daß es bei ihm nicht bleiben wollte. Er nahm kein Haus und hatte kein Heim. Nomadisch wandernd von Hotel zu Hotel, von Stadt zu Stadt mit seinem kleinen Koffer, einem Dutzend feingespitzter Bleistifte und dreißig oder vierzig Blättern Papier in seinem unwandelbaren grauen Mäntelchen, so lebte er sein Leben lang bohemehaft, studentisch, irgendein tieferes Wissen verbot ihm jede Bleibe, und mißtrauisch wehrte er sich jeder Bruderschaft mit behäbig-bürgerlichem Glück.

Und dieses Wissen behielt recht – immer und immer wieder gegen jeden Anschein der Vernunft. Gleich der erste Damm, den er sich gegen das Verhängnis gebaut, seine junge, seine glückliche Ehe, brach ein über Nacht. Seine geliebte Frau, dieser sein innerster Halt, wurde plötzlich geisteskrank, und obwohl er es sich verschweigen wollte, unheilbar und für alle Zeit. Dies war die erste Erschütterung seiner Existenz, und um so verhängnisvoller, als der russische Mensch in ihm, jener russische, leidenswütige Karamasow-Mensch, von dem ich Ihnen sprach, dies Verhängnis gewaltsam umwandeln wollte in eigene Schuld.

Aber gerade dadurch, daß er damals bis ins Innerste sich selbst die Brust aufriß, legte er zum erstenmal sein Herz frei, dieses wunderbare Dichterherz; um sich selbst zu trösten, um sich selbst Heilung zu geben, suchte er, was sinnloses persönliches Schicksal war, umzugestalten in ein ewiges und ewig sich erneuerndes Symbol; sinnend und immer wieder nachsinnend, warum ihn, und gerade ihn, der niemandem etwas zuleide getan, der in den Jahren der Entbehrung still und demütig gewesen und sich in den kurzen Jahren des Glücks nicht überhoben, das Schicksal so hart züchtige, da mochte ihn Erinnerung überkommen haben an jenen andern seines Bluts, der mit der gleichen verzweifelten Frage: Warum? Warum mir? Warum gerade mir? sich gegen Gott gewandt.

Sie wissen alle, welches Symbol, welches Buch Joseph Roths ich meine, den ›Hiob‹, dies Buch, das man in eiliger Abbreviatur [Verkürzung] einen Roman nennt und das doch mehr ist als Roman und Legende, eine reine, eine vollkommene Dichtung in unserer Zeit und wenn ich nicht irre, die einzige, die alles zu überdauern bestimmt ist, was wir, seine Zeitgenossen, geschaffen und geschrieben. Unwiderstehlich hat sich in allen Ländern, in allen Sprachen die innere Wahrhaftigkeit dieses gestalteten Schmerzes offenbart, und dies ist inmitten der Trauer um den Hingeschwundenen unser Trost, daß in dieser vollkommenen und durch Vollkommenheit unzerstörbaren Form ein Teil des Wesens Joseph Roths gerettet ist für alle Zeiten.

Ein Teil von dem Wesen Joseph Roths, sagte ich, ist in diesem Werk für alle Zeit vor Vergänglichkeit bewahrt, und ich meinte mit diesem Teil den jüdischen Menschen in ihm, den Menschen der ewigen Gottesfrage, den Menschen, der Gerechtigkeit fordert für diese unsere Welt und alle künftigen Welten. Aber nun, zum erstenmal seiner dichterischen Kraft bewußt, unternahm es Roth, auch den anderen Menschen in sich darzustellen: den österreichischen Menschen. Und abermals wissen Sie, welches Werk ich meine – den ›Radetzkymarsch‹. Wie die alte vornehme und an ihrer inneren Noblesse unkräftig gewordene österreichische Kultur zugrundegeht, dies wollte er in der Gestalt eines letzten Österreichers aus verblühendem Geschlecht zeigen. Es war ein Buch des Abschieds, wehmütig und prophetisch, wie es immer die Bücher der wahren Dichter sind. Wer in kommenden Zeiten die wahrste Grabinschrift der alten Monarchie wird lesen wollen, wird sich niederbeugen müssen über die Blätter dieses Buches und seiner Fortführung, der ›Kapuzinergruft‹.

Mit diesen zwei Büchern, diesen zwei Welterfolgen, hatte Joseph Roth sich endlich enthüllt als der, der er war, der echte Dichter und wunderbar wache Betrachter jener Zeit und ihr mild verstehender, gütiger Richter. Viel Ruhm und viel Ehre warben damals um ihn: sie konnten ihn nicht verführen. Wie hellsichtig empfand er alles und wie nachsichtig zugleich, jedes Menschen, jedes Kunstwerks Fehler erkennend und doch verzeihend, ehrfürchtig vor jedem Älteren seines Standes, hilfreich gegen jeden Jüngeren. Freund jedem Freunde, Kamerad jedem Kameraden und wohlgesinnt auch dem Fremdesten, wurde er ein wirklicher Verschwender seines Herzens, seiner Zeit und - um das Wort unseres Freundes Ernst Weiß zu borgen – immer ein »armer Verschwender«. Das Geld floß ihm fort unter den Fingern; jedem, der etwas entbehrte, gab er in Erinnerung an seine einstigen Entbehrungen, jedem, der Hilfe brauchte, half er in Erinnerung an die wenigen, die ihm einstens geholfen. In allem, was er tat, was er sagte und schrieb, spürte man eine unwiderstehliche und unvergeßliche Güte, ein großartiges, ein russisch überschwengliches Sich-selbst-Verschwenden. Nur wer ihn gekannt in diesen Zeiten, wird verstehen können, warum und wie unbegrenzt wir diesen einzigen Menschen geliebt.

Dann kam die Wende, jene fürchterliche für uns alle, die jeden Menschen um so unmäßiger traf, je mehr er weltfreundlich, zukunftsgläubig gesinnt war und im seelischen Sinne empfindlich –, also einen derart zart organisierten, derart gerechtigkeitsfanatischen Menschen wie Joseph Roth am allerverhängnisvollsten. Nicht daß seine eigenen Bücher verbrannt und verfemt wurden, sein Name ausgelöscht –, nicht das Persönliche also erbitterte und erschütterte ihn so sehr bis in die untersten Tiefen seines Wesens, sondern daß er das böse Prinzip, den Haß, die Gewalt, die Lüge, daß er, wie er es sagte, den Antichrist auf Erden triumphieren sah, dies verwandelte ihm das Leben in eine einzige andauernde Verzweiflung.

Und so begann in diesem gütigsten, zarten und zärt-

lichen Menschen, für den Bejahen, Bestärken und durch
Güte Befreunden die elementarste Lebensfunktion gewesen war, jene Wandlung ins Bittere und Kämpferische.
Er sah nur eine Aufgabe mehr: alle seine Kraft, die künstlerische wie die persönliche, einzusetzen zur Bekämpfung des Antichrist auf Erden. Er, der immer allein gestanden, der in seiner Kunst zu keiner Gruppe und zu
keinem Klüngel gehört hatte, suchte jetzt mit aller Leidenschaft seines wilden und erschütterten Herzens Un-
terkunft in einer kämpfenden Gemeinschaft. Er fand sie
oder er meinte sie im Katholizismus und im österreichischen Legitimismus zu finden. In seinen letzten Jahren
wurde unser Joseph Roth gläubiger, bekennender, alle
Gebote dieser Religion demütig erfüllender Katholik,
wurde er Kämpfer und Vorkämpfer in der kleinen und,
wie es die Tatsachen erwiesen haben, recht machtlosen
Gruppe der Habsburgtreuen, der Legitimisten.

Ich weiß, daß viele seiner Freunde und alten Kamera
den ihm diese Wendung ins Reaktionäre, wie sie es nann-
ten, verübelt haben und sie als eine Verirrung und
Verwirrung angesehen. Aber so wenig ich selbst diese
Wendung zu billigen oder gar mitzumachen vermochte,
so wenig möchte ich mich anmaßen, ihre Ehrlichkeit bei
ihm zu bezweifeln oder in dieser Hingabe etwas Unver-
ständliches zu sehen. Denn schon vordem hatte er seine
Liebe zum alten, zum kaiserlichen Österreich in seinem
›Radetzkymarsch‹ bekundet, schon vordem dargetan in
seinem ›Hiob‹, welches religiöse Bedürfnis, welcher
Wille nach Gottgläubigkeit das innerste Element seines
schöpferischen Lebens war. Kein Gran Feigheit oder Absicht oder Berechnung war in diesem Übergang, sondern einzig und allein der verzweifelte Wille, als Soldat
zu dienen in diesem Kampf um die europäische Kultur,
nebensächlich, in welcher Reihe und in welchem Rang.
Und ich glaube sogar, daß er im tiefsten wußte, lange

vor dem Untergang des zweiten Österreich, daß er einer verlorenen Sache diente. Aber gerade dies entsprach dem Ritterlichen seiner Natur, sich dorthin zu stellen, wo es am unbedanktesten und am gefährlichsten war, ein Ritter ohne Furcht und Tadel, ganz hingegeben dieser ihm heiligen Sache, dem Kampf gegen den Weltfeind und gleichgültig gegen das eigene Geschick.

Gleichgültig gegen das eigene Geschick und sogar mehr noch – voll heimlicher Sehnsucht nach baldigem Untergang. Er litt, unser teurer verlorener Freund, so unmenschlich, so tierisch wild angesichts jenes Triumphs des bösen Prinzips, das er verachtete und verabscheute, daß er, als er die Unmöglichkeit einsah, dies Böse auf Erden aus eigener Kraft zu zerstören, sich selber zu zerstören begann. Um der Wahrheit willen dürfen wir es nicht verschweigen – nicht nur Ernst Tollers Ende ist ein Freitod gewesen aus Abscheu gegen unsere tollwütige, unsere ungerechte und schurkische Zeit. Auch unser Freund Joseph Roth hat aus dem gleichen Gefühl der Verzweiflung sich bewußt selber vernichtet, nur daß bei ihm diese Selbstzerstörung noch viel grausamer, weil um vieles langsamer sich vollzog, weil sie ein Selbstzerstören war Tag um Tag und Stunde um Stunde und Stück um Stück, eine Art Selbstverbrennung.

Ich glaube, die meisten von Ihnen wissen bereits, was ich jetzt andeuten will: das Unmaß der Verzweiflung über die Erfolglosigkeit und Sinnlosigkeit seines Kampfes, die innere Verstörung durch die Verstörung der Welt hatten in den letzten Jahren diesen wachen und wunderbaren Menschen zu einem heillosen und schließlich unheilbaren Trinker gemacht. Aber denken Sie bei diesem Wort Trinker nicht etwa an einen heiteren Zecher, der lustig und schwatzfreudig im Kreise von Kameraden sitzt, der sich anfeuert und sie anfeuert zu Frohmut und gesteigertem Lebensgefühl. Nein, Joseph Roths Trinken war ein Trinken aus Bitternis, aus Sucht nach Vergessen; es war der russische Mensch in ihm, der Mensch der Selbstverurteilung, der sich gewaltsam in die Hörigkeit dieser langsamen und scharfen Gifte begab. Früher war der Alkohol für ihn nur ein künstlerischer Anreiz gewesen; er pflegte während der Arbeit ab und zu – aber immer nur ganz wenig – an einem Glase Cognac zu nippen. Es war anfangs nur ein Kunstgriff des Künstlers. Während andere zum Schaffen einer Stimulierung bedürfen, weil ihr Gehirn nicht genug rapid, nicht genug bildnerisch schafft, so brauchte er mit seiner ungeheuren Überklarheit des Geistes eine ganz zarte, ganz leise Vernebelung, gleichsam wie man einen Raum abdunkelt, um besser Musik zu hören.

Dann aber, als die Katastrophe hereinbrach, wurde das Bedürfnis immer dringlicher, sich stumpf zu machen gegen das Unabwendbare und gewaltsam seinen Abscheu vor unserer brutalisierten Welt zu vergessen. Dazu benötigte er mehr und mehr dieser goldhellen und dunklen Schnäpse, immer schärfere und immer noch bitterere, um die innere Bitterkeit zu überspielen. Es war, glauben Sie es mir, ein Trinken aus Haß und Zorn und Ohnmacht und Empörung, ein böses, ein finsteres, ein feindliches Trinken, das er selber haßte und dem er sich doch nicht zu entringen vermochte.

Sie mögen sich denken, wie uns, seine Freunde, diese rasende Selbstzerstörung eines der edelsten Künstler unserer Zeit erschütterte. Furchtbar schon, einen geliebten, einen verehrten Menschen neben sich hinsiechen zu sehen und ohnmächtig dem übermächtigen Verhängnis nicht wehren zu können und dem immer näher andrängenden Tod. Aber wie grauenhaft erst, mitansehen zu müssen, wenn solcher Zerfall nicht Schuld des äußeren Schicksals ist, sondern bei einem geliebten Menschen von innen her gewollt, wenn man einen innigsten

Freund sich selber morden mitansehen muß, ohne ihn zurückreißen zu können! Ach, wir sahen ihn, diesen herrlichen Künstler, diesen gütigen Menschen, äußerlich wie innerlich in Nachlässigkeit fallen, deutlich und immer deutlicher stand schon das endgültige Fatum in seinen verlöschenden Zügen. Es wurde ein unaufhaltsamer Niedergang und Untergang. Aber wenn ich dieser seiner schrecklichen Selbstverheerung Erwähnung tue, geschieht es nicht, um ihm die Schuld zuzumessen – nein, Schuld trägt nur unsere Zeit an diesem Untergang, diese ruchlose und rechtlose Zeit, die Edelste in solche Verzweiflung stößt, daß sie aus Haß gegen diese Welt keine andere Rettung wissen, als sich selbst zu vernichten.

Nicht also, meine Damen und Herren, um das seelische Bildnis Joseph Roths abzuschatten, habe ich dieser seiner Schwäche Erwähnung getan, sondern gerade im Gegensinn, nur damit Sie nun doppelt das Wunderbare, ja das Wunder fühlen, wie herrlich unzerstörbar und unvernichtbar bis zum letzten in diesem schon verlorenen Menschen der Dichter, der Künstler blieb. Wie Asbest dem Feuer, so trotzte die dichterische Substanz in seinem Wesen unbeschädigt der moralischen Selbstverbrennung. Es war ein Wunder gegen alle Logik, gegen alle medizinischen Gesetze, dieser Triumph des in ihm schaffenden Geistes über den schon versagenden Körper. Aber in der Sekunde, da Roth den Bleistift faßte, um zu schreiben, endete jede Verwirrung; sofort begann in diesem undisziplinierten Menschen jene eherne Disziplin, wie sie nur der vollsinnige Künstler übt, und keine Zeile hat Joseph Roth uns hinterlassen, deren Prosa nicht gesiegelt wäre mit dem Signum der Meisterschaft. Lesen Sie seine letzten Aufsätze, lesen oder hören Sie die Seiten seines letzten Buches, knapp einen Monat vor seinem Tode geschrieben, und prüfen Sie mißtrauisch und genau die Prosa, wie man einen Edelstein mit der Lupe untersucht –, Sie werden keinen Sprung finden in ihrer diamantenen Reinheit, keine Trübung in ihrer Klarheit. Jede Seite, jede Zeile ist wie die Strophe eines Gedichts gehämmert mit dem genauesten Bewußtsein für Rhythmus und Melodik. Geschwächt in seinem armen, brüchigen Leibe, verstört in seiner Seele, blieb er immer noch aufrecht in seiner Kunst, – in seiner Kunst, mit der er sich nicht dieser von ihm verachteten Welt, sondern der Nachwelt verantwortlich fühlte: es war ein Triumph, ein beipielloser des Gewissens über den äußeren Untergang. Ich bin ihm oft schreibend begegnet an seinem geliebten Kaffeehaustisch und wußte: das Manuskript war schon verkauft, er brauchte Geld, die Verleger drängten ihn. Aber mitleidslos, der allerstrengste und allerweiseste Richter, riß er vor meinen Augen die ganzen Blätter noch einmal durch und begann von neuem, nur weil irgendein winziges Beiwort noch nicht das rechte Gewicht, ein Satz noch nicht den vollen musikalischen Klang zu haben schien. Treuer seinem Genius als sich selber, hat er sich herrlich in seiner Kunst erhoben über seinen eigenen Untergang.

Meine Damen und Herren, wieviel drängte es mich noch, Ihnen zu sagen von diesem einmaligen Menschen, dessen weiterwirkender Wert selbst uns, seinen Freunden, in diesem Augenblicke vielleicht noch nicht ganz erfaßbar ist. Aber es ist nicht die Zeit jetzt für endgültige Wertungen und nicht auch, der eigenen Trauer besinnend nachzuhängen. Nein, dies ist keine Zeit für eigene, persönliche Gefühle, denn wir stehen mitten in einem geistigen Krieg und sogar an seinem gefährlichsten Posten. Sie wissen alle, im Krieg wird bei jeder Niederlage einer Armee eine kleine Gruppe abgesondert, um den Rückzug zu decken und dem geschlagenen Heer die notwendige Neuordnung zu ermöglichen. Diese paar aufgeopferten Bataillone haben dann dem ganzen Druck der Übermacht möglichst lange standzuhalten, sie stehen im schärfsten Feuer und haben die schwersten Verluste. Ihre Aufgabe ist es nicht, den *Kampf* zu gewinnen – dafür sind sie zu wenige –, ihre Aufgabe ist einzig, *Zeit* zu gewinnen, Zeit für die stärkeren Kolonnen hinter ihnen, für die nächste, die eigentliche Schlacht. Meine Freunde – dieser vorgeschobene, dieser aufgeopferte Posten ist heute uns zugeteilt, uns, den Künstlern, den Schriftstellern der Emigration. Wir wissen selbst in dieser Stunde noch nicht deutlich zu erkennen, was der innere Sinn unserer Aufgabe ist. Vielleicht haben wir, indem wir diese Bastion halten, vor der Welt nur die Tatsache zu verschleiern, daß die Literatur innerhalb Deutschlands seit Hitler die kläglichste Niederlage der Geschichte erlitten hat und im Begriffe ist, aus dem Blickfeld Europas völlig zu verschwinden. Vielleicht aber – und laßt uns dies von ganzer Seele hoffen! – vielleicht haben wir diese Bastion nur solange zu halten, bis hinter uns die Umgruppierung erfolgt ist, bis das deutsche Volk und seine Literatur wieder frei ist und abermals als eine schöpferische Einheit dem Geiste dient. Doch sei, wie dem sei – wir haben nicht nach dem Sinn unserer Aufgabe zu fragen, sondern jetzt jeder nur eines zu tun: den Posten zu halten, an den wir gestellt sind. Wir dürfen nicht mutlos werden, wenn unsere Reihen sich lichten, wir dürfen nicht einmal, wenn rechts und links die besten unserer Kameraden fallen, wehmütig unserer Trauer nachgeben, denn – ich sagte es eben – wir stehen mitten im Kriege und an seinem gefährdetsten Posten. Ein Blick gerade nur hinüber, wenn einer der Unsern fällt, – – ein Blick der Dankbarkeit, der Trauer und des treuen Gedenkens, und dann wieder zurück an die einzige Schanze, die uns schützt: an unser Werk, an unsere Aufgabe – unsere eigene und unsere gemeinsame, um sie so aufrecht und mannhaft zu

erfüllen bis an das bittere Ende, wie diese beiden verlorenen Kameraden es uns vorausgezeigt, wie unser ewig
überschwenglicher Ernst Toller, wie unser unvergeß-
licher, unvergeßbarer Joseph Roth.

Cicero
1940

Das weiseste, was ein kluger und nicht sehr tapferer
Mann tun kann, wenn er einem Stärkeren begegnet, ist:
ihm auszuweichen und ohne Beschämung die Wende ab-
zuwarten, bis die Bahn ihm selbst wieder frei wird. Marcus Tullius Cicero, der erste Humanist des römischen
Weltreiches, der Meister der Rede, der Verteidiger des
Rechts, hat drei Jahrzehnte lang um den Dienst vor dem
ererbten Gesetz und die Erhaltung der Republik sich ge-
müht; seine Reden sind eingemeißelt in die Annalen der
Geschichte, seine literarischen Werke in die Quadern der
lateinischen Sprache. Er hat in Catilina die Anarchie, in
Verres die Korruption, in den siegreichen Generälen die
drohende Diktatur befeindet, und sein Buch ›De repu-
blica‹ [Vom Gemeinwesen] gilt innerhalb seiner Zeit als
der sittliche Kodex der idealen Staatsform. Aber nun ist
ein Stärkerer gekommen. Julius Caesar, den er als der
Ältere und Berühmtere anfänglich ohne Mißtrauen gefördert, hat sich über Nacht mit seinen gallischen Legionen zum Herrn Italiens gemacht; als unumschränkter
Gebieter der militärischen Macht brauchte er nur die
Hand auszustrecken, um die Königskrone zu fassen, die
Antonius ihm vor dem versammelten Volke angeboten.
Vergebens hat Cicero Caesars Alleinherrschaft bekämpft, sobald dieser zugleich mit dem Rubikon das Gesetz überschritt. Vergebens hat er versucht, die letzten
Verteidiger der Freiheit gegen den Vergewaltiger aufzurufen. Aber die Kohorten erwiesen sich wie immer stärker als die Worte. Caesar, Geistmensch und Tatmensch

zugleich, hat restlos triumphiert, und wäre er wie die meisten der Diktatoren rachsüchtig, so könnte er nun nach seinem schmetternden Siege leichthin diesen starrsinnigen Verteidiger des Gesetzes beseitigen oder zumindest in die Acht tun. Jedoch mehr als alle seine militärischen Triumphe, ehrt Julius Caesar seine Großmut nach dem Siege. Er schenkt Cicero, dem erledigten Widersacher ohne jeden Versuch der Erniedrigung das Leben und legt ihm einzig nahe, von der politischen Bühne abzutreten, die ihm nun allein gehört und auf der jedem andern bloß die Rolle eines stummen und gehorsamen Statisten zugeteilt bliebe.

Nun kann einem geistigen Menschen nichts Glücklicheres geschehen als die Ausschaltung vom öffentlichen, vom politischen Leben; sie treibt den Denker, den Künstler aus einer seiner unwürdigen Sphäre, die nur mit Brutalität oder Verschlagenheit zu bemeistern ist, in seine innere unberührbare und unzerstörbare zurück. Jede Form des Exils wird für einen geistigen Menschen Antrieb zur inneren Sammlung, und Cicero begegnet dieses gesegnete Mißgeschick in dem besten und glücklichsten Augenblick. Der große Dialektiker nähert sich mählich der Alterswende eines Lebens, das mit ständigen Stürmen und Spannungen ihm wenig Zeit zu schöpferischer Übersicht gelassen. Wieviel und wieviel Gegensätzliches hat der Sechzigjährige im engen Raum seiner Zeit durchlebt! Durch Zähigkeit, Wendigkeit und geistige Überlegenheit sich vorstoßend und durchdrückend hat er, der homo novus [der Emporkömmling], der Reihe nach alle öffentlichen Stellen und Ehren errungen, die sonst einem kleinen Provinzmenschen verwehrt und eifersüchtig einzig der angestammten Adelsclique vorbehalten waren. Er hat das höchste Hoch und das tiefste Tief der öffentlichen Gunst erfahren, nach der Niederschlagung Catilinas im Triumph die Stufen des Kapitols emporgeführt, vom Volk bekränzt, vom Senat mit dem ruhmreichen Titel eines »pater patriae« [eines Vaters des Vaterlandes] geehrt. Und er hat anderseits über Nacht in die Verbannung fliehen müssen, von dem gleichen Senat verurteilt und von demselben Volk im Stiche gelassen. Kein Amt, in dem er nicht gewirkt, kein Rang, den er sich nicht kraft seiner Unermüdlichkeit errungen hatte. Er hat Prozesse geführt auf dem Forum, er hat als Soldat Legionen kommandiert im Felde, er hat als Konsul die Republik, als Prokonsul Provinzen verwaltet, Millionen Sesterzen sind durch seine Hände gegangen und unter seinen Händen zu Schulden zerflossen. Er hat das schönste Haus am Palatin besessen und hat es in Trümmern gesehen, verbrannt und verwüstet von seinen Feinden. Er hat denkwürdige Traktate geschrieben und klassische Reden gehalten. Er hat Kinder gezeugt und Kinder verloren, er ist mutig gewesen und schwach, eigenwillig und dann wieder lobdienerisch, viel bewundert und viel gehaßt, ein wetterwendischer Charakter voll Brüchigkeit und Glanz, in summa die anziehendste und wiederum erregendste Persönlichkeit seiner Zeit, weil mit allen Geschehnissen dieser vierzig überfüllten Jahre von Marius bis Caesar unlösbar verknüpft. Zeitgeschichte, Weltgeschichte, sie hat Cicero wie kein anderer erlebt und durchlebt; nur für eines – für das Wichtigste – ist ihm nie Zeit geblieben: zum Blick in das eigene Leben. Nie hat der Rastlose in seinem Ehrgeiztaumel Zeit gefunden, sich still und gut zu besinnen und die Summe seines Wissens, seines Denkens zu ziehen.

Nun endlich ist ihm durch Caesars Staatsstreich, der ihn ausschaltet von der res publica [von den Staatsgeschäften], Gelegenheit gegeben, diese res privata [Privatangelegenheit], die wichtigste der Welt, fruchtbar zu pflegen; resignierend überläßt Cicero Forum, Senat und das Imperium der Diktatur Julius Caesars. Eine Un-

lust vor allem Öffentlichen beginnt den Zurückgestoßenen zu überwältigen. Er resigniert: mögen andere die
Rechte des Volkes verteidigen, dem Gladiatorenkämpfe
und Spiele wichtiger sind als seine Freiheit, für ihn gilt
es jetzt nur mehr, eigene, die innere Freiheit zu suchen,
zu finden und zu gestalten. So blickt Marcus Tullius Cicero zum erstenmal im sechzigsten Jahr still sinnend in
sich, um der Welt zu erweisen, wofür er gewirkt und gelebt.

Als der geborene Künstler, der nur versehentlicher-
weise aus der Welt der Bücher in die brüchige der Politik
geraten war, sucht Marcus Tullius Cicero sein Leben
klarsichtig gemäß seinem Alter und seinen innersten
Neigungen zu gestalten. Er zieht sich von Rom, der lärmenden Metropole, nach Tusculum, dem heutigen Fras-
cati, zurück und stellt damit eine der schönsten Landschaften Italiens rings um sein Haus. In linden, dunkel
bewaldeten Wellen fluten die Hügel hinab in die Campa-
gna, mit silbernem Ton musizieren die Quellen in die
abseitige Stille. Nach all den Jahren auf dem Markte,
dem Forum, im Kriegszelt und Reisewagen ist dem
schöpferischen Nachsinner endlich die Seele hier voll
aufgetan. Die Stadt, die verführerische, die ermüdende,
sie liegt fern wie ein bloßer Rauch am Horizont und liegt
doch nah genug, daß oftmals Freunde kommen zu geistig anregendem Gespräch, Atticus, der innig vertraute,
oder der junge Brutus, der junge Cassius, und einmal
sogar – gefährlicher Gast! – der große Diktator selbst,
Julius Caesar. Aber bleiben die römischen Freunde aus,
so sind doch immer andere zur Stelle, herrliche, nie ent-
täuschende Gefährten, gleich willig zum Schweigen und
zur Rede: die Bücher. Eine wundervolle Bibliothek, eine
wahrhaft unerschöpfliche Wabe der Weisheit, baut sich
Marcus Tullius Cicero in sein ländliches Haus ein, die
Werke der griechischen Weisen anreihend den römischen

Chroniken und den Kompendien der Gesetze; mit solchen Freunden aus allen Zeiten und allen Sprachen kann
kein Abend mehr einsam sein. Der Morgen gehört der
Arbeit. Immer wartet gehorsam der gelehrte Sklave zum
Diktat, zu den Mahlzeiten kürzt ihm die Tochter Tullia,
die innig geliebte, die Stunden, die Erziehung des Sohnes
bringt täglich neue Anregung oder Abwechslung. Und
dann, letzte Weisheit: der Sechzigjährige begeht noch die
süßeste Torheit des Alters, er nimmt eine junge Frau,
jünger als seine Tochter, um als Künstler des Lebens
Schönheit statt in Marmor oder Versen auch in ihrer
sinnlichsten und bezauberndsten Form zu genießen.

So scheint in seinem sechzigsten Jahre Marcus Tullius
Cicero endlich heimgekehrt zu sich selbst, Philosoph nur
mehr und nicht mehr Demagog, Schriftsteller und nicht
mehr Rhetor, Herr seiner Muße und nicht mehr geschäf-
tiger Diener der Volksgunst. Statt vor bestechlichen
Richtern auf dem Markte zu perorieren [mit Nachdruck
zu sprechen], legt er lieber das Wesen der Rednerkunst in
seinem ›De oratore‹ [Über den Redner] vorbildlich für
alle seine Nachahmer fest und sucht gleichzeitig in seinem Traktat ›De senectute‹ [›Cato maior de senectute‹
(Cato der Ältere, über das Alter)] sich selbst zu belehren,
daß ein wirklich Weiser als die wahre Würde des Alters
und seiner Jahre Resignation zu erlernen hat. Die schönsten, die harmonischesten seiner Briefe stammen aus
jener Zeit der inneren Sammlung, und selbst als nieder-
schmetterndes Unglück ihn betrifft, der Tod seiner geliebten Tochter Tullia, hilft ihm seine Kunst zu philoso-
phischer Würde: er schreibt jene ›Consolationes‹ [Trö-
stungen], die noch heute durch Jahrhunderte Tausende in
gleichem Schicksal getröstet haben. Nur dem Exil dankt
die Nachwelt den großen Schriftsteller in dem einstigen
geschäftigen Redner. Innerhalb dieser stillen drei Jahre
schafft er mehr für sein Werk und seinen Nachruhm als

vordem in den dreißig, die er verschwenderisch der res publica [den Staatsgeschäften] hingegeben.

Schon scheint sein Leben das eines Philosophen geworden. Die täglichen Nachrichten und Briefe aus Rom beachtet er kaum, Bürger schon mehr jener ewigen Republik des Geistes als der römischen, die Caesars Diktatorschaft entmannt hat. Der Lehrer des irdischen Rechts hat endlich das bittre Geheimnis erlernt, das jeder im öffentlichen Wirken schließlich erfahren muß: daß man auf die Dauer nie die Freiheit von Massen verteidigen kann, sondern immer nur die eigne, die innere.

So verbringt Weltbürger, Humanist, Philosoph Marcus Tullius Cicero einen gesegneten Sommer, einen schöpferischen Herbst, einen italienischen Winter, abseits – und wie er meint: für immer abseits – vom zeitlichen, vom politischen Getriebe. Die täglichen Nachrichten und Briefe aus Rom beachtet er kaum, gleichgiltig für ein Spiel, das ihn nicht mehr als Partner benötigt. Schon scheint er vom eitlen Öffentlichkeitsgelüst des Literaten gänzlich genesen, Bürger nur mehr der unsichtbaren Republik und nicht jener korrumpierten und vergewaltigten mehr, die sich dem Terror widerstandslos unterworfen. Da, an einem Mittag des März stürmt ein Bote ins Haus, staubbedeckt, mit pochenden Lungen. Gerade noch kann er die Nachricht melden: Julius Caesar, der Diktator, ist ermordet worden auf dem Forum von Rom, dann knickt er zu Boden.

Cicero erblaßt. Vor Wochen ist mit dem großmütigen Sieger er noch an der gleichen Tafel gesessen, und so gehässig er auch in Gegnerschaft gegen diesen gefährlich Überlegenen gestanden, so mißtrauisch er seine militärischen Triumphe betrachtet, immer doch war er genötigt, innerlich den souveränen Geist, das organisatorische Genie und die Humanität dieses einzig respektablen Feindes heimlich zu ehren. Aber bei aller Abscheu vor dem gemeinen Argument des Mordvolkes, hat dieser Mann Julius Caesar, mit allen seinen Vorzügen und Leistungen nicht selbst die fluchwürdigste Art des Mordes begangen, parricidium patriae, den Mord des Sohnes am Vaterland? War eben nicht gerade sein Genie die gefährlichste Gefahr der römischen Freiheit? Mag der Tod dieses Mannes menschlich bedauerlich sein, so fördert die Untat doch den Sieg der heiligsten Sache, denn, nun da Caesar tot ist, kann die Republik wieder auferstehn: durch diesen Tod triumphiert die erhabenste Idee, die Idee der Freiheit.

So überwindet Cicero sein erstes Erschrecken. Er hat die heimtückische Tat nicht gewollt, vielleicht nicht einmal im innersten Traum zu wünschen gewagt. Brutus und Cassius, obwohl Brutus, während er den blutigen Dolch aus Caesars Brust reißt, seinen Namen, Ciceros Namen aufgerufen und damit den Lehrer der republikanischen Gesinnung als Zeugen seiner Tat gefordert, haben ihn nicht in die Verschwörung eingeweiht. Aber nun, da die Tat unwiderruflich geschehen ist, muß sie wenigstens zu Gunsten der Republik ausgewertet werden. Cicero erkennt: der Weg zur alten römischen Freiheit geht über diese königliche Leiche, und es ist Pflicht, den andern diesen Weg zu weisen. Ein solcher einmaliger Augenblick darf nicht vergeudet werden. Noch am selben Tag läßt Marcus Tullius Cicero seine Bücher, seine Schriften und das heilige Otium [die Beschaulichkeit] des Künstlers. In pochender Eile des Herzens eilt er nach Rom, um die Republik als das wahre Erbe Caesars gleicherweise vor seinen Mördern wie vor seinen Rächern zu retten.

In Rom trifft Cicero auf eine verwirrte, bestürzte und ratlose Stadt. Schon in der Stunde ihres Geschehens hat sich die Tat der Ermordung Julius Caesars größer erwiesen als ihre Täter. Nur zu ermorden, nur zu beseitigen wußte der zusammengewürfelte Klüngel der Verschwörer den ihnen allen überlegenen Mann. Aber nun, da es gilt, die Tat auszunützen, stehen sie hilflos und wissen nicht, was beginnen. Die Senatoren schwanken, ob sie dem Morde beipflichten oder ihn verurteilen sollen, das Volk, längst gewöhnt von einer rücksichtslosen Hand gegängelt zu werden, wagt keine Meinung. Antonius und die andern Freunde Caesars fürchten sich vor den Verschworenen und zittern um ihr Leben. Die Verschworenen wiederum fürchten sich vor den Freunden Caesars und deren Rache.

In dieser allgemeinen Bestürzung erweist sich Cicero als der einzige, der Entschlossenheit zeigt. Sonst zögernd und ängstlich, wie immer der Nerven- und Geistmensch, stellt er sich, ohne zu zögern, hinter die Tat, an der er selbst keinen Anteil gehabt. Aufrecht tritt er auf die Fliesen, die noch feucht sind vom Blute des Ermordeten, und rühmt vor dem versammelten Senat die Beseitigung des Diktators als einen Sieg der republikanischen Idee. »O mein Volk, noch einmal bist du zur Freiheit zurückgekehrt!« ruft er aus. »Ihr, Brutus und Cassius, ihr habt die größte Tat nicht nur Roms, sondern der ganzen Welt vollbracht.« Aber gleichzeitig verlangt er, daß dieser an sich mörderischen Tat nun ihr höherer Sinn gegeben werde. Die Verschworenen sollen energisch die Macht ergreifen, die nach Caesars Tode brachliegt, und sie schleunigst zur Rettung der Republik, zur Wiederherstellung der alten römischen Verfassung nützen. Antonius solle das Konsulat genommen, Brutus und Cassius die Exekutive übertragen werden. Zum erstenmal hat der Mann des Gesetzes für eine kurze Weltstunde das starre Gesetz zu brechen, um die Diktatur der Freiheit für immer zu erzwingen.

Aber nun zeigt sich die Schwäche der Verschwörer. Nur eine Verschwörung konnten sie anzetteln, nur einen Mord vollbringen. Sie hatten nur Kraft, fünf Zoll tief ihre Dolche in den Leib eines Wehrlosen zu stoßen; damit war ihre Entschlossenheit zu Ende. Statt die Macht zu ergreifen und für die Wiederherstellung der Republik zu nutzen, mühen sie sich um eine billige Amnestie und verhandeln mit Antonius; sie lassen den Freunden Caesars Zeit, sich zu sammeln, und versäumen damit die kostbarste Zeit. Cicero erkennt hellsichtig die Gefahr. Er merkt, daß Antonius einen Gegenschlag vorbereitet, der nicht nur die Verschwörer, sondern auch den republikanischen Gedanken erledigen soll. Er warnt und eifert und agitiert und spricht, um die Verschworenen, um das Volk zu entschlossenem Handeln zu zwingen. Aber – welthistorischer Fehler! – er selbst handelt nicht. Alle Möglichkeiten liegen jetzt offen in seiner Hand. Der Senat ist bereit, ihm beizupflichten, das Volk wartet eigentlich nur auf einen, der entschlossen und kühn die Zügel anreißt, die Caesars starken Händen entfallen. Niemand würde widerstreben, alle erleichtert aufatmen, ergriffe er jetzt die Regierung und schaffte Ordnung im Chaos.

Marcus Tullius Ciceros welthistorische Stunde, die er seit seinen catilinarischen Reden so glühend ersehnt, nun ist sie endlich gekommen mit diesen Iden des März, und wüßte er sie zu nützen, wir alle hätten anders Geschichte in unseren Schulen gelernt; nicht bloß als der eines ansehnlichen Schriftstellers, sondern als des Retters der Republik, als des wahren Genius der römischen Freiheit wäre der Name Cicero in den Annalen des Livius und Plutarch überliefert. Sein wäre der unsterbliche Ruhm: die Macht eines Diktators besessen und sie freiwillig dem Volke wieder zurückgegeben zu haben.

Doch unablässig wiederholt sich in der Geschichte die Tragödie, daß gerade der geistige Mensch, weil innerlich von der Verantwortung beschwert, in entscheidender Stunde selten zum Tatmenschen wird. Immer wieder erneut sich derselbe Zwiespalt im geistigen, im schöpferischen Menschen: weil er besser die Torheiten der Zeit sieht, drängt es ihn, einzugreifen, und für eine Stunde des Enthusiasmus wirft er sich leidenschaftlich in den politischen Kampf. Aber gleichzeitig zögert er auch, Gewalt mit Gewalt zu erwidern. Seine innere Verantwortung schrickt zurück, Terror zu üben und Blut zu vergießen, und dieses Zögern und Rücksichtnehmen gerade in jenem einzigen Augenblick, der Rücksichtslosigkeit nicht nur verstattet, sondern sogar fordert, lähmt seine Kraft. Nach dem ersten Impuls der Begeisterung blickt Cicero mit gefährlicher Klarsichtigkeit auf die Situation. Er blickt auf die Verschwörer, die er gestern noch als Helden gerühmt, und sieht, daß es nur schwachmütige Menschen sind, flüchtend vor dem Schatten der eigenen Tat. Er blickt auf das Volk und sieht, daß es längst nicht mehr das alte römische populus romanus ist, jenes heldische Volk, von dem er geträumt, sondern ein entarteter Plebs, einzig nur auf Vorteil und Vergnügen bedacht, auf Futter und Spiel, panem et circenses, einen Tag Brutus und Cassius, den Mördern zujubelnd und am nächsten Antonius, der zur Rache gegen sie ruft, und am dritten wieder Donabella, der die Bildnisse Caesars niederschlagen läßt. Niemand, erkennt er, in dieser entarteten Stadt dient noch ehrlich der Idee der Freiheit. Alle wollen sie nur Macht oder ihr Behagen: vergebens ist Caesar beseitigt worden, denn nur um sein Erbe, um sein Geld, seine Legionen, um seine Macht buhlen und schachern und streiten sie alle; nur für sich selbst und nicht für die einzig heilige, die römische Sache suchen sie Vorteil und Gewinn.

Immer müder, immer skeptischer wird Cicero in diesen zwei Wochen nach der voreiligen Begeisterung. Niemand außer ihm selbst bekümmert sich um die Wiederaufrichtung der Republik, das nationale Gefühl ist erloschen, der Sinn für die Freiheit völlig dahin. Schließlich überkommt ihn Ekel vor diesem trüben Tumult. Er kann sich nicht länger einer Täuschung über die Ohnmacht seines Worts hingeben, er muß sich angesichts seines Mißerfolgs eingestehen, daß seine conciliatorische [ausgleichende] Rolle ausgespielt ist, daß er entweder zu schwach oder zu mutlos gewesen, um seine Heimat vor dem drohenden Bürgerkrieg zu retten; so überläßt er sie ihrem Schicksal. Anfang April verläßt er Rom und kehrt – abermals enttäuscht, abermals besiegt – zu seinen Büchern, in seine einsame Villa in Puteoli am Golf von Neapel zurück.

Zum zweitenmal ist Marcus Tullius Cicero aus der Welt in seine Einsamkeit geflüchtet. Nun ist er endgiltig gewahr, daß er als Gelehrter, als Humanist, als Wahrer des Rechts von Anfang an fehl in einer Sphäre gewesen, wo Macht als Recht gilt und Skrupellosigkeit mehr fördert als Weisheit und Versöhnlichkeit. Erschüttert hat er erkennen müssen, daß jene ideale Republik, wie er sie für seine Heimat erträumt, daß eine Auferstehung der alten römischen Sittlichkeit nicht mehr zu verwirklichen ist in dieser verweichlichten Zeit. Aber da er die rettende Tat in der widerspenstigen Materie der Wirklichkeit selbst nicht vollbringen konnte, will er wenigstens seinen Traum für eine weisere Nachwelt retten; nicht völlig ohne Wirkung sollen die Mühen und Erkenntnisse eines sechzigjährigen Lebens verloren sein. So besinnt sich der Gedemütigte seiner eigentlichen Kraft, und als Vermächtnis für andere Generationen verfaßt er in diesen einsamen Tagen sein letztes und zugleich sein größtes Werk ›De officiis‹, die Lehre von den Pflichten, die der unabhängige, der moralische Mensch gegen sich selbst und gegen den Staat zu erfüllen hat. Es ist sein politisches, sein moralisches Testament, das Marcus Tullius Cicero im Herbst des Jahres 44 und zugleich im Herbst seines Lebens in Puteoli aufzeichnet.

Daß dieses Traktat über das Verhältnis des Individuums zum Staate ein Testament ist, das endgiltige Wort eines abgedankten und aller öffentlichen Leidenschaften entsagenden Menschen, beweist schon die Ansprache dieser Schrift. ›De officiis‹ ist an seinen Sohn gerichtet; Cicero gesteht freimütig seinem Kinde, daß er nicht aus Gleichgiltigkeit aus dem öffentlichen Leben sich zurückgezogen habe, sondern weil er als freier Geist, als römischer Republikaner es unter seiner Würde und Ehre halte, einer Diktatur zu dienen. »Solange der Staat noch von Männern verwaltet war, die er selbst sich erwählte, habe ich meine Kraft und Gedanken der res publica [dem Staat] gewidmet. Aber seit alles unter die dominatio unius [die Herrschaft eines Einzelnen] geriet, war länger kein Raum mehr für öffentlichen Dienst oder Autorität.« Seit der Senat abgeschafft sei und die Gerichtshöfe geschlossen, was habe er da mit einigem Selbstrespekt noch im Senat oder auf dem Forum zu suchen? Bis jetzt habe ihm die öffentliche, die politische Tätigkeit zu sehr seine eigene Zeit entwendet. »Scribendi otium non erat« [dem Schreibenden war keine Muße gegeben], und er konnte niemals in geschlossener Form seine Weltanschauung niederlegen. Nun aber, da er zur Untätigkeit gezwungen sei, wolle er sie wenigstens nützen, im Sinne des großartigen Worts des Scipio, der von sich gesagt hatte, er sei »nie tätiger gewesen, als wenn er nichts zu tun hatte, und nie weniger einsam, als wenn er allein mit sich selbst war«.

Diese Gedanken über das Verhältnis des einzelnen zum Staate, die Marcus Tullius Cicero nun seinem Sohne entwickelt, sind vielfach nicht neu und original. Sie verbinden Angelesenes mit sonst Übernommenem: auch im sechzigsten Jahr wird ein Dialektiker nicht plötzlich zum Dichter und ein Kompilator zum ursprünglichen Schöpfer. Aber Ciceros Ansichten gewinnen diesmal ein neues Pathos durch den mitschwingenden Ton der Trauer und Erbitterung. Inmitten von blutigen Bürgerkriegen und einer Zeit, wo Prätorianerhorden und Parteibanditen um die Macht kämpfen, träumt ein wahrhaft humaner Geist wieder einmal – wie immer die Einzelnen in solchen Zeiten – den ewigen Traum einer Weltbefriedung durch sittliche Erkenntnis und Konzilianz. Gerechtigkeit und Gesetz, sie allein sollen die ehernen Grundpfeiler des Staates sein. Die innerlich Redlichen, nicht die Demagogen müßten die Gewalt und damit das Recht im Staate erhalten. Niemand dürfe versuchen, seinen persönlichen Willen und damit seine Willkür dem Volke aufzuprägen, und es sei Pflicht, jeden dieser Ehrgeizigen, die dem Volk die Führung entreißen, »hoc omne genus pestiferum acque impium« den Gehorsam zu verweigern. Erbittert weist er als unbeugsam Unabhängiger jede Gemeinschaft mit einem Diktator und jeden Dienst unter ihm zurück. »Nulla est enim societas nobis cum tyrannis et potius summa distractio est.«

Gewaltherrschaft vergewaltigt jedes Recht, argumentiert er. Wahre Harmonie kann in einem Gemeinwesen nur entstehen, wenn der einzelne, statt zu versuchen aus seiner öffentlichen Stellung persönlichen Vorteil zu ziehen, seine privaten Interessen hinter jenen der Gemeinschaft zurückstellt. Nur wenn der Reichtum sich nicht in Luxus und Verschwendung vergeudet, sondern verwaltet wird und verwandelt in geistige, in künstlerische Kultur, wenn die Aristokratie auf ihren Hochmut verzichtet und der Plebs, statt sich bestechen zu lassen von Demagogen und den Staat an eine Partei zu verkaufen, seine natürlichen Rechte fordert, kann das Gemeinwesen gesunden. Wie alle Humanisten ein Lobredner der Mitte, fordert Cicero den Ausgleich der Gegensätze. Rom braucht keine Sullas und keine Caesars und anderseits keine Gracchen; die Diktatur ist gefährlich, und ebenso die Revolution.

Vieles von dem, was Cicero sagt, war vordem schon im Staatstraum Platos zu finden und wird wieder bei Jean-Jacques Rousseau und allen idealistischen Utopisten zu lesen sein. Aber was dies sein Testament so erstaunlich über seine Zeit hebt, ist jenes neue Gefühl, das hier ein halbes Jahrhundert vor dem Christentum zum erstenmal zu Worte kommt: das Gefühl der Humanität. In einer Epoche der brutalsten Grausamkeit, wo selbst ein Caesar bei der Eroberung einer Stadt noch zweitausend Gefangenen die Hände abhacken läßt, wo Martern und Gladiatorenkämpfe, Kreuzigungen und Niederschlachten tägliche und selbstverständliche Geschehnisse sind, erhebt als erster und einziger Cicero Protest gegen jeden Mißbrauch der Gewalt. Er verurteilt den Krieg als die Methode der beluarum, der Bestien, er verurteilt den Militarismus und Imperialismus seines eigenen Volkes, die Ausbeutung der Provinzen, und fordert, daß einzig durch Kultur und Sitte und niemals durch das Schwert Länder dem römischen Reiche einverleibt werden sollten. Er eifert gegen das Plündern von Städten und verlangt – eine im damaligen Rom absurde Forderung – Milde selbst gegenüber den Rechtlosesten der Rechtlosen, gegenüber den Sklaven (adversus infirmus justitia esse servandum). Mit prophetischem Blick sieht er Roms Niedergang durch die allzurasche Folge seiner Siege und seiner ungesunden, weil nur militärischen Welteroberungen voraus. Seit mit Sulla die Nation Kriege begonnen habe, nur um Beute zu gewinnen, sei die Gerechtigkeit im Reiche selbst verlorengegangen. Und immer wenn ein Volk andern Völkern seine Freiheit gewaltsam nehme, verliere es dabei in geheimnisvoller Rache seine eigene, wunderbare Kraft der Einsamkeit.

Während die Legionen unter den ehrgeizigen Führern nach Parthien und Persien, nach Germanien und Britannien, nach Spanien und Mazedonien marschieren, um dem vergänglichen Wahn eines Imperiums zu dienen, erhebt hier eine einsame Stimme Protest gegen diesen gefährlichen Triumph: denn er hat gesehen, wie aus der blutigen Saat der Eroberungskriege die noch blutigere Ernte der Bürgerkriege erwächst, und feierlich beschwört dieser eine machtlose Sachwalter der Menschlichkeit seinen Sohn, die adiumenta hominum, das Zusammenwirken der Menschen als das höchste und wichtigste Ideal zu ehren. Endlich ist, der allzulange Rhetor gewesen, Advokat und Politiker, der für Geld und Ruhm jede gute und schlechte Sache mit gleicher Bravour verteidigt, der selbst sich um jedes Amt gedrängt, der um Reichtum, um öffentliche Ehre und Volksbeifall gebuhlt, im Herbst seines Lebens zu dieser klaren Erkenntnis gelangt. Knapp vor seinem Ende wird Marcus Tullius Cicero, bisher nur Humanist, der erste Anwalt der Humanität.

Während Cicero dieserart in seinem Abseits ruhig und gelassen Sinn und Form einer moralischen Staatsverfassung durchdenkt, wächst die Unruhe im römischen Reiche. Noch immer hat sich der Senat, hat sich das Volk nicht entschieden, ob es die Mörder Caesars lobpreisen oder verbannen solle. Antonius rüstet zum Kriege gegen Brutus und Cassius, und unvermutet schon ist ein neuer Prätendent zur Stelle, Octavian, den Caesar zu seinem Erben ernannt und der dies Erbe nun wirklich antreten möchte. Kaum daß er in Italien gelandet ist, schreibt er an Cicero, um seinen Beistand zu gewinnen, aber gleichzeitig bittet ihn Antonius, er solle nach Rom kommen, und ebenso rufen ihn von ihren Kriegsplätzen Brutus und Cassius. Alle buhlen sie um den großen Verteidiger, daß er ihre Sache verteidige, alle werben sie um den berühmten Rechtslehrer, daß er ihr Unrecht zum Recht machen solle; aus einem richtigen Instinkt suchen sie, wie immer Politiker, die an die Macht wollen, solange sie diese Macht noch nicht haben, den geistigen Menschen (den sie dann verächtlich zur Seite stoßen werden) als Stütze. Und wäre Cicero noch der eitle, ambitiöse Politiker von vordem, er ließe sich verleiten.

Aber Cicero ist halb müde halb weise geworden, zwei Gefühle, die oftmals einander gefährlich gleichen. Er weiß, daß ihm nur eines jetzt wahrhaft nottut: sein Werk zu vollenden, Ordnung zu machen in seinem Leben, Ordnung in seinen Gedanken. Wie Odysseus vor dem Gesang der Sirenen verschließt er sein inneres Ohr vor den lockenden Rufen der Machthaber, er folgt nicht dem Ruf des Antonius, nicht jenem des Octavian, nicht jenem des Brutus und des Cassius und selbst nicht dem des Senats und seiner Freunde, sondern schreibt in dem Gefühl, stärker zu sein im Wort als in der Tat und klüger allein als inmitten eines Klüngels, weiter und weiter an seinem Buche, ahnend, daß es sein Abschiedswort an diese Welt sein wird.

Erst wie er dies sein Testament vollendet hat, blickt er auf. Es ist ein schlimmes Erwachen. Das Land, seine Heimat steht vor dem Bürgerkrieg. Antonius, der die Kassen Caesars und des Tempels geplündert hat, ist es gelungen, mit gestohlenem Gelde Söldner zu sammeln. Aber gegen ihn stehen drei Armeen, und jede in Waffen, die des Octavian, des Lepidus und jene des Brutus und Cassius. Es ist zu spät geworden für Versöhnung und Vermittlung: jetzt muß entschieden werden, ob ein neues Caesarentum unter Antonius über Rom herrschen soll oder die Republik weiter bestehen. Jeder muß sich in

solcher Stunde entscheiden. Und auch dieser Vorsichtig-
ste und Behutsamste, der, immer den Ausgleich su-
chend, über den Parteien gestanden oder zwischen ihnen
zaghaft gependelt hatte, auch Marcus Tullius Cicero
muß sich endgiltig entscheiden.

Und nun geschieht das Sonderbare. Seit Cicero ›De
officiis‹, sein Testament seinem Sohne übermittelt hat,
ist – aus Verachtung des Lebens – gleichsam ein neuer
Mut über ihn gekommen. Er weiß, daß seine politische,
seine literarische Karriere abgeschlossen ist. Was er zu
sagen hatte, hat er gesagt, was ihm zu erleben bleibt, ist
nicht mehr viel. Er ist alt, er hat sein Werk getan, was da
noch diesen kläglichen Rest verteidigen? Wie ein müd-
gehetztes Tier, wenn es die kläffenden Rüden schon
knapp hinter sich weiß, plötzlich sich umwendet und,
um das Ende zu beschleunigen, sich den Hetzhunden
entgegenstößt, so wirft sich Cicero mit wahrhaftem
Todesmut noch einmal mitten in den Kampf und an
seine gefährliche Stelle. Der Monate und Jahre nur mehr
den stummen Griffel geführt, nimmt wieder den Don-
nerkeil der Rede und schleudert ihn gegen die Feinde der
Republik.

Erschütterndes Schauspiel: Im Dezember steht der
grauhaarige Mann wieder auf dem Forum Roms, um
noch einmal das römische Volk aufzurufen, sich der Ehre
ihrer Ahnen, ille mos virtusque maiorum, würdig zu
zeigen. Vierzehn »Philippikas« donnert er gegen den
Usurpator Antonius, der Senat und Volk den Gehorsam
versagt hat, vollkommen der Gefahr bewußt, die es bedeutet, waffenlos gegen einen Diktator aufzutreten, der
seine marschbereiten und mordbereiten Legionen bereits
um sich versammelt hat. Aber wer andere zum Mute
aufrufen will, hat nur dann überzeugende Kraft, wenn er
selbst diesen Mut vorbildlich erweist; Cicero weiß, daß
er nicht wie einst auf diesem selben Forum müßig mit

Worten ficht, sondern diesmal sein Leben für seine Überzeugung einzusetzen hat. Entschlossen bekennt er von der Rostra [der Rednertribüne]: »Schon als junger Mann habe ich die Republik verteidigt. Ich werde sie nicht im Stich lassen, nun da ich alt geworden bin. Gern bin ich bereit, mein Leben hinzugeben, wenn die Freiheit dieser Stadt durch meinen Tod wiederhergestellt werden kann. Mein einziger Wunsch ist, daß ich sterbend das römische Volk frei zurücklassen möge. Keine größere Gunst als diese könnten die unsterblichen Götter mir gewähren.« Jetzt sei keine Zeit mehr, verlangt er nachdrücklich, mit Antonius zu verhandeln. Man müsse Octavian stützen, der, obwohl Blutsverwandter und Erbe Caesars, die Sache der Republik vertrete. Es gehe nicht mehr um Menschen, es gehe um eine Sache, um die heiligste Sache – res in extremum est adducta discrimen: de libertate decernitur – die Sache sei zur letzten und äußersten Entscheidung gekommen: es gehe um die Freiheit. Wo aber dieser heiligste Besitz bedroht sei, sei jedes Zögern verderbnisvoll. So verlangt der Pazifist Cicero Armeen der Republik gegen die Armeen der Diktatur und er, der wie sein später Schüler Erasmus den »tumultus«, den Bürgerkrieg über alles haßt –, beantragt den Ausnahmezustand für das Land und die Acht gegen den Usurpator.

In diesen vierzehn Reden findet, seit er nicht mehr Advokat zweifelhafter Prozesse ist, sondern Anwalt einer erhabenen Sache, Cicero wirklich großartige und lodernde Worte. »Mögen andere Völker in Sklaverei leben«, ruft er seine Mitbürger an. »Wir Römer wollen es nicht. Können wir nicht die Freiheit erobern, so laßt uns sterben.« Sei der Staat wirklich zu seiner letzten Erniedrigung gekommen, dann gezieme es einem Volk, das die ganze Welt beherrsche – nos principes orbium terrarum gentiusque omnium –, so zu handeln, wie es selbst die versklavten Gladiatoren in der Arena täten: lieber mit dem Antlitz gegen den Feind zu sterben als sich hinschlachten zu lassen. »Ut cum dignitate potius cadamus quam cum ignominia serviamus«, um lieber in Ehren zu sterben, als in Schande zu dienen.

Staunend lauscht der Senat, lauscht das versammelte Volk diesen Philippikas. Manche ahnen vielleicht, es werde für Jahrhunderte zum letztenmal sein, daß solche Worte am Markte ausgesprochen werden dürfen. Bald wird man sich dort nur mehr vor den marmornen Statuen der Imperatoren sklavisch verbeugen müssen, bloß Schmeichlern und Angebern wird ein hinterhältiges Flüstern statt der einstmaligen freien Rede im Reiche der Caesaren erlaubt sein. Ein Schauer überkommt die Hörer: halb Schauer der Angst und halb der Bewunderung für diesen alten Mann, der einsam, mit dem Mute eines Desperados, eines innerlich Verzweifelten, die Unabhängigkeit des geistigen Menschen und das Recht der Republik verteidigt. Zögernd stimmen sie ihm zu. Aber auch der Feuerbrand der Worte kann den vermorschten Stamm des römischen Stolzes nicht mehr entflammen. Und während dieser einsame Idealist am Markte Aufopferung predigt, schließen hinter seinem Rücken die skrupellosen Machthaber der Legionen bereits den schmählichsten Pakt der römischen Geschichte.

Derselbe Octavian, den Cicero als den Verteidiger der Republik gerühmt, derselbe Lepidus, für den er eine Statue für seine Verdienste um das römische Volk gefordert, weil sie beide ausgezogen waren, um den Usurpator Antonius zu vernichten, ziehen beide vor, ein privates Geschäft zu machen. Da keiner von den drei Rottenführern, nicht Octavian und nicht Antonius und nicht Lepidus stark genug ist, um allein sich des römischen Reiches als einer persönlichen Beute zu bemächtigen, kommen die drei Todfeinde überein, lieber das Erbe

Caesars privat unter sich zu teilen; an Stelle des großen Caesar hat Rom über Nacht drei kleine Caesaren.

Es ist eine welthistorische Stunde, da die drei Generäle, statt dem Senat zu gehorchen und die Gesetze des römischen Volkes zu achten, sich einigen, ihr Triumvirat zu bilden und ein riesiges Reich, das drei Erdteile umspannt, als billige Kriegsbeute zu teilen. Auf einer kleinen Insel nahe von Bologna, wo der Rheno und der Lavino zusammenfließen, wird ein Zelt errichtet, in dem sich die drei Banditen treffen sollen. Selbstverständlich traut keiner der großen Kriegshelden dem andern. Zu oft haben sie sich in ihren Proklamationen Lügner, Schurken, Usurpatoren, Staatsfeinde, Räuber und Diebe genannt, um nicht einer über den Zynismus des andern genau Bescheid zu wissen. Aber Machthungrigen ist nur ihre Macht wichtig und nicht Gesinnung, nur die Beute und nicht Ehre. Mit allen Vorsichtsmaßregeln nähern die drei Partner sich einer nach dem andern dem verabredeten Platz; erst nachdem sich die zukünftigen Herrscher der Welt gegenseitig überzeugt haben, daß keiner von ihnen Waffen mit sich führt, um den allzu neuen Verbündeten zu ermorden, lächeln sie sich freundlich zu und betreten gemeinsam das Zelt, in dem das zukünftige Triumvirat beschlossen und errichtet werden soll.

Drei Tage verbleiben Antonius, Octavian und Lepidus ohne Zeugen in diesem Zelt. Sie haben dreierlei zu tun. Über den ersten Punkt – wie sie die Welt teilen sollen – einigen sie sich rasch. Octavian soll Afrika und Numidien, Antonius Gallien und Lepidus Spanien erhalten. Auch die zweite Frage macht ihnen wenig Sorge: wie das Geld aufzubringen für den Sold, den sie ihren Legionen und Parteilumpen seit Monaten schuldig sind. Dieses Problem löst sich flink nach einem seitdem oftmals nachgeahmten System. Man wird einfach den reichsten Männern im Lande das Vermögen rauben und, damit sie nicht allzulaut darüber klagen können, sie gleichzeitig beseitigen. Gemächlich setzen an ihrem Tisch die drei Männer eine Proskriptionsliste [eine öffentliche Bekanntmachung der Namen der Geächteten] auf mit den zweitausend Namen der reichsten Leute Italiens, darunter hundert Senatoren. Jeder nennt diejenigen, die er kennt, und dazu noch seine persönlichen Feinde und Gegner. Mit ein paar hastigen Griffelstrichen hat das neue Triumvirat nach der territorialen auch die ökonomische Frage vollkommen erledigt.

Nun kommt der dritte Punkt zur Sprache. Wer eine Diktatur begründen will, muß, um der Herrschaft sicher zu bleiben, vor allem die ewigen Gegner jeder Tyrannei zum Schweigen bringen – die unabhängigen Menschen, die Verteidiger jener unausrottbaren Utopie: der geistigen Freiheit. Als ersten Namen für diese letzte Liste fordert Antonius den Marcus Tullius Ciceros. Dieser Mann hat ihn in seinem wahren Wesen erkannt und bei seinem wahren Namen genannt. Er ist gefährlicher als alle, weil er geistige Kraft hat und den Willen zur Unabhängigkeit. Er muß aus dem Wege.

Octavian erschrickt und weigert sich. Als junger Mensch noch nicht ganz verhärtet und vergiftet von der Perfidie der Politik, scheut er sich, seine Herrschaft mit der Beseitigung des berühmtesten Schriftstellers Italiens zu beginnen. Cicero ist sein getreuester Sachwalter gewesen, er hat ihn gerühmt vor dem Volke und Senat; vor wenigen Monaten noch hat Octavian seine Hilfe, seinen Rat demütig angesprochen und den alten Mann ehrfürchtig seinen »wahren Vater« genannt. Octavian schämt sich und beharrt in seinem Widerstand. Aus einem richtigen Instinkt, der ihm Ehre macht, will er diesen erlauchtesten Meister der lateinischen Sprache nicht dem schmählichen Dolch bezahlter Mörder hingeben.

Aber Antonius beharrt, er weiß, daß zwischen Geist und Gewalt eine ewige Feindschaft ist und niemand der Diktatur gefährlicher werden kann als der Meister des Worts. Drei Tage währt der Kampf um Ciceros Haupt. Schließlich gibt Octavian nach, und so beschließt Ciceros Name das vielleicht schmählichste Dokument der römischen Geschichte. Mit dieser einen Proskription ist das Todesurteil der Republik erst richtig besiegelt.

In der Stunde, da Cicero von der Einigung der früheren drei Erzfeinde erfährt, weiß er, daß er verloren ist. Er weiß genau, daß er in dem Freibeuter Antonius, den Shakespeare zu Unrecht ins Geistige emporgeadelt hat, zu schmerzhaft die niederen Instinkte der Haßgier, der Eitelkeit, der Grausamkeit, der Skrupellosigkeit mit der Weißglut des Wortes gebrandmarkt hat, als daß er von diesem brutalen Gewaltmenschen Caesars Großmut erhoffen könnte. Das einzig Logische, falls er sein Leben retten wollte, wäre rasche Flucht. Cicero müßte hinüber nach Griechenland zu Brutus, zu Cassius, zu Cato in das letzte Heerlager der republikanischen Freiheit; dort wäre er zumindest vor den bereits ausgesandten Meuchelmördern gesichert. Und tatsächlich, zweimal, dreimal scheint der Geächtete schon zur Flucht entschlossen. Er bereitet alles vor, er verständigt seine Freunde, er schifft sich ein, er macht sich auf den Weg. Aber immer wieder hält Cicero im letzten Augenblick inne; wer einmal die Trostlosigkeit des Exils gekannt, spürt selbst in der Gefahr die Wollust der heimischen Erde und die Unwürdigkeit eines Lebens in ewiger Flucht. Ein geheimnisvoller Wille jenseits der Vernunft und sogar wider die Vernunft zwingt ihn, sich dem Schicksal zu stellen, das ihn erwartet. Nur noch ein paar Tage Rast begehrt der müde Gewordene von seinem schon erledigten Dasein. Nur noch ein wenig still nachsinnen, noch ein paar

Briefe schreiben, ein paar Bücher lesen – möge dann kommen, was ihm bestimmt ist. In diesen letzten Monaten verbirgt sich Cicero bald in dem einen, bald in dem anderen seiner Landgüter, immer wieder aufbrechend, sobald eine Gefahr droht, aber niemals ihr vollkommen entflüchtend. Wie ein Fieberkranker die Kissen, so wechselt er diese halben Verstecke, nicht ganz entschlossen, seinem Schicksal entgegenzutreten und nicht auch entschlossen, ihm auszuweichen, als wollte er mit dieser Todesbereitschaft unbewußt die Maxime erfüllen, die er in seinem ›De senectute‹ niedergelegt, daß ein alter Mann den Tod weder suchen dürfe noch ihn verzögern; wann immer er komme, müsse man ihn gelassen empfangen. Neque turpis mors forti viro potest accedere: für den Seelenstarken gibt es keinen schmählichen Tod.

In diesem Sinne befiehlt Cicero, der schon nach Sizilien unterwegs gewesen, plötzlich seinen Leuten, noch einmal den Kiel zum feindlichen Italien zurückzuwenden und in Cajeta, dem heutigen Gaeta, zu landen, wo er ein kleines Gütchen besitzt. Eine Müdigkeit, die nicht bloß eine der Glieder, der Nerven ist, sondern eine Müdigkeit des Lebens und geheimnisvolles Heimweh nach dem Ende, nach der Erde hat ihn übermannt. Nur rasten noch einmal. Noch einmal die süße Luft der Heimat atmen und Abschied nehmen, Abschied von der Welt, aber ruhen und rasten, sei es ein Tag oder eine Stunde nur!

Ehrfürchtig begrüßt er, kaum gelandet, die heiligen Laren [Schutzgeister] des Hauses. Er ist müde, der vierundsechzigjährige Mann, und die Seefahrt hat ihn erschöpft, so streckt er sich hin auf das cubiculum [in dem Schlafraum bzw. in der Grabkammer], die Augen geschlossen, um in lindem Schlafe die Vorlust des ewigen Ausruhens zu genießen.

Aber kaum hat Cicero sich hingestreckt, so stürzt

schon ein getreuer Sklave herein. Es seien verdächtige bewaffnete Männer in der Nähe; ein Angestellter seines Haushalts, dem er viele Freundlichkeiten zeitlebens erwiesen, habe um der Belohnung willen seinen Aufenthalt den Mördern verraten. Cicero möge flüchten, rasch flüchten, eine Sänfte sei bereit, und sie selbst, die Sklaven des Hauses, wollten sich bewaffnen, und ihn verteidigen während des kurzen Weges hin zum Schiff, wo er dann gesichert sei. Der alte erschöpfte Mann wehrt ab. »Was soll es«, sagt er, »ich bin müde zu fliehen und müde zu leben. Laß mich hier in diesem Lande sterben, das ich gerettet habe.« Schließlich überredet ihn doch der alte getreue Diener; bewaffnete Sklaven tragen die Sänfte auf Umwegen durch das kleine Wäldchen zu der rettenden Barke.

Aber der Verräter in seinem Hause will sich um sein Schandgeld nicht betrügen lassen, hastig ruft er einen Centurio [Hauptmann] und ein paar Bewaffnete zusammen. Sie jagen dem Zuge nach durch den Wald und erreichen noch rechtzeitig ihre Beute.

Sofort scharen sich die bewaffneten Diener um die Sänfte und machen sich zum Widerstand bereit. Jedoch Cicero befiehlt ihnen abzulassen. Sein eigenes Leben ist abgelebt, wozu noch fremde und jüngere opfern? In dieser letzten Stunde fällt von diesem ewig schwankenden, unsicheren und nur selten mutigen Mann alle Angst. Er fühlt, daß er als Römer sich nur in der letzten Probe noch bewähren kann, wenn er – sapientissimus quisque aequissimo animo moritur – aufrecht dem Tode entgegengeht. Auf sein Geheiß weichen die Diener zurück, unbewaffnet und ohne Widerstand bietet er sein greises Haupt den Mördern mit dem großartig überlegenen Wort dar: »Non ignoravi me mortalem genuisse«, ich habe immer gewußt, daß ich sterblich bin. Die Mörder aber wollen nicht Philosophie, sondern ihren Sold. Sie zögern nicht lange. Mit einem mächtigen Hieb schlägt der Centurio den Wehrlosen nieder.

So stirbt Marcus Tullius Cicero, der letzte Anwalt der römischen Freiheit, heroischer, mannhafter und entschlossener in dieser seiner letzten Stunde als in den Tausenden und Tausenden seines abgelebten Lebens.

Auf die Tragödie folgt das blutige Satyrspiel. Aus der Dringlichkeit, mit der von Antonius gerade dieser eine Mord anbefohlen war, mutmaßen die Mörder, daß dieser Kopf einen besonderen Wert haben müsse – nicht natürlich seinen Wert im geistigen Gefüge der Welt und der Nachwelt ahnen sie – sondern wohl aber den besonderen Wert für den Auftraggeber der blutigen Tat. Um sich die Prämie nicht streitig machen zu lassen, beschließen sie als sprechenden Beweis des vollzogenen Befehls, den Kopf Antonius persönlich zu überbringen. So hackt der Banditenführer der Leiche Haupt und Hände ab, stopft sie in einen Sack und eilt, diesen Sack, aus dem noch das Blut des Gemordeten tropft, auf den Rücken geschultert, eiligst nach Rom, um den Diktator mit der Nachricht zu erfreuen, daß der beste Verteidiger der römischen Republik auf übliche Weise erledigt worden sei.

Und der kleine Bandit, der Banditenführer, hat richtig gerechnet. Der große Bandit, der diesen Mord anbefohlen, münzt seine Freude über die begangene Untat in fürstliche Belohnung um. Nun, da er die zweitausend reichsten Leute Italiens ausplündern und morden ließ, kann Antonius endlich freigiebig sein. Eine blanke Million Sesterzen zahlt er dem Centurio für den blutigen Sack mit Ciceros abgeschlagenen Händen und geschändetem Haupt. Aber noch immer ist damit seine Rache nicht gekühlt, so ersinnt der stupide Haß dieses Blutmenschen für diesen Toten noch eine besondere

Schmach, ahnungslos, daß sie ihn selbst erniedrigen wird für alle Zeiten. Antonius befiehlt, daß das Haupt und die Hände Ciceros an die Rostra, an dieselbe Rednerbühne genagelt werden sollen, von der herab er das Volk gegen ihn zur Verteidigung der römischen Freiheit aufgerufen.

Ein schmähliches Schauspiel erwartet am nächsten Tag das römische Volk. An der Rednerkanzel, der gleichen, von der Cicero seine unsterblichen Reden gehalten, hängt fahl das abgeschlagene Haupt des letzten Anwalts der Freiheit. Ein wuchtiger rostiger Nagel geht quer durch die Stirn, die tausend Gedanken gedacht; fahl und bitter verklammen sich die Lippen, die schöner als alle das metallische Wort der lateinischen Sprache geformt, verschlossen decken die bläulichen Lider das Auge, das durch sechzig Jahre über die Republik gewacht, machtlos spreizen sich die Hände, die die prachtvollsten Briefe der Zeit geschrieben.

Aber dennoch, keine Anklage, die der großartige Redner gegen Brutalität, gegen Machtkoller, gegen Gesetzlosigkeit von dieser Tribüne gesprochen, spricht so beredt gegen das ewige Unrecht der Gewalt als nun sein stummes, gemordetes Haupt: scheu drängt das Volk um die geschändete Rostra, bedrückt, beschämt weicht es wieder zur Seite. Keiner wagt – es ist Diktatur! – eine Widerrede, aber ein Krampf preßt ihre Herzen, und betroffen schlagen sie die Augen nieder vor diesem tragischen Sinnbild ihrer gekreuzigten Republik.

Wilson versagt

1940

Am 13. Dezember 1918 steuert der mächtige Dampfer
›George Washington‹ mit dem Präsidenten Woodrow
Wilson an Bord der europäischen Küste zu. Nie seit Anbeginn der Welt ist ein einzelnes Schiff, ist ein einzelner
Mann von so vielen Millionen Menschen mit so viel
Hoffnung und Vertrauen erwartet worden. Vier Jahre
haben die Nationen Europas gegeneinander gewütet,
Hunderttausende ihrer besten, ihrer blühendsten Jugend
haben sie gegenseitig hingeschlachtet mit Maschinen-
gewehren und Kanonen, mit Flammenwerfern und Gift-
gasen, vier Jahre lang haben sie nur Haß und Geifer gegeneinander gesprochen und geschrieben. Aber all diese
aufgepeitschte Erregung konnte nicht eine geheime
Stimme im Innern stumm machen, daß, was sie taten,
was sie sagten, widersinnig war und eine Entehrung unseres Jahrhunderts. Alle diese Millionen hatten, bewußt
oder unbewußt, das geheime Gefühl, die Menschheit sei
zurückgestürzt in wüste und längst verschollen ge-
glaubte Jahrhunderte der Barbarei.

Da war vom andern Weltteil, von Amerika, diese
Stimme gekommen, die klar über die noch dampfenden
Schlachtfelder hinweg forderte: »Nie wieder Krieg«. Nie
wieder Entzweiung, nie wieder die alte verbrecherische
Geheimdiplomatie, welche die Völker ohne ihr Wissen
und Wollen auf die Schlachtbank getrieben, sondern eine
neue und bessere Weltordnung, »the reign of law, based
upon the consent of the governed and sustained by the
organised opinion of mankind« [die Herrschaft des

Rechtes, gegründet auf die Zustimmung der Regierten und gestützt durch die organisierte Meinung der Menschheit]. Und wunderbar: in allen Ländern und Sprachen verstand man sofort diese Stimme. Der Krieg, gestern noch ein sinnloses Gezänke um Landstriche, um Grenzen, um Rohstoffe und Erzgruben und Petroleumfelder, hatte plötzlich einen höheren, einen beinahe religiösen Sinn bekommen: den ewigen Frieden, das messianische Reich des Rechts und der Humanität. Mit einmal schien das Blut der Millionen nicht mehr vergebens vergossen; dies eine Geschlecht, es hatte nur gelitten, damit nie wieder solches Leiden über unsere Erde käme. Hunderttausende, Millionen Stimmen rufen, von einem Taumel des Vertrauens gepackt, diesen Mann heran; er, Wilson, soll den Frieden zwischen Siegern und Besiegten machen, damit es ein Friede des Rechts werde. Er, Wilson, soll, ein anderer Moses, die Tafeln des neuen Bundes den verirrten Völkerschaften bringen. In wenigen Wochen wird der Name Woodrow Wilsons eine religiöse, eine messianische Macht. Man benennt Straßen nach ihm und Gebäude und Kinder. Jedes Volk, das sich in Not oder benachteiligt fühlt, schickt an ihn Delegierte; die Briefe, die Telegramme mit Vorschlägen, mit Bitten, mit Beschwörungen aus allen fünf Erdteilen stauen sich zu Tausenden und Tausenden, ganze Kisten davon werden noch auf das Schiff gebracht, das nach Europa steuert. Ein ganzer Erdteil, die ganze Erde fordert einhellig diesen Mann als Schiedsrichter ihres letzten Streits vor der erträumten endgültigen Versöhnung.

Und Wilson kann dem Ruf nicht widerstehen. Seine Freunde in Amerika raten ihm ab, persönlich zur Friedenskonferenz zu reisen. Als Präsident der Vereinigten Staaten habe er die Pflicht, sein Land nicht zu verlassen und lieber von der Ferne die Verhandlungen zu leiten. Aber Woodrow Wilson läßt sich nicht umstimmen.

Selbst die höchste Würde seines Landes, die Präsidentschaft der Vereinigten Staaten, scheint ihm gering gegen die Aufgabe, die ihn fordert. Nicht einem Land, nicht einem Kontinent will er dienen, sondern der ganzen Menschheit, nicht diesem einen Augenblick, sondern der besseren Zukunft. Nicht Amerikas Interessen will er engherzig vertreten, denn »interest does not bind men together, interest separates men« [Nutzen bindet Menschen nicht zusammen, Nutzen trennt Menschen], sondern den Vorteil aller. Er selbst, so fühlt er, muß sorgsam darüber wachen, daß nicht abermals Militärs und Diplomaten, für deren verhängnisvollen Beruf eine Einigung der Menschheit die Totenglocke bedeutete, sich der nationalen Leidenschaften bemächtigen. Persönlich muß er Garant sein, daß »the will of the people rather than of their leaders« [vielmehr der Wille des Volkes denn ihrer Führer] sich das Wort erzwinge, und jedes Wort soll bei offenen Türen und offenen Fenstern vor der ganzen Welt gesprochen werden bei diesem Friedenskongreß, dem letzten und endgültigen der Menschheit.

Und so steht er auf dem Schiffe und blickt auf die europäische Küste, die aus dem Nebel auftaucht, ungewiß und ungestaltet wie sein eigener Traum von der künftigen Völkerbrüderschaft. Aufrecht steht er, ein hochgewachsener Mann, fest das Gesicht, die Augen scharf und klar unter den Brillen, amerikanisch-energisch das Kinn vorstoßend, aber verschlossen die vollen fleischigen Lippen. Sohn und Enkel presbyterianischer Pastoren, hat er in sich die Strenge und Enge jener Männer, für die es nur eine Wahrheit gibt und die gewiß sind, diese Wahrheit zu wissen. Er hat die Inbrunst all seiner frommen schottischen und irischen Ahnen in seinem Blut und den Eifer calvinistischen Glaubens, der dem Führer und Lehrer die Aufgabe setzt, die sündige

Menschheit zu retten, ungebrochen wirkt in ihm der Starrsinn der Ketzer und Märtyrer, die sich eher verbrennen ließen für ihre Überzeugung als von einem Jota der Bibel zu weichen. Und für ihn, den Demokraten, den Gelehrten, sind die Begriffe »humanity« (Menschlichkeit), »mankind« (Menschheit), »liberty« (Freiheit), »freedom« (Frieden), »human rights« (Menschenrechte) nicht kalte Worte, sondern was für seine Väter das Gospel, sie bedeuten für ihn nicht ideologische und vage Begriffe, sondern religiöse Glaubensartikel, die er entschlossen ist, Silbe um Silbe zu verteidigen wie seine Ahnen das Evangelium. Viele Kämpfe hat er gefochten, dieser aber, er fühlt es, wie er auf das europäische Land blickt, das sich immer mehr vor seinen Blicken erhellt, wird der entscheidende sein. Und unwillkürlich spannen sich ihm die Muskeln, »to fight for the new order, agre[e]ably if we can, disagre[e]ably if we must« [für die neue Ordnung zu kämpfen, angenehm wenn wir können, unangenehm wenn wir müssen].

Aber bald weicht die Strenge aus seinem ins Ferne gerichteten Blick. Die Kanonen, die Fahnen, die ihn im Hafen von Brest begrüßen, ehren nur vorschriftsmäßig den Präsidenten der verbündeten Republik; aber was ihm dann vom Ufer entgegenbraust, das ist, er fühlt es, nicht gestellter, nicht organisierter Empfang, nicht bestellter Jubel, sondern lodernde Begeisterung eines ganzen Volkes. Wo immer der Zug durchfährt, von jedem Dorf, jedem Weiler, jedem Haus winken Fahnen, die Flammen der Hoffnung. Hände recken sich ihm entgegen, Stimmen umbrausen ihn, und wie er durch die Champs Elysées einfährt in Paris, stürzen Kaskaden der Begeisterung von den lebendigen Wänden. Das Volk von Paris, das Volk von Frankreich als Symbol aller fernen Völker Europas, sie schreien, sie jubeln, sie drängen ihm ihre Erwartung entgegen. Immer mehr entspannt sich sein Gesicht, ein freies, ein glückliches, ein fast trunkenes Lächeln entblößt seine Zähne, und er schwenkt den Hut zur Rechten, zur Linken, als wollte er alle grüßen, die ganze Welt. Ja, er hat recht getan, selbst zu kommen, nur der lebendige Wille kann triumphieren über das starre Gesetz. Eine solche glückliche Stadt, eine solche hoffnungsfreudige Menschheit, kann man, soll man sie nicht für immer und für alle schaffen? Eine Nacht noch Ruhe und Rast und dann gleich morgen beginnen, um der Welt den Frieden zu geben, den sie seit Tausenden Jahren erträumt und damit die größte Tat tun [,] die je ein Irdischer vollbracht.

Vor dem Palais, das ihm die französische Regierung zugewiesen, in den Couloirs des Ministère des Affaires Etrangères [in den Gängen des Außenministeriums], vor dem Hotel de Crillon, dem Hauptquartier der amerikanischen Delegation drängen ungeduldig die Journalisten, für sich allein eine stattliche Armee. Hundertfünfzig sind allein von Nordamerika gekommen, jedes Land, jede Stadt hat ihre Korrespondenten entsandt, und alle verlangen sie Einlaßkarten zu allen Sitzungen. Zu allen! Denn ausdrücklich ist der Welt »complete publicity« [vollständige Öffentlichkeit] versprochen worden, es soll diesmal keine geheimen Sitzungen oder Vereinbarungen geben. Wort für Wort lautet der erste Absatz der vierzehn Punkte: »Open covenants of Peace, openly arrived at, after which there shall be no private international understandings of any kind.« [Offene Friedenssatzungen, offen erreicht, nach denen keine geheimen internationalen Verständigungen jeder Art stattfinden sollen]. Die Pest der Geheimverträge, welche mehr Tote gefordert hat als alle andern Epidemien, soll endgültig beseitigt werden durch das neue Serum der Wilsonschen »open diplomacy« [offene Diplomatie].

Aber zu ihrer Enttäuschung begegnen die Ungestümen verlegenen Hinhaltungen. Gewiß, sie würden alle zu den großen Sitzungen zugelassen werden und die Protokolle dieser öffentlichen – in Wirklichkeit von allen Spannungen schon chemisch gereinigten – Sitzungen vollinhaltlich der Welt übermittelt werden. Aber zunächst könne man noch keine Informationen geben. Es müsse erst der modus procedendi [die Verhandlungsordnung] festgelegt werden. Unwillkürlich spüren die Enttäuschten, daß etwas nicht ganz in Einstimmigkeit vor sich geht. Aber die Informatoren haben nicht völlig die Unwahrheit gesagt. Es ist der modus procedendi, bei dem Wilson gleich bei der ersten Aussprache der »big four« [der großen Vier] den Widerstand der Alliierten spürt: man will nicht alles offen verhandeln und mit gutem Grund. In den Mappen und Aktenschränken aller kriegführenden Nationen liegen geheime Verträge, die jedem ihren Teil und ihre Beute zugesichert haben, schmutzige und diskrete Wäsche, die man nur in camera caritatis [im Raum der Nächstenliebe] ausbreiten möchte. Um nicht von vornherein die Konferenz zu kompromittieren, muß darum manches hinter geschlossenen Türen erst besprochen und bereinigt werden. Aber nicht nur im modus procedendi liegt Unstimmigkeit, sondern auch in einer tieferen Schicht. Im Grunde ist die Situation völlig eindeutig bei beiden Gruppen, der amerikanischen und der europäischen, klare Stellungnahme rechts, klare Stellungnahme links. Bei dieser Konferenz soll nicht Friede geschlossen werden, sondern eigentlich zwei Frieden, zwei völlig verschiedene Verträge. Der eine Friede, der zeitliche, der aktuelle, der den Krieg mit dem besiegten Deutschland, das die Waffen gestreckt hat, beendigen soll, und gleichzeitig der andere, der Friede der Zukunft, der jeden künftigen Krieg für immer unmöglich machen soll. Einerseits der Friede nach alter

harter Art, andererseits der neue, der Wilsonsche Covenant [die Satzung], der die League of Nations [den Völ-
kerbund] begründen will. Welcher von beiden soll zuerst
verhandelt werden?

Hier stoßen die beiden Anschauungen scharf gegeneinander. Wilson hat wenig Interesse für den zeitlichen
Frieden. Die Bestimmung der Grenzen, die Zahlung der
Kriegsentschädigungen, die Reparationen sollen seiner
Auffassung nach die Fachleute und Kommissionen auf
der Grundlage der in den vierzehn Punkten festgelegten
Prinzipien bestimmen. Das ist Kleinarbeit, Nebenarbeit,
Fachmannsarbeit. Aufgabe der führenden Staatsmänner
aller Nationen dagegen soll und möge es sein, das Neue,
das Werdende zu schaffen, die Einheit der Nationen, den
ewigen Frieden. Jeder Gruppe ist ihre Auffassung dringlich. Die europäischen Alliierten motivieren mit Recht,
man dürfe die erschöpfte und verstörte Welt nach vier
Jahren Krieg nicht noch monatelang auf einen Frieden
warten lassen, sonst breche das Chaos über Europa herein. Erst die realen Dinge, die Grenzen, die Entschädigun-
gen in Ordnung bringen, die Männer, die noch immer in
Waffen stehen, zu ihren Frauen und Kindern zurückschik-
ken, die Währungen stabilisieren, Handel und Verkehr
wieder in Schwung setzen, und erst dann, über einer gefe-
stigten Erde, die Fata Morgana der Wilsonschen Projekte
aufleuchten lassen. So wie Wilson innerlich nicht interes-
siert ist an dem aktuellen Frieden, so sind Clémenceau,
Lloyd George, Sonnino als gewiegte Taktiker und Praktiker im Innersten ziemlich gleichgültig gegen die Wilsonsche Forderung. Sie haben aus politischer Berechnung
und teilweise auch aus ehrlicher Sympathie seinen humanen Forderungen und Ideen Beifall gezollt, weil sie bewußt oder unbewußt die hinreißende und zwingende
Kraft eines unegoistischen Prinzips bei ihren Völkern fühlen; sie sind darum gewillt, mit gewissen Abschwächun-

gen und Verklausulierungen seinen Plan zu diskutieren. Aber zuerst der Friede mit Deutschland als Abschluß des Krieges und dann der Covenant.

Jedoch Wilson ist selbst Praktiker genug, um zu wissen, wie man durch Verschleppungen eine vitale Forderung ermüden und entbluten kann. Er weiß selbst, wie man lästige Interpellationen dilatorisch beiseiteschiebt: man wird nicht Präsident von Amerika nur durch Idealismus. Deshalb beharrt er unbeugsam auf seinem Standpunkt, zuerst müsse der Covenant ausgearbeitet werden, und verlangt sogar, daß er wörtlich in den Friedensvertrag mit Deutschland aufgenommen werde. Aus dieser seiner Forderung kristallisiert sich organisch ein zweiter Konflikt. Denn für die Alliierten hieße der Einbau dieser Prinzipien, dem schuldigen Deutschland, das durch den Einbruch in Belgien das Völkerrecht brutal verletzt und in Brestlitowsk mit dem Faustschlag des General Hoffmann das schlimmste Beispiel eines rücksichtslosen Gewaltdiktats gegeben, schon im voraus das unverdiente Praemium der künftigen Humanitätsprinzipien zu gewähren. Erst die Abrechnung mit alter harter Münze, dann erst die neue Methode, fordern sie. Noch liegen die Felder verwüstet und ganze Städte zerschossen; um Wilson zu beeindrucken nötigt man ihn, sie persönlich zu besichtigen. Aber Wilson, der »impracticable man« [der unpraktische Mann], sieht an den Ruinen bewußt vorbei. Er blickt nur in die Zukunft, und statt der zerschossenen Gebäude sieht er den ewigen Bau. Nur eines ist seine Aufgabe, »to do away with an old order and establish a new one« [die alte Ordnung abzuschaffen und eine neue zu errichten]. Unerschütterlich und starr beharrt er trotz des Protestes seiner eigenen Berater Lansing und House auf seiner Forderung. Zuerst den Covenant. Erst die Sache der ganzen Menschheit und dann erst die Interessen der einzelnen Völker.

Der Kampf wird hart, und – was sich als verhängnisvoll erweisen wird – er verschwendet viel Zeit. Woodrow Wilson hat unseligerweise verabsäumt, seinem Traum im voraus festumrissene Gestalt zu geben. Das Projekt des Covenant, das er mitbringt, ist keineswegs endgültig formuliert, sondern nur ein »first draft«, ein erster Entwurf, der in unzähligen Sitzungen erst diskutiert, verändert, verbessert, verstärkt oder abgeschwächt werden muß. Überdies verlangt es die Höflichkeit, daß er nach Paris auch den anderen Hauptstädten seiner Verbündeten zwischendurch Besuche abstatte. Wilson fährt also nach London, spricht in Manchester, fährt nach Rom, und da in seiner Abwesenheit die andern Staatsmänner nicht mit rechter Lust und Liebe sein Projekt vorwärtsbringen, geht mehr als ein ganzer Monat verloren, ehe es zur ersten »plenary session« [zur ersten Plenarsitzung] kommt, ein Monat, während dessen in Ungarn, Rumänien, in Polen, im Baltikum, an der dalmatinischen Grenze reguläre und freiwillige Truppen Kämpfe improvisieren, Länder besetzen, in Wien die Hungersnot steigt und in Rußland sich die Lage bedenklich verschärft.

Aber selbst in dieser ersten »plenary session« am 18. Januar wird nur theoretisch bestimmt, daß der Covenant einen »integral part of the general treaty of peace« [wesentlichen Bestandteil des allgemeinen Friedensvertrags] bilden solle. Noch immer ist das Dokument nicht entworfen, noch immer wandert es in endlosen Diskussionen von Hand zu Hand, von einer Redigierung zur andern. Abermals vergeht ein Monat, ein Monat der entsetzlichsten Unruhe für Europa, das immer ungestümer seinen wirklichen, seinen faktischen Frieden haben will; erst am 14. Februar 1919, ein Vierteljahr nach dem Waffenstillstand, kann Wilson den Covenant in endgültiger Form vorlegen, in der er auch einstimmig angenommen wird.

Einmal noch jubelt die Welt. Wilsons Sache hat gesiegt, daß in Hinkunft Friede nicht durch Waffengewalt und Terror, sondern durch Einverständnis und den Glauben an ein übergeordnetes Recht gesichert werden solle. Stürmisch wird Wilson akklamiert, wie er das Palais verläßt. Noch einmal, zum letztenmal, blickt er mit einem stolzen, dankbaren Lächeln des Glücks über die Menge, die ihn umdrängt, und spürt hinter diesem Volk die anderen Völker, hinter dieser einen Generation, die soviel gelitten, die künftigen, die dank dieser endgültigen Sicherung nie mehr die Geißel des Krieges und der Erniedrigung der Diktate und Diktaturen kennen werden. Es ist sein größter Tag und ist zugleich sein letzter glücklicher Tag. Denn Wilson verdirbt sich seinen Sieg, indem er zu früh triumphierend das Schlachtfeld verläßt und am nächsten Tage, dem 15. Februar, nach Amerika zurückreist, um dort seinen Wählern und Landsleuten die magna charta des ewigen Friedens vorzulegen, ehe er wiederkehrend den andern, den letzten Kriegsfrieden unterzeichnet.

Wieder donnern die Kanonen zum Salut, wie der ›George Washington‹ von Brest wegsteuert, doch schon ist die zudrängende Menge lockerer und gleichgültiger. Etwas von der großen leidenschaftlichen Spannung, etwas von der messianischen Hoffnung der Völker ist bereits abgeklungen, da Wilson Europa verläßt. Auch in New York erwartet ihn kühler Empfang. Keine Flugzeuge, die das heimkehrende Schiff umflattern, kein lauter stürmischer Jubel, und in den eigenen Ämtern, im Senat, im Congress, bei der eigenen Partei, bei dem eigenen Volke eine eher mißtrauische Begrüßung. Europa ist unzufrieden, daß Wilson nicht weit genug gegangen ist, Amerika ist unzufrieden, daß er zu weit gegangen sei. Europa scheint seine Bindung der widerstrebenden Interessen in ein großes, allgemeines Menschheitsinteresse noch nicht weitreichend genug, in Amerika agitieren seine politischen Gegner, die schon die nächste Präsidentenwahl im Auge haben, er habe ohne Berechtigung den neuen Kontinent politisch zu eng an den unruhigen und unberechenbaren europäischen gebunden und damit gegen ein Grundprinzip der nationalen Politik, gegen die Monroedoktrin verstoßen. Sehr dringlich wird Woodrow Wilson daran gemahnt, daß er nicht Gründer eines zukünftigen Traumreichs zu sein und nicht für fremde Nationen zu denken habe, sondern in erster Linie an die Amerikaner, die ihn als Repräsentanten ihres eigenen Willens gewählt. So muß Wilson, noch von den europäischen Verhandlungen erschöpft, neue Verhandlungen sowohl mit seinen eigenen Parteileuten als mit seinen politischen Gegnern beginnen. Er muß vor allem in den stolzen Bau des Covenant, den er unantastbar und uneinnehmbar aufgebaut zu haben meinte, eine Hintertür nachträglich einmauern, die gefährliche »provision for withdrawal of America from the League« [Vorsorge für den Rückzug Amerikas aus dem Bündnis], durch die im beliebigen Augenblick Amerika sich zurückziehen könne. Damit ist der erste Stein aus dem für alle Ewigkeit geplanten Gebäude der League of Nations gerissen, der erste Sprung in der Mauer hat sich aufgetan, jener verhängnisvolle, der ihren endgültigen Einsturz verschulden wird.

Aber wenn auch mit Einschränkungen und Korrekturen setzt Wilson seine neue Magna Charta der Menschheit wie in Europa nun auch in Amerika durch, aber es ist nur mehr ein halber Sieg. Nicht mehr so frei, so selbstsicher wie er ausgefahren, reist Wilson nach Europa zurück, um den zweiten Teil seiner Aufgabe zu erfüllen. Wieder steuert das Schiff dem Hafen von Brest zu; schon ist es nicht mehr derselbe hoffnungsfreudige Blick, mit dem er auf das Ufer blickt. Er ist älter geworden und müder, weil enttäuschter, in diesen wenigen Wochen, strenger und straffer zieht sich das Gesicht zusammen, ein harter und verbissener Ausdruck beginnt um den Mund sich abzuzeichnen, hie und da läuft ein Zucken über die linke Wange, warnendes Wetterleuchten der Krankheit, die sich in ihm zusammenballt. Der begleitende Arzt versäumt keinen Augenblick, ihn zur Schonung zu mahnen. Ein neuer, ein vielleicht noch härterer Kampf steht ihm bevor. Er weiß, daß es schwieriger ist, Prinzipien durchzusetzen als sie zu formulieren. Aber er ist entschlossen, keinen Punkt seines Programms zu opfern. Alles oder nichts. Der ewige Friede oder keiner.

Kein Jubel mehr, wie er landet, kein Jubel mehr in den Straßen von Paris, die Zeitungen abwartend und kühl, die Menschen vorsichtig und mißtrauisch. Wieder einmal ist Goethes Wort wahrgeworden: »Begeisterung ist keine Ware, die man einpökelt für viele Jahre.« Statt die Stunde zu nützen, solange sie ihm günstig war, statt das heiße Eisen nach seinem Willen zu schmieden, solange es noch weich und gefügig glühte, hat Wilson die idealistische Disposition Europas erstarren lassen. Der eine Monat seiner Abwesenheit hat alles verändert. Gleichzeitig mit ihm hat Lloyd George von der Konferenz Urlaub genommen, Clémenceau ist, durch den Pistolenschuß eines Attentäters verletzt, zwei Wochen arbeitsunfähig gewesen, und diesen unbewachten Augenblick haben die Exponenten privater Interessen benützt, um sich in die Sitzungssäle der Kommissionen einzudrängen. Am energischsten, am gefährlichsten haben die Militärs gearbeitet; alle die Marschälle und die Generäle, die jetzt vier Jahre lang im Lichtschein des Interesses gestanden, deren Wort, deren Entscheidung, deren Willkür Hunderttausende durch vier Jahre hörig gemacht, sind keineswegs gewillt, nun bescheiden abzutreten. Ein Covenant, der ihnen ihr Machtmittel, die Armeen, nehmen will, indem er fordert »to abolish conscription and all other forms of compulsory military service« [Militärdienstpflicht und alle anderen Formen der allgemeinen Wehrpflicht abzuschaffen], bedroht ihre Existenz. Darum muß diese Faselei vom ewigen Frieden, der ihnen den Sinn ihres Berufs rauben würde, unbedingt beseitigt oder auf ein totes Geleise geschoben werden. Drohend fordern sie Aufrüstung statt der Wilsonschen Abrüstung, neue Grenzen und nationale Garantien statt der übernationalen Lösung; nicht mit vierzehn in die Luft gezeichneten Punkten könne man die Wohlfahrt eines Landes sichern, sondern nur mit Bewaffnung der eigenen Armee und Entwaffnung des Gegners. Hinter den Militaristen drängen die Vertreter der industriellen Gruppen, die ihre Kriegsbetriebe im Gang halten, die Zwischenhändler, die an den Reparationen verdienen wollen, immer schwankender werden die Diplomaten, die, im Rücken bedroht von den Oppositionsparteien, jeder seinem Lande ein fettes Stück Land als Zuwachs bringen wollen. Ein paar geschickte Fingerdrucke auf die Klaviatur der öffentlichen Meinung, und alle europäischen Zeitungen, sekundiert von den amerikanischen, variieren in allen Sprachen das gleiche Thema: Wilson verzögere durch seine Phantastereien den Frieden. Seine an sich sehr lobenswerten und sicherlich von idealem Geist erfüllten Utopien verhinderten die Konsolidierung Europas. Keine Zeit jetzt mehr verlieren mit moralischen Bedenken und supermoralischer Rücksichtnahme! Wenn nicht sofort Friede geschlossen werde, breche das Chaos in Europa los.

Unseligerweise sind diese Anwürfe nicht ganz unberechtigt. Wilson, der seinen Plan auf Jahrhunderte einstellt, mißt die Zeit mit anderem Maße als die Völker

Europas. Vier Monate, fünf Monate scheinen ihm wenig für eine Aufgabe, die einen tausende Jahre alten Traum verwirklichen soll. Aber inzwischen marschieren im Osten Europas von dunklen Mächten organisierte Freicorps herum, besetzen Territorien, ganze Landstriche wissen noch nicht, wohin sie gehören und wohin sie gehören sollen. Die deutschen, die österreichischen Delegationen sind nach vier Monaten noch nicht empfangen worden, hinter den noch nicht gezogenen Grenzen werden die Völker unruhig, deutliche Wetterzeichen kündigen an, daß sich morgen Ungarn, übermorgen Deutschland aus Verzweiflung den Bolschewisten überantworten werde. Also rasch zu einem Resultat kommen, zu einem Vertrag, gerecht oder ungerecht, drängen die Diplomaten, und weg zunächst mit allem, was ihm hindernd im Wege steht: in erster Linie mit dem unglückseligen Covenant!

Die erste Stunde in Paris genügt bereits, Wilson zu zeigen, daß alles, was er in drei Monaten aufgebaut, in dem einen Monat seiner Abwesenheit unterminiert worden ist und einzustürzen droht. Marschall Foch hat beinahe durchgesetzt, daß der Covenant aus dem Friedensvertrag verschwindet, sinnlos scheinen die drei ersten Monate vertan. Aber wo es um das Entscheidende geht, ist Wilson ehern entschlossen, nicht einen Schritt zurückzuweichen. Am nächsten Tag, am 15. März, läßt er durch die Presse offiziell verkünden, die Resolution vom 25. Januar sei nach wie vor gültig, daß »that covenant is to be an integral part of the treaty of peace« [diese Satzung ein wesentlicher Bestandteil des Friedensvertrags sein wird]. Diese Erklärung ist der erste Gegenstoß gegen den Versuch, den Friedensvertrag mit Deutschland nicht auf der Basis des neuen Covenant, sondern auf Grund der alten Geheimverträge zwischen den Alliierten abzuschließen. Präsident Wilson weiß jetzt genau, was dieselben

Mächte, die eben noch feierlich beschworen haben, die Selbstbestimmung der Völker zu achten, zu fordern beabsichtigen, Frankreich das Rheinland und die Saar, Italien Fiume und Dalmatien, Rumänien, Polen und die Tschechoslowakei ihr Stück an der Beute. Wenn er nicht Widerstand leistet, wird der Friede abermals nach den von ihm gebrandmarkten Methoden Napoleons, Talleyrands und Metternichs und nicht nach den von ihm vorgelegten und feierlich angenommenen Prinzipien abgeschlossen.

Vierzehn Tage vergehen in erbittertem Kampf. Wilson will selbst die Saar nicht Frankreich concedieren, weil er diesen ersten Durchbruch der »self-determination« [Selbstbestimmung] als beispielgebend für alle anderen Voraussetzungen betrachtet, und tatsächlich, Italien, das all seine Forderungen an diesen ersten Durchbruch gebunden fühlt, droht bereits, die Konferenz zu verlassen. Die französische Presse verstärkt ihr Trommelfeuer, von Ungarn dringt der Bolschewismus vor, und bald, so argumentieren die Alliierten, wird er die Welt überschwemmen. Selbst bei seinen nächsten Beratern, Colonel House und Robert Lansing, erhebt sich immer fühlbarerer Widerstand. Sogar sie, seine ehemaligen Freunde, raten, jetzt eilig den Frieden zu schließen angesichts des chaotischen Zustandes der Welt und lieber ein paar idealistische Forderungen zu opfern. Vor Wilson schließt sich eine einhellige Front, und von Amerika hämmert gegen seinen Rücken die öffentliche Meinung, geschürt von seinen politischen Feinden und Rivalen; in manchen Augenblicken fühlt Wilson sich am Ende seiner Kraft. Er gesteht einem Freund, daß er allein gegen alle nicht länger durchhalten könne und entschlossen sei, falls er seinen Willen nicht durchsetzen könne, die Konferenz zu verlassen.

Mitten in diesem Kampf gegen alle fällt ihn schließlich

noch ein letzter Feind an, und von innen her, von seinem eigenen Leibe. Am 3. April, gerade da der Kampf zwischen brutaler Wirklichkeit und noch ungestaltetem Ideal auf dem entscheidenden Punkte angelangt ist, vermag Wilson sich nicht mehr aufrecht zu halten; eine Influenza-Attacke zwingt den Dreiundsechzigjährigen, sich zu Bett zu begeben. Aber die Zeit drängt noch stürmischer als sein fieberndes Blut und läßt selbst dem Kranken keine Rast; Katastrophenbotschaften blitzen vom verdüsterten Himmel; am 5. April gelangt der Kommunismus in Bayern zur Macht, in München wird die Räterepublik ausgerufen, jede Stunde kann Österreich, halb verhungert und eingeschlossen zwischen einem bolschewistischen Bayern und einem bolschewistischen Ungarn, sich anschließen: mit jeder Stunde des Widerstands wächst die Verantwortung dieses Einen für Alles. Bis an das Bett drängt und bedrängt man den Erschöpften. Im Nachbarzimmer beraten Clémenceau, Lloyd George, Colonel House, alle sind entschlossen, man müsse zu einem Ende kommen um jeden Preis. Und diesen Preis soll Wilson mit seinen Forderungen, seinen Idealen zahlen; sein »during peace« [= »lasting peace« – dauerhafter Friede] müsse, so fordern einmütig jetzt alle, zurückgestellt werden, weil er dem realen, dem militärischen, dem materiellen Frieden den Weg versperrt.

Aber Wilson, ermüdet, erschöpft, von der Krankheit unterhöhlt, von den Angriffen in der Presse, die ihn beschuldigt, den Frieden zu verzögern, irritiert, von den eigenen Beratern verlassen, von den Vertretern der andern Regierungen bestürmt, gibt noch immer nicht nach. Er fühlt, daß er sein eigenes Wort nicht verleugnen darf und daß er diesen Frieden nur dann richtig erkämpft, wenn er ihn mit dem unmilitärischen, dem dauernden, dem künftigen Frieden in Einklang bringt, wenn er für die einzig Europa errettende »world federation« [Weltordnung] das Äußerste versucht. Kaum aus dem Bett aufgestanden, führt er den entscheidenden Schlag. Am 7. April sendet er ein Telegramm an das Navy Department [Marineministerium] in Washington: »What is the earliest possible date U. S. S. George Washington can sail for Brest France, and what is probable earliest date of arrival Brest. President desires movements this vessel expedited.« [Zu welch frühest möglichem Termin kann U. S. S. George Washington nach Brest Frankreich auslaufen, und wann ist der wahrscheinlich früheste Ankunftstermin Brest. Präsident wünscht eiligen Aufbruch dieses Schiffes]. Am gleichen Tag wird der Welt mitgeteilt, daß Präsident Wilson sein Schiff nach Europa beordert habe.

Die Nachricht wirkt wie ein Donnerschlag und wird sofort verstanden. Rund um die Erde weiß man: Präsident Wilson weigert sich gegen jeden Frieden, der auch nur in einem Punkte die Prinzipien des Covenant verletzt, und ist entschlossen, eher die Konferenz zu verlassen als nachzugeben. Ein historischer Augenblick ist gekommen, der für Jahrzehnte, für Jahrhunderte das Schicksal Europas, das Schicksal der Welt bestimmt. Steht Wilson vom Konferenztisch auf, dann bricht die alte Weltordnung zusammen, das Chaos beginnt, aber eines vielleicht von jenen, die den neuen Stern gebären. Ungeduldig schauert Europa: werden die anderen Konferenzteilnehmer diese Verantwortung übernehmen? Wird er selbst sie übernehmen? Entscheidende Minute.

Entscheidende Minute. Im Augenblick ist Woodrow Wilson noch ehern entschlossen. Kein Kompromiß, keine Nachgiebigkeit, keinen »hard peace« [erdrückenden Frieden], sondern »the just peace« [den gerechten Frieden]. Nicht den Franzosen die Saar, nicht den Italie-

nern Fiume, keine Zerstückelung der Türkei, kein »bar-
tering of peoples« [Vertauschen von Völkern]. Das
Recht hat obzusiegen über die Macht, das Ideal über die
Wirklichkeit, die Zukunft über die Gegenwart! Fiat iusti-
tia, pereat mundus. [Das Recht muß seinen Gang gehen,
und sollte die Welt darüber zugrunde gehen.] Diese
knappe Stunde wird Wilsons großer, sein größter, sein
menschlichster, sein heroischster Augenblick: hat er die
Kraft, ihn zu bestehen, so ist sein Name verewigt in der
kleinen Zahl der wahren Menschheitsfreunde und eine
Tat ohnegleichen getan. Aber auf diese Stunde, auf diesen Augenblick folgt eine Woche, und von allen Seiten
dringt es auf ihn ein; die französische, die englische, die
italienische Presse klagt ihn, den Friedenstäter, den »Ei-
renopoieis«, an, den Frieden durch theoretisch-theologi-
schen Starrsinn zu zerstören und die reale Welt einer
privaten Utopie zu opfern. Sogar Deutschland, das von
ihm alles erhofft, nun aber verstört ist durch den Ausbruch des Bolschewismus in Bayern, wendet sich gegen
ihn. Und nicht minder die eigenen Landsleute Colonel
House und Lansing beschwören ihn, von seinem Entschluß abzusehen, derselbe Staatssekretär Tumulty, der
noch vor wenigen Tagen aufmunternd aus Washington
gedrahtet: »Only a bold stroke by the President will save
Europe and perhaps the world« [Nur ein mutiger Schlag
durch den Präsidenten wird Europa und möglicherweise
die Welt retten], kabelt jetzt, da Wilson den »bold
stroke« [mutiger Schlag] geführt, verstört aus der gleichen Stadt: »... Withdrawal most unwise and fraught
with most dangerous possibilities here and abroad ...
President should ... place the responsibility for a break of
the Conference where it properly belongs ... A withdrawal at this time would be a desertion.« [... Rückzug
überaus unklug und voller gefährlicher Möglichkeiten
hier und im Ausland ... Präsident sollte ... die Verant-

wortung für den Abbruch der Konferenz plazieren wohin sie eigentlich gehört... Ein Rückzug zu dieser Zeit
wäre eine Desertation.]

Verstört, verzweifelt und durch diesen einmütigen An-
drang in seiner Sicherheit verwirrt, blickt Wilson um
sich. Niemand steht an seiner Seite, alle sind gegen ihn
im Konferenzsaal, alle in seinem eigenen Stabe, und die
Stimmen der unsichtbaren Millionen und Millionen, die
ihn von der Ferne beschwören, standzuhalten und treu-
zubleiben, erreichen ihn nicht. Er ahnt nicht, daß wenn
er seine Drohung wahrmachte und aufstünde, er seinen
Namen verewigen würde für alle Zeiten, daß er nur
wenn er sich treu bliebe makellos seine Idee der Zukunft
als ein immer wieder zu erneuerndes Postulat hinterlassen würde. Er ahnt nicht, welche schöpferische Macht
ausginge von diesem Nein, das er ansagte den Mächten
der Gier, des Hasses und des Unverstands. Er fühlt nur,
daß er allein ist und zu schwach, die letzte Verantwortung zu übernehmen. Und so gibt – verhängnisvollerweise – Wilson allmählich nach, er lockert sein Starre.
Colonel House bildet die Brücke; es werden Konzessionen gemacht, acht Tage geht der Handel um die Grenzen
hin und her. Endlich – ein dunkler Tag der Geschichte –,
am 15. April willigt Wilson schweren Herzens und ver-
störten Gewissens in die schon merklich herabgestimm-
ten militärischen Forderungen Clémenceaus ein: die Saar
wird nicht für immer ausgeliefert, sondern bloß für fünfzehn Jahre. Das erste Kompromiß des bisher Kompro-
mißlosen ist abgeschlossen, und wie mit einem Zauber-
schlag ändert sich am nächsten Morgen die Stimmung
der Pariser Presse. Die Zeitungen, die ihn gestern noch
als den Störer des Friedens, den Zerstörer der Welt be-
schimpft, preisen ihn als den weisesten Staatsmann der
Welt. Aber dies Lob brennt ihm wie ein Vorwurf in der

innersten Seele. Wilson weiß, daß er vielleicht tatsächlich den Frieden gerettet hat, den Frieden der Stunde, aber der dauernde Friede im Geist der Versöhnung, der einzig rettende, ist versäumt und vertan. Der Widersinn hat gesiegt über den Sinn, die Leidenschaft wider die Vernunft. Die Welt ist zurückgeworfen im Ansturm gegen ein überzeitliches Ideal, und er, der Führer und Bannerträger, hat die entscheidende Schlacht verloren, die Schlacht gegen sich selbst.

Hat Wilson recht gehandelt oder unrecht in dieser schicksalhaften Stunde? Wer vermag es zu sagen? Jedenfalls: eine Entscheidung ist an diesem historischen und unwiederbringlichen Tage gefallen, die weit hinausreicht über Jahrzehnte und Jahrhunderte, und deren Schuld wir abermals mit unserem Blut, unserer Verzweiflung, unserer machtlosen Verstörung bezahlen. Von diesem Tage an ist Wilsons Macht, die eine moralische ohnegleichen in seiner Zeit gewesen, entzweigebrochen, sein Prestige dahin und damit seine Kraft. Wer eine Konzession macht, kann dann nicht mehr innehalten. Kompromisse führen zwanghaft zu immer neuen Kompromissen.

Unehrlichkeit schafft Unehrlichkeit, Gewalt erzeugt Gewalt. Der Friede, von Wilson als eine Ganzheit geträumt und von ewiger Dauer, bleibt Stückwerk, ein unvollkommenes Gebilde, weil nicht im Sinn der Zukunft geformt und nicht aus dem Geist der Humanität und aus der reinen Materie der Vernunft gestaltet: eine einzigartige Gelegenheit, vielleicht die schicksalhafteste der Geschichte, ist kläglich vertan, und dumpf und verworren fühlt es die enttäuschte, die wieder entgötterte Welt. Der Mann, der heimkehrt, einst als der Heilbringer der Welt begrüßt, ist niemandem ein Heiland mehr und nichts als ein müder, ein kranker, ein zu Tod getroffener Mann. Kein Jubel begleitet ihn mehr, keine Fahnen schwingen ihm nach. Wie das Schiff ausfährt von der europäischen Küste, wendet der Besiegte sich ab. Er verweigert seinem Blick, zurückzuschauen nach unserem unseligen Land, das seit Jahrtausenden Frieden und Einheit ersehnt und nie doch gestaltet. Und noch einmal zerrinnt in Nebel und Ferne das ewige Traumbild der humanisierten Welt.

Nachbemerkung des Herausgebers

»... dreißig Jahre literarischer Weltbetrachtung bedeuten in sich einen geschlossenen Block Zeit, sie spiegeln Erlebnis und Anschauung nicht eines eitlen Einzelnen mehr, sondern Weltgefühl und Geschehnis einer ganzen Generation.« Erst relativ spät, 1937 in London, entschloß Stefan Zweig sich, dem Drängen seiner Freunde folgend, »das, was mir Anreiz, Glück, Gewinn und Erfahrung einer Jugend war« – und dem er in einer Vielzahl von Essays Ausdruck gegeben hatte –, wenigstens in einer Auswahl zusammenzufassen; ›Begegnungen mit Menschen, Büchern, Städten‹ erschien im Verlag von Herbert Reichner, Wien – Leipzig – Zürich, und wurde 1955 vom S. Fischer Verlag, Frankfurt am Main, nachgedruckt. Als 1981 seine Gesammelten Werke in einer neuen Edition zu erscheinen begannen, wurde für diese Ausgabe ein neues Konzept entwickelt, das auch bis dahin nicht in Buchform erschienene sowie nachgelassene erzählende und betrachtende Texte berücksichtigte. Die von ihm selbst bestimmte und nach seinem Tode von seinem Freund Richard Friedenthal ergänzte Ausgabe seiner Erzählungen, Aufsätze und Ansprachen konnte so, um einer sinnvollen Erweiterung willen, nicht beibehalten werden – das Prinzip »organischer Einheit«, das Stefan Zweig der Ordnung seiner Werke zugrunde gelegt hatte, blieb dabei jedoch durch die Wahl thematischer Zusammenhänge bewahrt. Die Erwartung der Spiegelung von »Weltgefühl und Geschehnis einer ganzen Generation«, die er in der Einleitung zu seinen ›Begegnungen‹ 1937 ausgesprochen hat, wurde Grundlage für die Zusammenstellung jedes einzelnen Bandes.

›Zeiten und Schicksale‹, die Sammlung von Aufsätzen und Vorträgen aus vierzig Jahren, verdeutlicht, was Stefan Zweig, wie er 1922 in einer autobiographischen Notiz formulierte, als »wichtig und als Verpflichtung« empfand: »das Bindende, Verbindende und Komprehensive, das durch die europäische Form meines früheren Lebens, durch vielfache Welterfahrung und Freundschaft auch jenseits Deutschlands wirksam werden konnte, bewußt und tätig auszubauen, um selbst an dem Wiederaufbau der alten europäischen Gemeinschaft mitwirken zu können«.

Die drei Gruppen, in die der Band geteilt ist, tragen von Richard Friedenthal formulierte Überschriften, die mit seinen entsprechenden Zuordnungen aus den genannten Gründen jedoch nur teilweise übereinstimmen.

»Begegnen wir der Zeit, wie sie uns sucht« – Stefan Zweig hat dieses Zitat aus Shakespeares ›Cymbeline‹ seiner Autobiographie ›Die Welt von Gestern‹ vorangestellt, aber es kann der ersten Abteilung dieses Bandes, ›Zeit und Welt‹, ebenso als Motto dienen. »Weit, voll, stark, wissend, meine Existenz zu gestalten, sie dem Wesentlichsten, dem Wirklichsten zu verbinden, war mein leidenschaftlicher Trieb. So bin ich zehn Jahre ... ununterbrochen durch die Welt gefahren ... und bin so allmählich Europäer geworden.« (Autobiographische Einleitung in ›Deutsche Dichterhandschriften‹, Dresden 1922) Ende November 1908 war er zu einer Reise nach Indien, Ceylon und an die Südgrenze Chinas aufgebrochen. Kurz nachdem er im April des folgenden Jahres zurückgekehrt war, ereignete sich in London ein politisches Attentat, das ihn zu seiner überhaupt ersten politischen publizistischen Äußerung veranlaßte. Es ist ein

Aufsatz, der, gestützt auf übernommenes statistisches Material, die Situation Englands in Indien zur Zeit des beginnenden Kampfes um Unabhängigkeit zu beleuchten und zugleich eigene Reiseeindrücke und -erfahrungen zu integrieren, zwei Perspektiven also miteinander zu verbinden versucht, ein eigentlich feuilletonistisches Unterfangen. Dazu war die Weltausstellung 1910 in Brüssel ein weitaus geeigneteres Thema. »Willkommen in Europa!« Was Hermann Hesse ihm bei seiner Rückkehr aus dem Fernen Osten im April 1909 zur Begrüßung geschrieben hatte, galt im August 1910 nicht minder den Nationen der Welt. Stefan Zweig ließ es sich nicht nehmen, seiner Sicht der Dinge, seinem Empfinden von Zeit und Welt bei diesem Anlaß Ausdruck zu geben. Was er damals bereits, gewiß unter Einfluß der Gespräche mit Walther Rathenau, vorausahnte, die Mechanisierung, ja Monotonisierung der Welt, faßte er vierzehn Jahre später an den Beispielen Tanz, Mode, Kino und Radio zusammen, um als Konsequenz und Gefahr für die Zukunft die Entindividualisierung »bis ins Äußerliche« aufzuzeigen. Aufgrund seiner Reiseerfahrungen in Amerika konnte er von der blinden Übernahme grober Verallgemeinerungen, wie sie ihm auf jenem Kontinent inzwischen gang und gäbe zu sein schienen, und mit Blick auf das ebenfalls, wenn auch gänzlich anders vereinheitlichende Rußland warnen und auf Europa als »das letzte Bollwerk des Individualismus« hinweisen. Freiheit und Individualität, eines bedingt durch das andere, waren für Stefan Zweig unverzichtbare Werte. Wie sehr sie neun Jahre später bedroht sein würden, mag er schon damals geahnt haben, als er rief: »Völker Europas, wahrt eure heiligsten Güter!« 1932 dann im Vortrag über ›Die moralische Entgiftung Europas‹ forderte er, bei der Erziehung der Jugend allein »von dem Grundgedanken der Gemeinsamkeit zwischen den Völkern Europas« auszugehen, »die gemeinsame Heimat Europa und die ganze Welt, die ganze Menschheit zu lieben, den Begriff Vaterland nicht feindselig, sondern in einer Verbundenheit mit den andern Vaterländern darzustellen«. Das mag seinerzeit in Rom vor einem akademischen Publikum gesprochen worden sein – es ist heute mehr denn je die Forderung des Tages an jeden einzelnen, denn nicht zuletzt für ein *vereinigtes* Europa hat die Zukunft bereits begonnen. Und ein Rückbesinnen, wie Stefan Zweig es 1936 anläßlich des Erscheinens von Roger Martin du Gards ›Eté 1914‹ verlangte, kann auch heute, fünfundvierzig Jahre nach Ende des Zweiten Weltkriegs, hilfreich sein für das Gestalten und Bewahren unserer Zeit in unserer Welt, weil wir weder die Anmaßung eines Nationalismus noch das Grauen der sich daraus entwickelnden Katastrophen jemals vergessen dürfen.

Es war ein Teil seines »europäischen Erbes«, daß Stefan Zweig es als seine »Pflicht empfand, bei fremden Werken oder Gestalten biographisch oder essayistisch den Ursachen ihrer Wirkung oder Unwirkung innerhalb ihrer Zeit nachzugehen« (›Die Welt von Gestern‹), im großen wie im kleinen. Freunden und Weggefährten, Vorbildern und Autoritäten, Schauspielern, Musikern, Dichtern, Denkern stattete er auf diese Weise zumindest anläßlich von Geburts- und Gedenktagen Dank ab oder nahm Abschied von ihnen in einem Epitaph. Dabei blieb er sich immer seiner Tugenden »Aufrichtigkeit und Unbefangenheit« treu und bewußt. Wohl gerade deshalb nutzte er diese Form persönlicher Hommage zu ebenso maßvoller wie deutlicher Kritik an der eigenen, »manchmal begeisternden und dann wieder ernüchternden Zeit« (›Begegnungen‹, 1937) und ihrer propagierten Weltsicht. Denn für sich und von sich konnte er mit gutem Recht sagen: »Ich fühlte, ich lebte ganz als Europäer, Grenzen

waren nur leere Linien, Sprachen nur Nuancen, nicht
Gegensätze, persönliche Freiheit das Selbstverständliche,
ja der einzige Sinn des Daseins ...« Es ging ihm darum,
»Hetzern und Hassern, Tumult und Zwist« gleicherma-
ßen entgegenzuwirken, »dem willensgestalteten Werk«
von Deutschen, Italienern, Franzosen, Russen, Engländern unter den Nationen den Weg zu bereiten, die Welt
des Geistes in ihrer Weite und in ihren Gegensätzlichkeiten zu vereinen, ein »Meisterstück der Sympathie« zu
schaffen, wie Thomas Mann es ihm im Falle seines
Renan-Aufsatzes attestierte.

»Nun ist es tausendmal leichter, die Fakten einer Zeit zu
rekonstruieren als ihre seelische Atmosphäre. Sie findet
ihren Niederschlag nicht in den offiziellen Geschehnissen, sondern am ehesten in kleinen persönlichen Episoden«, in Menschen und ihren Schicksalen. Denn, so heißt
es an anderer Stelle der ›Welt von Gestern‹, »nur wer
Helles und Dunkles, Krieg und Frieden, Aufstieg und
Niedergang erfahren, nur der hat wahrhaft gelebt«. Was
er als Fazit seines eigenen Lebens auf diese Sentenz
brachte, hatte er schon von früh an bei anderen, bei Persönlichkeiten der ihm vorangegangenen sowie der eigenen Generation, vor allem jedoch bei historisch bedeutenden beobachtet und nachvollzogen, bei Dichtern, bei
Politikern, bei Menschen, deren Handeln, Erfolg und
Scheitern, ihm für ihre Zeit charakteristisch zu sein
schien. Zu den großen zusammenfassenden Sammlun-
gen, den als »Typologie des Geistes« konzipierten drei
›Baumeister der Welt‹-Bänden (›Drei Meister‹, 1919,
›Der Kampf mit dem Dämon‹, 1925, ›Drei Dichter ihres
Lebens‹, 1928) sowie den ›Sternstunden der Menschheit‹
kommen hier verstreut erschienene bzw. erst aus dem
Nachlaß veröffentlichte Darstellungen. Auch sie spiegeln
Stefan Zweigs »Weltoffenheit als Selbstverständlichkeit«

(Richard Friedenthal). Wie nahe Triumph und Tragik eines Lebens und einer Lebensleistung oft beieinander liegen, verlor er nie aus dem Blick. Selbst als er im Frühjahr 1940 in der Yale-Library am ›Amerigo‹ arbeitete, was ihm »die einzig mögliche Isolierung gegen die Schrecken des Weltgeschehens« (Donald Prater) gewesen sein mag, erinnerte er an einen »tragischen Irrtum« der Geschichte.

Spätestens seit seinem ›Jeremias‹ (1917) war es sein Ziel gewesen, »ohne aktuell zu polemisieren ..., durch ein Symbol vieles Heutige deutlich und verständlich zu machen«. Im Mai 1933 setzte er gegen die Ideologie des Nationalsozialismus auf »unser stilles, entschlossenes Beharren«, wie er Klaus Mann zu Beginn seiner Arbeit am ›Erasmus‹ schrieb – »in der künstlerischen Kundgabe liegt vielleicht die stärkste Kraft«; Stefan Zweig wollte in »künstlerisch unwidersprechlicher Form die Bildnisse *unserer* geistigen Helden aufzeigen«. Zu diesem Mosaik gehörte auch die Fortsetzung der fünf 1927 erschienenen ›Sternstunden der Menschheit‹, von der dann allerdings erst 1945, drei Jahre nach seinem Tod, nach Ende des Zweiten Weltkriegs, eine um sieben Miniaturen erweiterte Ausgabe erschien; ›Cicero‹ und ›Wilson versagt‹ wurden erst später im Nachlaß entdeckt.

Knut Beck

Bibliographischer Nachweis

I *Zeit und Welt*

Die indische Gefahr für England. (Anläßlich der politischen Mordtat eines jungen Hindu). Erstmals in ›Neue Freie Presse‹, Wien, 13. 7. 1909.
Die gefangenen Dinge. Gedanken über die Brüsseler Weltausstellung. Erstmals in ›Neue Freie Presse‹, Wien, 17. 8. 1910.
Die Monotonisierung der Welt. Erstmals in ›Neue Freie Presse‹, Wien, 31. 1. 1925. Aufgenommen in ›Begegnungen mit Menschen, Büchern, Städten‹, Wien – Leipzig – Zürich: Verlag Herbert Reichner 1937; Frankfurt am Main: S. Fischer Verlag 1955.
Die moralische Entgiftung Europas. Ein Vortrag für die Europatagung der Accademia di Roma, 1932. Im Auszug erstmals u. d. T. ›Der geistige Aufbau Europas. Aus dem Vortrag ›Die moralische Entgiftung Europas‹‹ in ›Neue Freie Presse‹, Wien, 20. 11. 1932. Vollständig erstmals in ›Begegnungen mit Menschen, Büchern, Städten‹, Wien – Leipzig – Zürich: Verlag Herbert Reichner 1937; Frankfurt am Main: S. Fischer Verlag 1955.
1914 und Heute. Anläßlich des Romans von Roger Martin du Gard ›Eté 1914‹. (1936). Erstmals in ›Zeit und Welt. Gesammelte Aufsätze und Vorträge 1904–1940‹, herausgegeben von Richard Friedenthal, Stockholm: Bermann-Fischer Verlag 1943.

II *Europäisches Erbe*

Die Stimme. In memoriam Josef Kainz. (1910). Erstmals in ›Neue Freie Presse‹, Wien, 3. 1. 1911. Aufgenommen in ›Begegnungen mit Menschen, Büchern, Städten‹, Wien – Leipzig – Zürich: Verlag Herbert Reichner 1937.
Gustav Mahlers Wiederkehr. Erstmals in ›Neue Freie Presse‹, Wien, 25. 4. 1915. Aufgenommen in ›Europäisches Erbe‹, herausgegeben von Richard Friedenthal, Frankfurt am Main: S. Fischer Verlag 1960.
† *Peter Rosegger.* Erstmals in ›National-Zeitung‹, Basel, 27. 6. 1918.

Aufgenommen in ›Europäisches Erbe‹, herausgegeben von Richard Friedenthal, Frankfurt am Main: S. Fischer Verlag 1960.

Dante. Erstmals in ›Neue Freie Presse‹, Wien, 11. 9. 1921. Aufgenommen in ›Begegnungen mit Menschen, Büchern, Städten‹, Wien – Leipzig – Zürich: Verlag Herbert Reichner 1937; Frankfurt am Main: S. Fischer Verlag 1955.

Ernest Renan. Zum Jahrhunderttage seiner Geburt 27. Februar 1823. Erstmals in ›Neue Freie Presse‹, Wien, 25. 2. 1923. Aufgenommen in ›Begegnungen mit Menschen, Büchern, Städten‹, Wien – Leipzig – Zürich: Verlag Herbert Reichner 1937; Frankfurt am Main: S. Fischer Verlag 1955.

Rede zu Ehren Maxim Gorkis. Zum sechzigsten Geburtstag des Dichters am 26. März 1928. Erstmals u. d. T. ›Maxim Gorki zu seinem sechzigsten Geburtstag‹ in ›Neue Freie Presse‹, Wien, 25. 3. 1928. Aufgenommen in ›Begegnungen mit Menschen, Büchern, Städten‹, Wien – Leipzig – Zürich: Verlag Herbert Reichner 1937; Frankfurt am Main: S. Fischer Verlag 1955.

Erinnerung an Theodor Herzl. Erstmals in ›Pester Lloyd‹, Budapest, 29. 6. 1929. Aufgenommen in ›Begegnungen mit Menschen, Büchern, Städten‹, Wien – Leipzig – Zürich: Verlag Herbert Reichner 1937; Frankfurt am Main: S. Fischer Verlag 1955.

Unvergeßliches Erlebnis. Ein Tag bei Albert Schweitzer. Erstmals in ›Neue Freie Presse‹, Wien, 25. 12. 1932. Aufgenommen in ›Begegnungen mit Menschen, Büchern, Städten‹, Wien – Leipzig – Zürich: Verlag Herbert Reichner 1937; Frankfurt am Main: S. Fischer Verlag 1955.

Abschied von John Drinkwater. Erstmals u. d. T. ›Schattenspiel des Lebens‹ in ›Central-Verein-Zeitung‹, Berlin, 28. 3. 1937. Aufgenommen in ›Begegnungen mit Menschen, Büchern, Städten‹, Wien – Leipzig – Zürich: Verlag Herbert Reichner 1937; Frankfurt am Main: S. Fischer Verlag 1955.

Tolstoi als religiöser und sozialer Denker. (1937). Erstmals in ›Zeit und Welt. Gesammelte Aufsätze und Vorträge 1904–1940‹, herausgegeben von Richard Friedenthal, Stockholm: Bermann-Fischer Verlag 1943.

III Menschen und Schicksale

Charles Baudelaire. Erstmals in ›Deutsche Dichtung‹, Stuttgart, Bd. 32, 3. Mai 1902.

Arthur Rimbaud. Erstmals in ›Die Zukunft. Wochenschrift für Politik und öffentliches Leben, Theater, Kunst und Literatur‹, Leipzig 1907. Aufgenommen in ›Begegnungen mit Menschen, Büchern, Städten‹, Wien – Leipzig – Zürich: Verlag Herbert Reichner 1937; Frankfurt am Main: S. Fischer Verlag 1955.

Lafcadio Hearn. Erstmals in ›Die Zukunft‹, Berlin, Jg. 77, H. 5, 4. 11. 1911. Abgedruckt als Einführung in ›Das Japanbuch. Eine Auswahl aus Hearns Werken‹, Frankfurt am Main: Literarische Anstalt Rütten & Loening 1911. Aufgenommen in ›Europäisches Erbe‹, herausgegeben von Richard Friedenthal, Frankfurt am Main: S. Fischer Verlag 1960.

Jaurès. Ein Porträt. Erstmals in ›Neue Freie Presse‹, Wien, 6. 8. 1916. Aufgenommen in ›Europäisches Erbe‹, herausgegeben von Richard Friedenthal, Frankfurt am Main: S. Fischer Verlag 1960.

Walt Whitman. (Zum hundertsten Geburtstage, 31. Mai 1919). Erstmals in ›Neue Freie Presse‹, Wien, 28. 5. 1919.

Paul Verlaines Lebensbild. Erstmals in ›Der Feuerreiter. Blätter für Dichtung und Kritik‹, 1. Jg., Berlin 1922. Der Text wurde als Einleitung zu ›Paul Verlaines Gesammelte Werke in zwei Bänden‹, herausgegeben von Stefan Zweig, Leipzig: Insel-Verlag 1922, Bd. 2, übernommen und mit folgendem Abschnitt ergänzt:

»Von diesem seinem tragischen und durchaus nicht heroischen Leben hat Verlaine nichts verschwiegen. Er war als Dichter in Goethes Sinn eine durchaus kommunikative Natur, er liebte sich selbst zu erzählen in Versen und Prosa, und sein Beichtbedürfnis war unendlich. Es ging sogar oft über die Wahrheit hinaus bis zur Karikatur, zur Übertreibung und in den Exhibitionismus hinein; aber er mußte sich erzählen, sich erklären, sich entschuldigen, denn jede Seele, der es selbst an Willenskraft, an ethischer Autorität fehlt, muß sich notwendig in Anklagen, Bitten und Gebeten an ein Etwas außerhalb ihrer selbst wenden, an die Menschen, an Gott, an die Frauen, an das grüne Gift [den Absinth]. Überall suchte der Haltlose Hilfe, überall hat der Dichter sich entschuldigt, sich erklärt, überall sich angeklagt. Seine ganzen Gedichte sind darum, gleichfalls in Goethes Sinn, Bruchstücke einer einzigen großen Konfession. In seinen Versen kann man Schritt um Schritt Entfaltung, Aufstieg, Krise und Abbruch seines Lebens wie an einer Blüte Blatt für Blatt verfolgen, und in gewissem Sinne sind – nochmals wie bei Goethe – seine Gedichte in ihrer ganzen Tiefe und Reinheit, in ihrer vollen Menschlichkeit nur erst reflektiert auf seine Biographie erkennbar.

Neben dieser eigentlichen Konfession in Versen, seinen Gedichten, hat Verlaine noch eine Reihe selbstbiographischer Schriften verfaßt, die der vorliegende Band zusammenstellt;

Freundeshand (Cazals) ergänzt die letzten Tage. Sie haben im höheren künstlerischen Sinn nur den Wert einer Paraphrase, sind gewissermaßen bloß der Kanevas [gazeähnliches Gewebe, auf dem Stickereien ausgeführt werden] für seine Gedichte, von dessen Grund sich jene stärker abheben und farbiger leuchten. Ihre Haupttugend ist heitere Offenheit, die nichts verbirgt, nichts verschönert, die ohne Anmaßung in einer gewissen lockeren, schlenderigen Art von sich erzählt, ohne jemals zu versuchen, dies schlecht gelebte Leben als liebenswert und heldenhaft hinzustellen. Auch dies Bekenntnis, ganz wie das seiner Gedichte, zeigt ihn als den rührend schwachen Menschen, der ganz Spielball jedem Hauch des Schicksals war, jeder Stimmung eigen, jedem Gefühle hörig, aber darum auch ganz Dichter, ganz von sich gelöster Mensch, ganz Melodie.«

Walther Rathenau. Zum Andenken Walther Rathenau: Am Jahrestage seiner Ermordung 24. Juni 1922. Erstmals in ›Neue Freie Presse‹, Wien, 24. 6. 1923. Mit der Bezeichnung ›Gedächtnisbild‹ aufgenommen in ›Europäisches Erbe‹, herausgegeben von Richard Friedenthal, Frankfurt am Main: S. Fischer Verlag 1960. (Textvorlage: Typoskript mit handschriftlichen Korrekturen.)

Lord Byron. Das Schauspiel eines großen Lebens. Erstmals in ›Neue Freie Presse‹, Wien 19. 4. 1924. Aufgenommen in ›Zeit und Welt. Gesammelte Aufsätze und Vorträge 1904–1940‹, herausgegeben von Richard Friedenthal, Stockholm: Bermann-Fischer Verlag 1943.

Marcel Prousts tragischer Lebenslauf. Erstmals in ›Neue Freie Presse‹, Wien, 27. 9. 1925. Aufgenommen in ›Zeit und Welt. Gesammelte Aufsätze und Vorträge 1904–1940‹, herausgegeben von Richard Friedenthal, Stockholm: Bermann-Fischer Verlag 1943.

Irrfahrt und Ende Pierre Bonchamps'. Die Tragödie Philippe Daudets. Erstmals in ›Neue Freie Presse‹, Wien, 28. 3. 1926. Aufgenommen in ›Zeit und Welt. Gesammelte Aufsätze und Vorträge 1904–1940‹, herausgegeben von Richard Friedenthal, Stockholm: Bermann-Fischer Verlag 1943.

Vorbeigehen an einem unauffälligen Menschen – Otto Weininger. Erstmals in ›Berliner Tageblatt‹, 3. 10. 1926. Aufgenommen in ›Europäisches Erbe‹, herausgegeben von Richard Friedenthal, Frankfurt am Main: S. Fischer Verlag 1960.

Legende und Wahrheit der Beatrice Cenci. Erstmals in ›Neue Freie Presse‹, Wien, 2. 12. 1926. Aufgenommen in ›Zeit und Welt. Gesammelte Aufsätze und Vorträge 1904–1940‹, Stockholm: Bermann-Fischer Verlag 1943.

Léon Bazalgette. (1927). Erstmals in ›Europäisches Erbe‹, herausgegeben von Richard Friedenthal, Frankfurt am Main: S. Fischer Verlag 1960.

Mater dolorosa. (Die Briefe von Nietzsches Mutter an Overbeck.) Erstmals in von Richard Friedenthal redigierter Fassung in ›Zeit und Welt. Gesammelte Aufsätze und Vorträge 1904–1940‹, herausgegeben von Richard Friedenthal, Stockholm: Bermann-Fischer Verlag 1943. (Textvorlage: Typoskript mit handschriftlichen Korrekturen.)

Joseph Roth. Erstmals in ›Österreichische Post‹, Paris, 1. 7. 1939. Aufgenommen in ›Europäisches Erbe‹, herausgegeben von Richard Friedenthal, Frankfurt am Main: S. Fischer Verlag 1960.

Cicero. (1940). Erstmals in ›Neue Rundschau‹, 93. Jg., 2. H., Frankfurt am Main, Mai 1982.

Wilson versagt. (1940). Erstmals in ›Deutsche Philologie‹, Band 107, Heft 2, Berlin – Bielefeld – München, Juli 1988.

Stefan Zweig

Amerigo
Die Geschichte
eines historischen
Irrtums
Band 9241

Der Amokläufer
Erzählungen
Herausgegeben
von Knut Beck
Band 9239

Angst
Novelle
Band 10494

Auf Reisen
Feuilletons
und Berichte
Herausgegeben
von Knut Beck
Band 10164

Balzac
Herausgegeben von
Richard Friedenthal
Band 2183

**Begegnungen
mit Büchern**
Aufsätze und Ein-
leitungen aus den
Jahren 1902-1939
Herausgegeben
von Knut Beck
Band 2292

**Ben Jonsons
»Volpone«**
Band 2293

**Brennendes
Geheimnis**
Erzählung
Band 9311

**Brief einer
Unbekannten**
Erzählung
Band 9323

Briefe an Freunde
Herausgegeben von
Richard Friedenthal
Band 5362

Buchmendel
Erzählungen
Herausgegeben
von Knut Beck
Band 11416

**Castellio gegen
Calvin oder Ein
Gewissen gegen
die Gewalt**
Herausgegeben
von Knut Beck
Band 2295

Clarissa
Ein Romanentwurf
Herausgegeben
von Knut Beck
Band 11150

**Der Kampf
mit dem Dämon**
Hölderlin, Kleist,
Nietzsche
Herausgegeben
von Knut Beck
Band 12186

Fischer Taschenbuch Verlag